【北京社科名家文库】

求索集

BEIJING SHEKE MINGJIA WENKU

汝信自选集

汝信◎著

首都师范大学出版社
CAPITAL NORMAL UNIVERSITY PRESS

图书在版编目(CIP)数据

求索集：汝信自选集 / 汝信著. —北京：首都师范大学出版社，2020.6
(北京社科名家文库)
ISBN 978-7-5656-5601-9

Ⅰ. ①求… Ⅱ. ①汝… Ⅲ. ①社会科学—文集 Ⅳ. ①C53

中国版本图书馆 CIP 数据核字(2020)第 018159 号

北京社科名家文库
QIUSUO JI
求索集
汝信自选集
汝 信 著

项目统筹：杨林玉　　责任编辑：钱　浩
责任设计：王征发　　封面绘画：王征发
责任校对：李佳艺　　责任印制：李春雷
首都师范大学出版社出版发行
地　址　北京西三环北路 105 号
邮　编　100048
电　话　68418523(总编室)　68982468(发行部)
网　址　http://cnupn.cnu.edu.cn
印　刷　三河市博文印刷有限公司
经　销　全国新华书店
版　次　2020 年 6 月第 1 版
印　次　2020 年 6 月第 1 次印刷
开　本　710mm×1000mm　1/16
印　张　30.5　　插页　2
字　数　366 千
定　价　78.00 元

出版说明

1978年，中国改革开放的元年。自那一年开始，中国已经走过了波澜壮阔的30年。这是伟大的30年，是改变中国的30年，是震惊世界的30年，也是哲学社会科学蓬勃发展的30年。

在哲学社会科学这30年的辉煌成就里，浸透着为新中国哲学社会科学奠基的老一辈专家呕心沥血的求索，也镌循着寻着他们足迹的后来者追求真理的步伐。“学之大者，国之重器”。我们有责任将这些“大者”潜心研究的成果，重新编辑出版以飨读者。为此，北京市社会科学界联合会和首都师范大学出版社将这一套《北京社科名家文库》奉献给读者。她以自选集的体例形式，每年推出一批，争取在几年内达到百种以上。《北京社科名家文库》将系统展示当代哲学社会科学名家学者30年来的学思精华，展示他们的学术探索历程和风采。同时，为使这套《北京社科名家文库》更加丰富，编委会决定在首都师范大学出版社已出版的《当代著名学者自选集》中挑选符合体例的图书，编辑成《北京社科名家文库·纪念辑》，这将更完整地反映北京学人在学术风范和学术使命上的历史延续。

我们相信，《北京社科名家文库》将能够成为具有文化传承价值的经典性大型出版工程，成为集中展示首都哲学社会科学重要成果的一个窗口。由于我们水平所限，定有不足之处，希望读者和同仁给予批评指正。

编　委　会

2009年11月

汝信先生

目录

北京社科名家文库

1 学术自述

1 第一辑　马克思主义哲学和中国特色社会主义理论

3 人道主义就是修正主义吗？
——对人道主义的再认识

17 马克思主义哲学面临的新任务

33 列宁的辩证法思想和我国的社会主义现代化建设

44 解放思想、实事求是的马克思主义思想路线的胜利

49 学好邓小平理论　推进哲学社会科学研究

53 “三个代表”重要思想是对马克思主义哲学的创造性发展

58 坚持和发展马克思主义　坚定地走中国特色社会主义道路

61 马克思主义辩证法在中国的伟大胜利
——学习胡锦涛总书记在庆祝中国共产党成立九十周年大会上的讲话

69 关于发展哲学社会科学的一些浅见
72 开创中国哲学社会科学繁荣发展新局面
——学习习近平总书记在哲学社会科学工作座谈会上的重要讲话

77 **第二辑 哲学遗产的批判与继承**

79 论青年黑格尔的异化理论的形成和发展
122 黑格尔《精神现象学》中的意识和自我意识
148 关于历史哲学两个问题的思考
170 克尔凯郭尔哲学思想述评
214 施蒂纳的生平和著作
251 论韩非
291 对人类的现状和未来的若干思考
302 中国的现代化与当代伦理

312 儒学及其在现代中国的作用
325 中国古代文明中人的问题
331 **第三辑 美学与文明对话**
333 马克思和美学中的革命
354 尼采的美学和文艺思想
372 关于黑格尔美学的若干问题
396 在莎士比亚故乡看《麦克白斯》
——关于悲剧的一些思考
413 《天鹅湖》的悲剧结尾和莎乐美的爱
——看维也纳国家歌剧院演出有感
426 《吃土豆的人》的启示
——参观凡·高博物馆有感
438 经济全球化与不同文明间的对话

北京社科名家文库

444 当代世界的发展和我国人文学者的使命
453 用“和而不同”的理念去开展文化间的对话
461 **后　记**
465 **汝信主要著作目录**

学术自述

一、我从事哲学研究的经历

我于1931年生于上海，童年和青少年时期是在战乱中度过的，抗战胜利后考入上海圣约翰大学，主修政治学，副修经济学。后来从事哲学研究工作完全是半路出家，在大学期间没有系统地学过哲学，听徐怀启教授讲的“哲学与宗教”课程，就是我所受的唯一正规的哲学训练了。因为参加地下党领导的读书会和学生运动，开始接触马克思主义，读了一些哲学普及读物，但从来没有想过会去做专门的哲学研究工作，以后怎么会走上这条路，或许是出于所谓“历史的误会”吧。关于这段往事，我曾在一篇带自述性的文章里有所叙述：

“1950年冬，我参加中国人民志愿军赴朝作战，在冰天雪地里正好赶上了第二次战役，然后又南下参加了第五次战役，从长津湖一直前进到三八线。在艰苦的行军和敌机轰炸中几乎把随身用品丢个精光，成了彻底的‘无产者’，战役结束转移到后方，却意外地发现，在出发前轻装留下的物品中还保存着一本俄文的《车尔尼雪夫斯基选集》，它是我出国途经沈阳时在国际书店买的，就成为我当时在朝鲜战场能用来提高俄语水平的唯一工具。这样，由于偶然的机会，我开始接触到西方哲学和美学。我学俄语不久，要读懂车尔尼雪夫斯基的著作，其困难是可想而知的。在防空洞里微弱的烛光下，我逐字逐句地啃，翻来覆去地琢磨车尔尼雪夫斯基的意思，有的简直是猜。这样硬啃生吞的结果，不仅逐渐增加了我对这位‘俄国的普罗米修斯’的理解并油然产生了崇敬之情，而且越来越使我对哲学和美学发生了兴趣……现在回忆起来，在朝鲜战场上度过的几年实在是我的学习生活中最美好的时光。”

1955年我从朝鲜回北京，转业到中国科学院干部培养部工作，当时由著名科学家钱伟长担任部主任，该部的任务是组织科研人员的政治理论学习、派遣留学人员和实施新颁布的副博士研究生条例。理论学习的主要内容是由艾思奇等哲学家讲授辩证唯物论与历史唯物论，我作为年轻的工作人员参与了学习，这是我较系统地了解马克思主义哲学的开始。1956年我有幸随中国科学院代表团赴苏联科学院商谈派遣研究生协议并考察苏联培养研究生的实况。那时正值中苏关系“蜜月”期，我代表团受到极其周到的盛情接待。我们在苏联访问的两个月内参观考察了科学院的不少研究所和科学设施，旁听了几次副博士和博士的学位论文答辩，对如何正规培养研究生、实施学位制度有了初步的了解，给我留下深刻印象。在当时党发出向科学进军的号召下，我也萌发了想从事科学研究工作的强烈愿望。凭着年轻人的勇气，我利用业余时间开始搞研究和翻译工作，以前我除了在《学习》杂志发表过一篇关于我国过渡时期经济规律的讨论文章外，还没有写过哲学文章。抱着试一试的心情，我写了《车尔尼雪夫斯基的社会政治观点》一文寄给《文史哲》杂志，这篇习作居然承蒙采用，这就增强了我研究哲学的信心。为了提高自己的理论水平，1956年我决定离职投考副博士研究生。按过去在大学里所学专业，我本来打算投考经济学研究所的政治经济学专业，但有鉴于列宁所说“不钻研和不理解黑格尔的全部逻辑学，就不能完全理解马克思的《资本论》”，觉得还是应该先学习掌握辩证的方法，因此下决心到哲学研究所跟贺麟教授学习黑格尔哲学。贺先生收下了我这个哲学根基很差的学生，要我系统地从头补课，阅读从古希腊到近代的西方哲学史上的重要原著，当然更着重指导我读黑格尔的一些主要著作，特别是《精神现象学》、《小逻辑》和《美学》。贺先生治学主张广泛阅读和重点精读相结合，如《精神现象学》的著名的序言由他逐字逐句向我们讲解，使我得益颇多。在他的指导下，我写了《论车尔尼雪夫斯基对黑格尔美学的批判》一文，于1958年发表于《哲学研究》杂志，这是我的第一篇研究黑格尔哲学和西方美学史的论文，以后我对西方哲学和美学的研究就是从此开始的。贺先生还重视翻译工作，认为翻译是加深对原作的理解和提高外文水平的好办法，在他的鼓励和支持下，我从俄文翻译了普列汉诺夫、瓦尔加等人的不少哲学和国际问题著作，所以有同志认为我是由翻译转行的非科班出身的研究工作者。

我结束研究生学习后，留在哲学所西方哲学史研究组工作，这时我已放弃了原先打算回过头来研究经济学的念头，一心想学习和研究西方哲学史和美学史。从古希腊的赫拉克利特、柏拉图到德国古典哲学以至杜威的实用主义，都曾是我研究探讨的题目，不过我的主要兴趣还是在黑格尔哲学及其与马克思主义的关系。1961年出版的《黑格尔范畴论批判》一书和当时在报刊上发表的不少文章是姜丕之同志和我合作写成的，他是长期在理论宣传和新闻战线上工作、富有革命经验的老同志，却放弃领导职务转行到哲学研究所从事学术研究，他的那种刻苦钻研的毅力和坚持用马克思主义立场、观点和方法去研究问题的精神使我深受教益。在研究西方哲学史的时候，这些哲学家们的美学思想也引起我的浓厚兴趣，那时除了朱光潜、宗白华两位学术界老前辈外，国内研究西方美学史的人不多，还缺乏足够的资料和参考书。在相当困难的条件下我陆续写了一些论述西方美学家的文章，得到朱先生和宗先生的热情指教和鼓励，后来把这些文章编成《西方美学史论丛》和《论丛续编》两本论文集。在50—60年代，政治运动不断，从事专业学习和研究的时间得不到保证，一些文章都是利用运动间隙挤时间完成的，有的是未经深入研究的急就章，而且不可避免地带有时代的烙印，特别是参加当时几次哲学论争和“批修”所写的文章，明显地表现出受“左”的思潮的影响，把学术见解提到政治高度来加以批判，混淆了学术和政治的界限。

50—60年代可以说是我在哲学研究生涯中的学徒时期。寒窗十载，似乎刚刚摸到一些门道，就迎来了史无前例的“文化大革命”，十年浩劫使研究工作陷入停顿，一切研究成果遭到全盘否定。我们这些研究人员先是挨批斗，关“牛棚”，后又下干校劳动，白白浪费了最宝贵的年华。“文革”后期，哲学研究所人员奉命回京听候处理，世界宗教研究所所长任继愈教授接受任务编写《中国哲学史简编》，他指名调我参加该书编写组，该组成员都是多年从事中国哲学史研究的专家，只有我是地道的外行。在任先生的指导下，我埋头补课，认真研读自先秦诸子至近代的中国哲学的一些重要典籍，后来我写的有关儒学、韩非以及讨论中国哲学史上若干问题的一些文章还是在那时打下初步基础的。此外，我还和哲学所的同志合作，编写出版了一部普及性读物《马克思主义的三个来源》，在整个“文革”期间，也就做了这么一些区区小事。

“文化大革命”的结束使我们这些哲学社会科学工作者从噩梦中醒来，解放思想、实事求是的思想路线，帮助我们挣脱长期以来禁锢着人们头脑的思想枷锁，看到展现在科学研究面前的大片新天地，真有如获新生之感。我首先想到的是要进行反思，为拨乱反正做一点事。应《红旗》杂志之约，我写的第一篇文章是为车尔尼雪夫斯基平反，清扫“四人帮”泼在他头上的污垢。另一篇文章试图对国内历来受批判的人道主义作重新评价，在《人民日报》刊登后虽得了奖，却引起了争议。在西方哲学史的研究方面，我又重拣起了黑格尔。受贺麟老师的启发和鼓励，我把青年黑格尔的思想作为研究重点，完成了《青年黑格尔的社会政治思想》这篇长文和关于青年黑格尔论劳动和异化的几篇论文。随着改革开放的进行，研究的视野更开阔了。过去我们一直把注意力集中在探索从康德、黑格尔经过费尔巴哈到马克思的思想发展上，对黑格尔以后西方哲学发展的另一些思想线索则注意不够，特别是以尼采、克尔凯郭尔为代表的以突出个人为特征的哲学思潮，在国内缺乏研究。80年代初，我有机会作为中国社会科学院首批获富布顿特奖金的访问学者之一，去美国哈佛大学哲学系从事一年研究，那时哈佛哲学系可说是名家荟萃，蒯因虽已退休，但仍常来校讲课，罗尔斯和普特南正当盛年。哈佛指定普特南负责和我联系，我原先报的研究课题是美国哲学史，他颇不以为然，说根本就没有美国的哲学史，建议我充分利用哈佛的学术环境和条件做自己感兴趣的研究。可是不知为什么，当代美国哲学总是引不起我的兴趣，于是把研究方向转向克尔凯郭尔和尼采。当时国内的尼采研究已停顿三十多年，一片荒芜，而克尔凯郭尔则几乎无人问津，连他的著作也不易找到，还是有待开垦的处女地。我利用怀德纳图书馆的丰富藏书，读了克尔凯郭尔的一些主要著作以及近年来西方学者研究尼采和克尔凯郭尔的一些新著，又补了一课，然而哈佛并非研究这两位哲学家的合适的地方，难以找人请教和交流，回国后虽然写了一些论文，总觉得研究不够深入。值得欣慰的是，我的几位博士研究生在这一学术领域内辛勤耕耘，取得了很好的成绩，发表了多部专著，富有新意和创见，为填补我国的西方哲学史研究这一重要空白做出了贡献。

关于研究西方美学，我的思想也发生了变化，过去我特别赞赏德国古典哲学的杰出代表们所精心营造的美学体系，后来却越来越感到其局限性，因为它们并不能真正解决我们现实生活中的许多美学问题，只是停留于抽象思辨的王国，当我们面向无限丰富多彩的现实和人类艺术创造时，形形色色的理论体系却往往显得如此苍白无力。我领悟到，研究美学还是要从实际出发，不能单从哲学家的书本中去讨生活。这就促使我尝试用另一种方式去研究美学，那就是直接面对一些人类伟大艺术作品，结合亲自鉴赏的体验去进行美学的探索。我利用改革开放后出国交流的机会，参观了不少世界著名的文化遗址、博物馆、美术展览和一些文艺团体的高水平演出，使我大开眼界，陆续写了一些论西方艺术和艺术家的文字，以美学散记的形式编成《美的找寻》一书。我以为，对具体问题作具体分析是辩证法的灵魂，也是对艺术辩证法的基本要求，美学研究要走向生活，不妨从剖析人类的艺术创造开始。

以上是我在20世纪下半期学习和研究哲学的经历，实际上，在80年代我“不务正业”担任中国社会科学院的行政管理工作后，专门从事哲学和美学研究的时间很少，特别是后来我又把兴趣转到世界不同文明的比较研究这一新领域，离哲学越来越疏远了。虽然也杂七杂八地写过不少文章和政论，主编过几套丛书和刊物，却谈不上有什么学术建树，实在愧对师辈。如果要问多年来学习和研究哲学有什么体会，那么我觉得最大的收获就是终于领教了这门学问的艰深，懂得“哲学是难的”。

二、我在哲学研究方面所做的工作

半个多世纪以来，我在哲学和美学领域内做了一些研究，但有价值的学术成果不多，主要做了以下工作：

（一）在西方哲学史方面，我的研究重点是黑格尔哲学，对他的一些重要著作如《精神现象学》、《逻辑学》和《美学》做过较深入的探索，试图阐明黑格尔的辩证方法、逻辑范畴的推演以及辩证法在美学中的具体运用，并从马克思主义观点予以评价和批判。此外，对当时我国学者很少涉猎的黑格尔早期思想和著作也初步做了较全面的研究，进一步弄清楚黑格尔辩证法产生的时代背景、思想渊源和社会政治含义，用具体的历史资料批驳了苏联哲学界流行的把德国古典哲学说成是德国贵族对于法国革命的一种反动的错误论断，论证了青年黑格尔是当时德国新兴资产阶级的思想代表，他的辩证法反映了资本主义上升时期资产阶级的愿望和要求。关于黑格尔的劳动和异化理论的形成和发展，过去国内也缺乏系统的研究，我在这方面的探讨多少填补了研究的空白。特别是与马克思主义的诞生密切相关的黑格尔学派的分裂和演变过程的研究，也是亟须加强的薄弱环节，我虽做了一些研究，但因第一手资料不足，研究是不够深入的。对现代西方学者关于黑格尔的研究也有所论及（如科热夫和依波利特关于《精神现象学》的研究，卢卡契关于青年黑格尔的研究，克罗齐对黑格尔哲学的论述等等），肯定其积极的研究成果，同时对其错误的观点和不足之处提出了批评。

除黑格尔哲学外，我曾把兴趣转向尼采和克尔凯郭尔。在哲学史上，尼采历来是有争议的人物，过去在我国长期受到漠视和简单粗暴的批判。我不主张为他辩护或翻案，提出要真正理解和重新解释尼采，而不要被一时的“尼采热”所迷惑。至于克尔凯郭尔哲学的研究，在我国还需从头开始，首先要弄清楚他是一个什么样的人，在众多著作中传播的是一种什么样的思想。我在这方面只是做了一些起步的基础性研究工作。

（二）在中国哲学史方面，我虽然发表过一些文章，在一些国际学术会议和交流活动中做过讲演和提供论文，就某些问题阐明中国哲学思想家们的看法，但只是对先秦法家的最大代表人物韩非学说做过较全面深入的探讨。由于“文革”时期盛行的对法家的别有用心的吹捧，有必要实事求是地对韩非做全面的客观的重新评价。按我的看法，韩非在自然观、认识论方面采取唯物主义立场，在社会历史观方面注重物质利益，强调社会进化，反对“是古非今”，这些是应予肯定的积极因素，为中国古代唯物主义哲学做出了贡献。可是，在韩非学说中，最重要的还是他的政治哲学，他所倡导的封建君主专制主义理论在当时历史条件下虽然适应了中国统一的封建专制帝国的需要，但对以后两千多年的中国政治产生了极其深远的有害影响，对其流毒必须予以深入的揭露和批判。这就打破了过去一个时期内习惯套用的哲学唯物主义等于政治上进步这样一个简单机械的公式，恢复历史人物的本来面目并正确评价其在历史上所起的作用。

（三）西方美学史是我花费精力较多的另一个研究领域，涉及自古希腊至近现代西方美学的一些主要代表人物。我试图用马克思主义的观点和方法去重新审视历史上西方美学思想的发展过程，联系各个不同时代的社会历史发展背景和精神文化状况，从哲学的角度去探索各种美学理论的产生、成长和相互更替。在古代美学中，我曾对柏拉图做过较全面、深入的研究，把柏拉图美学思想放在他的整个哲学体系中联系其宇宙观、认识论、伦理学说和社会政治思想等进行考察，并审视了亚里士多德对柏拉图的批评，从而对柏拉图美学整体上做出了新的评价。我还对新柏拉图主义的重要代表普罗提诺的美学论著进行评论和剖析，多少弥补了当时我国的西方美学史研究的一个空白。在近代西方美学中，我的研究重点是德国近代美学，除了康德、谢林和黑格尔这些德国古典哲学的大师外，还兼及对他们曾有巨大影响的德国启蒙运动的著名代表莱辛和其他人物。莱辛不愿接受现成的真理而宁愿自己努力去探求真理的那种理论勇气，十分令人敬佩，我研读了他的《拉奥孔》和《汉堡剧评》后对这两部著作进行了评析。我更赞赏黑格尔的《美学》，它启示我们的是美学理论研究必须有广阔的历史感和社会生活视野，必须重视历史和人类艺术实践，根据大量实际材料说话，否则就容易沦为空谈。我就黑格尔《美学》中的某些问题写了论文，《黑格尔的悲剧论》一文是我比较满意的，似乎以前我国学术界对此还很少进行专门深入的研究。我感兴趣的另一研究领域是从别林斯基、车尔尼雪夫斯基到普列汉诺夫的俄国哲学和美学思想的发展，这一发展过程基本上是同德国古典哲学经过费尔巴哈而走向马克思主义的历程相呼应的。我认为，别林斯基美学思想是在德国古典哲学的强烈影响下形成的，又与当时俄国的现实密切结合而具有俄国特色，而别林斯基事业的继承者车尔尼雪夫斯基则进一步以费尔巴哈哲学为依据全面地批判了黑格尔美学，对创立俄国唯物主义美学做出了贡献。最后，普列汉诺夫用马克思主义观点完成了对这份丰富的美学思想遗产的批判继承，把俄国美学思想的发展推向新的高峰。我的这一看法和当时苏联学术界通常的论断是不同的，我还特意翻译了普列汉诺夫的名著《尼·加·车尔尼雪夫斯基》一书以印证我的观点。

（四）用哲学和美学的观点来进行艺术评论，这是我在研究工作中的一个新尝试。《永恒性的追求——尼罗河流域古埃及文化艺术遗址考察纪行》这篇长文，是根据实地参观考察的感受并参考历史资料和有关学术著作而写成的，试图用历史唯物论观点从古埃及独特的地理环境以及由此制约的社会生产力和政治经济结构的长期停滞不变，去解释古埃及艺术的本质特征，即把对永恒性的向往和追求奉为艺术理想，无论是金字塔、神庙、地宫以及许多雕刻和绘画都莫不如此。其次是阐明了古埃及艺术与宗教和政治的紧密联系，具有强烈的功利性和实用性，从而证明“艺术无利害关系之说”并非普遍的真理。此外，还具体分析了埃及艺术所采用的独特的表现方法，它历经许多世纪而基本不变，成为固定的创作规则，使埃及艺术具有自己的特色，但也因缺乏创新而导致停滞和衰落。当时在我国用这种宏观的方法在总体上对埃及艺术作哲学和美学评论的尚不多见。在艺术评论方面，我涉猎较多的还是西欧文学艺术，从古希腊的著名雕塑到文艺复兴时期的大师米开朗琪罗和近代巨匠罗丹的作品，从印象派绘画到凡·高等印象派之后画家以至现代西方绘画艺术的杰出代表毕加索和克列，从莎士比亚的悲剧到理查德·施特劳斯的歌剧，我都在观赏之余进行思考和探索，根据自己的感受和理解从哲学和美学的角度提出自己的解读。像毕加索那样影响极大的20世纪西方艺术大师，过去我国学术界对他还缺乏系统深入的研究，我从他的早期作品着手，对他的各个时期乃至晚年的作品作一梳理。毕加索一生创作了大量作品，从内容到形式丰富多彩，变化无穷，风格各异，对研究者来说成为一个难解之谜。我尝试用马克思的异化理论去解读毕加索艺术，具体剖析了其中三种不同的异化的表现，即客观世界的异化、人的异化和艺术与艺术家自身的异化，指出毕加索艺术的伟大就在于表达了他的时代中最本质的东西，因为在他所生活的西方发达资本主义社会里，异化乃是最普遍、最基本的现实，几乎已成了人难以摆脱的宿命。所以我得出结论说，在社会学的意义上，毕加索是现代西方社会的一面镜子。当然，对任何一个伟大的艺术家或艺术作品，可以有而且必然会有不同的解读，我所提出的只是对毕加索艺术的一种可能的新解读而已。

第一辑　马克思主义哲学和中国特色社会主义理论

人道主义就是修正主义吗？

——对人道主义的再认识

去年有一天，我所尊敬的老前辈、一位著名的诗人郑重地对我说："经过林彪、'四人帮'封建法西斯专政的十年浩劫，目睹了这许多用'最最革命'的辞藻装饰起来的惨无人道的野蛮暴行，我向自己发誓，今后再也不参加对人道主义的什么批判了。"看得出来，他是带着沉痛的心情说出这番话的，激愤之情溢于言表。这些话发人深思，唤醒了多年来早就隐埋在我心里的怀疑，使我不得不对有关人道主义的问题重新进行一次思考。

一

我们不是主张实践是检验真理的唯一标准吗？二十年来，我们一直把人道主义当作修正主义来批判，发动了一次又一次的大规模讨伐。毫无疑问，最初发动这场批判的动机是好的，为的是反对修正主义，保卫马克思主义的纯洁性。但是，结果却事与愿违，由于我们认识的片面性和思想上的简单化，这场对人道主义的批判最后走向了自己的反面，变成了对中世纪式的非人道的肯定。教训是极其严重的：这场批判在理论上并没有为马克思主义增添光辉，反而使它的真实精神遭到了歪曲；在实践上则导致了十分有害的恶果，竟然使种种违反基本人道准则的不法行为得以打着“革命”的旗号而通行无阻。这就不能不提出这样一个严肃的问题：马克思主义和人道主义究竟是什么样的关系？把人道主义看作修正主义，在理论上究竟是否站得住脚？

批判人道主义的一个最重要的论据，是把马克思主义和人道主义当作两种绝对对立、互不相容的世界观，因此根据逻辑所得出的必然结论是：只要把马克思主义和人道主义联系在一起，就是对马克思主义的“修正”和“篡改”。

但是，问题就在于，马克思主义和人道主义果真是这样绝对对立、水火不相容的吗？

大家知道，对人道主义历来有狭义的和广义的两种理解。狭义的人道主义指的是欧洲文艺复兴时期新兴资产阶级反封建、反宗教神学的一种思想和文化运动；广义的人道主义则泛指一般主张维护人的尊严、权利和自由，重视人的价值，要求人能得到充分的自由发展等等的思想和观点。显然，当我们把人道主义当作修正主义来批判时，说的不是狭义的人道主义，不是历史上曾经出现过的某个特定的思想流派，而是广义的人道主义思想。我们今天要讨论马克思主义和人道主义的关系，当然也不是为了解决对某个早已成为过去的思想派别的评价问题，而是为了要解决马克思主义应该怎样对待现实生活中有关人的一系列问题。

人道主义思想有各种不同的表现形式，具有人道主义思想的人可以属于不同的阶级和派别，他们的看法不仅千差万别，而且在有些问题上甚至是非常对立的。所以很难说人道主义是一种严整的世界观，而只能说它代表着对人在世界上的地位、作用和前途的一种看法和思想倾向。用一句话来简单地说，人道主义就是主张要把人当作人来看待。人本身就是人的最高目的，人的价值也就在于他自身。与此相反，否认人的独立价值，贬低人的地位，不把人当人看，无论是把人说成是“会说话的工具”、“上帝的玩偶”，宣扬“人应当蔑视自己”，或是把人当作可以任意买卖的商品、榨取剩余劳动的手段，以至于假借“革命”的名义以非人的酷刑残害同志、枉杀无辜，都是反人道思想的种种表现。事实上，关于人的价值的问题是我们很难回避的，而只要涉及这个问题，就不得不在人道主义和形形色色的反人道思想之间进行抉择。

已故的法国著名存在主义哲学家萨特指责马克思主义“把人吞没在观念里”，不注意研究活生生的人，因而变成了“非人主义”，造成了马克思主义的发展的停滞，所以他提出要“把人恢复到马克思主义之中”①。这种指责是不公平的、没有根据的，而且也是对马克思主义的实质的极大误解。如果说确实有过一些马克思主义者和自称为马克思主义者的人，曾经忽视人的问题，而在马克思主义理论发展中造成了某种所谓“停滞”的现象，那么其责任完全在他们自己。至于马克思主义学说本身，则不仅不忽视人，而且始终是以解决有关人的问题作为自己的出发点和中心任务的。

当马克思主义创始人开始制定自己的革命理论向整个旧世界提出挑战的时候，就庄严地宣告：“理论只要说服人，就能掌握群众，而理论只要彻底，就能说服人。所谓彻底，就是抓住事物的根本。但人

① 萨特：《辩证理性批判》。

的根本就是人本身。”①。马克思还指出，对现代的政治社会现实的批判要“提高到真正的人的问题”，而归根到底，“德国唯一实际可能的解放是从宣布人本身是人的最高本质这个理论出发的解放”②。可以说，马克思主义从诞生的第一天起，就把人的解放作为自己的最高目标。怎么能够认为在马克思主义理论中没有人的地位呢？

马克思主义对资本主义社会现实的批判之所以深刻有力，其原因之一，也正在于它并不局限于揭露和谴责这种制度的某些弊病和罪恶，而是从提出“真正的人的问题”的更高的角度出发，科学地论证了资本主义对人的摧残以及对人的进一步发展的全部危害，并且阐明了造成资本主义制度的这种反人道性质的客观根源。马克思的《1844 年经济学哲学手稿》就是一个鲜明的例证。他在这一手稿中强有力地指出，资本主义社会表现为人的完全丧失，在这里，“物的世界的增值同人的世界的贬值成正比”③。人的异化达到了荒谬的顶点，工人完全变成了自己对象的奴隶，屈服于非人的力量的统治。工人生产的财富越多，他就越贫困；他创造的商品越多，他就越变成廉价的商品。劳动创造了美，但是使工人变成畸形；劳动生产了智慧，却给工人生产了愚钝和痴呆。这种异化还不仅表现在劳动的结果上，而且表现在生产活动即劳动本身中。创造性的劳动本来是人区别于动物的特点，人正是通过创造性的劳动而得到自由的全面的发展，现在却被异化的劳动所代替了。对劳动者来说，劳动成为一种苦难，它在劳动中不是肯定自己，而是否定自己，不是自由地发挥出自己体力和智力，而是

① 《马克思恩格斯选集》第 1 卷，第 9 页。

② 同上书，第 15 页。

③ 《马克思恩格斯全集》第 42 卷，第 90 页。

在肉体上和精神上都遭摧残。因此，劳动者只是在运用自己的动物机能(饮食男女)时，才觉得自己是一个人在自由活动，而在劳动中，即运用人的机能时，却反而觉得自己不过是动物。于是就出现了这样一种荒唐的颠倒："动物的东西成为人的东西，而人的东西成为动物的东西。"①人类的特性本来是自由的自觉的活动，而现在人的活动却降为仅仅是维持其肉体生存的手段。这样，人类就丧失了自己，失去了人的价值，变成了精神上和肉体上非人化的存在物。因此，资本主义的罪恶不仅仅是一个阶级对另一个阶级的压迫和剥削，而且更在于它导致了整个人类的沦丧和奴役。正因为这个缘故，所以共产主义革命的目的决不仅限于推翻资本主义制度，使工人阶级从资本家的统治下获得解放，而是为了谋求全人类的解放。也正因为这个缘故，所以马克思在展望共产主义远景的时候，提出了"人的复归"的问题。他说："共产主义是私有财产即人的自我异化的积极的扬弃，因而是通过人并且为了人而对人的本质的真正占有；因此，它是人向自身、向社会的(即人的)人的复归，这种复归是完全的、自觉的而且保存了以往发展的全部财富的。"②马克思强调指出，共产主义绝不是采取对象形式的人的本质力量的丧失，绝不是回到不发展的简单状态去的贫困，而是"人的本质对人说来的真正的实现"，"人的本质作为某种现实的东西的实现"③。

二

只要我们不抱成见地采取科学的客观态度，那就不能不承认，当

① 《马克思恩格斯全集》第42卷，第94页。

② 同上书，第120页。

③ 同上书，第175页。

马克思开始作为一个共产主义者踏上自己的发展道路时，他所最为关心的也正是有关人的问题。他对资本主义社会里的人的处境和地位的深刻分析，以及对未来共产主义社会里的人的展望，都贯彻着一种把人的价值放在第一位的人道精神。实际上，马克思自己也明确指出，他的“这种共产主义，作为完成了的自然主义，等于人道主义”①。又说：共产主义就是“以扬弃私有财产作为自己的中介的人道主义”②。我们有些同志出于善良的愿望，想在马克思主义和人道主义之间划一道不可逾越的鸿沟，对马克思的这些话讳莫如深，这是完全不必要的。在这个问题上，我们用不着担心自己会和某些西方资产阶级的“马克思学”研究者“同流合污”，因为这些研究者的真正错误不在于把《1844年经济学哲学手稿》中的马克思看作人道主义者，而在于：第一，他们把青年马克思同成熟时期的马克思截然对立起来，硬说什么后期的马克思“背弃”了自己青年时期的人道主义思想；第二，把马克思的人道主义同过去的资产阶级人道主义混为一谈，抹杀了它们之间的原则区别。

马克思的思想有一个发展的过程，青年马克思和成熟时期的马克思自然是有区别的。问题在于究竟应该如何估计和看待这种区别。有的同志认为，青年马克思还没有摆脱费尔巴哈的影响而成为一个“马克思主义者”，因此《1844年经济学哲学手稿》中关于人的问题和人道主义的提法并不是马克思主义的，而是费尔巴哈人本主义哲学影响的残余。这种看法把青年马克思关于人的问题的一些极其深刻的思想简单地排斥于马克思主义理论之外，否认这些思想和后来马克思的更为

---

① 《马克思恩格斯全集》第42卷，第120页。

② 同上书，第174页。

成熟的思想之间的延续性和内在联系，这实际上是为把青年马克思同成熟时期的马克思对立起来的错误观点帮了忙。

在考察马克思本人的思想发展时，我们不要忘记，马克思不是白白地经过黑格尔和费尔巴哈的学校的。黑格尔企图用理性崇拜去代替神的崇拜，而他所说的理性、绝对理念则是脱离具体的人的思维抽象，在他那里确实有“把人吞没在观念里”的问题。费尔巴哈批判了黑格尔的唯心主义错误，力求用活生生的人去代替抽象的理性，但他并不能找到从抽象王国通向现实世界的道路。他所理解的人，不是生活在具体的社会历史环境和阶级关系之中，因而仍然是抽象的人。只有马克思通过对黑格尔和费尔巴哈的批判，才真正找到了正确的出发点——现实的人。恩格斯说：“费尔巴哈所没有走的一步，终究是有人要走的。对抽象的人的崇拜，即费尔巴哈的新宗教的核心，必须由关于现实的人及其历史发展的科学来代替。这个超出费尔巴哈而进一步发展费尔巴哈观点的工作，是由马克思于1845年在《神圣家族》中开始的。”①

请注意，在这里恩格斯说的是“超出”和“进一步发展”，而不是简单地抛弃费尔巴哈的观点。马克思主义创始人对费尔巴哈的批判，决不意味着抛弃掉人，回到黑格尔那样“把人吞没在观念里”的做法，而是从抽象的人进展到现实的人。费尔巴哈把人作为出发点，这并没有错；问题在于他所说的人太抽象了，他把人的本质当作“单个人所固有的抽象物”，把它理解为“一种内在的、无声的、把许多个人纯粹自然地联系起来的共同性”。② 因此，以这种抽象的人为基础的费尔巴

① 《马克思恩格斯选集》第4卷，第237页。

② 《马克思恩格斯选集》第1卷，第18页。

哈式的人道主义自然就带有虚幻的性质(如关于爱的说教等等)。一般说来，这也是马克思主义以前的一切人道主义所无法超越的局限性。马克思则破天荒第一次把人的本质理解为“一切社会关系的总和”，这样，真正有血有肉在社会中生活的现实的人，才出现在我们面前。在青年马克思的著作中，已经表现出他离开费尔巴哈而开始对现实的人进行独立的探索，他的较晚的成熟时期的著作正是这种探索的丰硕成果。如果说随着马克思的思想越来越成熟，他对现实的人的理解也越来越深刻，他对解决人的问题的方案也越来越具有科学的性质，那么难道能够说这是“背弃”原先的人道主义思想吗?

唯物史观和剩余价值这两个伟大发现，标志着马克思思想发展已达到完全成熟。唯物史观说明了人类社会历史发展的客观规律，而剩余价值学说则揭露了资本主义生产方式下人剥削人的秘密。这些划时代的发现不仅没有取消或削弱马克思的人道主义思想，反而使它建立在真正科学的基础上而得到了加强。正是有赖于这些发现，人们才第一次在历史上弄清楚究竟什么是人的社会本质，以及应该怎样去对人进行具体的分析，人的解放也不再是空想家们头脑里的美丽憧憬，而成为严密的科学研究的对象。严格说来，只是在马克思主义诞生以后，关于人的研究才成为一门真正的科学。如果我们把马克思的早期作品和他成熟时期的著作做一比较，就可以看出，人的问题始终是马克思注意的中心，对人的地位和命运的强烈关怀是一贯的，只是对支配人类社会发展的历史必然性和客观规律的认识，在青年马克思那里还是模糊的，到后来就越来越明确而具体，因而实现人类解放的真实途径也就得到了科学的阐明而成为革命实践的纲领了。

这里不妨从一些公认为马克思主义的著作中举几个例子，来证明以上所说的那种人道主义思想的连续性和进一步的发展。

其一，在《神圣家庭》中说：有产阶级和无产阶级同是人的自我异化。无产阶级在这种异化中看到自己“非人的生存的现实”，它必然感到愤慨，“是由于它的人类本性和它那种公开地、断然地、全面地否定这种本性的生活状况相矛盾”，而无产阶级要解放自己，就必须消灭“集中表现在它本身处境中的现代社会的一切违反人性的生活条件”①。

其二，在《德意志意识形态》中谈到私有制和分工在历史上产生的必然性及其对人的影响，指出只有生产力发展到一定程度，以致私有制和分工成为生产力的桎梏时，分工才会消灭，而私有制的消灭则必须以个人得到自由发展为条件。共产主义革命就是“个人自由发展的条件”，而只有在共产主义社会中，“个人的独创的和自由的发展”才不再是一句空话。

其三，《共产党宣言》提出，无产阶级要通过革命使自己成为统治阶级，消灭旧的生产关系，同时也就消灭阶级对立存在的条件，消灭一切阶级。而代替存在着阶级对立的资产阶级社会的，“将是这样一个联合体，在那里，每个人的自由发展是一切人的自由发展的条件”②。

其四，恩格斯在得到马克思完全赞同的《反杜林论》中详细地论述了在未来社会中人的地位的变化。他说，一旦社会占有了生产资料，产品对生产者的统治将随之消除，而社会生产的无政府状态将为有计划的自觉的组织所代替。那时，“人才在一定意义上最终地脱离了动物界，从动物的生存条件进入真正人的生存条件”。人们第一次成为自然界的自觉的和真正的主人，一直统治着历史的客观的异己的力量，现在处于人的控制之下了。只是从这时开始，人才完全自觉地自

---

① 《马克思恩格斯全集》第2卷，第44—45页。

② 《马克思恩格斯选集》第1卷，第273页。

己创造自己的历史。恩格斯把这称之为“人类从必然王国进入自由王国的飞跃”①。

其五，马克思在《资本论》第3卷里也谈过人从必然王国进入自由王国的问题，认为关键在于生产力高度发展下的工作日的缩短。他说，在未来的共产主义制度下，“社会化的人，联合起来的生产者，将合理地调节他们和自然之间的物质变换，把它置于他们的共同控制之下，而不让它作为盲目的力量来统治自己；靠消耗最小的力量，在最无愧于和最适合于他们的人类本性的条件下来进行这种物质变换”。但这仍然是一个必然王国，因为“自由王国只是在由必需和外在目的规定要做的劳动终止的地方才开始”，它存在于真正物质生产领域的彼岸。只是在这个必然王国的彼岸，作为目的本身的人类能力的发展，真正的自由王国才宣告开始。但自由王国是建立在必然王国的基础上的，在这里，“工作日的缩短是根本条件”②。

这样的例子还可以举出不少。但我们从上面这几个例子中，就能够清楚地看出马克思主义创始人的人道主义思想发展的线索。他们的认识也是逐步深入，后来才对人的解放的问题得出科学结论的。自从卢梭发出“人是生而自由的，但却无往不在枷锁之中”的呼声以后，怎样恢复人所失去的自由，一直是许多西方思想家热烈探讨的题目。但他们始终是在黑暗中摸索，其中的优秀人物如席勒，也只能沉溺于永远不能实现的幻想，他的《美育书简》就是一个最好的证据。只有马克思主义才第一次向人类指明了通往自由之路，在这个意义上说，人道主义的理想只有在马克思主义中才得到真正的实现。

---

① 《马克思恩格斯选集》第3卷，第323页。

② 《马克思恩格斯全集》第25卷，第926—927页。

基于以上的思考，我认为不能把马克思主义笼统地和人道主义绝对地对立起来，更不能不加分析地一概把人道主义当作修正主义来批判。当然，不应该把马克思主义融化在人道主义之中，或是把马克思主义完全归结为人道主义，因为马克思主义不仅仅是研究人的问题。但是，马克思主义应该包含人道主义的原则于自身之中，如果缺少了这个内容，那么它就可能会走向反面，变成目中无人的冷冰冰的僵死教条，甚至可能会成为统治人的一种新的异化形式。在国际共产主义运动史上，难道没有过这样的教训吗?

三

人道主义是马克思主义必不可少的因素。但是现在有些同志不敢提倡马克思主义的人道主义，总觉得人道主义这个名词是资产阶级思想家首先使用的，而且也是他们在这方面谈得最多，甚至把人道主义变为虚伪的说教来欺骗群众，所以最好还是不要和人道主义沾边。其实，这种顾虑也是不必要的。试问：唯物主义这个名词也是资产阶级哲学家首先提出来的，我们是否就不能使用这个名词呢？民主、自由等等也是资产阶级大谈特谈的东西，我们是否就因此不讲民主、自由呢？恰恰相反，正因为资产阶级要抓人道主义和民主、自由的旗帜，所以我们就更有必要去讲清楚马克思主义对人道主义、民主、自由等等的正确理解，以揭露资产阶级人道主义和资产阶级民主、自由的局限性和虚伪性，而决不可以把这些旗帜无代价地送给资产阶级。要使人们看到，人道主义、民主、自由等并不是资产阶级的专利品，无产阶级讲的人道主义、民主、自由高明得多。只要坚持马克思主义的基本立场，就不怕和资产阶级人道主义划不清界线。马克思主义的人道主义和过去的人道主义学说虽有一定的批判继承的关系，但却有着根本的区别。特别是，在一系列重大原则问题上，马克思主义者是和资产阶级人道主义者相对立的。因此，决不能把马克思主义的人道主义和其他人道主义流派混淆起来，而应把它看作人道主义的一种高级的科学的形式。

马克思主义的人道主义不同于其他人道主义学说的主要特点，至少有以下几点。

第一，其他人道主义学说都从抽象的一般的人出发，缺乏对人的具体的、历史的分析。马克思主义则确认这样的一个基本的事实，即在原始公社瓦解以后，社会的人是划分成为不同阶级的，这些阶级的存在与生产发展的一定历史阶段相联系，而不同阶级之间的相互斗争则构成人类社会全部有记载的历史。在阶级社会里，一切有关人的问题都是与以上这个基本事实相联系的。除了隶属于一定的阶级、在一定的阶级关系中进行活动的无数具体的个人以外，并没有什么超阶级的“一般的人”。所以马克思主义始终坚持要用阶级观点去观察、分析和解决人的问题，与否认人的阶级性的那些人道主义理论不同，马克思主义的人道主义是离不开阶级观点的。

第二，历来的人道主义者对社会中存在的种种不人道现象表示义愤和抗议，但却认识不到产生这些现象的社会根源，因此他们最多只是限于对这些不人道现象的受害者表示同情和给予一定的援助，而找不到根本消灭这些现象的现实途径。他们的人道主义不可能是彻底的。马克思主义则通过对历史上各种社会形态，特别是资本主义社会结构的深刻剖析，指出人对人的剥削是造成一切不人道现象的最重要根源。马克思主义科学地论证了剥削制度在历史上产生、发展以至消灭的必然性，把废除人对人的剥削、最终消灭私有制作为具体的斗争纲领，从而就为根本铲除一切不人道现象提供了现实的可能性。从这一点来说，马克思主义是一种最彻底的人道主义。

第三，马克思主义以外的人道主义者都是唯心史观的信奉者，他们把建立体现人道理想的未来社会的希望，寄托于“人性”的改善和“永恒正义”的胜利，或是寄托于个别杰出人物、“人类大救星”的出现。马克思主义则是资本主义社会中最受压迫的阶级即无产阶级解放的条件的理论概括，它彻底抛弃了关于“人性”、“正义”的空谈而诉诸现实的斗争，它也破除了任何关于“救世主”的幻想，而确认真正的解放始终是群众本身的事情。

第四，马克思主义者也不像某些人道主义者那样在原则上反对一切暴力。他们清醒地认识到，在这个世界上想用“爱的呓语”去改造一切是根本不可能的。当反动阶级用反革命暴力来对付人民以维护最不人道的制度时，使用革命的暴力就是最人道的行为。因此马克思主义者不是资产阶级和平主义者，也不是托尔斯泰式的非暴力论者。但他们同时也决不崇拜和迷信暴力，更坚决反对滥用暴力，如对失去抵抗能力者横加非人的摧残，把人打翻在地还要踏上千万只脚之类。

上面讲了马克思主义的人道主义和其他人道主义学说的主要区别，至于马克思主义的人道主义还应该包含哪些具体的内容，这是一个必须专门探讨的问题。这许多年来，由于一直把人道主义看作修正主义的代名词，这方面的研究完全停顿了，现在必须重新开始进行这一研究工作。这是我们面临的一项迫切的任务。

目前开展对马克思主义的人道主义的研究，不仅具有理论上的意义，而且具有重大的实际意义。我们实际工作中的许多问题，都是与此相关联的。举几个简单的例子来说吧。社会主义建设搞了这么多年，社会主义生产的目的是什么，居然还是一个疑问；一个人要像人那样地生活，就必须要有最低限度的卡路里和居住面积，这个浅显的道理在前些年似乎也没有弄得很清楚。更有甚者，不顾安全生产，强迫命令，胡干蛮干，视工人生命如草芥的事也屡有发生。其他如破坏社会主义法制，不讲做人的道德，不关心群众疾苦，以至于对环境污染听之任之等等现象，从思想上来说，都和忽视马克思主义的人道主义有着直接的关系。看来要真正地解决这些问题，首先需要端正对社会主义社会里的人的认识，真正把人当作人来看待。在社会主义社会里，当剥削阶级作为阶级已经被消灭以后，人与人之间应该建立起崭新的关系，这时马克思主义的人道主义将越来越显示出它的重要性。社会主义应该在各方面都比资本主义更优越，其中也应包括在人与人之间建立一种更人道的社会关系。我们相信，总有一天，资本主义社会里的那种冷酷、自私、尔虞我诈、人对人像狼那样的现象将会在地球上消失，并将作为人的耻辱的回忆而载入人类的编年史。

归根到底，马克思主义的人道主义能否得到承认，关键仍在于解放思想。我们有必要破除对人道主义的“恐惧症”，而理直气壮地宣布：共产主义者是最彻底的人道主义者，因为共产主义者为之抛头颅、洒热血的奋斗目标，就是要为人类创造一个更适宜于人生活的新世界，使人能够真正得到充分的自由的全面发展，从而结束人的“史前期”而成长为真正的人。“修正主义”的帽子，就让它进博物馆去吧。

（原载《人民日报》1980 年 8 月 15 日）

马克思主义哲学面临的新任务

伟大的马克思逝世已经100周年了，这100年来马克思主义哲学取得历史性的胜利。在哲学史上还没有一种学说像马克思主义哲学那样，对整个人类社会的变革产生如此巨大的世界性影响。马克思主义哲学的历史地位，不仅在社会主义国家里为人所公认，就是连西方资产阶级思想家们也不能否认。近几十年来，在西方国家里多次掀起了马克思热，出版了大量研究马克思主义的著作。有些人恶意攻击马克思主义哲学，有些人对马克思主义哲学做了种种歪曲。但他们也不得不承认马克思主义哲学的这种历史性的影响。存在主义哲学家萨特，在他的《辩证理性批判》里，认为马克思主义“仍然是我们时代的哲学，马克思主义是不能被超越的，因为产生它的那些历史条件还没有被超越。”在上届世界哲学大会上，马克思主义哲学占有突出的位置。不论赞成还是反对，谁都不能忽视马克思主义哲学，谁都不能不讨论马克思的思想，这说明马克思主义哲学已经成为当今世界上的决定性的精神力量。

现在有人说，马克思主义哲学正面临着严重的挑战，还有人说什么马克思主义哲学发生了“危机”。如果这些话出自马克思主义敌人之口，这是很自然的事情。自从马克思主义诞生以来，形形色色的资产阶级哲学派别每天都在向马克思主义提出挑战，并且还会继续下去。当然，我们对资产阶级哲学的挑战需要认真对待，应当给以适当的回答和反击，这种斗争将一直进行到资本主义制度死亡为止。至于说到发生什么危机的话，那么这种叫嚣也不是第一次了。从马克思主义的历史发展来看，发生这种所谓“危机”也不止一次了。可以说，马克思主义经历了一次又一次所谓“危机”，不但没有被削弱，反而越来越发展成熟，影响越来越大。相反，资产阶级哲学自己倒真正地发生了危机。比如在目前美国影响较大的分析哲学，越来越丧失了作为一种世界观对现实生活的影响，非常脱离群众，完全成了学院小圈子里的概念游戏。当然不是说那些分析哲学家在具体领域里一点没有成就，如在逻辑方面是有成就的。但说到对社会生活的影响，可以说几乎是看不到。曾经一度在西欧资本主义社会中有广泛影响的存在主义，现在也成强弩之末，没有多少后劲了。在西方社会里生活过的人，突出的感觉是一方面物质丰富，另一方面思想非常贫乏和空虚。整个社会缺乏一种能够使各种力量团结起来，能够使人激奋的精神感召力量。这才是一种非常严重的危机。某些资产阶级有识之士也感到这种思想危机比目前资本主义世界经历的经济危机更严重，因为简直看不到有什么希望可以摆脱这个危机。著名的“罗马俱乐部”主席贝切伊前年写了一本书，叫作《未来一百页》，书中就反映了资产阶级面临的危机感。他认为当代世界患有一种“衰落综合症”，根本问题是“缺乏道德和政治的指导力量”，片面强调发展科学技术，不重视从哲学的高度对科学成果进行综合性的概括，使整个科学技术发展失去社会的控制。人们对“工业文明”发生疑问，因为“经济陷入了跟人类根本利益不协调的境地”。经济活动本质上是为了人，但现在人却成了“高度经济增长奇迹”的牺牲品。他呼吁“恢复人类的精神修养”，认为要克服这个危机寻找新的出路，只有靠创造出新思想来，充分调动尚未利用的人类的精神能源。但是现在的资本主义社会恰恰找不到这种新的思想。美国一个著名的哲学教授曾对我说，美国有很多失败的地方，而最大的失败就是美国的哲学教育以及整个的教育。他说，我们搞哲学的实际上都是技术专家。我们这些搞哲学的人，没有一个知道怎样去做人，应该做什么样的人。在大学里教许多技术知识，但在根本性问题上却没有教学生怎样做人，做什么样的人，因为老师自己也不知道。整个资本主义社会已经丧失了鼓舞人们前进的理想，这种严重精神危机在西方世界里是具有普遍性的，在美国尤其明显，青年中一切传统的价值观念，一切权威，可以说完全破灭。“上帝死了”，这是尼采讲的，说的是旧的权威已经死亡，一切可能发生的事情都会发生，一切旧的固定的价值标准都要被新的价值所代替。在美国经过越南战争以后，确实在思想上出现“上帝死了”那样的影响，现在许多青年都没有什么信仰，对一切都怀疑，对许多事情都采取消极、颓废、悲观和虚无主义的态度。他们认为一切都是欺骗，甚至历史也是老一辈编造出来欺骗青年一代的。有的人则完全是醉生梦死，只知吃喝玩乐，道德堕落，吸毒泛滥成灾。缺乏一种高尚的远大思想，所谓求上进最多也只是为个人名利奋斗，这是这个社会面临的最危险的一种危机。马克思所说的远远超过罗马帝国末期的一切可怕的衰颓征象，在目前西方世界里到处可见，而资产阶级哲学家们也像当时罗马哲学家们一样在这个危机面前束手无策，他们在最好的情况下也只是企图到个人主观世界里去寻求解脱和安慰，以逃避令人悲观绝望的现实。

值得注意的是，即使在资本主义国家的这种状况下，马克思主义哲学也始终保持强大的影响，尽管它受到各种各样的歪曲和攻击，但还是在迂回曲折地发展着。当然，在西方讲的马克思主义与我们熟悉的马克思主义哲学相距很远，他们有各种派别，有不同讲法和不同的理解。有些观点在我们看来显然是错误的，但无论如何他们还是在讲马克思主义(当然，这里指的是真诚相信马克思主义的人，而不是那些假冒马克思主义之名进行招摇撞骗的敌人)。其原因在于，只有马克思主义不仅提供了社会历史发展规律的科学知识，而且提供了怎样做一个人的真正理想。西方许多国家里的学者对马克思主义哲学感兴趣，在研究马克思的著作，这种研究性的著作在近年大量出版，这不是偶然的现象，因为他们有这个需要。从西方的这些情况来看，当前一方面资本主义社会发生严重的思想危机；另一方面马克思主义哲学经历各种挑战，依然不断前进。

马克思主义哲学除了面临来自资产阶级、小资产阶级思想的挑战外，还有现实生活本身向马克思主义哲学发出的挑战。这就是现实生活中确实出现许多新情况、新问题，在马克思经典著作中找不到现成的答案。我认为对这一种挑战更需要严肃对待，这比之来自资产阶级、小资产阶级的挑战要严重得多。如果马克思主义哲学解决不了这些新问题；或者用老一套的办法去解决新问题，那倒确实有可能发生所谓危机的。当然，这个危机不是马克思主义哲学的危机，而是后人把马克思主义哲学僵化、教条化而发生的危机。我们应当承认过去确实存在把马克思主义哲学僵化、教条化的错误，特别在“文化大革命”中间发展到登峰造极的地步，相当严重地阻碍了马克思主义哲学的发展。长期存在着个人崇拜、闭关锁国，对当代的一些新问题，对社会主义实践中遇到的新问题，对自然科学中出现的新发现、新成就，都没有做出及时的总结和解答。大家都感到我们讲的马克思主义哲学多少年一贯制，没有什么发展变化。但是社会生活在加速发展，这几年来整个世界，整个中国都发生了翻天覆地的变化，自然科学跟20世纪初相比，也差不多完全变了一个样。我们的哲学能不能反映这迅速变化的世界呢？这是面临的严重挑战。我们现在所讲的马克思主义哲学，基本上是苏联30年代红色教授学院里搞的那一套体系，50年代苏联专家到中国来，我们继承了这一套东西。我们学哲学就是根据这套模式训练的。像这样的东西同马克思列宁的哲学就有差异，又几十年不变，又如何能适应迅速变化的世界？所以，对马克思主义哲学一是要坚持；二是要发展。坚持和发展是相辅相成的，是辩证的统一。

马克思主义哲学的基本原理，是对客观世界发展的根本哲学概括，是不会变的，如物质第一性、意识第二性，矛盾的普遍性问题等，都是从根本上反映客观世界发展规律的哲学概括，这些原理就是要坚持，当然也有个要加以丰富的问题。如果离开马克思主义哲学根本原理就谈不上发展马克思主义哲学的问题。但另一方面，只有发展了马克思主义哲学，才能把马克思主义哲学坚持好；如果不发展就没法坚持下去。正因为马克思主义哲学总是能够适应于新的历史情况，对出现的新问题做出新的解答，所以它可以一次又一次地战胜和克服所谓“危机”，而不断地向前发展。毛泽东同志说：“马克思主义一定要向前发展，要随着实践的发展而发展，不能停滞不前，停止了，老是那么一套，它就没有生命了。”马克思主义哲学发展的历史，证明了这个真理。在第二国际后期，马克思主义哲学确实遇到过危机，当时第二国际相当一部分头目主张在哲学上要回到康德那儿。当时第二国际的一些理论家中间，考茨基在这个问题上的态度是妥协的，普列汉诺夫表现得好一些，但他也只是坚持了马克思主义哲学的一般原理，未能在新的历史条件下把马克思主义哲学推向前进。当时最根本的问题是怎样对待和运用革命的辩证法，只有列宁认真地研究了黑格尔和马克思的辩证法，在新的历史条件下把马克思主义哲学创造性地运用于实践，完成了十月革命这一世界历史的根本转变，把马克思主义哲学向前推进一步。在中国革命历史上，以王明为代表的“左”倾教条主义的统治也曾造成马克思主义哲学的危机，是毛泽东同志总结了党的历史经验，把马克思主义普遍真理同中国具体实践相结合，从哲学上加以论证，《实践论》、《矛盾论》都是对马克思主义认识论和唯物辩证法的重大发展。新中国成立后党通过和平道路成功地完成了消灭剥削制度和剥削阶级的伟大历史任务，一直到“八大”正确地分析了国内主要矛盾的变化，关于新的条件下生产力和生产关系矛盾的分析，以及关于正确处理两类社会矛盾的理论等等，这些都是马克思主义哲学在中国的丰富和发展。但是，在这以后，我们走了一个大的弯路，哲学遭到了一场空前的灾难。在粉碎江青反革命集团以后，由于“左”倾错误思想还没有肃清，又造成了两年的“两个凡是”的思想徘徊，一直到十一届三中全会拨正航向以后，才真正在思想上进行了坚决的拨乱反正，特别是从哲学上开展实践是检验真理的唯一标准的讨论以来，从实际情况出发，解放思想，坚持创造性地发展马克思主义已成了我们的指导方针。

现在我们面临这样一个问题：到底怎样坚持马克思主义哲学，我觉得似乎有不同的理解。有一种意见认为，现在主要的问题是恢复到“文化大革命”前所讲的一些哲学原理，因为这些原理被林彪、江青反革命集团歪曲和篡改了。似乎回到过去，一切问题都解决了。彻底批判“四人帮”对马克思主义哲学的篡改，恢复它的本来面目，这当然很重要，但这是否就足够了呢？我认为，这样并不能真正解决问题，而且跟当前的社会主义现代化建设是不相适应的。因为“文化大革命”

前，恰恰没有解决当前面临的一个最主要问题。“文化大革命”前取得很大成就，但是有一点失误是很明显的，就是没有解决把一切工作的重心转移到以经济建设为中心的社会主义现代化建设上来。当时哲学应当考虑社会主义现代化建设中出现的新问题，但是“文化大革命”前没有解决这个根本问题。当时集中研究的基本上还是已经过去了的东西，是前一个阶段的问题，而不是面临的新问题。如果说教训的话，恐怕这是一个最大的教训。所以，我觉得应在拨乱反正的基础上除旧创新，进行新的探索，就应该解决当前实践提出的新问题，现在可以说马克思主义哲学研究到了一个重大的转折点。我们一直主张理论联系实际，当代最大的实际就是社会主义现代化建设。对社会主义四个现代化进行哲学的思考，这是当代中国马克思主义哲学所面临的主要任务。如果能够在拥有 10 亿人口的中国解决这样的问题，那无疑会对马克思主义哲学的发展做出创造性的贡献。

那么，什么是马克思主义哲学当前面临的主要任务？如何进行改革来完成这个任务？

邓小平同志在党的十二大开幕词中讲得很清楚：“我们的现代化建设，必须从中国的实际出发。无论是革命还是建设，都要注意学习和借鉴外国经验。但是，照抄照搬别国经验、别国模式，从来不能得到成功。这方面我们有过不少教训。把马克思主义普遍真理同我国的具体实际结合起来，走自己的道路，建设有中国特色的社会主义，这就是我们总结长期历史经验得出的基本结论。”建设有中国特色的社会主义，这是我们的总任务。我以为哲学的任务就是对这个总任务从哲学上加以论证，进行哲学的探索。我们讲马克思主义普遍真理同中国具体实际相结合，当前就是最好的结合。我们一直讲马克思主义辩证法的活的灵魂就在于对具体情况作具体分析，一直讲马克思主义不是教条而是行动的指南，中国革命不能照抄外国，没有现成的模式。在革命取得胜利前的阶段，对这个问题思想上比较明确，但在革命取得胜利以后，社会主义建设也没有现成的模式可以照搬，对这问题真正在理论上加以认识还比较晚。列宁创建了世界上第一个社会主义国家，但他从来没有把苏联当作一切国家进行社会主义建设时必须遵循的统一模式。他指出："一切民族都将走到社会主义，这是不可避免的，但是一切民族的走法却不完全一样，在民主的这种或那种形式上，在无产阶级专政的这种或那种类型上，在社会生活各方面的社会主义改造速度上，每个民族都会有自己的特点。"①列宁当时看到了这个问题，可是没有引起大家足够的注意。所以随着苏联在列宁、斯大林的领导下取得巨大成就，人们就把苏联当时的成功经验也好，甚至缺点毛病也好，都统统看作是社会主义建设的唯一正确模式。这种思想僵化达到非常严重的程度，以致把任何不符合这种模式的做法都看作背离社会主义，并戴上各种各样的帽子。其实，世界历史发展的多样性，正好存在于普遍发展的规律中间；从资本主义走向共产主义前进是普遍规律，也要通过多样化的具体形式表现出来。在这个问题上，我们起初有认识但不充分。50年代后期，在"左"的指导思想下，提出了把"反对修正主义，防止资本主义复辟"作为中国发展社会主义的道路。正如《关于建国以来党的若干历史问题的决议》所指出，这条道路"既不符合马克思列宁主义，也不符合中国的实际"。

今天，我们国家正开始进行一个伟大改革，我们哲学工作当然应当为这场改革服务。我认为，应当从理论上论证中国式社会主义到底有哪些特点，应该怎样走中国式社会主义的道路。这是哲学工作的第

① 《列宁全集》第23卷，第65页。

一个任务。为了做到这一点，我感到哲学工作本身应该有所改革。当前哲学研究存在着理论落后于实际生活的发展，脱离实际生活的严重问题。党的十一届三中全会以来，各条战线都出现了重要的变化，产生了一些新的问题，开始了一些重大的革新，比如农业联产计酬责任制的产生和推广，那样重大的问题确是实践走在理论前面，可以说是实践拖着理论走的，这说明哲学研究是不能令人满意的。我们的哲学研究喜欢从书本出发，从概念出发，从我们所熟悉的一套现成模式出发，当然对社会主义实践中出现的新东西不能做出及时的反映，不能从哲学上加以指导。直到现在对我国农村出现的富有生命力的新事物，在哲学上加以探讨的人还是很少。像联产计酬责任制，北京有两位同志写了文章，对这个问题进行哲学思考，在《人民日报》上发表，这是一个很好的开端。可惜这样的研究现在还太少。因此，改变哲学研究的现状是当务之急。要真正把我们的研究重点放到社会主义现代化建设中的重大理论问题和实际问题上来，我们的研究工作重点就要从书本上转移到现实生活中来。

其次，论证我国社会主义发展的独特道路，不能仅限于说明经济体制上有什么特点，还应从哲学上，文化、道德伦理上建立自己的特点。这也应该说是马克思主义哲学研究的一个重要任务。中华民族有着古老的文化传统、思想传统，其中有一些消极因素，应该加以消除和批判；但其中确有一些积极因素可以发掘出来，为今天的社会主义建设所用，怎么能够在创造我们的具有中国特点的社会主义道路时，不把它发扬光大，加以马克思主义的改造？我感到这是我们当前面临的一个很重要的任务。

我们面临着一场伟大的改革，有同志说当前的四化建设是一个伟大的社会工程。每一个工程都要有一个设计思想，如果没有一个总体设计思想的话，每一个局部也就搞不好。我们社会主义社会究竟应朝什么方向走，将来发展成什么样子，都要有个整体的设计思想，这是任何一个具体学科所不能解决的，只有靠哲学来解决，需要有一个总体设计的哲学指导思想。当然设计的预想跟将来的事实并不一定完全符合。但如果没有一个总的指导思想，有许多问题就不可能得到正确的解决，比如在改革中哪一些要保留，哪一些要发扬，究竟根据什么原则来保留、发扬，需要提高到哲学的高度来考虑。所以哲学面临的任务重大，它不仅要为我们整个社会的发展提供一个未来的理想蓝图，还要提出一定的科学预见，研究现代化可能带来的问题，如生态平衡的问题。现代化不仅会影响人和自然的关系，还会影响人与人的关系，影响到人的本身的种种问题。已经实现了现代化的国家在这方面有很多经验教训，值得我们研究和借鉴。这方面的问题是综合性的，不光是哲学问题，但在很大程度上应该说是哲学家研究的问题。

哲学要能承担起自己面临的新任务，自身也需要革新。我感到当前哲学研究有两个薄弱环节，一是对现代自然科学的哲学概括，一是对人的研究。现代外国资产阶级哲学正是钻了这个空子，近二三十年来资产阶级很多哲学流派也是专门着重这两方面的研究，提出很多理论来，而我们对这两方面基本上没有进行认真的深入研究，所以在批判资产阶级理论的时候只能依据马克思主义的本本，而不能依据最新的实际材料，因此，往往写的文章没有充分说服力。现在哲学研究本身迫切需要在这两方面加强。

从历史上看，哲学思想的发展主要靠两种力量的推动。一方面是靠自然科学实验的发展，也就是说，随着人对客观自然界的认识的深化，哲学思想也得以向前发展。另一方面是靠社会实践的发展，也就是说，由于人对社会的认识，包括对人自身的认识的深化，哲学思想也随之前进。这两个方面本来是不可偏废的。在过去的中国，由于历史的原因，马克思主义哲学的发展主要是由社会革命实践推动，这是完全可以理解的。但是，在中国革命取得胜利，开始进行社会主义现代化建设以后，这种局面就应该改变了。然而长久以来我们还是只搞斗争哲学，使哲学长期脱离自然科学的发展而畸形成长，应该承认这种畸形成长已经达到相当严重的地步了。

马克思对自然科学的问题一直是十分重视的，他总是密切注视着自然科学方面的一切新成就。恩格斯在他的亡友的墓前讲话中说："在马克思看来科学是一种在历史上起推动作用的、革命的力量。任何一门理论科学中的每一个新发现，即使它的实际应用甚至还无法预见，都使马克思感到衷心喜悦。"[①]恩格斯自己也很熟悉他那个时代的自然科学的发展，并充分肯定它对哲学的影响。他明确地指出，随着自然科学领域中每一个划时代的发现，唯物主义也必然要改变自己的形式。马克思主义哲学在它诞生时总结了当时自然科学的最新成果。列宁虽然把主要精力放在社会革命实践上，但对自然科学的进展一直非常关心，并在哲学上对它进行了新的概括。斯大林以后，情况就变得不好了。马克思主义哲学不是从自然科学不断地吸取新的营养，得到新的推动，而是成为凌驾于自然科学之上的教条。对自然科学的研究进行过多的哲学干预，其结果不仅严重地妨碍了自然科学的发展，而且也造成了哲学本身的停滞。

现代科学发展的特点是高速度，有人说自然科学的成就正在以几何级数增长，这有一定的道理。近二三十年来自然科学的进步确实超过以前的几个世纪。人的认识领域正在迅速扩大，急剧发展的宇宙科

---

① 《马克思恩格斯选集》第 3 卷，第 575 页。

学和空间技术，把人的认识扩展到上百亿年的时间和上百亿光年的空间，原子能物理则使人深入到层子那样的更深的物质结构层次。控制论、信息论、系统论、分子生物学和电子计算机的广泛应用和发展，使自然科学的面貌发生了根本的变革。这造成目前我们的哲学严重地落后于自然科学发展的情况，自然科学大踏步地前进了，而我们的哲学却还停留在19世纪的科学水平上，还停留于自然科学的“三大发现”。即使引用现代科学的材料，也只是作为例证，而不是真正对现代科学的新成就做出总结和概括。这怎么能使哲学对现代自然科学起应有的促进作用呢？自然科学研究当然需要马克思主义哲学世界观的指导，如果否认这种指导作用，那是极其错误的。但当前主要的问题是哲学首先要从自然科学中吸收新东西，在内容和形式、体系和方法上都有所革新，这样才能适应现代自然科学的发展水平，才能真正对自然科学研究起指导作用。也只有这样，哲学才能迅速摆脱目前那种落后于自然科学发展的状态。

为此，我们哲学工作者必须努力学习自然科学，用最新的科学知识武装自己，并和自然科学家结成巩固的联盟。马克思主义哲学所讲的规律、范畴等等，都有必要从现代自然科学的观点来加以丰富和充实，甚至作重新解释。从关于物质的定义和时空观念开始，到辩证法的一些最重要的范畴，如：必然与偶然、原因与结果、必然与自由、本质与现象等等，都要依据现代自然科学的最新成就来做新的考察。有些在自然科学中出现的新概念、新范畴，也应考虑吸收到哲学中来。像认识论问题，由于人工智能的出现，可以模拟人的思维，如今也有可能从新的角度来进行研究。哲学的研究方式同样应有所革新，把现代科学(如控制论、信息论、系统论等等)使用的方法引入哲学，将大大地加强哲学的应用性，为哲学的发展开辟新的广阔的道路。可以预期，与自然科学结成联盟，马克思主义哲学就有可能完成新的突破。

人的研究本来应作为马克思主义哲学的中心问题之一，但过去没有受到应有的重视，一度成为禁区。近几年情况有了好转，讨论文章多起来了。重视人的问题，在经典著作里是有根据的。如《德意志意识形态》里明确指出："任何人类历史的第一个前提无疑是有生命的人的存在。"马克思说的这个前提不是任意想出来的，不是教条，而是一些只有在想象中才能加以抛弃的现实的前提。当然马克思讲的人，从来也不是费尔巴哈所说的那种抽象的人，也不是像施蒂纳和克尔凯郭尔讲的那种个人，而是现实社会里活生生现实的人，是在一定物质条件下能动的、创造历史的、进行物质生产的人。他强调说："我们不是从人们所说的、所想象的、所设想的东西出发，也不是从只存在于口头上所说的、思考出来的、想象出来的、设想出来的人出发，去理解真正的人。我们的出发点是从事实际活动的人。"①马克思不仅讲人而且非常强调人的需要，认为生产满足人的需要的资料是"第一个历史活动"。如果现在我们讲马克思主义哲学，讲历史唯物主义既不研究人，也不研究人的需要，这个历史唯物主义怎么讲呢？因为其他东西不是比人更抽象吗？具体存在的、创造历史的就是活生生的人，其他的东西如生产力和生产关系等等，都是从人那里发展出来的，抽象出来的东西。如果离开人怎么讲生产力和生产关系呢？怎么讲经济基础和上层建筑呢？我想应该研究人，研究人的需要。资产阶级攻击马克思主义不重视人是完全没有根据，没有道理的。当然从哲学史来看，确有的唯物论派别是不重视人的。《神圣家族》也谈到，唯物主义在培根那里还在朴素的形式下包含着全面发展的萌芽，物质带着诗意

① 《马克思恩格斯全集》第3卷，第30页。

的感性光辉对人的全身心发出微笑。到了霍布士那里把一些运动都归结为机械运动或数学运动，所以马克思说“唯物主义变得敌视人了”。马克思很明显是反对敌视人的。马克思主义跟这种“敌视人的”机械唯物主义、跟霍布士那种唯物主义毫无共同之处，所以资产阶级对马克思主义的攻击是不符合事实的。不过，我们也得承认马克思主义发展史上有过一段曲折。例如在斯大林时期有片面性，讲人、讲人的需要都比较少，没有摆到应有的地位上来考虑。直到斯大林晚年，他才对此有所察觉，承认社会主义生产的目的“是人及其需要”，但可惜他来不及详细加以论证就去世了。资产阶级正是钻了这个空子，说马克思主义不重视人，像萨特那样指责马克思主义不研究活生生的人，变成了“非人主义”，所以他叫嚣要用存在主义去补充马克思主义。对于萨特的种种批评，到底应该怎么答复？正确的答复应该是按马克思主义的本来面貌来说明，马克思主义哲学从来不是忽视人的，而且只有马克思主义哲学才真正对人做了科学的阐明。但有的同志不赞成，认为这种答复是一种妥协，他们的回答是：马克思主义哲学就是不讲人的，只讲阶级不讲人，这样回答才好像真正划清了界线。我感到这样回答是不解决问题的，好像只有资产阶级，只有修正主义者才能讲人。把讲人的权利完全让给资产阶级，难道用这个办法能驳倒资产阶级吗？世界上这么多哲学家都在那里探讨人的问题，写了这么多书讲人的问题，我们应当用马克思主义的观点批判他们的错误，提出我们正确的主张，这样才能真正解决问题；如采取不承认的办法，说你们都是胡说八道，我就是不讲人，以为这样就能驳倒资产阶级，那简直是开玩笑。

更为严重的是，这种态度会妨碍马克思主义哲学的发展。对人的问题长期不研究、不探讨，要讲发展马克思主义哲学那也是很困难的。我感到一个很好的现象，现在讨论人的问题的文章越来越多了，已经引起哲学界的重视。但是这些文章谈概念的多、谈历史的多，从马克思主义经典著作出发的多。这仅仅是第一步。主要的任务不在这里，根本的还要从当前实际出发，从我国的社会主义现实出发。你要研究人，就要摆到这个现实中去研究，我们要研究的现实的人，就是在我国社会主义社会里生活的人，不是一般的抽象的人。我们也不要脱离当前现实谈人的需要，而要研究当前社会主义社会里人的需要。现在中国社会主义条件下的人跟过去社会里的人有什么区别？他的思想、感情、需要、理想是什么，和过去有什么不同？应该把主要精力研究社会主义社会里的人，而不要光到书本里、概念里去套生活。如果脱离当前社会主义条件下，去抽象地讨论人的自然性、社会性、阶级性、共同性等等，这些东西是永远谈不清楚的。中国已经推翻剥削阶级统治，已经消灭剥削阶级，在这样的条件下人跟人关系起了什么变化呢？例如，在关于人的问题中，一个非常重要的问题是道德，它涉及当前精神文明建设，跟四个现代化有密切联系。现在道德问题怎么讲呢？道德的阶级性在《反杜林论》里讲得很清楚，但恩格斯也讲过，在消灭了阶级对立，而且在实际生活中也忘却了这种对立以后，有一个建立“真正的人的道德”的任务。因此，我感到现在讨论道德问题不能光停留在过去，要考虑到新的任务。当然，建立新的道德不是一天两天的事情，恐怕要经过几代人的努力。但当前研究问题的出发点应该是社会主义具体条件下的人，考虑现实的状况，现实的需要，根据这一点认识来调整人与人的关系，为四个现代化服务，保证一切社会成员、一切个人能够充分发挥自己的一切积极性。我们讲社会主义比资本主义优越，很重要的一条就表现在人和人的关系上，更加尊重人的价值，更加体现人的尊严。人的生活是否幸福，是不能光拿经济收入衡量的，光讲生活富裕，讲生活有保障，对我们一个人来说是远不够的，动物园里的熊猫毕竟不是人的生活理想。人之所以为人，毕竟不是经济动物，人有人的价值，这是不能单拿经济收入衡量的。世界银行的一个调查说，中国的国民平均收入虽然较低，但按生活质量、生活价值来说中国并不低，比许多国民平均收入高于中国的国家要好得多，人在中国生活要幸福得多。关键就在于我国社会主义制度的优越性，人与人之间有一种新型的关系，对人有更多的重视，更多的尊重，一个人在中国生活可以更好地体现自己的理想，可以更自觉地为了一个理想目标而工作。

以上讲了一方面要注意自然科学的研究，另一方面要注意人的研究，这两个方面的研究是可以做到统一的。我们要把马克思主义对人的研究和严格的科学性辩证地结合起来，把马克思主义关于人的未来的理想和严格的科学分析结合起来。共产主义一方面是严格的科学，揭示了社会发展的客观规律，具有历史的必然性；另一方面共产主义又是一个崇高的目的，是一个道德的理想，是社会主义社会里的人经过自己的抉择努力追求达到的一个目标。只有把两者结合起来，我们每个人才能在科学认识的基础上担负起自己崇高的道德责任，为实现共产主义而贡献一切。

（原载《社会科学》1983年第5期，《人民日报》1983年7月20日转载时略作删节）

列宁的辩证法思想和我国的社会主义现代化建设

国际无产阶级的伟大导师列宁逝世已经60年了。在这60年内，世界发生了翻天覆地的变化。列宁的许多科学的预见，在今天已经成为事实。当前我国人民正从事着社会主义现代化建设的宏伟事业，列宁的光辉思想依然是指引我们前进的明灯。

在马克思和恩格斯以后，列宁在新的历史条件下，即在资本主义发展的帝国主义时期，捍卫并且创造性地发展了马克思主义哲学，把它提高到一个新的阶段。列宁对马克思主义哲学的发展是全面的，其中最重要的贡献是他对唯物辩证法的发展。列宁十分重视辩证法的研究，他留给我们的宝贵的哲学理论遗产之一《哲学笔记》，主要是研究辩证法的笔记。在列宁的其他许多著作中，也都贯彻着革命的辩证法精神，含有丰富的辩证思想。列宁认为，辩证法是“马克思主义中的决定性的东西”，马克思主义的“根本的理论基础”。他在晚年所写的被称为“哲学遗嘱”的《论战斗唯物主义的意义》一文中提出，马克思主义的理论工作者应该从唯物主义的观点对黑格尔辩证法组织全面系统的研究，研究马克思在《资本论》和其他历史和政治著作中实际运用的辩证法。他特别强调指出，马克思把这个辩证法运用得这样成功，以致现在东方各国（中国、印度、日本）的数亿人民日益觉醒奋起斗争的事实，新兴民族和新兴阶级日益奋起斗争的事实，越来越鲜明地证明马克思主义的正确性。列宁运用唯物辩证法也像马克思一样获得伟大的成功，他在人类历史发展的重要关头把辩证法这一“革命的代数学”运用自如，领导俄国无产阶级通过重重险阻取得了十月社会主义革命的伟大胜利，开辟了人类历史的新纪元。可惜列宁没有活到中国革命胜利的那一天，中国革命的伟大胜利证实了列宁的预见，是辩证法在中国大地上的胜利，又一次证明了马克思主义的正确性。回顾当时第二国际的一些代表人物，像伯恩施坦那样的修正主义者是公开反对辩证法的，考茨基那样的所谓正统派也完全不理解革命辩证法的意义，普列汉诺夫比较起来算是好一点，但也没有把辩证法作为事物发展和人类认识发展的根本规律来研究，而只是把它归结为一些“实例的总和”。他们不仅不能认识世界历史发展的辩证法，而且还站在历史潮流的对立面，竭力阻挠历史的前进。只有伟大的列宁认真地研究了黑格尔和马克思的辩证法，并把它创造性地运用于无产阶级的革命实践，完成了十月革命这一世界历史性的根本转变，同时也就把马克思主义辩证法大大地推进了一步。

列宁关于唯物辩证法有许多极其精辟的论述，这些论述思想深刻，富于创造性，是马克思主义哲学经典文献中的瑰宝，值得我们认真加以探讨。除了从理论上深入研究列宁的辩证法思想外，同样重要的是要把列宁的这些思想应用于中国的实际。我们正面临着实现社会主义的四个现代化，建设有中国特色的社会主义，建设社会主义物质文明和精神文明的伟大历史任务。结合我们当前的具体任务来学习、研究和运用列宁的辩证法思想，不仅具有重大的理论意义，而且也有迫切的现实意义。当然，列宁的思想博大丰富，这里只能择要地谈几点。

第一，列宁的辩证法思想，为我们今天建设有中国特色的社会主义提供了坚实的理论根据。

列宁在《论尤尼乌斯的小册子》一文里指出："马克思辩证法要求对每一特殊的历史情况进行具体的分析。"①他把具体地分析具体的情况，看作马克思主义的最本质的东西、马克思主义的活的灵魂。列宁喜欢引用这样的一句名言："没有抽象的真理，真理总是具体的。"他指出，有些命题或说法虽然看来是正确的，但因为它们过于一般化，所以对于某一特殊场合来说是不够的；"用抽象的概念来代替具体的东西，这是革命中一个最主要最危险的错误。"②因此，列宁总是强调要把马克思主义的普遍真理和各国的具体情况相结合，反对用统一的模式或公式去解决各个国家不同的具体问题。他认为，如果要开一张包治百病的丹方，或者拟定一个适用于一切情况的一般准则，那是很荒谬的。应该用自己的头脑进行独立思考，去分析和处理各种不同的情况。马克思主义辩证法的一个巨大的优越性就在于，它从来不把一般的原则僵化为抽象的公式，然后套用于各种具体事物上去，而是从活生生的实际出发，概括出一般的原则，再在具体的应用中把一般原则和具体实际生动地结合起来，使自身更加丰富并得到进一步的发展。这是黑格尔的唯心主义辩证法所无法比拟的。列宁始终坚持这种

① 《列宁选集》第2卷，第857页。

② 《列宁选集》第3卷，第113页。

马克思主义的辩证态度。他说："我们决不把马克思的理论看作某种一成不变的和神圣不可侵犯的东西；恰恰相反，我们深信：它只是给一种科学奠定了基础，社会主义者如果不愿落后于实际生活，就应当在各方面把这门科学向前推进。"他强调指出，"需要独立地探讨马克思的理论，因为它所提供的只是一般的指导原理，而这些原理的应用具体地说，在英国不同于法国，在法国不同于德国，在德国又不同于俄国"①。

列宁的这一思想是贯彻始终的，它不仅适用于各国无产阶级为夺取政权而斗争的历史阶段，也同样适用于无产阶级夺取政权后建设社会主义的阶段。他高瞻远瞩地明确告诫大家：只要各个民族之间、各个国家之间的民族差别和国家差别还存在（他认为，这些差别就是在无产阶级专政在全世界范围内实现以后，也还要保持很久很久）。那么就不应要求消除多样性，消灭民族差别，而是要求运用共产主义的基本原则时，把这些原则在细节上正确地加以改变，使之正确地适应和运用于民族的和民族国家的差别。所以他提出目前历史阶段上的主要任务，就是当每个国家采取具体途径解决统一的国际任务时，必须考察、研究、探索和把握民族的特点和特征。列宁创建了世界上第一个社会主义国家，但他从来没有把苏联作为一切国家进行社会主义建设时必须遵循的统一模式。他说："一切民族都将走到社会主义，这是不可避免的，但是一切民族的走法却不完全一样，在民主的这种或那种形式上，在无产阶级专政的这种或那种类型上，在社会生活各方面的社会主义改造速度上，每个民族都会有自己的特点。"②列宁的思

① 《列宁选集》第1卷，第203页。

② 《列宁全集》第23卷，第65页。

想是很明确的，世界历史发展的普遍规律的统一性，并不排斥特殊性、多样性，而相反的是寓于特殊性、多样性之中的，从资本主义向共产主义前进是普遍规律，但它是通过各种多样化的特殊形式和具体途径来表现的。因此，根本不存在什么建设社会主义的统一模式，后来苏联有些人把苏联的一切，不管成功经验也好，缺点错误也好，都统统说成是社会主义建设的唯一正确模式，硬要别人照搬照套，这完全是违背列宁主义精神的思想僵化的表现。

中国革命的胜利，完全符合上面所述的列宁的那些思想。以毛泽东同志为代表的中国马克思主义者，独立自主地、创造性地把马克思主义的普遍真理同中国革命的具体实践相结合，创造了农村包围城市武装夺取政权的道路，取得了继十月革命以后的又一个具有世界历史意义的巨大胜利。我们党所一贯强调的实事求是，一切从实际出发，理论联系实际的革命学风，是和列宁的思想一致的。毛泽东思想作为马克思主义普遍真理和中国实际相结合的成果，是马克思主义哲学在中国的丰富和发展。这些都是众所周知的事实。现在我们正面临着社会主义现代化建设的任务，重温列宁的教导是很有必要的。我们在过去的社会主义建设中取得了巨大成就，但也走过弯路，有许多经验教训。我国过去在社会主义建设方面的失误固然是多种多样的，有的是由于照搬别国的经验，有的则是由于我们自己的错误认识和主观主义。但有一点是共同的，那就是这些失误都产生于脱离中国的具体情况和条件，不符合我们党历来倡导的实事求是、一切从实际出发的思想路线。从哲学上来说，也就是违反了列宁所说的具体地分析具体情况这一马克思主义辩证法的基本要求。现在我们党已总结了这方面的经验教训。邓小平同志代表党中央在十二大开幕词中说：“我们的现代化建设，必须从中国的实际出发。无论是革命还是建设，都要注意学习和借鉴外国经验。但是，照抄照搬别国经验、别国模式，从来不能得到成功。这方面我们有过不少教训。把马克思主义普遍真理同我国的具体实际结合起来，走自己的道路，建设有中国特色的社会主义，这就是我们总结长期历史经验得出的基本结论。”①建设有中国特色的社会主义，这是我们的总任务。我们哲学工作者应该从理论上去具体论证和探索中国式社会主义到底有哪些具体特点，应该怎样走中国式的社会主义的道路。当然，什么是中国式的社会主义并没有现成的答案，需要我们在实践中去探索。在探索的过程中，列宁的辩证法思想始终对我们具有指导的意义。

第二，在我们建设社会主义精神文明的事业中，也需要学习和贯彻列宁的辩证法思想。

走我们自己的社会主义发展的独特道路，建设两个文明，就不仅要在经济建设上探索自己的特点，而且也应当在哲学上，文化、思想、道德伦理上建立自己的特点。中华民族有着古老的历史，有极其丰富的文化思想遗产。我国现在正进行现代化建设，对外实行坚定不移的开放政策。因此在我们建设社会主义精神文明时必然面临着如何正确对待祖国的文化遗产和外国文化的问题。我们中华民族的古老文化思想传统中确实有消极、落后的东西，这些是应该加以消除和批判的糟粕，但确实也有许多光辉的、积极的、有我们民族特点的东西，如果我们不加以马克思主义的改造而把它们发扬光大，吸收到我们的社会主义精神文明中来，那么我们的精神文明就会成为脱离民族传统的无源之水。中国是世界的一部分，在现代的条件下根本不可能孤立于世界其余部分之外，像所谓“文化大革命”期间所实行的那种闭关自

① 《邓小平文选》第3卷，第372页。

守、故步自封的错误政策，对外国文化一概采取盲目排斥和全盘否定的态度，是断送中国社会主义现代化建设事业的做法。党中央进行拨乱反正，彻底纠正了这样的错误，这是英明的决策。在如何对待中外文化遗产的问题上，列宁的一系列论述对我们来说具有非常现实的意义，并且他本人在这方面为我们提供了光辉的范例。我们哲学工作者尤其应该很好地学习列宁的思想。

列宁对文化思想遗产总是采取马克思主义的批判继承的态度，对过去的理论和学说总是采取历史的、辩证的态度。谁也没有像他那样高度评价过去优秀的文化遗产对于马克思主义的产生所具有的重大意义，同时谁也没有像他那样对一切唯心主义、形而上学、宗教等等反科学的思想进行如此深刻而彻底的批判。

早在列宁从事革命活动的初期，他就在同俄国民粹派的论战中运用马克思主义的辩证法精辟地阐明了对思想遗产的正确态度。《我们究竟拒绝什么遗产?》就是他在这方面写的最早的一篇文章。此后，列宁在一生中写了大量的著作对西欧和俄国文化思想界的一些代表人物，从康德、黑格尔到赫尔岑、车尔尼雪夫斯基和托尔斯泰，都做了深刻的研究和评论，堪称为用马克思主义的辩证观点去分析文化思想遗产的典范。直到晚年，列宁在同当时所谓“无产阶级文化派”的“左”倾思想的斗争中，又在《青年团的任务》、《论无产阶级文化》等著作中，明确地、集中地表述了马克思主义者正确对待文化思想遗产的基本立场和观点。列宁的这些著作是我们今天进行社会主义精神文明建设的强大思想武器。

列宁关于批判继承文化遗产的许多论述是大家所熟悉的，在这里用不着引证。列宁对马克思主义的三个理论来源做了最透辟的阐明，他总是强调，马克思恩格斯正是由于他们对人类思想所建树的一切，都重新探讨过，批判过，在工人运动中检验过，才建立了科学的无产阶级世界观。而马克思主义之所以赢得了世界历史性的意义，是因为它并没有抛弃资产阶级时代最宝贵的成就，相反的却吸收和改造了两千多年来人类思想和文化发展中一切有价值的东西。所以列宁说，只有确切地了解人类全部发展过程所创造的文化，只有对这种文化加以改造，才能建设无产阶级的文化。无产阶级文化并不是从天上掉下来的，也不是那些自命为无产阶级文化专家的人杜撰出来的。无产阶级文化应当是人类在资本主义社会、地主社会和官僚社会压迫下创造出来的全部知识合乎规律的发展。所以马克思主义不是离开世界文明发展大道而偶然产生的"异端"，而是人类优秀文化遗产的唯一合法继承者，又是这一遗产的真正发展者。

列宁一方面强调批判继承文化遗产的重要性，另一方面又坚决捍卫马克思主义哲学的纯洁性和党性。他不止一次地教导我们，最新的哲学像在两千年前一样，也是有党性的。唯物主义和唯心主义按实质来说，是两个斗争着的党派，而哲学上的党派斗争归根到底表现着现代社会中敌对阶级的倾向和思想体系。列宁说，这两千多年来的哲学上的两条路线的斗争，德谟克利特路线和柏拉图路线的斗争是不会过时的，如果企图超出唯物主义和唯心主义两个基本派别的对立，宣传愚蠢的无党性，那就是有意玩弄"调和派的骗人把戏"，只有极端天真的糊涂虫才会相信。列宁总是强调同敌对阶级的反动思想体系进行战斗的任务，强调马克思主义哲学的产生是人类思想发展史上的伟大转折，它对以往剥削阶级的思想体系不能不进行坚决而彻底的批判。列宁在批判一切错误哲学思想时是毫不留情的，但他从来不用简单否定的办法去解决思想斗争问题，而是在充分地研究对方、掌握第一手材料的基础上，用马克思主义的锋利的解剖刀深入地剖析其谬误，用摆事实、讲道理的方法彻底驳倒对方。列宁的许多哲学著作都是这种科学性和党性的完美的结合，像《唯物主义和经验批判主义》和《哲学笔记》永远是我们学习的光辉榜样。只有像列宁那样实事求是地、辩证地解决意识形态领域的问题，才能避免形而上学的片面性，而有利于我们的思想建设和理论建设，促进社会主义精神文明的发展。

第三，我们在社会主义现代化建设中，需要用列宁的辩证法思想来改造我们的认识，防止思想僵化，跟上历史前进的步伐。

列宁对唯物辩证法的重大发展和贡献之一在于，他用辩证法的观点去解释人的认识过程，把认识的辩证法作为辩证法的一部分来理解。他强调地指出："辩证法也就是（黑格尔和）马克思主义的认识论：正是问题的这一'方面'（这不是问题的一个'方面'，而是问题的本质）普列汉诺夫没有注意到，至于其他的马克思主义者就更不用说了。"①第二国际的那些著名人物之所以被历史所抛弃，一方面固然是因为他们从根本上背弃了马克思主义的革命原则，另一方面他们的思想落后于现实的发展，在相对和平时期形成的陈腐观念远远不能适应由于帝国主义战争而产生的新的历史条件，也是重要原因之一。由此可见，在认识论中坚持辩证法，这绝不是一件小事。

根据马克思主义的观点，辩证法是关于一切运动的最普遍的规律的科学，辩证法规律无论对自然界和人类社会，或是对思维的运动和发展，都是同样适用的。整个世界都处于永恒的运动、变化和发展之中，旧的事物不断消失，新的事物又不断产生，因此辩证法根本不承认有什么一成不变的永恒的东西。人的认识是对客观世界的能动的反映，它本身也不能不处于不断的矛盾运动和发展中，所谓绝对的认识

① 《列宁选集》第2卷，第714页。

或绝对真理也同样是不存在的。列宁反复地强调要防止把人的思想、认识绝对化，他指出，“辩证法，即最完整深刻而无片面性弊病的关于发展的学说，这种学说认为反映永恒发展的物质的人类认识是相对的。”①列宁从唯物主义的立场批判地吸收了黑格尔关于真理是一个过程的辩证法思想，他认为，人的认识是由现象到本质，由不甚深刻的本质到更深刻的本质的不断深化的无限过程。列宁说：“人不能完全把握＝反映＝描绘全部自然界、它的‘直接的整体’，人在创立抽象、概念、规律、科学的世界图画等时，只能永远地接近于这一点。”②又说：“认识是思维对客体的永远的、没有止境的接近。自然界在人的思想中的反映，应当了解为不是‘僵死的’，不是‘抽象的’，不是没有运动的，不是没有矛盾的，而是处在运动的永恒过程中，处在矛盾的产生和解决的永恒过程中的。”③正因为人的认识是一个过程，不是直线，而是充满矛盾的、曲折地发展的、近似于螺旋的曲线，所以列宁谆谆教导我们要特别警惕把这一曲线的任何一个片断、小段片面地变成独立完整的直线，这样的直线就会导致认识上的形而上学的片面性、思想僵化、主观主义和主观盲目性等等，而这些正是唯心主义的认识论根源。

我们今天重温列宁有关认识的辩证法的论述，特别具有重要的现实意义。无论是在全世界，或者是在中国，都已经发生了和还在继续发生许多重大的变化，出现了一系列过去所没有的新情况、新问题。尤其是近些年来，自然科学和技术突飞猛进地迅速发展，原子能物

① 《列宁选集》第2卷，第442页。

② 《列宁全集》第38卷，第194页。

③ 同上书，第208页。

理、宇宙科学和空间技术、控制论、信息论、系统论、分子生物学、新材料技术和电子计算机的广泛应用和发展等等，使当前世界面临着一场新的科学技术革命。这场科学技术将会大大地促进生产力的发展，相应地创造出一系列新的产业，并无疑地会对整个社会结构以至人们的思想、意识、感情发生难以预料的深刻影响。我们要进行社会主义现代化建设，不能不估计到这些新情况、新条件，决不能脱离当代世界的现实，采取闭目塞听的态度。在我国国内，自从党的十一届三中全会以来，各条战线都出现了新气象，开始了一些重大的革新，并且还要进行各方面的意义更为深远的改革。所有这一切都要求我们在思想上打破旧框框，抛弃陈规，摆脱过时的老观念的束缚，用马克思主义的观点对当代世界出现的新现象，对我国社会主义现代化建设实践中遇到的新问题，对自然科学技术革命中的新发现、新成就，做出及时的科学的总结和解答。任何思想上的僵化、停滞、保守，甚至抱残守缺，或是像列宁所批评的那样把真理当作“僵死的静止”，都不能正确地反映这迅速地变化着的世界，而必然有害于我们的社会主义现代化建设事业。对新的历史条件下产生的新情况、新问题，是不可能在书本里找到现成答案的，我们只能遵循列宁的教导，用辩证法武装我们的头脑，对未知的王国进行勇敢的探索，马克思主义理论也将在这新的探索中得到进一步的丰富和发展。这样，我们的思想、认识才能适应时代的要求。

现在，还有某些人在叫嚣列宁主义已经过时。让这些先生们去胡说八道吧！列宁所作的个别结论可能随着历史情况的变化而改变，但他的基本思想并没有过时。中国的社会主义现代化建设将在马克思列宁主义的光辉照耀下取得胜利，这是不以这些先生们的意志为转移的。

（原载《列宁哲学思想研究》（论文集），人民出版社 1985 年版）

解放思想、实事求是的马克思主义思想路线的胜利

1978年在我国理论界展开了一场关于实践是真理标准问题的大讨论。在邓小平同志的思想指导和大力推动下，这场讨论远远超出了学术争论的范围，而发展成为全党和广大干部群众的一次声势浩大、波澜壮阔的思想解放运动。这一事件对我国的改革开放和社会主义现代化建设事业产生了不可估量的影响，促成了马克思主义同中国实际相结合的第二次飞跃，使我们成功地走上了一条有中国特色的社会主义建设的新道路。我们今天在纪念真理标准问题讨论20周年的时候，不能不缅怀邓小平同志作为这场讨论的思想指导者所建立的丰功伟绩。

我们不会忘记开展这场大讨论时的复杂背景。当时"文化大革命"那场空前的浩劫刚结束不久，"四人帮"虽已被粉碎，但他们散布的流毒还远未肃清，"文化大革命"所造成的严重后果也有待清除。国家面临的形势十分严峻，国民经济濒临崩溃的边缘，教育、科学、文化遭到严重破坏，冤案遍地，是非颠倒，整个国家问题成堆，百废待兴。特

别是在思想理论战线上，思想僵化，迷信盛行，各种“左”的东西禁锢着人们的头脑，使拨乱反正工作无法真正进行。小平同志复出重新担任党的领导工作时，面对的就是这样一种局面。历史赋予他以重任，只有像他那样大智大勇的领导人才能扭转乾坤，开创新局面。

在当时十分错综复杂的形势下，邓小平同志运用马克思主义辩证法，在诸多复杂的矛盾中紧紧地抓住主要矛盾，从解决主要矛盾入手解决全局问题。他以无产阶级革命家的胆识和理论勇气，毅然决定从推动思想路线的拨乱反正入手，这样就在千头万绪中抓住了具有决定意义的环节，抓住了事情的根本。“文化大革命”的严重错误归根到底是由于推行错误的政治路线和思想路线造成的，因此如果不把思想路线纠正过来，其他方面的拨乱反正都无从谈起。邓小平同志敏锐地看到，妨碍思想路线拨乱反正的首先就是当时流行的所谓“两个凡是”的观点。他首先旗帜鲜明地表示反对，明确地指出“两个凡是”不行，不符合马克思主义。他针锋相对地提出要“完整地准确地理解毛泽东思想”，反对不问时间、条件对毛泽东同志的片言只语或个别词句做绝对化的理解，从而割裂和曲解毛泽东思想。邓小平同志反对“两个凡是”的这种鲜明的立场，为思想路线的拨乱反正奠定了基础，关于真理标准问题的讨论正是在小平同志思想指引下开展起来的。

这场讨论的重大意义在于它公开向“两个凡是”提出挑战，它重申了当时几乎已经被人遗忘了的一条马克思主义基本原理，即只有社会实践才是检验真理的唯一标准，而任何理论，包括革命导师的理论在内都要不断接受实践的检验，凡是已经被实践证明是不正确的东西就应该改正。因此，重要的不是墨守现成的条文和本本，而是要勇于研究生动的实际生活，研究和解决新的社会实践中提出的新问题。邓小平同志在关于真理标准的讨论受到阻挠和压制的情况下挺身而出，大力支持和领导了这场讨论，并把它提高到思想路线的高度来加以认识，使全党同志和广大理论工作者受到一次深刻的马克思主义思想路线的再教育。经过半年的讨论，小平同志提出的解放思想、实事求是的思想路线深入人心，得到了理论界和广大干部群众的热烈拥护，冲破了思想理论战线多年来死气沉沉的局面，使人们摆脱了长期束缚思想的"左"的错误和"两个凡是"的精神枷锁。这是关于真理标准问题讨论的最大收获。今天我们在回顾和重温这场讨论的时候，仍可从中获得许多教益。

第一，这场讨论使我们更深刻地认识到，承认实践是检验真理的唯一标准，就是意味必须坚持实事求是，一切从实际出发，必须坚持理论与实际相结合的马克思主义的根本方法。邓小平同志曾对此做了精辟的论述，他说："我们说的做的究竟能不能解决问题，问题解决得是不是正确，关键在于我们是否能够理论联系实际，是否善于总结经验，针对客观现实，采取实事求是的态度，一切从实际出发。我们只有这样做了，才有可能正确地或者比较正确地解决问题，而这样地解决问题，究竟是否正确或者完全正确，还需要今后的实践来检验。"①他尖锐地批评某些同志天天讲毛泽东思想，却忘记了必须从实际出发、理论联系实际的原则，实质上是主张只要照抄照搬马克思、列宁、毛泽东同志的原话就行了，要不然就说这是违反了马列主义、毛泽东思想。从实际出发，还是从本本和条条出发，始终是一个重大的原则问题。

第二，这场讨论告诉我们，要把社会主义现代化建设事业推向前进，就必须解放思想，使思想和实际相符合，打破思想僵化，造就一

① 《邓小平文选》第 2 卷，第 113—114 页。

批“勇于思考、勇于探索、勇于创新的闯将”。邓小平同志深刻地指出，我们现在要实现四个现代化，现有的条件与毛泽东同志在世的时候不同，如果不根据现在的条件思考问题、下决心，很多问题就提不出来、解决不了。如果毛泽东同志没有说过的我们都不能干，那现在怎么办？所以必须要反对思想僵化，解放思想，所谓理论要通过实践来检验，也是这样一个问题。

第三，这场讨论充分地说明，思想路线正确与否对党和国家来说是至关重要的。邓小平同志在1978年12月中央工作会议闭幕时的讲话中，实际上对这场讨论的性质和意义做了深刻的总结，他说，目前关于真理标准问题的讨论，实际上是要不要解放思想的争论，从争论的情况来看，越看越重要。“一个党，一个国家，一个民族，如果一切从本本出发，思想僵化，迷信盛行，那它就不能前进，它的生机就停止了，就要亡党亡国……从这个意义上说，关于真理标准问题的争论，的确是个思想路线问题，是个政治问题，是个关系到党和国家的前途和命运的问题。”①

从上面这三点可以看出，关于真理标准问题的讨论不仅具有重大的理论意义，而且具有重大的现实意义。解放思想、实事求是这一邓小平理论的精髓已成为我们党的宝贵的思想财富。

关于真理标准问题的大讨论已经过去20年了。现在回过头来看，这次讨论的意义确实如小平同志所说的那样，“越看越重要”。如果没有小平同志支持和领导的这场思想解放运动，如果没有小平同志为我们党拨正航向，重新确立解放思想、实事求是的马克思主义思想路线，那就不可能有党的十一届三中全会以来的伟大转折，就不可能彻

① 《邓小平文选》第2卷，第143页。

底清算“文化大革命”的错误和正确地总结社会主义建设的历史经验和教训，就不可能有改革开放的新政策和新局面，就不可能有建设有中国特色社会主义理论的创立，也就不可能有20年来举世瞩目的社会主义现代化建设的伟大成就。现在，我们正从事前人从未做过的社会主义现代化建设事业，面临着即将到来的新世纪的挑战和机遇，有许多新情况、新问题，在过去的马克思主义文献中都找不到现成的答案，我们必须继续解放思想，本着实事求是的原则去研究新情况，解决新问题。我们相信，只要高举邓小平理论的伟大旗帜，坚持正确的思想路线，在以江泽民同志为核心的党中央的领导下，建设有中国特色的社会主义事业就一定能取得新的胜利。

（本文为作者在“纪念真理标准讨论20周年座谈会”上的发言，原载《人民日报》1998年5月13日）

学好邓小平理论　推进哲学社会科学研究

当前，一个学习邓小平理论的新高潮正在全国兴起。江泽民同志号召我们，要把学习邓小平理论提高到十五大所达到的新水平。对哲学社会科学研究工作者来说，要达到这样的要求，我以为需要着重抓好以下几个方面：

首先，哲学社会科学工作者要认真搞好自身的理论武装，系统学习和刻苦钻研邓小平理论，务求完整、准确地把握这一理论的科学体系，从总体上领会其基本观点和基本精神，然后又从各自的学科领域对邓小平理论做进一步的深入研究和探讨，并加以灵活的运用。通过学习，要充分理解邓小平理论的历史地位和指导意义，深刻认识邓小平理论是当代中国的马克思主义，是马克思主义在中国发展的新阶段。为此，需要从马克思主义发展史的角度进行比较研究，弄清楚邓小平理论同马克思列宁主义、毛泽东思想的继承和发展的关系。一方面，必须明确地指出，就世界观、方法论和社会历史发展基本原理来说，邓小平理论和马克思列宁主义、毛泽东思想是一脉相承、基本一致的。另一方面，又必须看到，邓小平理论之所以能够成为马克思主义在中国发展的新阶段，是因为它坚持解放思想、实事求是，在新的实践基础上继承前人又突破陈规，从而在新的历史条件下提出并解决了以前马克思主义者没有遇到过或未能解决的新问题。我们在重视邓小平理论和马克思列宁主义、毛泽东思想的继承关系的同时，应该把学习和研究的重点放在邓小平理论对马克思列宁主义、毛泽东思想的创新和发展上，邓小平同志的伟大理论贡献也正在于这种创新和发展。马克思主义是发展的科学，必定要随着时代、实践和科学的发展而不断发展，绝不能一成不变、停滞不前，它总是适应不断变化的客观条件而向前推进，这也是它能够永葆青春而具有强大生命力的秘密所在。只有充分理解了邓小平理论对马克思列宁主义、毛泽东思想的创新和发展，才能正确地把握它的精神实质，并深刻地阐明其历史地位和伟大意义。哲学社会科学工作者尤其要学习邓小平同志的理论创新精神，解放思想、实事求是，大胆探索，开拓进取，这样才能在科学研究中取得新的突破，开辟新的境界。

其次，学习邓小平理论，必须贯彻理论联系实际的原则，只有从当代世界特别是当代中国的实际出发，才能对它有正确的理解。如果说毛泽东同志成功地使马克思列宁主义和中国革命的实际相结合，完成了一次历史性飞跃，产生了毛泽东思想，促成了中国革命的伟大胜利，那么，邓小平同志则在新的历史条件下用马克思列宁主义的宽广眼界观察世界，正确地分析当今时代特征和总体国际形势，认真地总结国内外社会主义建设的经验教训，依据中国现今处于社会主义初级阶段的实际，创造性地提出了建设有中国特色社会主义的理论，为中国的社会主义建设事业开辟了一条新路。因此，邓小平理论是马克思列宁主义和中国实际相结合的又一次历史性飞跃，它既带有中国的特色，又体现了鲜明的时代特征。这一理论的最大贡献就是用新的观点阐明了“什么是社会主义、怎样建设社会主义”这个根本问题，深刻地揭示了社会主义的本质，把人们对社会主义的认识提高到新的科学水平。社会主义作为一种社会制度在世界上虽然已经有几十年的历史，但究竟什么是社会主义、怎样才能成功地建设社会主义，在过去并没有完全搞清楚。国际社会主义运动遭受的重大挫折，我国社会主义建设过程中经历的种种曲折和失误，包括像“文化大革命”那样带全局性的严重错误，归根到底都与此有关。邓小平同志号召大家要解放思想、实事求是，最根本的就是要在这个有关社会主义的首要问题上解放思想、实事求是。邓小平理论纠正了过去关于社会主义的某些错误的僵化观念和教条式理解，从实际出发，第一次比较系统地初步回答了中国社会主义的发展道路、发展阶段、根本任务、发展动力、外部条件、政治保证、战略步骤、党的领导和依靠力量以及祖国统一等一系列基本问题，形成了涵盖经济、政治、科技、教育、文化、民族、军事、外交、统一战线、党的建设等方面比较完备的科学体系。我国改革开放以来所取得的举世瞩目的巨大成就已经充分证明，在当代中国，只有把马克思列宁主义同当代中国实际和时代特征相结合的邓小平理论，而没有别的理论能够解决社会主义的前途和命运问题。当然，邓小平理论作为科学体系还需要从各方面进一步加以丰富和发展。这就向哲学社会科学工作者提出了一项重要任务，各个学科的研究都要为建设有中国特色社会主义服务，通过对邓小平理论的各个方面做深入的研究和探讨，促进整个哲学社会科学事业的繁荣和发展。

再次，对于哲学社会科学工作者来说，学习邓小平理论的目的还在于应用，就是要以这一理论为指导去研究和解决我国改革开放和社会主义现代化建设中所遇到的重大理论问题和实践问题，解决当前经济社会生活中的突出矛盾。判断学习得好不好，绝不在于能否熟练地背诵和引证原著中的个别词句和现成的结论，而在于是否掌握马克思主义的基本立场、观点和方法，并从实际出发，对具体事物作具体分析，把邓小平理论灵活地、创造性地应用于实践。应该看到，世界正在急剧地变化，社会生活在不断前进，人们的实践也在发展，新事物层出不穷，无论是世界或是中国都出现了一系列前所未有的新情况、新问题。近期内我国社会主义现代化建设中遇到的一些亟待解决的问题，例如怎样建立社会主义市场经济体制，如何进行国有企业改革、建立现代企业制度，如何跟上世界的步伐发展知识经济，如何深化金融体制改革、防范金融风险，如何增加就业和完善社会保障制度等等，都是以前没有遇到过的，在过去的马克思主义文献中也找不到现成的答案。哲学社会科学工作者应该负起责任，深入实际，独立思考，用邓小平理论去回答现实向我们提出的挑战。我们一定要以我国改革开放和现代化建设的实际问题、以我们正在做的事情为中心，大胆地进行创造性的研究，努力找到解决矛盾的有效办法和途径。如果真正做到了这一点，也就把哲学社会科学的研究水平提高了一大步。

现在，经过党的十五大，邓小平理论的伟大旗帜已经高高举起，有中国特色的社会主义发展道路已经指明，中华民族在下一个世纪的全面振兴已经在望。我们哲学社会科学工作者应该抓住机遇，奋发图强，努力学习和运用邓小平理论，使哲学社会科学在社会主义现代化建设事业中发挥更大的作用。

（原载《求是》杂志1998年第15期）

“三个代表”重要思想是对马克思主义哲学的创造性发展

在中国共产党成立八十二周年的时刻，中共中央总书记胡锦涛同志在“三个代表”重要思想理论研讨会上发表了重要讲话，深刻阐明了“三个代表”重要思想的重大理论意义和实践意义，并做出了在全党兴起学习贯彻“三个代表”重要思想新高潮的战略部署。

从哲学世界观来说，“三个代表”重要思想充分体现了唯物辩证法和历史唯物论的精神，是在新的历史条件下结合我国的实际对马克思主义哲学的创造性运用和发展。它的重大理论意义和实践意义将在中国人民建设社会主义的伟大实践中得到检验和证实。

要正确地理解“三个代表”的精神实质，不能离开辩证法的观点。“三个代表”是有机的统一，相互之间有着内在的联系和相辅相成的辩证关系。正如江泽民同志所指出，“代表中国先进生产力的发展要求，代表中国先进文化的前进方向，代表中国最广人人民的根本利益，是统一的整体，相互联系，相互促进。”先进生产力、先进文化和最广大人民群众的根本利益是紧密相连的整体，决不能把它们形而上学地分割开和对立起来，也不能片面地、孤立地强调其中之一而忽视其他。中国共产党所以赢得人民的拥护，是因为她在长期的革命、建设和改革的实践中真正做到了“三个代表”，并善于把握住三者的辩证统一关系。

在“三个代表”中，代表中国先进生产力的发展要求是第一，因为这是整个社会发展的基础。根据历史唯物论的观点，生产力不仅向人们提供赖以生存的物质条件，而且决定生产关系并进而决定全部社会关系，是人类社会发展的最终决定力量。因此，发展先进生产力，是建设社会主义的基本任务，离开了生产力的大发展，社会主义只是一句空话，这是我们党付出了沉重代价而得出的经验教训。邓小平同志在谈论社会主义本质时，总是把解放和发展生产力放在首要地位。事实上，中国共产党自诞生之日起，就是先进生产力的代表，即代表着当时大工业生产的发展要求而登上历史舞台的。但是，先进生产力的发展要求并不是一成不变的，而是随着时代的前进而变化的动态的过程。近几十年来，科学技术突飞猛进，已经成为现代社会生产力构成中的主导因素，成为影响生产力发展的决定性力量。这可以说是当代世界发生的重大变化之一。马克思主义作为与时俱进的科学，必须对这种新情况、新现象做出新的理论概括。邓小平同志正是在新的历史条件下做了关于科学技术是第一生产力的论断，他说：“世界在变化，我们的思想和行动也要随之而变……马克思说过，科学技术是生产力，事实证明这话讲得很对。依我看，科学技术是第一生产力。”江泽民同志正是发展了邓小平的这一论点，进一步阐明先进生产力的发展要求，指出，“科学技术是第一生产力，而且是先进生产力的集中体现和主要标志”，充分肯定了科学技术对经济社会发展的巨大推动作用。这是对历史唯物论原理的新的丰富和发展。

“三个代表”重要思想在重视发展先进生产力的同时，强调先进文化在社会发展中的积极作用，这正体现了马克思主义关于社会经济基础和上层建筑、物质文明和精神文明之间的相互关系的辩证法观点。历史唯物论认为，生产力制约着生产关系，而生产关系的总和则构成社会的基础，包括文化在内的社会的一切上层建筑都建立在这一基础之上并与之相适应。但上层建筑虽由经济基础所决定，却并不是消极的，它也对经济基础起积极的反作用，特别是文化作为上层建筑中持久存在和延续的因素，对社会发展有着重要影响。发展先进生产力和发展先进文化并举，正是充分肯定了经济基础和上层建筑之间的相互作用和辩证关系。如果从物质文明和精神文明的角度去看，那么发展先进生产力主要是解决物质文明建设的问题，而发展先进文化则是建设社会主义精神文明的关键。“三个代表”重要思想，贯彻了社会主义物质文明建设和精神文明建设两手都要抓、两手都要硬、两手相互促进的辩证法。对中国共产党来说，代表中国先进文化的前进方向是关系到未来发展的大事。江泽民同志指出：“坚持什么样的文化方向，推动建设什么样的文化，是一个政党在思想精神上的一面旗帜。”因此，建设先进文化是举什么旗帜的重大问题，忽视举什么旗，不管在其他方面取得多少成绩，也有可能走到邪路上去。从历史上看，中国共产党的创立直接得益于“五四”新文化运动，当时中国的先进的知识分子接受了马克思主义，代表着先进文化的前进方向，所向披靡，赢得广大群众的支持和革命的胜利。时代在前进，今天我们党要代表先进文化的前进方向，必须面向未来，面向世界，与时俱进，充分发扬时代精神和创造精神。一方面，要高举邓小平理论的旗帜，坚持马克思主义的崇高理想信念、世界观和价值观，加强社会主义思想道德建设，以此作为发展先进文化的重要内容和中心环节；另一方面，要批判地继承中华民族丰富的文化遗产，借鉴和吸收人类所创造的优秀文化成果，积极进行文化创新，从中国的实际和需要出发去创造社会主义新文化。

发展先进生产力和发展先进文化都十分重要，但它们本身还不是目的。江泽民同志指出，“不断发展先进生产力和先进文化，归根到底都是为了满足人民群众日益增长的物质文化生活需要，不断实现最广大人民的根本利益。”这就画龙点睛地阐明了“三个代表”思想的精髓所在。实现最广大人民的根本利益统率一切，是我们党考虑和处理一切问题的出发点和归宿。我们今天从事社会主义现代化建设就是为了这个目的，这也是社会主义本质和优越性的体现。如果不是为了实现最广大人民的根本利益，那么先进的生产力和发达的文化都可能被用来达到其他目的。因此，在马克思主义看来，为什么人，为谁的利益服务，是必须解决的首要问题。从根本上说，这是一个立场问题。

代表最广大人民的根本利益，是中国共产党依据唯物史观基本原理而得出的必然结论。历史究竟是谁创造的？人们曾长期争论不休。只有马克思主义历史唯物论第一次科学地回答了这个问题，认为真正创造历史的不是个别英雄、杰出人物，而是人民群众。人民，只有人民才是创造历史的源泉。人民群众是历史的主体，是人类物质财富和精神文化财富的创造者，无论是发展先进生产力或先进文化都必须依靠人民。马克思主义认为，无产阶级的解放只能靠自己，而且只有解放全人类才能解放自己。在中国无产阶级取得政权后，无产阶级的利益和最广大人民的根本利益是完全一致的。因此，中国共产党作为无产阶级的先锋队，除了谋求最广大人民的根本利益外没有任何特殊的私利。全心全意为人民服务，努力实现最广大人民的根本利益，是中国共产党人奉行的最高准则。

综上所述，“三个代表”重要思想是一个统一整体，处处闪耀着唯物辩证法和历史唯物论的光芒。学习“三个代表”就是学习活生生的马克思主义哲学，在实际中贯彻“三个代表”就是把马克思主义哲学付诸实践。

（原载《中国社会科学院院报》2003 年 7 月 10 日）

坚持和发展马克思主义　坚定地走中国特色社会主义道路

当前，从美国“次贷”危机引发的国际金融危机，正进一步演化为席卷全球的经济危机。面对愈演愈烈的危机，一向鼓吹资本主义优越性的西方新自由主义理论家们束手无策，陷于狼狈不堪的处境。人们对形形色色的现代西方资产阶级理论感到失望，而只有马克思主义才能科学地说明资本主义经济的内在矛盾和发展规律及其导致经济危机的必然性。尤其重要的是，只有马克思主义向人们指明了摆脱困境的真正出路，揭示了资本主义未来必将被社会主义代替的历史必然性。我们应由此得到有益的启示：马克思主义绝没有过时，仍然是21世纪的伟大真理，我们必须坚持和发展马克思主义，高举中国特色社会主义旗帜，坚定地走中国特色社会主义道路。

要坚持和发展马克思主义，首先要进一步加强我们的理论学习。学习马克思主义，第一步是必须老老实实地把基础打好，认真读懂读透马列主义的一些重要的经典代表作，才能深刻领会和掌握马克思主义哲学、政治经济学和科学社会主义的基本原理。恩格斯在致布洛赫的信中曾语重心长地要求他根据原著来研究马克思主义理论，而不要根据第二手的材料来进行研究。特别是对年轻一代的理论工作者来说，花力气钻研原著是必不可少的基本功，但目前似乎还没有引起大家足够的重视。当然，研读马列原著的目的并不是要死记硬背书本中的词句和具体的论述，而是要从原著中学习经典作家研究问题所采取的立场、观点和方法。

学习马克思主义，最主要的是要学会把一般原理运用于分析具体情况，解决实际问题。因此，我们在学习中应该结合实际，用马克思主义的立场、观点和方法进行独立思考，去分析和处理各种具体的情况，切忌把一般的原则僵化为抽象的公式而套用到具体的实际事物上去。在理论研究方面，要想贯彻马克思主义，单凭从经典著作中引章摘句是完成不了这个任务的，需要做大量艰苦的工作，用事实来说话，进行深入的理论探讨。我们要牢记恩格斯的教导：“即使只是在一个单独的历史实例上发展唯物主义的观点，也是一项要求多年冷静钻研的科学工作，因为很明显，在这里只说空话是无济于事的，只有靠大量的、批判地审查过的、充分地掌握了的历史资料，才能解决这样的任务。”

学习马克思主义，一定要努力发扬马克思主义的革命的批判精神。马克思主义不仅要帮助我们去认识世界，而且更重要的是要对世界进行革命的改造，这是它和其他一切哲学学说的根本区别。因此，它在本质上是革命的、批判的，它决心要改变整个旧世界，就不能不批判地对待旧世界的一切，包括旧世界的意识形态。所以在《共产党宣言》中明白宣告，革命在自己的发展过程中要同传统的观念实行最彻底的决裂。离开了这种批判精神，也就放弃了马克思主义的基本立场。当前无论在国内或世界范围内，各种错误的思想理论时刻都在向马克思主义提出挑战。学习马克思主义，就要在同各种错误思潮的斗争中去坚持和发展马克思主义。学了马克思主义，是否能成功地应对各种挑战，有理有据地驳倒对马克思主义的攻击和诽谤，这是衡量我们学习成绩的一个重要标准。同时应看到，马克思主义的批判应该是革命性和科学性的统一，应本着从实际出发、实事求是的精神，进行科学的具体分析，充分说理，这样才能有真正的说服力。发扬马克思主义的批判精神，与正确地吸收和借鉴人类文明所创造的一切优秀成果也是不矛盾的，只有用批评的眼光去看，才能辨别什么是应该吸收的有益和有价值的东西，什么是应该拒斥的有害和消极腐朽的东西。归根到底，只有确保马克思主义在我国意识形态领域的指导地位，才能保证中国特色社会主义伟大事业朝着正确的方向胜利前进。

（原载《光明日报》2009 年 3 月 19 日）

马克思主义辩证法在中国的伟大胜利

——学习胡锦涛总书记在庆祝中国共产党成立九十周年大会上的讲话

中国共产党诞生已经九十年了。在漫长的人类社会发展史上，九十年只是一个短暂的瞬间，但中国人民在中国共产党领导下走过的光辉历程却对整个人类社会发展进程发生巨大影响，因而具有伟大的世界历史意义。概括地说，在这期间中国共产党人完成了彪炳史册的两大业绩。一是在前二十八年，经过艰苦卓绝的武装斗争，付出极大牺牲，推翻了压在中国人民头上的三座大山，取得了新民主主义革命的胜利，建立了中华人民共和国。这是继十月革命后世界历史中最重大的政治事件。二是新中国成立后完成了社会主义改造，在中国确立了社会主义制度，开始了建设社会主义的艰辛探索。我们党在社会主义建设实践中取得了很大成就，但也走了弯路，甚至有严重失误和挫折。党的十一届三中全会之后，以邓小平为代表的第二代领导集体在总结和吸取国内外社会主义建设经验教训的基础上，成功地开辟了在中国建设社会主义的正确道路，创立了中国特色社会主义理论。正是在这一理论指导下，近三十年中国发生了翻天覆地的变化，社会主义建设取得了令世界震撼的突飞猛进的发展。实践已经证明并将继续证明，中国特色社会主义建设的成功对中国以至世界的发展都具有不可估量的深远影响。

中国共产党从事革命和建设始终以马克思主义作为行动的指南，善于把马克思主义基本原理与中国实际紧密相结合，在长期实践中实现了马克思主义中国化，并在理论上不断创新，完成了两次飞跃，创立了毛泽东思想和包括邓小平理论、“三个代表”重要思想与科学发展观在内的中国特色社会主义理论，创造性地发展了马克思主义。我们党一贯重视马克思主义哲学，以辩证唯物主义和历史唯物主义作为世界观和方法论，特别强调要努力掌握和灵活运用唯物辩证法于革命实践，中国特色社会主义理论就是创造性地运用唯物辩证法的光辉典范。在某种意义上可以说，中国特色社会主义的巨大成功是马克思主义辩证法的伟大新胜利。

中国特色社会主义理论在新的历史条件下运用马克思主义辩证法去解决中国面临的实际问题，生动地体现了辩证法革命的精神实质。

（一）以马克思主义辩证法为指导，重新确立了解放思想、实事求是的思想路线，为中国特色社会主义理论奠定了坚实的思想基础。对于党的事业来说，思想路线是决定一切的。只有坚持正确的思想路线，党才能对客观形势做出正确判断，从而相应地制定正确的政治路线和方针政策以及为实现目标而采取正确的战略和策略。实事求是，原本是毛泽东思想的精髓，是马克思主义中国化的重要理论成果。毛泽东运用唯物辩证法去研究和解决中国革命中的各种问题，强调一切从中国实际出发，尊重客观事实，从中找出其固有的而不是臆造的规律性，作为行动的向导。我们党正是遵循和贯彻实事求是的思想路线，赢得了中国革命的胜利。问题是在我国进入社会主义建设时期后还要不要坚持实事求是的思想路线，而历史经验告诉我们，这仍然是关系党的事业成败的关键，社会主义建设中发生的一切重大的偏差和失误以至错误地发动“文化大革命”，究其原因归根到底是由于决策时脱离中国的实际，违反了实事求是的原则。因此，我们党在深刻地反思经验教训，探寻建设社会主义的新道路的历史转折关头，首要的是重新确立解放思想、实事求是的思想路线。解放思想与实事求是相结合，是邓小平首先提出的。这是在新的历史条件下对唯物辩证法的创造性应用。解放思想是为实事求是扫清思想障碍，思想不解放就无法真正做到实事求是。当时主要障碍就是所谓“两个凡是”的观点，邓小平最早旗帜鲜明地表示反对，接着他又大力支持关于实践是真理标准问题的大讨论，在全党和广大干部群众中开展了一场声势浩大、波澜壮阔的思想解放运动。它破除了对“两个凡是”和条条本本的迷信，重新确认只有社会实践才是检验真理的唯一标准这一马克思主义基本原理。任何理论，包括革命导师的理论在内都要接受实践的检验，凡是已被实践证明为不正确的东西就应改正或否弃。只有这样，才能正确地吸取以往社会主义建设中的经验教训，不再墨守成规，而是去勇敢面对新时期的实际，采取实事求是的科学态度，勇于探索，勇于创新，去研究和解决社会实践中提出的新问题，开创新局面。邓小平对这一思想解放运动评价很高，认为这关系到党和国家的前途和命运。他说，“一个党，一个国家，一个民族，如果一切从本本出发，思想僵化，迷信盛行，那它就不能前进，它的生机就停止了，就要亡党亡国。”①现在回顾这段历史，解放思想的意义确实如小平同志说的“越

① 《邓小平文选》第2卷，第143页。

看越重要”，如果没有小平同志为我们党拨正航向，重新确立解放思想、实事求是的思想路线，就不可能有十一届三中全会以来的伟大转折，不可能有改革开放的新政策和新局面，也就不可能有中国特色社会主义理论的创立和新时期社会主义建设的蓬勃发展。

（二）按马克思主义辩证法的要求，从中国的实际出发，具体分析中国国情，抓住社会主要矛盾，根据实际情况，制定出一整套的路线、方针、政策，开辟了在中国建设社会主义的新的道路，形成了中国特色社会主义理论。唯物辩证法要求对每一特殊的历史情况进行具体分析，对具体事物作具体分析是马克思主义最本质的东西、活的灵魂，因此必须把马克思主义普遍真理与各国的具体实际紧密地相结合，切忌用统一的模式或公式去解决各国革命和社会主义建设的问题。列宁创建了世界上第一个社会主义国家，但从来没有把苏联当作其他国家必须遵循的统一模式。可是，后来在国际共产主义运动中长期形成一种错误观念，把苏联的体制奉为社会主义的唯一正确模式强加于人。我国开始社会主义建设时，由于缺乏经验，也曾受苏联模式的影响。毛泽东同志对这一模式的缺陷早有察觉，提出要以苏为鉴，根据我国具体情况探寻建设社会主义的道路。遗憾的是，这一可贵的探索由于“文化大革命”的严重失误而走偏了方向。邓小平深刻地总结了经验教训，在新的历史条件下提出根据中国实际走自己的路的问题，指出“在革命成功后，各国必须根据自己的条件建设社会主义。固定的模式是没有的，也不可能有”①。正因为破除了社会主义固定模式的思想束缚，我们党才能真正从中国的实际出发，对什么是社会主义、怎样建设社会主义这一根本问题进行重新认识和思考，而过去

① 《邓小平文选》第3卷，第292页。

对这问题是没有搞清楚的。中国特色社会主义理论根据对国情的具体分析，得出正确结论认为，我国还处于并将长期处于社会主义初级阶段，我们必须从这一实际出发制定党的路线、方针和政策，而不能超越这个阶段。这一科学论断形成为社会主义初级阶段理论，为中国特色社会主义建设奠定了坚实的基石。

在社会主义初级阶段，像中国这样幅员辽阔、人口众多、经济与文化落后的大国应怎样建设社会主义，在经典著作中并无现成答案。我们党运用马克思主义辩证法抓主要矛盾的方法创造性地回答了这个问题。邓小平强调指出，现阶段我国社会主义社会的主要矛盾是人民日益增长的物质文化需要同落后的社会生产之间的矛盾，这种状况在相当长的历史时期内都不会改变，而解决这一主要矛盾的唯一正确途径就是发展生产力。发展生产力不仅是社会主义的首要任务，而且是社会主义的本质，是社会主义制度优越性所在。这就把我们对社会主义的认识提高到一个新的水平。正是基于这种新的认识，党的十一届三中全会果断地摒弃了过去“以阶级斗争为纲”的错误方针，做出把党和国家的工作中心转移到经济建设上来的重大战略决策，在建设中国特色社会主义道路上迈出了决定性的一步。党在社会主义初级阶段的基本路线，即“一个中心，两个基本点”开始形成。坚持以经济建设为中心，集中力量发展生产力；坚持改革开放，为解放生产力和发展生产力开辟道路；坚持四项基本原则，保证在党的领导下朝着社会主义方向进行建设。这几项坚持相互依存，构成辩证的统一，是马克思主义辩证法的生动体现。中国特色社会主义建设从此走上康庄大道，乘风破浪，一日千里，在较短时间内基本上实现小康，根本改变了中国的面貌。

（三）唯物辩证法最注重事物的发展，马克思主义是发展的科学，中国特色社会主义理论也同样要与时俱进，随着时代的步伐前进，随着中国人民建设社会主义的实践的发展而发展，不断进行理论的创新。在中国特色社会主义理论形成和发展的过程中，我们党从实际出发，理论联系实践进行深入探索，先后产生了邓小平理论、“三个代表”重要思想和科学发展观等重大理论成果，回答了什么是马克思主义、怎样对待马克思主义，什么是社会主义、怎样建设社会主义，建设什么样的党、怎样建设党，实现什么样的发展、怎样发展等有关社会主义建设的基本问题，形成了中国特色社会主义理论体系，进一步推进了马克思主义中国化，这是对马克思主义科学社会主义理论的丰富和发展，也是社会主义学说史上的一大创造，为它写下了新的篇章。

改革开放以来，我国社会主义建设进入一个新时期，国际和国内形势都发生了巨大变化，出现了许多新情况、新问题，这是过去所从来没有遇到过的。能不能依据新情况正确地解决新问题，关系到社会主义建设事业的成败。我国既有难得的良好发展机遇，又面临着严峻的挑战。我们党在中国特色社会主义理论的指导下，把马克思主义和当今时代的发展相结合，对时代的特征、主题、基本矛盾和发展方向做出正确的判断，拓宽新视野，提出了一系列新概念、新理论以及相应的方针政策，使改革适应时代的需要，深入到经济、政治、文化、社会、军事等各个领域，并在广大党员干部和人民群众中广泛开展关于中国特色社会主义理论的学习、教育和宣传活动，推进了马克思主义时代化和大众化。

唯物辩证法认为，实践是理论的源泉，也是理论发展的动力。中国特色社会主义建设的实践正在不断发展，推进理论的不断发展和创新。实践永无止境，创新也永无止境，中国特色社会主义理论体系正是我们党在创造性实践中积累的宝贵经验的理论结晶，胡锦涛同志曾在纪念党的十一届三中全会召开三十周年大会上的讲话中精辟地把它概括为“十个结合”，即：必须把坚持马克思主义基本原理同推进马克思主义中国化结合起来，以理论创新为改革开放提供理论指导；必须把坚持四项基本原则同坚持改革开放结合起来；必须把尊重人民首创精神同加强和改善党的领导结合起来；必须把坚持社会主义基本制度同发展市场经济结合起来；必须把推动经济基础变革同推动上层建筑改革结合起来；必须把发展社会生产力同提高全民族文明素质结合起来，推动物质文明和精神文明协调发展；必须把提高效率同促进社会公平结合起来，推动社会主义和谐社会建设；必须把坚持独立自主同参与经济全球化结合起来，统筹好国内国际两个大局；必须把促进改革发展同保持社会稳定结合起来；必须把推进中国特色社会主义伟大事业同推进党的建设新的伟大工程结合起来，使党始终成为中国特色社会主义事业的坚强领导核心。这“十个结合”是我们党在中国特色社会主义建设中取得的成功经验的最新理论总结，用辩证统一的观点阐明和解决了中国特色社会主义各个方面的主要问题，凝聚着马克思主义的哲学智慧，处处闪耀着唯物辩证法的光辉。它已成为党和全国人民的珍贵的思想财富和理论武器，指导我们在建设中国特色社会主义的道路上继续前进。

（四）唯物辩证法昭示我们，社会发展中成长壮大的新事物必将代替过时的旧事物，社会主义经过漫长过程最终必然代替资本主义，这是不可抗拒的历史发展规律。中国特色社会主义就是中国历史发展中富有强大生命力的新事物，虽然诞生至今只有三十来年，但已充分展示出它对资本主义的优越性，表明它是发展中国、振兴中华民族的必由之路。

20世纪20年代，列宁在人们称之为“哲学遗嘱”的《论战斗唯物主义的意义》一文中，号召马克思主义理论工作者要努力研究和宣传辩证法。他说，马克思把辩证法运用得非常成功，现在占世界人口大多数、包括中国在内的东方的新兴阶级日益觉醒奋起斗争的事实，愈来愈证明马克思主义的正确性。改革开放以来中国的高速和平发展和中国特色社会主义的巨大成功，再一次证实了列宁的英明论断。曾几何时，当社会主义在世界上某些国家内遭遇挫折，社会主义运动陷入低潮时，有的西方理论家兴高采烈大言不惭地宣称，历史已告终结，自由主义已战胜马克思主义，资本主义已最终战胜社会主义。如今历史的发展已无情地驳斥了这种胡言谰语。马克思主义辩证法是威力无穷的，它不仅能够摧毁旧世界，也能创造一个新世界。中国共产党辉煌的九十年就是最有力的证明。

（原载《光明日报》2011年7月9日）

关于发展哲学社会科学的一些浅见

近一个时期，特别是党的十八大以来，在党和政府的重视和支持下，我国哲学社会科学取得了很大成就，如大力研究和宣传马克思主义理论、中国特色社会主义理论体系与核心价值观，出版了大量成果，拓展了一些新的研究领域，壮大了教学和研究队伍，加强了对外学术交流，等等，这些成绩令人欣喜，应予充分肯定。

但喜中有忧，一是成果虽多，但真正具有重大创新意义和学术价值的用马克思主义观点写成的作品较少；二是在某些领域还存在一些思想混乱的现象，网络上表现尤为明显；三是有些学者学风不正，学术研究过度受物质利益的影响。

我以为，根本解决以上这些问题和进一步促进哲学社会科学发展，关键在于真正确立马克思主义和中国特色社会主义理论体系的指导地位。这不能停留在口头上抽象地承认，而必须在各个学科中具体贯彻落实，真正融化在研究者的思想深处，自觉运用马克思主义立场、观点、方法去研究问题。这是体现党对意识形态工作领导权的重要方面。目前仍有一些学科是西方那一套学术理论和思想在占统治地位，马克思主义在一定程度上被弱化、被边缘化。对马克思主义抱什么态度，归根到底是哲学社会科学研究为谁服务的问题。只有正确解决这一问题，才能深刻认识马克思主义的伟大意义，从而自觉奉为研究工作的指南针。

在当今国际和国内形势下建设中国特色社会主义，必然会受到国内外各种思潮的影响，这些思潮在意识形态领域以复杂多样的形式表现出来，马克思主义与这些错误思潮之间的矛盾甚至斗争是不可避免的，而且将长期存在。马克思主义只有通过宣传、教育以至开展必要的斗争，才能牢固占领并坚守哲学社会科学阵地。要旗帜鲜明地反对那些国内外错误思潮和理论，组织对它们进行深入批判以辨明是非，当然这种批判应是实事求是的、充分说理的、有说服力的。马克思主义理论工作者也要在实际思想斗争中受到考验和锻炼，而不要停留于学院式的研究。

促进哲学社会科学繁荣发展，一方面要抓对错误思潮的辨析、批判，另一方面也要抓党的“双百”方针的贯彻落实。目前虽然有大量的研究成果，但一般性的、重复性的太多，真正有创见的不多，学术间的批评、交锋和交流、争鸣都很不够，常常处于“自说自话”状态。需要组织力量展开讨论和争鸣，加强对学术著作的评论，鼓励不同学派、不同观点之间的相互交流和批评，活跃学术空气，促进学术研究。要依法管理网络，对背离四项基本原则的奇谈怪论要采取必要措施。

对我国传统文化和外国文化要采取马克思主义的批判继承的科学态度，批判与继承二者不可偏废。特别需要警惕的是，西方敌对势力妄图借助于思想文化渗透“西化”和“分化”中国，而国内有些人盲目崇拜西方思想理论，奉之为“普世价值”而全盘接受并大肆宣扬，对此决不能掉以轻心。需要组织对西方敌对势力惯用的一些迷惑人心的理论，如人权、民主、自由、宪政等，进行深入系统的研究和辨析，以彻底揭露其虚伪性和欺骗性，同时阐明马克思主义观点和主张，以争得话语权。

中国作为世界影响越来越大的社会主义大国，不仅要有一流的哲学社会科学研究成果，而且要在国际学术界发出自己的声音，以扩大我国的影响力。在人力、物力、资源配置方面要有支持重点，使某些优势学科能率先取得突破性进展，在国际上占有领先地位。需要把重要的基础理论研究（例如中国特色社会主义政治经济学）和中国特色社会主义建设中重大理论和实际问题的对策性研究，作为重点，力争有所创新、有所前进。

近期以来，哲学社会科学工作取得了一些成功经验，如实施“马克思主义理论研究和建设工程”、编写“理论热点面对面”等通俗理论读物，这些工作和成果社会影响巨大，需要再接再厉。目前“工程”承担的编写高校教科书的重点任务已基本完成，是否可考虑将个别单位难以独力完成的重大理论研究课题交“工程”承担，以便调集各方面专家共同协力完成。“理论热点面对面”等通俗理论读物，除了继续就群众关心的问题进行讲解外，是否可多做一些社会科学基本理论的普及工作。

哲学社会科学工作的管理体制有必要进行改革和完善，应立足于加强党对意识形态工作的领导，立足于提高党和国家掌控意识形态的能力，立足于促进哲学社会科学繁荣发展，保证国家长治久安。至于如何进行具体改革，建议有关部门先通过调研，听取广大科研工作者和各方面意见，搞好顶层设计，积极稳妥推进。

（本文为作者在 2016 年 5 月 17 日哲学社会科学座谈会上的发言）

开创中国哲学社会科学繁荣发展新局面

——学习习近平总书记在哲学社会科学工作座谈会上的重要讲话

5 月 17 日，我有幸参加了习近平总书记主持召开的哲学社会科学工作座谈会，这是关系到我国哲学社会科学进一步繁荣发展的一次重要的会议。习近平总书记在认真听取了一些哲学社会科学工作者的发言后，发表了长篇重要讲话，使会议参加者受到深刻的教育和启发。这两天我一直在认真回忆和思考这次讲话的丰富内容。由于学习还不够深入，只能谈一些初步的认识和体会。

第一，习总书记的讲话（以下简称《讲话》）深刻地阐明了党中央对哲学社会科学工作的重视。他强调指出，观察当代中国哲学社会科学，需要有一个宽广的视角，需要放到世界和我国发展大历史中去看。只有这样，才能充分理解当代中国哲学社会科学的不可替代的重要地位和作用。《讲话》通过中外历史的实例说明，人类社会每一次重大跃进，人类文明每一次重大发展，都离不开哲学社会科学的知识变革和思想先导，因此社会大变革的时代，往往是哲学社会科学大发展的时代。当代中国正经历着历史上最为广泛而深刻的社会变革，正在进行历史上最为宏大而独特的实践创新，这就为理论创造、学术繁荣提供了强大动力和广阔空间。所以当今的时代，是一个需要理论和思想的时代，也是一定能够产生理论和思想的时代。一切有理想、有抱负的哲学社会科学工作者都应该勇于担负起历史赋予的光荣使命，研究和回答我国面临的重大理论和实践问题，为建设中国特色社会主义做出自己的贡献。这样站在历史的高度，创造性地运用历史唯物主义观点去阐明当代中国哲学社会科学所处的形势和任务，使我们深受教益，认识大大地提高了一步。

第二，《讲话》明确地指出，坚持以马克思主义为指导，是当代中国哲学社会科学区别于其他哲学社会科学的根本标志，必须旗帜鲜明加以坚持。这就使我们更清楚地认识到发展我国哲学社会科学的关键所在。我们在学习《讲话》之后，要在研究工作中认真贯彻落实，自觉地运用马克思主义的立场、观点和方法去研究哲学社会科学各学科领域内的问题，真正把马克思主义作为指导融化在研究者的思想深处。尤其应该注意学习的是，《讲话》不仅指出我国哲学社会科学必须坚持以马克思主义为指导，而且还深刻地阐明如何坚持的问题，那就是要着力继续推进马克思主义中国化、时代化、大众化，继续发展21世纪马克思主义、当代中国马克思主义。哲学社会科学工作者首先要解决真懂真信马克思主义的问题，要解决好为什么人这一核心问题，坚持以人民为中心的研究导向，尊重人民是历史创造者的主体地位，树立为人民做学问的理想。同时又精辟地说明马克思主义是与时俱进的科学，是随着时代、实践、科学的发展而不断发展的开放的理论体系，它并没有结束真理，而是开辟了通向真理的道路。因此，坚持马克思主义和发展马克思主义是辩证的统一。学习《讲话》使我们更深切地认识到，在新的历史条件下结合新的实践，用马克思主义观点去进行创造性探索，研究新情况，解决新问题，创造新理论，在实践中进一步丰富和发展马克思主义，是马克思主义理论永葆革命青春和生机活力的奥妙所在，同样也是我国哲学社会科学繁荣发展的康庄大道。

第三，《讲话》提出要加快构建中国特色哲学社会科学，并为之指明了方向和道路，制定了发展的蓝图。对于广大的哲学社会科学工作者来说，这是一项迫切需要完成的新的重大任务。我国正在建设中国特色社会主义，作为社会上层建筑的一部分，哲学社会科学也必然需要体现中国特色、中国风格、中国气派。《讲话》深刻地阐明了构建中国特色哲学社会科学的思路，要立足中国、借鉴国外，挖掘历史、把握当代，关怀人类、面向未来，要善于融通马克思主义的资源、中华优秀文化的资源以及国外哲学社会科学的资源，坚持不忘本来，吸收外来，面向未来。构建中国特色哲学社会科学必须要有原创性、主体性，要有自身特色的学科体系、学术体系和话语体系，要有系统性、专业性，涵盖所有学科领域，构建一个全方位、全领域、全要素的哲学社会科学体系。这是一个系统工程，是一项极其繁重的任务，要加强顶层设计，由各方面协调推进。

第四，《讲话》充分体现了党中央对在哲学社会科学部门工作的广大知识分子的关心、爱护和支持，同时也对大家提出很高的期望和鼓励。希望大家大力弘扬优良学风，严谨治学，立志做大学问、做真学问，以深厚的学识修养赢得尊重，以高尚的人格魅力引领风气，在为祖国、为人民立德立言中成就自我、实现价值。我以为这是对我国哲学社会科学工作者的高度信任，也是很高的要求。相信大家一定会身体力行，不辜负党的期待。

以上是我学习《讲话》后的几点粗浅的认识和体会。作为过去曾长期在哲学社会科学战线工作的老兵，我听了《讲话》后一方面备受鼓舞，另一方面则觉得哲学社会科学工作者重任在肩，任重而道远，要完成中央交付的任务还需要付出艰巨的努力。但我坚信，只要大家共同协力贯彻《讲话》精神，必将为我国哲学社会科学的繁荣发展开创新局面，为实现中华民族伟大复兴的中国梦做出更大的贡献。

（原载《中国社会科学报》2016 年 5 月 20 日）

第二辑　哲学遗产的批判与继承

论青年黑格尔的异化理论的形成和发展

目前，关于异化问题的研究在我国哲学界正引起越来越大的兴趣。经过长期的忽视以后，人们终于认识到这个问题的重要意义。这是一个可喜的现象。

谈论异化问题，一般都要提到黑格尔的名字。这是理所当然的。在哲学史上，过去虽然也有人（如费希特）已经使用过“异化”或“外化”这一概念①，但把异化作为一个重要的哲学问题来加以全面探讨的，黑格尔还是第一个。因此，要探索异化问题的渊源，弄清楚异化问题的真实含义，必须从黑格尔的异化理论开始。可是，迄今为止，在我国还没有对此做过认真的探讨。由此而产生对黑格尔异化学说的一系列误解和简单化的说法，也就是可以理解的了。本文的目的是试图在这方面进行初步的探索，以期在如实地了解的基础上对黑格尔的异化理论做出适当的评价。

黑格尔关于异化的思想有一个形成和发展的过程。在

① 卢卡奇：《青年黑格尔·论辩证法和经济的关系》，苏黎世，1948年德文版，第682页。

他本人的思想演化史上，关于异化的思想最初萌芽于杜宾根时期和伯尔尼时期，经过法兰克福时期的继续探索，而最后形成于耶拿时期。因此，有关异化的理论探讨，基本上是青年黑格尔的哲学课题，它贯穿在黑格尔的一些早期著作中，表现了这位未来的辩证法大师为了寻求和深入理解广泛的社会历史现象的本质而做的巨大努力。到《精神现象学》一书的出版，异化已经成为黑格尔哲学的一个中心概念，取得了它最后的确定的形态。可以说，异化概念的建立是黑格尔在哲学上达到成熟的重要标志之一。在以后黑格尔成熟时期的许多著作中，异化这个概念是常见的，但却并没有再对它做集中的探讨。从理论意义上来说，他后来有关异化的一些论述，只不过是《精神现象学》中的异化理论的具体应用和发挥而已。

一

青年黑格尔的哲学兴趣是从宗教伦理问题开始的，他关于异化的思想萌芽首见于论基督教的几篇著作：《民众宗教和基督教》、《耶稣传》、《基督教的实证性》、《基督教精神及其命运》①。在这些著作中，黑格尔还没有正式使用异化这个专门的哲学概念，虽然在个别文章(例如在《基督教的实证性》一文)里已经出现过这个用词。但是，黑格尔关于异化的思想已经开始酝酿，因此这些著作对我们正确理解黑格尔异化理论的形成具有重要的意义。

在青年黑格尔的这些有关基督教的早期著作中，他所详加发挥的

---

① 黑格尔的这些早期著作分别写于杜宾根、伯尔尼和法兰克福等时期，在他生前没有发表，直至1907年才由诺尔根据手稿整理出版，编入《黑格尔青年时期神学著作》一书。

是“实证性”(Positivität)这个概念。所谓“实证性”实际上说的是人的思想异化的一种形式，是用来指这样一种思想机构，它虽然是人自己所创造的，却变成僵死的客观存在反过来统治人，而与人相对立。在黑格尔看来，某几种宗教形式，特别是犹太教和基督教，就是“实证宗教”①。它们是从外面强加于人的，代表着一种异己的力量对人的强制、奴役和压迫。他在《基督教的实证性》中这样说：“一种实证的信仰是这样一种宗教命题的体系，它们所以对我们说来是真理，是因为它们是由一个权威命令我们接受的，而我们又不能不使我们的信仰听从于这个权威。”②

因此，“实证宗教”的特点就在于，它是作为必须盲目服从的宗教教条由外在的权威以命令的形式强加于人的。它的真理性是由权威人为地维持着的，而不管它是否得到了验证和承认。这种宗教要求人们无条件信奉，无条件服从。黑格尔指出，基督教就是这样一种基于权威的“实证宗教”，它完全剥夺了人们在道德上的自主性和自由抉择，从而使人丧失了独立使用理性能力的权利，扼杀了人们的理性自由。这就导致践踏人的尊严，无视人的价值，因此教会体系就无非是一个“不把人当人的体系”。

“实证宗教”的信仰对人造成了严重的后果，人丧失了理性和自由，也就丧失了自身，而沦为一种异己力量的奴隶。黑格尔指出，上帝对我们所拥有的权利和我们必须服从的义务是以下面这一点作为根

① 黑格尔在《民众宗教和基督教》和《基督教的实证性》中集中批判基督教，而在《耶稣传》和《基督教精神及其命运》中则把批判的锋芒指向犹太教。狄尔泰在《黑格尔青年时代的历史》一书中，主要根据《耶稣传》去解释黑格尔当时的思想，否认青年黑格尔有强烈的反基督教倾向，这是完全错误的。

② 诺尔编：《黑格尔青年时期神学著作》，德文版，第233页。

据的，即上帝是我们的全能的主人和统治者，而我们则是上帝的创造物和臣民，上帝是真理的源泉，而我们则是愚昧无知和盲目的。这样，人就只有感恩戴德地服从上帝、取悦于上帝，才能得到自己的幸福。人的这种自我贬损的结果，就是把一种“强制的权利”交与上帝，使自己受异己的力量统治。这种精神统治甚至比人身的统治更为可怕和可憎，因为奴隶可以希望从自己的主人那里逃走，脱离主人的势力范围，但却无法从上帝那里逃脱。因此，在黑格尔看来，实证的基督教为人民锻造了思想枷锁，它是使人类丧失自由的宗教，维护对人的奴役和压迫的宗教。

作为人的思想异化的一种形式，“实证宗教”的实质就表现在强加于人的绝对权威和思想僵化上。青年黑格尔对基督教的“实证性”的批判，主要也集中在这方面。他借耶稣之口说出了这样的话：“人们摧毁了旧东西，因为这些旧东西束缚了理性的自由，玷污了伦理的源泉，他们又代之以一种权威的信仰，束缚于词句条文，这些东西又重新夺去了理性的权利——剥夺了理性自己立法，自由信仰，只接受理性自己的约束的权利——真可叹惜呵！”①

青年黑格尔批判“实证宗教”，反对人的思想异化，是从人的本性和理性出发的。黑格尔把“实证性”同人对立起来②，揭露了“实证宗教”对人性的压制和歪曲，斥责“实证宗教”是违反自然的。而在他看来，人性中最重要的因素就是理性，理性是“知识和信仰的最高标准”，“理性的立法作用是不复依赖任何别的东西的。对于理性，无论

① 诺尔编：《黑格尔青年时期神学著作》，德文版，第106页。
② 黑格尔：《基督教精神及其命运》。

在地上或天上都没有另外一个权威能够现成地提出另外一个裁判的标准”①。黑格尔所以坚决反对“实证宗教”这种思想异化的形式，主要目的之一也就在于要恢复人的理性应有的地位。捍卫理性的自由，谴责中世纪式的思想统制，这正是欧洲启蒙运动的优秀传统。

但是，青年黑格尔的贡献不仅在于他揭露了“实证宗教”这种思想异化的形式，而且更重要的是在于他对产生这种思想异化形式的社会历史原因所做的分析。按照他的看法，在人类的宗教信仰史上，并不是一开始“实证宗教”就占有统治地位。在基督教诞生之前，古希腊罗马共和国时期的宗教就不是“实证宗教”，而是表现自由和人类尊严的“民众宗教”。他这样写道：“民众宗教产生并养育着崇高的思想方式——它是和自由携手并进的。”②所以随着自由的丧失，这种宗教的意义和力量以及它对人们的适应性也就必然消失了。在古希腊罗马共和国，无论在公共生活或私人生活中，每个人都是自由的人，都按自己的法律生活。自己的祖国或国家的观念，就是他们每个人为之工作并激励他们的那种“无形的、更高的东西”，就是他们的世界的“终极目的”。因此，在黑格尔看来，在那时人享有充分的自由，个人和集体、国家处于和谐和统一之中，这自然不发生人的异化的问题，从而也就没有思想异化的问题。他指出，“实证的”基督教的兴起，乃是古代民主制崩溃后人丧失自由的结果。政权落入了少数人之手，管理国家机器被委托给少数公民，他们只是作为机器的个别齿轮而起作用。每个人都有指定的位置，整体被肢解成碎片后委诸每个人的部分，与整体相比是如此微不足道，以致个人简直不用知道自己与整体的关系

① 诺尔编：《黑格尔青年时期神学著作》，德文版，第89页。

② 同上书，第27页。

或把整体放在眼里。“现在，一切活动、一切目标都只与个人相关联，已经不再有为某一整体或某一观念而进行的活动了——每个人不是为自己而工作，就是被迫为另一个人而工作。”一切政治自由都没有了，公民只关心私有财产和个人得失。正是在这种情况下，作为“私人宗教”的基督教就适合于这种社会需要而产生了①。

由此可见，产生基督教这种思想异化形式是有深刻的社会历史根源的。在这里，政治自由的丧失是一个决定性的因素。黑格尔认为，古代民主制的没落和自由的丧失是从罗马帝国建立开始的，而基督教正是在罗马帝国后期取得了统治地位。政治上的专制和人的思想异化有着内在的必然联系。他说：“罗马皇帝们的专制主义把人的精神从人间驱逐走了，对自由的剥夺迫使精神把一切永恒的东西和绝对的东西隐藏到神身上去了——专制主义所传播的灾难，迫使人们到天上去寻找幸福，并期待从天上降下幸福。神的客观性是伴随着人们的堕落和奴役的，真正说来它只是那个时代精神的显示和表现。”②人被置于一个“异己的世界”里，他既不能参与这个世界的事情，也不能通过自己的行动获得任何东西。这样，就发生了人的异化，人本身成为一个“非我”，而上帝则成为另一个“非我”。人正是处于这种自我异化的状况下才接受了基督教这种“实证宗教”，服从于异己的意志和异己的法律。因此，思想的异化只是特定的社会历史状况的结果。

青年黑格尔对“实证的”基督教进行了无情的揭露，他所着重批判的是这种思想异化形式所起的社会作用。他用火一样的热情向基督教倾泻了他的全部愤怒和憎恨。他说，基督教在罗马皇帝统治下并没有

① 诺尔编：《黑格尔青年时期神学著作》，德文版，第221—223页。

② 同上书，第227页。

能防止道德的沦丧和对罗马人的自由和权利的侵犯，也没有能防止统治者的暴政和酷刑，防止天才、所有美的艺术和科学的毁灭，相反的，却以畸形化的形态提供了“专制主义的工具”。“它把艺术和科学的毁灭，把在践踏任何人性、人道和自由的美的花朵时作痛苦忍耐，把对专制君主们的服从都搞成一个体系，它是专制主义的令人发指的罪行的辩护士和热烈颂扬者，而且，比这类个别的罪行更为可恨的是专制主义吸尽人的一切生命力量、以慢性秘密毒药把人葬入死坟的罪行。”①所以基督教不仅是专制政治的产儿，而且也是专制政治的思想支柱和帮凶。青年黑格尔曾直率地指责专制国家和教会是“消灭一切意志自由和理性”的共谋犯。

在青年黑格尔对“实证宗教”的批判中，已经包含着他后来更为成熟的异化理论的雏形，也可以说这是他关于异化的思想的最初形态。后面我们探讨《精神现象学》一书中的异化问题时，就能够清楚地看到黑格尔前后思想发展的线索。从前面所述，需要指出以下这几点：

第一，青年黑格尔关于基督教的“实证性”的思想是他的异化理论的发源地。在异化的思想开始形成的时候，黑格尔并不是把它作为一个本体论的问题或认识论的问题，而是把它作为一个社会的、历史的、伦理的问题来探讨的。那时黑格尔的出发点是人，是具有自然的想象力、情感和理性能力的活生生的人，而不是抽象的精神。他所关心的是人的问题，也就是人怎样丧失自由以及怎样恢复自由的问题。无论是他对古希腊罗马共和国的向往，或是对基督教世界的谴责，都

① 诺尔编：《黑格尔青年时期神学著作》，德文版，第366页。

是围绕着人的自由这个核心问题的。在黑格尔看来，自由是人的本质①，丧失了自由，人就不成其为人，正如他所说，“任何人都不能放弃自己给自己制定法律，自己负责行使法律的权利，因为当他出让这种权利时，他就停止是一个人了。但是，阻止这种异化却不是国家的事情，因为这意味着要强迫一个人去做人，这就会是用暴力”②。但他错误地把古希腊奴隶制社会理想化为没有异化的自由世界，幻想回到古代城邦共和国，使人重新成为自由的人。后来黑格尔的看法虽然有所改变，但这种把古希腊社会理想化的观点却一直保存下来了。

第二，黑格尔关于异化的思想从一开始就具有强烈的批判精神。他通过对基督教这种思想异化形式的批判，深刻地揭露了人的堕落和被奴役状态。但是，黑格尔的批判并不仅限于阐明“实证宗教”对人性的歪曲和戕害，而且揭示了产生这种思想异化的社会根源。他不是把思想的异化看作孤立的现象，而是把它同整个社会状况和时代精神联系起来，进行总体的考察。他说：“一个民族的精神、它的历史、宗教和它所达到的政治自由的程度，无论就它们的相互影响来说，或是就它们的内在本质来说，都不能把它们分开来单个地进行考察，它们是紧密地联系在一起的。”③因此，他在剖析“实证的”基督教的时候，批判的锋芒也刺向基督教社会生活的各个方面，特别是基督教社会的政治结构（封建国家）和经济基础（私有财产）。后来他在《精神现象学》一书中把国家和财富看作异化的不同形式，盖伏源于此。尤其应该指出，在黑格尔看来，现代社会是建立在同晚期罗马帝国社会相类似的

① 后来黑格尔在《哲学初阶》中明确地指出：“在本质上每个人都是自由的人”，“人是自由的生物。这是人的本性的基本定义”。

② 诺尔编：《黑格尔青年时期神学著作》，德文版，第212页。

③ 同上书，第27页。

基础之上的(如专制政治、缺乏自由、人们热衷于私有财产而不关心集体以及个人充当国家机器的螺丝钉等等)，所以自从罗马帝国以来一直有着使基督教得以生根繁殖的社会环境。因此，他对滋生思想异化的罗马社会的分析，就不仅是谈论历史，而且也是针对他当时的现实，是对现存社会的批判。

第三，青年黑格尔试图用一定的社会历史状况去说明基督教的产生，所以思想的异化不是社会历史发展的第一位原因，而是特定的社会发展的结果(或至少是特定社会的伴生现象)①。这里包含着合理的内核。如果用马克思主义的观点去看的话，这正好是说明“不是社会意识决定社会存在，而是社会存在决定社会意识”这个历史唯物主义基本命题的正确。但是，青年黑格尔却没有也不可能达到这样的科学结论。作为一个唯心主义者，他虽然对基督教做了深刻的批判，但这种批判却具有很大的局限性。他只是把人的思想异化和“实证宗教”联系在一起，而不是用它去解释一般的宗教。因此，古希腊罗马共和国时期虽然没有异化，却也有宗教。青年黑格尔从来也不是无神论者，他只是批判“实证宗教”(就基督教而论，他也只反对天主教，不反对新教)，而并不否定一般的宗教。相反的，黑格尔夸大宗教的作用，把宗教看作“我们生活中最重要的事情”，并认为它是左右人们道德观

① 关于这一点，青年黑格尔的看法有一个发展的过程。普兰特指出，在杜宾根时期，黑格尔似乎认为宗教在社会中起决定作用，是造成近代社会的有害结构的起因，而到了伯尔尼时期，他的看法发生了重大变化，不再认为宗教对社会起决定作用。“在这个时期内，黑格尔与其说把基督教看作人的异化的原因，倒不如说把它看作人的异化的投影或征兆。”(普兰特：《黑格尔政治哲学中经济和社会的整体性》，载《黑格尔的社会和政治思想》文集，1980 年英文版，第 63 页)

念的最有效的手段，因而是必不可少的①。由于当时他把社会问题主要看成道德问题，所以他把改革社会的希望寄托于宗教的革新。在他看来，克服人的思想异化，打碎“实证宗教”的精神枷锁的办法，不是去根本改造社会以铲除滋长思想异化的土壤，也不是对宗教本身进行彻底批判，而是去重新建立像古代那样的“民众宗教”。这样，问题完全被他弄颠倒了，消灭思想异化被仅仅看作思想本身的改造问题。我们看到，后来黑格尔虽然抛弃了通过重建新宗教和道德革新来变革社会的幻想，而赋予哲学更高于宗教的地位，但主张在思想的范围内解决异化问题的看法却始终没有改变。这可以说是黑格尔异化理论的一个本质特征。

应该注意到，青年黑格尔在写作这些论基督教的文章时，他的世界观还处于正在形成的阶段，因此反映在这些文章中的某些观点并不是前后一贯的(例如他在伯尔尼时期的观点和法兰克福时期的观点就有相当大的区别)。但是，在他的思想发展史上，这是一个重要的阶段，是产生黑格尔辩证法的源头。黑格尔关于异化的思想也还没有成熟，但它已经是躁动于母腹中的快要成熟了的胎儿。果然，到了耶拿时期，它就正式呱呱落地了。

二

如果说黑格尔对基督教的“实证性”的批判，表现了这位进步的德国青年思想家在异化问题上所做的初步的哲学探求，那么当他到耶拿大学任教正式开始了他的哲学生涯之后，关于异化的思想就进一步得

① 黑格尔说：“道德是人的最高目的，在人所拥有的促进这个目的的手段中，宗教是最突出的一种手段。”(诺尔编：《黑格尔青年时期神学著作》，第48页)

到发展而取得了完整的理论形态。我们知道，黑格尔的世界观是在耶拿时期确定下来的。在这之前，他已经开始考虑如何建立他自己的独创的哲学体系的问题①，但真正着手这一巨大的工作是在他去耶拿之后。直到他写作《精神现象学》一书，他才完全摆脱了谢林的影响，而成长为一个成熟的独立思想家。也正是在这部著作中，异化作为一个专门的哲学范畴出现，从不同的角度(本体论的、认识论的、社会历史的、政治的、经济的、伦理的、美学的)进行了探讨。

那么，异化概念在黑格尔的《精神现象学》中占什么样的位置呢?要回答这个问题，首先必须弄清楚什么是《精神现象学》所研究的对象。根据恩格斯的看法，它“也可以叫作同精神胚胎学和精神古生物学类似的学问，是对个人意识各个发展阶段的阐述，这些阶段可以看作人的意识在历史上所经过的各个阶段的缩影”②。《精神现象学》所探讨的就是意识从最低级的阶段经过自我意识、理性和精神等阶段一直进展到所谓绝对知识的过程，或者换句话说，它就是“意识自身向科学发展的一篇详细的形成史”。海谋也指出，“精神现象学企图提供由自然的意识，即类似胚胎的意识提高到高度有教养的、高度成熟的意识的发展史”③。

但是，黑格尔在考察意识的发展史的时候，并不是单方面地就意识本身来加以研究的。在《精神现象学》里，整个意识的发展过程中始

① 黑格尔在法兰克福时曾写信给谢林说：“我在科学上的成长是从人的一些次要的需求开始的，现已达到了科学，而我的青年时期的理想也不能不转化为反思的形式，转化为某一种体系。”(1800 年 11 月 2 日黑格尔给谢林的信)这些话清楚地说明黑格尔早期思想在他的体系的形成中的作用。

② 《马克思恩格斯选集》第 4 卷，第 215 页。

③ 海谋：《黑格尔和他的时代》，1857 年德文版，第 236 页。

终贯穿着主体和客体、意识和对象之间的矛盾，这个矛盾只有到了意识发展的最后阶段才得到解决。而作为一个唯心主义者，黑格尔却把外部世界的一切对象、客体都统统看作自我意识的异化或外化，正如马克思和恩格斯所说，“全部‘现象学’的目的就是要证明自我意识是唯一的、无所不包的实在”①。黑格尔企图用自我意识去吞并整个客观世界，这当然是荒谬的。但他正是用异化这个概念去表述历史发展过程中的主客体之间的复杂的辩证关系和交互作用(虽然是在唯心的基础上)，从而比他同时代的其他思想家们要高明得多。他批评这些人只注重原始的或直接的统一性，而没有“严肃地对待他物和异化，以及这种异化的克服问题”②。在黑格尔看来，异化现象不仅是不可避免的，而且还是意识自身得以发展的必要条件。他这样写道：

“叙述这条发展道路的科学(按：即指精神现象学)就是关于意识的经验的科学；实体和实体的运动都是作为意识的经验对象而被考察的。意识所知道和理解的，不外乎是它经验里的东西，因为意识经验里的东西只是精神的实体，即只是作为经验的自我的对象。但精神所以变成了对象，因为精神就是这种自己变成他物，或变成它自己的对象和扬弃这个他物的运动。而经验则被认为恰恰就是这个运动，在这个运动中，直接的东西，没经验过的东西，即是说，抽象的东西，无论属于感性存在的或属于单纯的思想事物的，先将自己予以异化，然后从这个异化中返回自身，这样，原来没经验过的东西才呈现出它的现实性和真理性，才是意识的财产。”③

① 《马克思恩格斯全集》第2卷，第245页。

② 黑格尔：《精神现象学》上卷，第11页。

③ 同上书，第23页。

因此，异化并不单纯是消极的东西，它是具有一定的积极意义的。对于精神、意识来说，把自身异化成为他物当然不是什么愉快的事，因为这意味着自身的丧失、否定和痛苦，但只要扬弃这个他物，从异化中返回自身，精神也就丰富了自己。黑格尔从唯心主义观点出发，主张实体即主体，所以他批评斯宾诺莎的实体只有客观性，缺乏能动性。黑格尔所说的作为主体的实体则是积极能动的，用他的话来说，活的实体只有当它是建立自身的运动时，它才真正是个现实的存在，它自身分裂为二，从自身中树立起对立面，异化为客体，然后又克服这种异化。这样的实体也就是精神，而精神之所以有力量，就是因为它不害怕异化，不逃避矛盾，而是敢于面对面地正视否定的东西并停留在那里。因此，由黑格尔辩证法所发展了的主体的能动性是同异化和异化的扬弃紧密地联系在一起的，异化之所以成为黑格尔辩证法的基本范畴之一，其原因即在于此。而《精神现象学》的内容既然是讲意识的发展史，那么异化成为该书的中心哲学概念也就是完全可以理解的了。

青年黑格尔对异化的这一新的认识，是他进一步研究了社会政治、经济和社会历史发展后的成果。这表明他已经不再抱有早期关于社会改造的不切实际的空想，而对社会有了比较清醒的理解。这个认识的转变开始于法兰克福时期，而完成于耶拿。

在《精神现象学》中，异化思想可以说是贯彻始终的，由于它使用得很广泛，因此在不同的场合其含义也不尽相同。最主要的区别在于，黑格尔同样用异化和外化这个词去称谓自然和社会历史。在他看来，自然和社会历史都是精神的异化。绝对理念外化为自然，这是一种意义的异化。他把这种异化看得较低，因为他认为自然界的运动只是虚假的，它并没有真正的历史。事实上，《精神现象学》全书只在个别的地方提到这种异化，它根本不是青年黑格尔讨论的主题。他所全力探讨的是另一种异化，即人的异化。这种异化是在人类社会的历史中发生的，用黑格尔的话来说，是精神在时间上的一种外化，因此它是一种真正的历史。由于他把人等同于自我意识，所以人的异化的各种形态往往是以自我意识的异化表现出来，但不管怎样，这种异化还是通过人的各方面的活动(物质的、精神的、社会的)而产生的。黑格尔在分析这种异化时，也就不能不涉及人类社会历史活动的许多方面。他的异化理论的主要价值也就在他关于后一种异化(人的异化)的论述。至于前一种异化，它不仅在理论上没有多大价值，而且其荒谬性又如此明显，在今天就不值得我们去多费笔墨了。遗憾的是，至今有的文章还把这种异化说成是黑格尔的主要思想，这不能不说是一个误解。

在写作《精神现象学》的同时，黑格尔在耶拿大学讲授哲学，这些讲稿材料后来经霍夫迈斯特整理于 1931 年以《耶拿时期的实在哲学》为名出版(共分两部，第一部是 1803—1804 年的讲稿，第二部是 1805—1806 年的讲稿)。在《实在哲学》第二部中已经大量使用"外化"或"异化"这个术语。卢卡奇认为，异化在这部著作中"还远不是一个占统治地位的名词"，但他也承认其中已经讨论了在《精神现象学》中被当作异化问题的许多社会问题和哲学问题①。因此，《实在哲学》应该和《精神现象学》一起，作为我们研究青年黑格尔的异化理论的主要依据。实际上，把这两部著作对照起来阅读，会有助于我们对《精神

① 卢卡奇：《青年黑格尔·论辩证法和经济的关系》。我们认为，卢卡奇对《实在哲学》的意义有点估计不足，他在讨论《精神现象学》中的异化问题时，就很少提到《实在哲学》。《实在哲学》第二部包括两部分，即"自然哲学"和"精神哲学"，关于异化问题的论述集中在"精神哲学"这部分中。

现象学》中的异化学说的全面理解。

三

在《精神现象学》里，黑格尔广泛地运用异化的概念去解释意识的发展，特别是在著名的“主人与奴隶”这一节中，他以唯心主义的方式深刻地论述了人怎样在劳动中异化自己而又克服这种异化而成为真正的人的过程。马克思曾高度评价黑格尔的这一理论贡献说：“黑格尔的《现象学》及其最后成果——作为推动原则和创造原则的否定性的辩证法——的伟大之处首先在于，黑格尔把人的自我产生看作一个过程，把对象化看作失去对象，看作外化和这种外化的扬弃；因而，他抓住了劳动的本质，把对象性的人、现实的因而是真正的人理解为他自己的劳动的结果。”[①]因此，“主人与奴隶”这一节对于说明黑格尔的异化理论具有重要的意义，它也是《精神现象学》中精彩的章节之一，在这里黑格尔的辩证法得到了充分的发挥。

黑格尔认为，主人与奴隶的区分是两个自我意识斗争的结果。一个自我意识与另一个自我意识相对立，彼此间通过生死的斗争来证明它们的存在，斗争的结果便产生了两种不同的意识：“其一是独立的意识，它的本质是自为存在，另一为依赖的意识，它的本质是为对方而生活或为对方而存在。前者是主人，后者是奴隶。”[②]在黑格尔看来，奴隶意识的本质就是物或物性，奴隶是以物的形式存在的，意识不起主要作用，而主人则是“自为存在着的意识”，他一方面与物，即欲望的对象相关联，另一方面则与意识（奴隶）相关联。他说：“主人

---

① 《马克思恩格斯全集》第42卷，第163页。

② 黑格尔：《精神现象学》上卷，第127页。

通过独立存在间接地使自身与奴隶相关联，因为正是在这种关系里，奴隶才成为奴隶。这就是他在斗争所未能挣脱的锁链，并且因而证明了他自己不是独立的，只有在物的形式下他才有独立性。但是主人有力量支配他的这种存在，因为在斗争中他证明了这种存在对于他只是一种否定的东西。”①

主人把奴隶置于自己权力支配之下，他正是由于他对奴隶的关系而成为主人的。主人并不直接地与物发生关系，而是通过奴隶间接地与物发生关系。主人把奴隶作为他自己与物之间的中介，让奴隶对物进行加工改造，然后把物当作非独立的东西而加以尽情享受。因此，主人对物的关系就成为对物的纯粹否定，只是享受而已。相反，奴隶对物的关系则不是享受它，而是在劳动中对它进行加工改造。“奴隶作为一般的自我意识也对物发生否定的关系，并且能够扬弃物。但是对于奴隶来说，物也是独立的，因此通过他的否定作用他不能一下子就把物消灭掉，这就是说，他只能对物予以加工改造。”②这样，通过劳动的辩证法，事情终于走向了自己的反面。主人丧失了对物的直接支配而依赖于奴隶的劳动，他就不再是独立自为的了，正当他完成其为主人的地方，对于他反而发生了作为一个独立的意识所不应有的事。他所完成的不是一个独立的意识，反而是一个非独立的意识。另一方面，奴隶则在被迫为主人而劳动的过程中，取得了对物进行加工改造的支配权，从而取得了独立的地位。奴隶意识最初似乎不是独立的，“但是正如主人表明他的本质正是他自己所愿意做的反面，所以，同样，奴隶在他自身完成的过程中也过渡到他直接的地位的反面。他

① 黑格尔：《精神现象学》上卷，第128页。

② 同上。

成为迫使自己返回到自己的意识，并且转化自身到真实的独立性”。因此，黑格尔得出了这样一个大胆的结论：“独立的意识的真理乃是奴隶的意识”①。

这样，主人与奴隶的地位就发生了转化，主人变成了奴隶的奴隶，奴隶则变成了主人的主人。奴隶由一个物成长为真正的人。照黑格尔的说法，完成这个过程必须要通过两个环节，一是恐惧，一是陶冶事物的劳动。奴隶本身并不固有着独立的自为存在的意识，但事实上他却曾经在自身内经验到这个本质，因为他曾经感受过死的恐惧，对绝对主人的恐惧。这种恐惧不是在这一或那一瞬间害怕这个或那个灾难，而是对他的整个存在怀着恐惧。但是，在黑格尔看来，在使奴隶取得独立意识的过程中起决定作用的不是恐惧，而是劳动。他指出，“虽说对于主[或主人]的恐惧是智慧的开始，但在这种恐惧中意识自身还没有意识到它的自为存在。然而通过劳动奴隶的意识却回到了它自身。”在恐惧中，奴隶感觉到自为存在只是潜在的，而在劳动中则自为存在成为奴隶自己固有的了，并且他开始意识到他本身是自在自为地存在着的。为什么劳动能起这样的作用呢？这是因为：劳动陶冶事物。劳动与单纯的欲望不同，欲望是对于对象的纯粹否定，它使人享有十足的自我感，但这种满足只是转瞬即逝的，缺少客观的、持久的实质的一面。相反，陶冶事物的劳动则是“受到限制或节制的欲望”，它对于对象的否定关系成为对象的形式，并且成为一种“有持久性的东西”。换句话说，意识(人)在劳动中外化了自己，使劳动的意识能够在自己的劳动产品中认识到自己的存在。黑格尔说：“奴隶据以陶冶事物的形式由于是客观地被建立起来的，因而对他并不是一个

① 黑格尔：《精神现象学》上卷，第129页。

外在的东西而即是他自身；因为这形式正是他的纯粹的自为存在，不过这个自为存在在陶冶事物的过程中才得到了实现。因此正是在劳动里（虽说在劳动里似乎仅仅体现异己者的意向），奴隶通过自己再重新发现自己的过程，才意识到他自己固有的意向。”①

在这里，黑格尔以唯心主义的歪曲的形式深刻地猜测到了劳动在人的形成过程中的作用。作为一个唯心主义者，黑格尔把人归结为意识，把人的形成归结为意识的发展，这种看法当然是错误的、狭隘的、片面的。但是，他正确地看到，人只有在劳动过程中才能产生真正的自我意识，才能成长为真正的人，这个见解确实是卓越的。从这里可以进一步得出一些极其重要的结论，即人类自己创造自己的历史，在改造客观世界的同时，也改造自己的主观世界。当然，黑格尔自己并没有得出这样的结论，这是需要对他的观点进行唯物主义的批判改造后才能达到的。

应该指出，在黑格尔那里，劳动的外化、对象化只是人的异化的一种形式，所以劳动问题始终是和异化问题结合在一起的。他理解到，人类为了摆脱原始的动物状态而向文明进化，只有通过劳动的熔炉（甚至是强制性的奴隶劳动）。因此，异化是必然的历史现象，不管人类曾为此而付出了多么重大的代价②。

现代资产阶级学者却朝另一个方向去解释《精神现象学》中的“主

---

① 黑格尔：《精神现象学》上卷，第130—131页。

② “主人与奴隶”并不是专门讲古代奴隶制，但它无疑是以古代奴隶制社会为背景的。黑格尔和当时启蒙运动者（如克尼格、标尔格尔等）一样，是谴责奴隶制度的，但他同时也承认奴隶制在历史上的必要性。这使我们想起恩格斯的话：“在当时的条件下，采用奴隶制是一个巨大的进步。人类是从野兽开始的，因此，为了摆脱野蛮状态，他们必须使用野蛮的、几乎是野兽般的手段，这毕竟是事实。”（《马克思恩格斯选集》第3卷，第220页）

人与奴隶”，他们利用这一节大做文章，却根本不理解黑格尔关于劳动的合理思想。例如，以讲解《精神现象学》名噪一时的法国哲学家科热夫，在他的讲演录中谈到“主人与奴隶”时，用存在主义的观点去歪曲黑格尔的思想，并把马克思主义也硬扯在一起①。科热夫片面地夸大对死的恐惧在黑格尔哲学中的意义，说什么人之所以区别于动物和植物就因为他认识到自己必然要死亡，人就是一个经常意识到自己所面临的死亡的生物，因此黑格尔的辩证哲学或人本主义哲学归根到底是一种“死亡的哲学”。他的这种观点有一定的代表性，另一个著名的《精神现象学》研究者依波利特也说，在黑格尔看来，“认识生命的整体就是意味着等待死亡，意味着在死亡的门前生存——真实的自我意识对我们来说就是如此”②。科热夫和依波利特的这种存在主义的解释，把对死亡的恐惧说成是人的本质，这完全是不符合黑格尔原意的，他们企图把黑格尔装扮成存在主义的祖师，只是对哲学史的歪曲而已。

其实，青年黑格尔关于劳动和异化的关系的思想不仅表现在《精神现象学》中，而且也包含在耶拿时期的其他著作中（主要是《实在哲学》和稍早一点的《伦理体系》）。尤其是应该指出，他的那些著作是以当时的资本主义社会的经济现实作为背景来分析劳动和异化问题的，所以比《精神现象学》中关于“主人与奴隶”的论述更具有现实的意义。

---

① 科热夫于1933—1939年间在法国“高级研究院”做了关于《精神现象学》的讲演（后来以《阅读黑格尔著作入门》为名于1947年出版于巴黎），它对现代法国资产阶级哲学（例如萨特等人）发生了巨大的影响。有个资产阶级学者说，科热夫首先把黑格尔、马克思和海德格尔结合在一起，并取得了“巨大的成功”（巴特里：《主人与奴隶的辩证法》，《社会契约》杂志，第5卷，第4期，1961年7—8月号）。

② 依波利特：《关于黑格尔和马克思的研究》，1955年巴黎版，第33页。

在那些著作里，青年黑格尔的出发点也还是意识。在黑格尔看来，要真正克服意识和自然界的分离必须借助于中介，而这种中介就是劳动。人和动物的区别就在于劳动，真正的人和动物不一样，他不是简单地消灭自然界的对象，而是间接地利用自然界来进行生产以满足自己的需要。劳动就是人的需求和满足需求之间的中介，或者说劳动是人及其世界之间的“中项”。正是通过劳动的中介活动，人才能克服主客体的分离，把自然界变成他自己发展的合适手段。劳动诚然也是把对象加以否定，但这不是单纯的破坏意义上的否定，而是用另一个对象（劳动产品）来代替旧对象，通过再创造来获得一个新对象。劳动产生某种独立存在的东西而与人相对立，但劳动产品只是人的能力和潜力的外化、客观化和具体实现。黑格尔这样说道：“我做成了某个东西，我就实现了外化；这种否定是积极的；外化也就是获取。”①

劳动使自然界的对象第一次成为真正的人的对象。在劳动中，客体改变了形态，变成了别的东西。但劳动不仅改变了客体，而且同时也改变了主体。人在劳动过程中必须根据客观的自然规律，个人只有学习了这些普遍规律，才能获得劳动所必需的技能。因此，劳动使个人的主观活动也变成“某种别的东西”，变成一种“普遍的东西”，因为它是根据普遍规律学习得来的。这样，劳动就把人自己从主观的东西中异化出来，人抛弃了意志的原始状态，脱离了直接性，脱离了自然的、本能的动物式的生活，通过劳动而真正成为人。这里黑格尔从不同的角度论证了《精神现象学》中所达到的同样的结论。

青年黑格尔还谈到了另一种性质的异化，它是由现代商品生产下劳动的社会性所引起的。他指出，劳动是人们之间的普遍联系，正是

① 黑格尔：《实在哲学》第2部，德文版，第218页。

通过劳动，人才被别人所承认，这是因为劳动按其本性来说是普遍的活动，它的产品在一切个人中间是可以交换的。劳动起初是满足个人的直接需求的，但它一旦成为抽象的、普遍的东西，每个人就不再为满足自己的特殊需求而劳动，而是为满足一般的抽象的需求而劳动了。劳动抽象化了，人也变成了抽象的人。黑格尔说："每个个人，作为单独的人，都为满足某一种需求而工作。他的劳动的内容却超出他的需求的范围；他为了满足许多人的需求而劳动，每个人也都是这样。因此，每个人都满足许多人的需求，而满足他的许多特殊需求的则是其他许多人的劳动。因为他的劳动是这样一种抽象的劳动，所以他是作为抽象的我而出现的。"①这就使劳动的性质发生了根本的变化，由于劳动的抽象化和社会分工越来越细密和专门化，使人们越来越相互依赖，"人不再生产他所需求的东西，他也不再需求他所生产的东西"②，这样就在他的劳动和满足他的需求之间出现了脱节现象。人们之间的普遍依赖造成了一种人所无法控制的异己的力量，劳动原来是每个人自己的有目的的创造活动，结果却反过来支配了他，变成了他完全不能加以控制的过程了。通过劳动，人并没有达到主客体的统一，却反而和客观世界更疏远了。

这种性质的异化对人本身造成了严重的后果。尤其是机器在生产中的大规模使用对劳动者发生了灾难性的影响。工人从事机器劳动，自己越来越变得像机器，劳动越来越片面、单调和沉闷，把人局限在某一点上，不可能得到全面的发展，工人的意识下降到极其愚钝的水平。人通过劳动去统治自然界，自然界却反过来对他进行报复。"他

---

① 黑格尔：《实在哲学》第 2 部，第 214—215 页。

② 黑格尔：《实在哲学》第 1 部，第 237 页。

取自自然界的越多，他越是征服自然界，他自己也就变得越加卑微。他通过各种机器去对自然界进行加工，但却并没有取消他自己劳动的必要性，而只是使自己的劳动脱离自然界，离开自然界，并且不再把自然界作为一个活生生的东西来生动地对待；而且这种否定的生动性消失了，而给他留下的那种劳动本身变得像机器一样；劳动只是对全体来说是减轻了，但对单个的人来说却并没有减轻，却反而大大地增加了，因为劳动越是机器化，它的价值就越少，单个的人就必须按这种方式劳动得更多。”①

黑格尔指出，这种异化不仅歪曲了和阻碍了人的正常发展，而且还造成了尖锐的社会矛盾和对立。他认为，社会分工和生产力的高度发展将不可避免地导致广大群众的贫困化和贫富悬殊的现象。人们为简化劳动、发明新机器等等而努力，而许多人则注定要在工厂、工场和矿井里从事那种“使人迟钝的、有害于健康的、不安全的劳动”。“人数众多的阶级赖以维持生活的一些工业部门，由于时式的改变或由于其他国家的发明而造成的跌价等等，而突然关门大吉，于是这许多人就陷于贫困而无法自拔。出现了巨富和赤贫的对立，而这种贫困是毫无办法可想的……这种贫富的不平等，这种贫苦和需要，变成了意志的极度分裂、内心的愤慨和仇恨。”②他直接地得出结论说：“工厂、工场的存在正是以一个阶级的贫困为基础的”③。

从上面可以看出，青年黑格尔对资本主义社会中人的异化问题是有所认识的。但是，他并不认为异化是资本主义生产方式的特有的现

① 黑格尔：《实在哲学》第1部，第237页。

② 黑格尔：《实在哲学》第2部，第232—233页。

③ 同上书，第257页。

象，而把异化看作劳动的对象化的必然结果，因此异化是同社会分工和劳动的发展密切相连的一种历史现象。卢卡奇指出，黑格尔没有把资本主义社会中的异化和一般的劳动客观化作严格的区分。卢卡奇的这一看法是有道理的。

黑格尔关于劳动的学说是他的异化理论中最有价值的部分，这是他认真地研究了英国政治经济学(亚当·斯密、詹姆斯·斯图亚特等人的著作)和产业革命情况的结果①。在德国古典哲学的代表人物中间，只有黑格尔对经济学问题做过真正深入的研究。他的异化理论并不是单纯地建立在抽象的哲学思辨之上，而同时也是以对经济事实的一定程度的理解(不言而喻，在这方面他根本不能同马克思相比)为基础的。黑格尔关于人在劳动中的自我创造过程的学说，为后来马克思建立新的革命世界观提供了重要的因素。因此，在劳动和异化的问题上，黑格尔是配得上称为马克思主义的理论前驱的。

本文的目的不在于探讨黑格尔异化理论和马克思主义的关系，因此在这里只能简略地谈一下马克思在劳动和异化问题上对黑格尔的批判。大家都知道，马克思在《1844 年经济学哲学手稿》中有一段著名的话，这段话是人们在评价黑格尔的劳动观时经常引用的。马克思在那里说："黑格尔站在现代国民经济学家的立场上。他把劳动看作人的本质，看作人的自我确证的本质；他只看到劳动的积极的方面，而没有看到它的消极的方面。劳动是人在外化范围内或者作为外化的人

① 罗森克朗茨曾在《黑格尔传》(德文版，第 86 页)中谈到青年黑格尔研究经济学问题的情况，但他的叙述过于简略。在这方面，夏姆莱教授做了极有价值的研究，他的研究成果表现为 1965 年发表在《黑格尔研究》上的两篇论文(《黑格尔的经济学说和黑格尔的劳动概念》和《黑格尔经济思想的起源》)和专著《斯图亚特和黑格尔的政治经济学和哲学》(巴黎 1963 年版)。

的自为的生成。黑格尔唯一知道并承认的劳动是抽象的精神的劳动。”①马克思的这一精辟的论述，深刻地阐明了黑格尔的劳动和异化学说的优点和缺点，为我们提供了研究的指针。但问题也就在于，如何正确地理解马克思的这些话。

过去人们往往对马克思的话做这样的解释：(1)由于黑格尔没有看到劳动的“消极的方面”，因此他没有看到资本主义劳动对工人的有害影响；(2)由于黑格尔只知道抽象的精神的劳动，因此他谈的劳动根本不是一般的物质生产劳动。如果我们认真地研究一下黑格尔在《实在哲学》和《精神现象学》中的有关论述，那就可以看出，对马克思的话做这样过于简单化的理解是不符合事实的。黑格尔明明谈到了资本主义商品生产下的劳动对劳动者本身的全面的健康发展所造成的危害，谈到了劳动者的贫困化和社会矛盾的激化(当然，就其认识的深度而论，黑格尔根本不能与马克思相比，甚至也比不上空想社会主义者)，总不能说他一点不了解资本主义劳动的有害影响吧②。黑格尔讲的明明是对物予以加工改造以满足主人物质需要的奴隶劳动，明明是使用工具(机器)制造出商品的工人劳动，怎么能够说这些都不是物质生产劳动呢?

因此，看来有必要对马克思的上述论断做更符合事实的解释。以下就来做一个初步的尝试：

前面引述的马克思的话中提到的劳动的“积极(positive)的方面”

---

① 《马克思恩格斯全集》第42卷，第163页。

② 其实，在黑格尔之前，先进的德国思想家也已经看到了这一点，例如，席勒在《美育书简》第六封信中就尖锐地指出了资本主义劳动分工对人的全面发展的危害。《美育书简》对青年黑格尔的思想发生了相当大的影响(他把该书称为“杰作”)，他对古希腊和近代世界的某些看法就源自席勒。

和“消极(negative)的方面”，应译为“肯定的方面”和“否定的方面”①(无论在黑格尔辩证法中，或是马克思主义辩证法中，否定都不是消极的东西，而是具有积极意义的)。劳动的肯定的方面表现为对象化、人的自我确证和事物现状的建立，这一点是黑格尔所看到的；他所没有看到的是，在劳动中同时发生着对客观世界、现实的人和现存事物秩序的革命的否定。而这后一点正是马克思主义和黑格尔的一个重要分歧所在。黑格尔不理解，改变世界不是靠思维活动，而主要是靠物质生产实践。他不理解，在劳动中人们不仅建立起特定的社会生产关系，而且在劳动中同时也包含着否定这种社会生产关系的萌芽。他虽然已经多少认识到资本主义劳动对工人造成贫困和苦难，但却根本不懂得正是在那种“严酷的但是能把人锻炼成钢铁的”劳动②中，无产阶级才真正成长为资本主义社会的否定力量。这种革命的否定正表现为无产阶级不能不消灭自身，同时也消灭产生无产阶级的那种社会生产关系。如果加以这样的解释，那么马克思对黑格尔的批判的巨大理论意义就更加清楚了。

对马克思所说的“黑格尔唯一知道并承认的劳动是抽象的精神的劳动”这句话，不能拘泥于字面上的了解，而应领会其深刻的精神实质。马克思认为，黑格尔《精神现象学》的根本错误在于把人、人的本质等同于自我意识，而把对象则看作抽象的意识。从这种错误的唯心主义基本立场出发，黑格尔必然把人的本质的一切异化最后都归结为自我意识的异化。“自我意识的异化没有被看作人的本质的现实异化

① 关于这一点，何思敬同志的译文是确切的。见何思敬译：《经济学—哲学手稿》，人民出版社，1963年版，第128页。

② 《马克思恩格斯全集》第2卷，第45页。

的表现，即在知识和思维中反映出来的这种异化的表现。相反的，现实的即真实地出现的异化，就其潜藏在内部最深处的——并且只有哲学才能揭示出来的——本质说来，不过是真正的、人的本质即自我意识的异化的现象。掌握了这一点的科学就叫作现象学。”①正是在这种“最终”的意义上，黑格尔把人的劳动归结为抽象的精神的活动，而且由于他认为只有哲学才能真正认识异化的实质，所以归根到底他又把哲学的本质看成劳动的本质。但是，这并不妨碍他在分析精神发展的特定阶段上的某些具体问题时承认人的物质生产劳动，正如他把整个世界看作绝对精神的体现，并不妨碍他承认一张具体的桌子的存在一样。

对马克思的评论做这样的解释，不仅不会减轻黑格尔的错误，反而会使我们更实事求是地认识到黑格尔的错误的严重性。归结起来，黑格尔在劳动和异化问题上的根本缺陷无非有两条：一是他的整个理论是建立在唯心主义的沙滩上的，在他的体系中把一切都弄颠倒了；二是他没有从自己的理论中得出任何革命的结论。因此，尽管他在某些具体问题上具有真知灼见，也无法改变他的整个理论的虚幻性。只有把黑格尔的体系重新倒过来，让它双脚落地，他的那些真知灼见才能显出其合理的意义。

四

在《精神现象学》第六章“精神”里，黑格尔还专门对异化问题做了社会的、历史的考察。人类意识的发展在达到“精神”以前的几个阶段上（意识、自我意识、理性），主要是以个人意识的各种形式来表现

① 《马克思恩格斯全集》第42卷，第165页。

的，因此严格地说还不是真正的社会意识形态的历史。只有到了“精神”的阶段，才确实提供了人类意识在历史上所经过的诸阶段的缩影，也只有在这时异化现象才能得到社会历史的说明。

黑格尔说：“当理性之确信其自身即是一切实在这一确定性已上升为真理性，亦即理性已意识到它的自身即是它的世界、它的世界即是它的自身时，理性就成了精神。”①从这里可以看出，黑格尔在论述“精神”时的根本出发点是“理性即一切实在”这个客观唯心主义的命题。不过，“精神”比意识发展的前几个阶段前进了一步，它已经转化为客观的现实(世界)了，而这种转化无非就是精神本身的异化。精神也必须通过一系列的形态以取得关于它自身的知识，“不过这些形态与以前所经历的形态不同，因为它们都是些实在的精神、真正的现实，并且它们并不仅仅是意识的种种形态，而且是一个世界的种种形态”②。精神正是借助于自身异化的这些形态来展示自己，同时又通过这些形态来认识自己。

精神的发展也是分阶段的。它的第一个阶段，即“真实的精神、伦理”，是与古希腊共和国时期相适应的。在黑格尔看来，古希腊社会是尚未发生异化的、和谐的、充满崇高精神的伦理世界，在那里个人和集体没有任何利害冲突，二者融为一体，个别的人可能遇到的那种不公正，对他来说只是纯粹偶然的遭遇，问题不在于社会。所以黑格尔认为，伦理王国始终是一个“未受玷污、没有破绽而完美无疵的世界”。

紧接着伦理的精神形态出现的是法权状态，也就是指古代城邦共

① 黑格尔：《精神现象学》下卷，第1页。

② 同上书，第4页。

和国崩溃后建立的古罗马帝国。在法权状态下，个人与集体之间的和谐一致的关系已经不再存在，普遍的伦理精神被各个孤立的原子式的个人所代替。“普遍物已破裂成了无限众多的个体原子，这个死亡了的精神现在成了一个平等[原则]，在这个平等中，所有的原子个体一律平等，都像每个个体一样，各算是一个个人。”①在这种状态下，个人独立性只是一种普遍的混乱和相互排斥，因为把个人统一在一起的那个精神已经瓦解，他们就完全自由散漫肆无忌惮了，只有靠强制的力量才能把分散的众多的个体原子集合在统治者，即“世界主宰”周围。所谓“世界主宰”指的是罗马君主。个体原子只有空虚的个别性和无本质的现实，而“世界主宰”则是普遍势力和绝对现实。“这个世界主宰，由于意识到自己是这一切现实势力的总和，就成了一个自视为现实上帝的巨大的自我意识；但由于他只是形式的自我，并无能力对这些势力进行任何约束，所以他自己的行为活动与自我享受又是一个同样巨大的荒唐放纵。”②“世界主宰”对他所统辖的臣民来说，是异己的内容和敌对性的本质。所以说，法权状态是社会异化的开始，罗马帝国是历史上最早的异化形式。这样，精神就从伦理阶段发展到“自身异化了的精神、教化”的阶段。

“自身异化了的精神”反映的是从罗马帝国直至法国大革命为止的欧洲历史。在这一阶段，现实世界从精神中异化出来，对精神来说成为异己的东西。黑格尔说：“这个世界是精神的东西，它本身是存在与个体性两者融合而成的东西。它的这种特定存在既是自我意识的作品，又同样是一种直接的现成的、对自我意识来说是异己的陌生的现

① 黑格尔：《精神现象学》下卷，第33页。

② 同上书，第41页。

实，这种陌生的现实有其独特的存在，并且自我意识在其中认识不出自己。”①在这个异化了的精神的世界里，没有任何东西具有一种以自身为根据并内在于本身的精神，相反的，任何东西都是在它自己以外的一种异己的东西之中。整体的平衡不是在自身内保持不变的统一，而是建立在对立物的异化上，因此整体也是一个自己异化了的实在。异化了的精神的世界分裂为两个世界，一个是现实世界，它是精神的异化本身，而另一个是精神超越了现实世界后建立的纯意识的世界。纯意识的世界虽然与现实世界，亦即精神的异化相对立，但正因为它与异化相对立，它就不能不与异化有关，甚至可以说，它只是异化的另一种形式。所以在黑格尔看来，在这个阶段，无论现实世界或人们的意识，都无非是精神的异化而已。

毫无疑问，黑格尔把现实世界和人的意识都说成是精神的异化，这是一种纯粹的唯心主义观点，因为它从根本上颠倒了物质和精神之间的真实关系。但是，他却以唯心的歪曲的形式揭示了社会发展中人和周围现实世界之间的深刻矛盾，并且充分肯定了人对外部世界的主观能动作用。按照他的说法，这个现实世界的客观存在以及自我意识的现实，完全取决于这样的运动："这个自我意识把它自己的人格外化出来，从而把它的世界创造出来，并且把它创造的世界当作一个异己的世界看待，因而，它现在必须去加以占有。但是去否定它的自为存在即是去创造现实，并且通过这种否定与创造，自我意识也就直接占有了现实"。因此，异化是必不可少的中介，"自我意识只有当它异化其自身时，才是一种什么东西，才有实在性；通过它的自身异化，它就使自己成为普遍性的东西，而它的这个普遍性即是它的效准和现

① 黑格尔：《精神现象学》下卷，第43卷。

实性”①。

黑格尔认为，异化作为一种中介，对于个体的发展来说也是必要的。个体必须通过“教化”(bildung)使他的自然存在发生异化，才能真正地成长起来。“教化”是个体赖以取得客观效准和现实性的手段，个体把自己“教化”成它自在的那个样子，而且只是因为通过了这种“教化”它才自在地存在。因此，个体受到了多少“教化”，它就有多少现实性和力量，它的现实性全在于扬弃它的自然的自我。自我意识要去占有世界，它所以能有统治这个世界的力量，就是因为它进行了自我“教化”。从这方面来看，“教化”的意思就是自我意识要在自身许可的范围内尽量把自己变化得符合于现实。在这里，黑格尔又回到了他反复讨论的一个主题，那就是人怎样由一个自然的人进化为社会的人。他深刻地猜测到，在这个进化过程中，人不仅在改造现实世界，而且同时也要扬弃掉原来的自然性，把自己改造得能适应于现实世界。因此，尽管他对不发生异化的古希腊社会里的和谐完满的人充满着钦羡之情，但却仍然认为以后发生的人的异化是世界历史上不可避免的一个巨大进步。人类社会正是这样曲折地前进的，历史的辩证法就是如此。

黑格尔不仅论证了异化的历史必然性，而且还分析了异化的各种具体的形式。他认为，国家权力和财富都是人类自我异化的形式，所以对“自身异化了的精神的世界”的考察就从它们开始。国家权力和财富本来是人的活动的结果，但对个人来说，却成为与他对立的、统治他的一种异己的力量。就拿国家权力来说吧，它固然是简单的实体，也同样是人们“共同的作品”，是出于所有个体的行动的结果，然而这

① 黑格尔：《精神现象学》下卷，第42页。

一事实却已从这个结果中消逝不见了，反而成为所有个体的行动的绝对基础。财富则又是一种情况，它是直接供个人享受的，每个个人都以为在享受财富时其行为是自私自利的，但财富本身却也是普遍的精神性的东西，它是由于大家的行动和劳动而不断地形成的。黑格尔说："即使只从外表上看，也就一望而知，一个人自己享受时，他也在促使一切人都得到享受，一个人劳动时，他既是为他自己劳动也是为一切人劳动，而且一切人也都为他而劳动。"①在这里，黑格尔通过国家权力和财富这些异化的形式说明了这样一个事实，即个人在无意识地完成着共同的工作，而普遍性的东西则是所有人活动的产物，它又反过来对个人进行统治，因此在个人和个人活动的社会产物之间就发生了尖锐的矛盾。

根据一般的看法，国家权力是善，财富是恶，因为前者是自在地存在的独立的精神力量，而后者则仅仅是供个体享受的一种"被动的或虚无的本质"。黑格尔则认为，这个判断不能看作是一种"精神性的判断"。实际上，善与恶也不是固定不变、绝对对立的，在一定的情况下，它们会向自己的反面转化。个人发现在国家权力下，个人的行动受到压制而不得不变为服从。"个体于是在这种权力的压制下返回自己本身；国家权力对它来说已是一种压迫性的本质、坏的东西、恶；因为权力已不是与个体性同一的东西而是完全不同一的东西了。——相反，财富是好的东西、善；它提供普遍的享受，它牺牲自己，它使一切人都能意识他们的自我……它的普遍的必然的本质在于：将自己分配给一切个人，做一个千手的施予者。"②

① 黑格尔：《精神现象学》下卷，第47页。

② 同上书，第49页。

黑格尔把国家权力和财富理解为异化的不同形式，说明他的异化理论并不限于思想异化，而同时也涉及政治领域和经济领域内的异化现象。他在一定程度上已经接触到阶级社会内在结构的实质性问题，因而比当时其他资产阶级思想家要高明得多。特别值得我们注意的是他对国家的看法，他当然不懂得用阶级斗争的观点去解释国家，但是他已明确地指出国家权力对个体来说是一种“压迫性的本质”，这在他的时代诚不失为一个卓越的见解①。如果我们考虑到国家权力是怎样从社会中产生而又变成一种凌驾于社会之上的统治力量，那就可以看出黑格尔的异化学说中所包含的合理的猜测了。至于黑格尔对财富的看法，那很明显地是受到了以亚当·斯密为代表的英国古典政治经济学的影响。英国古典经济学派认为，人们的经济活动是出于人的利己主义本性，但经济活动的客观社会后果却并不取决于个人的主观意愿。黑格尔的异化理论只不过是把英国古典政治经济学的观点翻译成哲学的语言而已。但是，应该指出，作为一个唯心主义者，黑格尔把政治和经济方面的异化归根结底都看作思维的异化。关于这一点，马克思曾批判黑格尔说：“当他把财富、国家权力等看成同人的本质相异化的本质，这只是就它们的思想形式而言。它们是思想的本质，因而只是纯粹的即抽象的哲学思维的异化。”②马克思一针见血地指出了黑格尔的这个错误。正因为黑格尔固守着这种唯心主义的观点，所以他不可能真正科学地阐明这些社会异化现象，无法正确地揭示出国家

---

① 青年黑格尔曾对国家采取激烈的批判态度。他在《德国唯心主义最早的系统纲领》中指责国家是一种“机械的东西”，“把自由的人当作机械的齿轮看待”，因而他要求国家“应该停止存在”。(《有关黑格尔思想发展的文献》，德文版，第219页。)

② 《马克思恩格斯全集》第42卷，第161页。

权力和财富的社会本质。

黑格尔认为，人们对国家权力和财富的看法并不一致，正由于在这个问题上存在着两种不同的、对立的态度，所以就产生两种不同的、对立的意识。认定国家权力和财富都与自己同一的意识，乃是高贵的意识。高贵意识指的是封建社会里贵族的意识，它把国家权力看作它自己的本质及其具体实现，因此对国家不仅内心里矢志忠诚，实际上也听从驱使。它同样把财富看作是和自己有关系的本质性的东西，由于自己从财富享受实惠而对它表示衷心感激。相反，认定国家权力和财富都与自己不同一的那种意识，则是卑贱的意识。所谓卑贱意识，指的是蒙受封建压迫的平民的意识，它对现存的国家权力和财富抱着截然不同的态度。黑格尔指出："卑贱意识视国家的统治力量为压迫和束缚自为存在的一条锁链，因而仇视统治者，平日只是阳奉阴违，随时准备爆发叛乱。"①在这里，黑格尔通过意识的分裂和对立，猜测到了封建社会里的阶级矛盾和斗争，特别是他已经看出这场斗争是围绕着国家权力和财富而进行的，这确实是一个深刻的见解。

高贵意识和卑贱意识的斗争最后导致了封建制度的危机，这种危机表现为现存的一切都发生了动摇，一切具有连续性和普遍性的东西，一切称为规律、善良和公正的东西都崩溃瓦解了。意识本身发生了绝对的分裂，这是一种更严重的异化。高贵意识和卑贱意识的区别消失了，它们互相转化和互相颠倒，被规定为善的成为恶的，被规定为恶的成为善的，高贵的成为卑贱的，而卑贱的则转化为高贵的。黑格尔说："对其自己概念有所意识了的精神，就是现实和思想两者的绝对而又普遍的颠倒和异化；它就是纯粹的教化。人们在这种纯粹教

① 黑格尔：《精神现象学》下卷，第51页。

化世界里所体验到的是，无论权力和财富的现实本质，或者它们的规定概念善与恶，或者，善的意识和恶的意识、高贵意识与卑贱意识，统统没有真理性；毋宁是，所有这些环节都互相颠倒，每一环节都是它自己的对方。”①因此，一切事物并不是它们自以为是的那种东西，而是不同于它们所愿望的某种别的东西，自为存在倒反是自身丧失，而自身异化倒反是自我保全。在这样急剧的社会变革面前，也出现了两种对立的意识：诚实的意识和分裂的意识。诚实的意识把世界的每一个环节都看作常住不变的本质，黑格尔对这种思想僵化的保皇派意识评价颇低。至于分裂的意识，则是绝对颠倒的意识，是思想异化的一个典型。黑格尔认为，狄德罗的对话体小说《拉摩的侄儿》中的主人公，正好就是这种分裂的意识的具体体现。这个人物是“高傲和卑鄙、才智和愚蠢的混合物”，他没有任何固定的道德观念，真诚坦率而又厚颜无耻②。黑格尔指出，由于精神关于自己所述说的一切都是颠倒的，是对自己和别人的普遍欺骗，因此像拉摩的侄儿那样恬不知耻地公开说出这种欺骗，倒反而是“最大的真理”。

黑格尔的异化理论用辩证法的观点卓绝地描述了社会大变动时期意识形态中的复杂的矛盾现象，他显然是以资产阶级革命前的法国作为社会历史背景的。他详细地分析了当时法国社会中的思想斗争，即信仰与纯粹识见、启蒙与迷信的斗争，并从中引导出法国大革命。在他看来，从启蒙的基本原则必然要导致“绝对自由与恐怖”，因此法国

---

① 黑格尔：《精神现象学》下卷，第65页。

② “他谈论着一件可怕的行为，一件可恶的大罪，有如一个绘画或诗的鉴赏家在品评一件艺术品的美点一般，或者有如一个道德家或历史学家把一件英雄事迹的详细情节追寻出来或生动地表述出来一般……”(《拉摩的侄儿》，见《狄德罗哲学选集》，三联书店1956年版，第269页)。

大革命是启蒙运动的合乎规律的必然结果，也正是在这场震撼整个欧洲的具有世界历史意义的社会革命中，异化达到了最高峰。

按照黑格尔的说法，“绝对自由”这个新的意识形态是从启蒙的“有用性”的概念中发展而来的。“绝对自由”的意识是具有自知之明的自我意识，“对它而言，世界纯然是它的意志，而它的意志就是普遍的意志……换句话说，是一切个别人的意志本身”。黑格尔指出，这种“绝对自由”的精神昂首登上了世界的宝座，所向无敌，简直没有任何一种势力可以同它抗衡。“在这种绝对自由中，由整体分解而成的那一切精神本质，也就是说，一切社会阶层，就消除了；当初曾隶属于一个这样的集团并在其中行使意志和获得完成的那种个别的意识，于是扬弃了它的局限性；它的目的就是普遍的目的，它的语言就是普遍的法律，它的事业就是普遍的事业。”①

在这里，黑格尔用唯心主义的晦涩语言描述了大革命时代的法国资产阶级意识。卢梭说过，人是生而自由的，但却无所不在枷锁之中。一旦资产阶级达到了阶级自觉，挣脱了封建枷锁，并上升为统治阶级，它便获得了“绝对自由”，要按自己的意志去改造世界了。不过资产阶级这样做的时候，却披着“普遍性”的外衣，似乎他们所追求的不是某个社会集团的狭隘的私利，而是人类普遍的利益，似乎他们从事的资产阶级的事业是什么普遍的事业。然而这只是一种假象。黑格尔尖锐地指出，法国革命所建立的政府尽管打着全民的旗号，实际上却代表着与普遍意志相对立的一种特定意志，它本身也只是一种派别组织。他说：“我们称之为政府的，只是那胜利了的派别，而正是由

① 黑格尔：《精神现象学》下卷，第115—116页。

于它是一个派别，这就直接孕育着它的倾覆的必然性。”[①]唯心主义者黑格尔虽然不懂得用阶级斗争的观点去分析法国革命的进程及其政权的性质，但他确实已经觉察到法国革命的普遍性形式和它的实际阶级内容之间的深刻矛盾。

我们知道，黑格尔是热情地欢迎法国大革命，把它称为一次“壮丽的日出”的。但是，这并不妨碍他对这次革命做冷静的观察。在他看来，法国大革命仍然是一种异化，“普遍的自由，既不能产生任何肯定性事业，也不能做出任何肯定性行动；它所能做的只是否定性行动；它只是制造毁灭的狂暴”[②]。因此，普遍自由必然会导致恐怖，导致雅各宾专政。按政治观点来说，黑格尔反对雅各宾派的革命恐怖政策，认为这种恐怖只能造成死亡，而且是“没有任何内含、没有任何实质的死亡”，“最冷酷最平淡的死亡”，比劈开一棵菜头和吞下一口凉水并没有任何更多的意义。然而值得注意的是，不管他主观上怎样厌恶雅各宾派的“纯粹恐怖”，他却仍然认为这种否定就其现实性而言并不是一种外来的东西，而是普遍的意志。换句话说，即使是恐怖，也同样是内在于法国革命进程的一种合乎规律的现象。在耶拿大学的讲演录中，黑格尔说：“在法国革命中，国家、普遍的整体掌握了可怕的力量。这种力量——不是专制，而是暴政——是纯粹的恐怖统治，但这种统治却是必然的和正义的。”[③]因此，不管人们是否喜欢法国革命的所谓“暴政”，它的存在是一种历史必然性，只有当它在历史上成为不需要的东西之后，它才会消失。当历史必然性抛弃了罗伯

① 黑格尔：《精神现象学》下卷，第120页。

② 同上书，第118—119页。在《实在哲学》中也说：“暴力本身是通过异化而形成的”，“暴力的政权的形成是一种异化”。

③ 《黑格尔全集》第20卷，拉松版，第246页。

斯庇尔的时候，他就被人用暴力所推翻了。

黑格尔把法国大革命看作异化现象，在一定程度上表现了他对人们的主观意图和伟大历史运动的结果之间的深刻矛盾的理解。客观的历史发展进程并不依个人的主观意愿为转移，人们总是只有在事后才能充分理解历史事件的真实意义。密纳发的猫头鹰要到黄昏来临时才开始飞翔。但是，当自身异化了的精神达到了自己的对立的顶峰，并在其中发现了自己本身时，异化也就被扬弃了。按照黑格尔的说法，这异化的扬弃是在绝对知识即哲学中完成的，因为只有在哲学中精神才达到了对自身的“概念式”的理解。正如马克思和恩格斯所指出，在黑格尔那里，“哲学家只不过是创造历史的绝对精神在运动完成之后用来回顾既往以求意识到自身的一种工具。哲学家参与历史只限于他那种回顾既往的意识，因为真正的运动已被绝对精神无意地完成了。所以哲学家是 Post festum(事后)才上场的”①。

正因为真正的运动已经完成，异化在浩瀚的世界历史舞台上已经威武雄壮地演完了它的戏，只等哲学家登场来做说明了，所以在《精神现象学》里表现得如此丰富多彩的异化问题，最后却解决得异常简单。

照黑格尔说来，异化的扬弃是这样进行的：自我意识认识到，原来外部世界的一切对象都只是自我意识的异化或外在化，因此对象对于自我来说是消逝着的东西。事物并不是自在的东西，它本质上只是为他的存在；事物只有通过自我以及它与自我的关系才有意义，归根到底，“事物就是我”。这样，自我意识就把对象克服和扬弃了。黑格尔说：“对象的否定或对象的自我扬弃对于自我意识所以有肯定的意

① 《马克思恩格斯全集》第2卷，第108页。

义，或者说，自我意识所以认识到对象的这种虚无性，一方面，是由于它外在化它自己；因为它正是在这种外在化过程里把自身建立为对象，或者说把对象——为了自为存在的不可分割的统一——建立为它自身。另一方面，这里同时还包含另一环节，即自我意识又同样扬弃了这种外在化和对象性，并把这种外在化和对象性收回到它自身中，因为它在它的异在本身里就是在它自己本身里。——这就是意识的[辩证]运动，而意识在这个运动里就是它的各个环节的全体。”①

因此，在黑格尔看来，异化和异化的扬弃只是意识本身的辩证运动，始终是在意识本身的范围之内进行的。那么，不言而喻，当精神发展到自己认识了自己、从而又返回到自身时，这个辩证运动也就宣告完成了。所以，在《精神现象学》里，异化的扬弃最后仅仅被归结为一个认识问题，即认识到异化的种种形态都不过是自我意识的异化。正如马克思指出，在黑格尔那里，“对异化的、对象性的本质的任何重新占有，都表现为把这种本质合并于自我意识：掌握了自己本质的人，仅仅是掌握了对象性本质的自我意识。因此，对象之返回到自我就是对象的重新占有”②。

在黑格尔的整个异化理论中，异化的扬弃无疑是最薄弱的一环，它充分地暴露了他的唯心主义体系的保守性质。有人说，黑格尔哲学是向后看，而不是向前看的。这句话有一定的道理。在《精神现象学》全书结尾时，那个“在时间里外在化了的精神”即历史，经过漫长的过程和缓慢的运动，终于被精神自己所理解了。但这种异化的扬弃却只是表现为一种“回忆”，即精神回忆它自己是怎样走过来的经历。黑格

① 黑格尔：《精神现象学》下卷，第258—259页。
② 《马克思恩格斯全集》第42卷，第165页。

尔说，“被概念式地理解了的历史，就构成绝对精神的回忆和墓地，也构成它的王座的现实性、真理性和确定性”①。因此，在他那里，异化的扬弃并没有多少积极的现实意义。不管历史的回忆多么有声有色，富有教益，它却终究不过是回忆而已。像《精神现象学》这样一部到处闪耀着辩证法光辉的著作，最后竟然以如此平庸的保守结论告终，这恐怕只能用黑格尔所代表的当时德国资产阶级的特殊性格去解释了。

车尔尼雪夫斯基曾经指出：“黑格尔的原则是非常有力、非常宽广的，可是结论却狭窄而渺小”②。这些话对黑格尔的异化理论来说，也是同样适用的。

五

现在我们对黑格尔在耶拿时期建立的异化理论做一个简短的小结。

第一，黑格尔的异化理论是建立在唯心辩证法的基础之上的。他的整个理论前提是一个唯心主义的原理，即马克思和恩格斯所指出的“存在和思维的思辨的神秘同一”。因此，在《精神现象学》中，自我意识囊括了一切，它不仅代替了人，而且纷繁复杂的人类现实也被归结为自我意识的各种异化形式。黑格尔不是把自我意识变成人的自我意识，而是把人变成自我意识的人。这样，就把物质和精神、客体和主体、意识和对象之间的关系根本弄颠倒了。在这里，唯心主义的观点，形成了严密的体系，就这一点而论，耶拿时期的黑格尔比以前倒退了。但是，除了唯心主义的谬误外，黑格尔在辩证法思想上却前进

---

① 黑格尔：《精神现象学》下卷，第 275 页。

② 《车尔尼雪夫斯基选集》上卷，三联书店 1958 年版，第 419 页。

了一步。他已经不满足于揭发一些异化的现象，而力图从发展的观点在主体和客体、意识和对象之间的相互矛盾和转化中去考察异化。恩格斯说，黑格尔第一次“把整个自然的、历史的和精神的世界描写为一个过程，即把它描写为处在不断的运动、变化、转变和发展中，并企图揭示这种运动和发展的内在联系”①。异化理论就是黑格尔试图用来揭示这种运动和发展的内在联系的表述方式，由于他从人与客观世界的有机统一和相互作用的方面去理解问题，因此他对社会历史发展的认识达到了前人所未曾达到的深度。

第二，黑格尔的异化理论虽然披着唯心主义的神秘外衣，从形式上看来似乎很抽象玄妙，其内容却始终是很现实的。马克思主义创始人曾指出，“黑格尔的‘现象学’尽管有其思辨的原罪，但还是在许多方面提供了真实地评述人类关系的因素”②。异化理论广泛地涉及人类生活的各个方面，不论是人的物质生产活动、政治活动、社会活动、思想活动或个人心理活动都属于它的研究范围，像国家、财富、艺术、宗教等等都被看作人的本质力量的异化。特别应该指出，黑格尔善于通过大量的历史材料去论证他的异化学说，正如恩格斯所说，“黑格尔的思维方式不同于所有其他哲学家的地方，就是他的思维方式有巨大的历史感作基础。形式尽管是那么抽象和唯心，他的思想发展却总是与世界历史的发展紧紧地平行着，而后者按他的本意只是前者的验证。真正的关系因此颠倒了，头脚倒置了，可是实在的内容却到处渗透到哲学中”③。这确实是黑格尔的一个重要的优点。如果我

① 《马克思恩格斯全集》第 20 卷，第 26 页。
② 《马克思恩格斯全集》第 2 卷，第 246 页。
③ 同上书，第 121 页。

们把黑格尔和费尔巴哈二人的异化理论做一比较，那就可以看出，无论是在内容的现实性和广泛性方面，或是在分析问题的历史视野和深度方面，黑格尔都比费尔巴哈高出一头。尤其是黑格尔重视劳动问题，这在费尔巴哈那里是看不到的。因此，作为马克思主义异化理论的思想来源，黑格尔也比费尔巴哈更为重要，尽管从表面上看来青年马克思从费尔巴哈那里接受了更大的影响。

第三，耶拿时期的黑格尔已经放弃了他早期的那种激进的共和国理想而逐渐趋向于与现实妥协，因此在《精神现象学》里已开始出现他晚期著作中的“那种非批判的实证主义和同样非批判的唯心主义”。但是，总的说来，他的异化理论仍然保持着一种可贵的批判精神。马克思说：“《现象学》是一种隐蔽的、自身还不清楚的、被神秘化的批判；但是，由于《现象学》紧紧抓住人的异化，——尽管人只是以精神的形式出现的——其中仍然隐藏着批判的一切要素，而且这些要素往往已经以远远超过黑格尔观点的方式准备好和加过工了。”①黑格尔的异化理论包含着对宗教、国家、市民生活等现存社会重要领域的批判的要素，只是他自己可能还没有充分意识到这一点，或者说他还不知道可以用这些批判的武器来干些什么。但是，《精神现象学》之所以在先进的德国人中间引起共鸣，主要就是因为它所包含的那种对现实社会的批判精神。当时就有人写信给黑格尔，赞扬《精神现象学》是“人的解放的基本读物，莱辛所预言的新福音书的钥匙”②。这说明当时人们感兴趣的也正是该书中隐藏着的革命含意。后来黑格尔学派的整个左翼都十

---

① 《马克思恩格斯全集》第 42 卷，第 162 页。

② 1810 年 4 月 27 日温迪希曼给黑格尔的信，转引自考夫曼：《黑格尔》，纽约，1965 年版，第 324 页。

分重视异化理论，这并不是偶然的。从施特劳斯、鲍威尔到费尔巴哈和赫斯，他们都寻求以超过黑格尔观点的方式去发挥异化理论的批判作用，但真正做到彻底超过黑格尔的却只有马克思和恩格斯。

第四，对黑格尔异化理论需要进行革命的改造，这首先要求站在唯物主义的立场上对它进行彻底的批判。马克思和恩格斯特别着重批判黑格尔关于异化的扬弃的论述(即关于绝对知识的部分)，因为在这部分集中暴露了黑格尔唯心主义的全部谬误以及它必然导致的保守结论。他们指出："在黑格尔的'现象学'中，人类自我意识的各种异化形式所具有的物质的、感觉的、实物的基础被置之不理，而全部破坏性工作的结果就是最保守的哲学，因为这样的观点以为：既然它已经把实物的、感性现实的世界变成'思维的东西'，变成自我意识的纯粹规定性，而且它现在又能够把那变成了以太般的东西的敌人溶解于'纯思维的以太'中，所以它就把这个世界征服了。"[①]毫无疑问，黑格尔所鼓吹的这种克服异化的办法，只是一种廉价的自我安慰、阿Q式的"精神胜利法"。不管人们在头脑里自以为"征服"了世界，自以为认识了异化也就扬弃了异化，那些在现实生活中统治着人、折磨着人的异化却仍然存在。正如马克思和恩格斯所说，工人们知道，"财产、资本、金钱、雇佣劳动以及诸如此类的东西远不是想象中的幻影，而是工人自我异化的十分实际、十分具体的产物，因此也必须用实际的和具体的方式来消灭它们，以便使人不仅能在思维中、意识中，而且也能在群众的存在中、生活中真正成其为人"[②]。作为德国资产阶级的思想代表，黑格尔虽然也看到了资本主义社会里的一些异化现象，

① 《马克思恩格斯全集》第2卷，第244页。

② 同上书，第66页。

但他从来也没有想过用消灭资本主义制度的办法去从根本上消灭这种异化(因为在他看来，资本主义社会是一切可能有的社会中最好的社会)，而错误地认为用物质手段不可能克服异化，要扬弃异化就只有通过自我意识、精神的发展。黑格尔的异化理论的最大局限性就在这里。正是由于这个原因，在任何情况下都绝对不容许把它和马克思主义的异化理论相混淆。

总之，黑格尔的异化理论像他的辩证法一样在其现成形式下是完全不适用的，虽然它包含着许多合理的因素，却终究只是一朵不结果实的美丽的花。只有马克思主义才真正为无产阶级提供了同异化做斗争的强大思想武器。

(原载《论康德黑格尔哲学》(纪念文集)，上海人民出版社 1981 年版)

黑格尔《精神现象学》中的意识和自我意识

黑格尔的《精神现象学》是人的意识的自我发展史。用恩格斯的话来说，它“也可以叫作同精神胚胎学和精神古生物学类似的学问，是对个人意识各个发展阶段的阐述，这些阶段可以看作人的意识在历史上所经过的各个阶段的缩影”。① 因此，有关人的意识的问题始终是《精神现象学》一书的中心。

作为辩证法的卓越代表，黑格尔的最大的特点就在于他总是在发展中去考察和研究一切事物。对人的意识的探讨也不例外。在他看来，意识并不是一成不变的固定的东西，它也像其他事物一样，有一个从低级到高级的自身发展的过程。在《精神现象学》里，所谓意识可以作广义的和狭义的两种理解。广义的意识泛指人的一切精神活动，从个人的感觉、思想、观念、感情、愿望、意志一直到社会的意识形态都包括在内。马克思主义的创始人批评黑格尔

① 《马克思恩格斯选集》第 4 卷，第 215 页。

“在‘现象学’中用自我意识来代替人”，指责“全部‘现象学’的目的就是要证明自我意识是唯一的、无所不包的实在”①，说的就是这种广义的意识。至于狭义的意识，则是指人的精神活动发展中的特定阶段，亦即初级的阶段。黑格尔在《精神现象学》中对精神发展阶段的划分和他后来的著作(如《精神哲学》)不尽一致，他把“意识”和“自我意识”作为该书的第一、二部分，而占全书主要篇幅的第三部分则包括：“理性”、“精神”、“宗教”和“绝对知识”。这里所说的意识和自我意识就是狭义的，主要是讲个人意识。在《精神现象学》里，黑格尔把个人意识作为分析人的全部精神活动的起点，他描述了怎样从个人的最初的认识活动通过矛盾的发展过程而达到充分的自觉，即自我意识，然后又转化为社会意识。因此，批判地研究“意识”和“自我意识”，对于理解《精神现象学》显然有重要的意义。现在我们就来做一个初步的探讨。

一、意识

在《精神现象学》的这一部分中，黑格尔主要是考察个人意识的发展。他的考察从意识开始，这里的所谓意识指的是人对外部世界的原始的自然意识，是人的意识发展的最初的阶段。

(一)“感性确定性”

黑格尔把“感性确定性”作为全部认识过程的出发点。这种“感性确定性”看来好像是最丰富、最真实的知识，因为它对于对象还没有省略掉任何东西，而让对象整个地、完备地呈现在它面前。但是，事实上它所提供的是最抽象、最贫乏的真理。它对于它所知道的仅仅说

① 《马克思恩格斯全集》第2卷，第244、245页。

出了这么多：它存在着。在这种直接的认识里，认识的主体、意识只是一个纯自我，只是一个纯粹的“这一个”，而认识的对象也只是一个纯粹的“这一个”。对象本来是具有诸多不同的质、丰富的自身关联以及和别的事物的多方面的关系的，但是在“感性确定性”的阶段，认识的主体对这一切都毫无所知，而只“意谓”到有这么一个事情存在着。“感性确定性”只能使我们知道“这一个”，一点也不更多。所以黑格尔认为，这种知识是最抽象、最贫乏的。

黑格尔考察了“这一个”的两种存在形式，即“这时”和“这里”。有人问：什么是“这时”？如果我们回答说，“这时是夜晚”，那么到了“这时”是正午时，这个回答就失去真理性，成为陈旧过时了。但“这时”却保存着，不过是作为“这时是白天”的“这时”而保存着。可见，“这时”是一个长在的和保持着的东西，白天和夜晚都被它否定了，它永远是单纯的“这时”。它不是直接的东西，而是间接的东西。“这时”既不是夜晚和白天，同样它也是白天和夜晚，一点也不受它的他在的影响。对“这里”来说，情况也是一样。“这里是一棵树”，但一转身，这一真理就消失了。这里就不是一棵树，而是一所房子了。“这里”本身并没有消失，而长存于房子、树木等等的消失之中，又无差别地同样是房子、树木。因此，“这一个”又表明自身为间接的单纯性或普遍性。黑格尔得出结论说：“一个这样的，通过否定作用而存在的单纯的东西，既不是这一个，也不是那一个，而是一个非这一个，同样又毫无差别地既是这一个又是那一个——像这样的单纯的东西我们就叫作普遍的东西；因此普遍的东西事实上就是感性确定性的真理性。”①

从这里黑格尔提出了一个对现代哲学很有影响的问题，那就是

---

① 黑格尔：《精神现象学》上卷，第66页。

“感性确定性”中的“这一个”是不能言说的，因为我们说出感性的东西时，是把它当作一个普遍的东西来说的。语言说出来的是普遍的东西，它仅仅表达共相，“所以要我们把我们所意味的一个感性存在用语言说出来是完全不可能的”①。事情还发展到，由于共相是“感性确定性”的真理，所以黑格尔就否定了感官对象的实在具有真理性和确定性。他说，既然感性的“这一个”是语言所不能达到的，那么当人们说“现实的事物、外界的或感性的对象、绝对个别的存在”等等的时候，他们所说的也仅仅是它们的普遍的东西或共相。“因此凡是被称为不可言说的东西，不是别的，只不过是不真实的、无理性的、仅仅意味着的东西——如果对于某种东西我们除了说它是一个现实的东西、一个外界的对象外，什么也说不出来，那么我们只不过说出它是一个最一般的东西……当我说：这是一个个别的东西时，则我毋宁正是说它是一个完全一般的东西，因为一切事物都是个别的东西”②。黑格尔就是这样地通过夸大共相(一般)的意义，进而否认感性存在的实在性，来反对唯物主义认识论的基本前提，并且做出了纯粹是唯心主义的结论。

作为黑格尔哲学的批判者，费尔巴哈从坚定的唯物主义立场出发，机智地驳斥了黑格尔的这种唯心主义谬论。在费尔巴哈看来，个别客观感性事物是不依赖于主体、“自我”而独立存在的。他认为，黑格尔的说法既不能反驳感性存在的实在性，也不能证明普遍的东西是真正实在的东西。譬如说，我的兄弟名叫约翰，除了他以外还有许多别的人也叫约翰，难道由此便应当说我的约翰没有真实性，而应当说

① 黑格尔：《精神现象学》上卷，第66页。

② 同上书，第72—73页。

“约翰性”是一个真理吗？费尔巴哈的问题提得好，他确实击中了黑格尔唯心主义的要害。

但是，应该指出，费尔巴哈在这个问题上对黑格尔的批判虽然基本观点是正确的，却有着很大的局限性。他的反驳虽然机智，却并不深刻。问题在于，费尔巴哈仅仅指出了黑格尔的错误，却没有彻底纠正它，也没有看到黑格尔所阐述的关于个别和一般的辩证法的意义。

(二)知觉

在黑格尔看来，从“感性确定性”前进一步就是知觉。“直接的确定性还没有认识到它自己的真理，因为它的真理是共相：而它要认识的是这一个。反之，知觉便把对它存在着的东西认作是普遍性的东西。”①在知觉的阶段上，出现了普遍性的原则，我们对于知觉的认识也不再是个别的、偶然的认识，像感性确定性那样，而是一个具有必然性的过程了。黑格尔认为，作为原则的共相是知觉的本质，能知觉者和被知觉者本身都是共相，两者处于相互对立的关系，但有主要的和非主要的之分。“对象——是主要的，是本质，不管它被知觉或不被知觉都是无差别的；但是知觉作为认识过程不是经常的，可以有知觉，也可以没有知觉，所以它是非主要的。”②因此，在知觉的阶段上，黑格尔主要谈论事物及其属性的问题。认识不再满足于知道有“这一个”，而要求进一步知道“这一个”是什么，于是对象就被表明为它自身是“具有许多特质的事物”。

黑格尔指出，在知觉里，“这一个”是被扬弃了的，“在这里感性成分仍然存在着，但是已经不像在直接确定性那里，作为被意味的个

① 黑格尔：《精神现象学》上卷，第 74 页。

② 同上。

别东西，而是作为共相或者作为特质而存在着”①。黑格尔特地对扬弃这一概念做了说明。在他以前的著作里，已经出现过扬弃的概念，至少他在法兰克福时期就已开始使用这个术语了，但是直到在《精神现象学》一书中，扬弃的概念才取得了越来越重要的地位。黑格尔在解释这一概念时说：“扬弃在这里表明它所包含的真正的双重意义，这种双重意义是我们在否定物里所经常看见的，即：扬弃是否定并且同时又是保存。”②他对扬弃的概念的这种理解是一个创见，它对辩证法思想的发展起了有益的作用。

黑格尔认为，在知觉中也含有矛盾，知觉的对象，亦即事物，既是众多的单纯的共相的集合体，又是单一、具有排他性的统一。因此，他指出：“第一，事物是无差别的被动的共性、是诸多特质之机械的集合(仅仅用‘又’来联系)，或者亦可说是物质(或物质成分)之集合在一起；第二，事物同样是否定性，是单一，是对于相反的特质之排斥。”③正因为事物本身具有这样的矛盾，所以我们必须对它采取辩证的态度，把它的以上两个环节统一起来，而不能形而上学地单纯强调其中的一个环节，或是把这两个环节割裂开。既不存在离开事物的各种特质，也不存在没有各种特质的事物。事物及其特质必须是辩证的统一。如果不是这样地去认识对象，就会陷于错觉，用黑格尔的话来说，知觉的意识是具有陷于错觉的可能性的意识。比如说，我们将觉察到的事物单纯地作为单一体，并把它固定下来，那么在知觉的过程中出现事物的许多不同的特质，我们就会认为这种多样性是来自我

① 黑格尔：《精神现象学》上卷，第75页。
② 同上。
③ 同上书，第77页。

们的反思，认为它们不是“从事物得来，而是从我们得来”，从而成为我们主观知觉的产物了。反之，要是把事物单纯地看作就是诸多的特质或多样性，那就会把统一性当作主观知觉的产物，认为“统一性就是意识必须算作属于自己的东西”。所以黑格尔说，“意识以交替的方式，时而把它自身时而又把事物认作这两方面：时而认作纯粹的、不包含众多的单一体，时而又认作一个消融为诸多独立的质料或特质的集合体。通过这种比较于是意识就发现：不仅它自己对真理的认识里，包含着向外把握与返回自身这两个不同环节，而且毋宁真理或事物也以这两种不同的方式呈现其自身。”他的结论则充分表现了辩证法的精神，那就是说：“事物在它自身中有一个包含对立面的真理性。”①

与此相连，事物还含有另一种矛盾，即：“事物是自为的，但又是为他的，它有双重的不同的存在，但是它又是单一体。”②黑格尔通过揭示这一矛盾，对事物本身和事物之间的相互关系进行了辩证的分析。事物既然是单一体，是独立自存的，因此它是自为的；但事物又有多样的规定性而与他物相对立，与他物发生关系，因此它又是为他的，在黑格尔看来，自为的存在和为他的存在是不能分割开的，它们实际上是对立的统一。

黑格尔对知觉的批判分析，一方面是针对主观主义，另一方面则反对形而上学。他承认在知觉的阶段上，意识可能错误地认识对象，但如果发生了这样的错误，那么这并不是由于对象的不真实，而是由于知觉的不真实。作为一个客观唯心主义者，他竭力要强调认识的客

---

① 黑格尔：《精神现象学》上卷，第82页。

② 同上。

观性，而力求避免经验主义的感觉论的缺陷。不过他的主要贡献还在于他从辩证法的观点出发批判了形而上学的认识论。他说，像普遍性和个别性、杂多和单一、本质和非本质等对立的“虚妄不实的观念”，它们的交互作用或相互转化，就构成知觉的理智或通常所谓人的健康理智。本来是应该把这些对立的观念辩证地加以结合，并把它们扬弃的，知觉的理智却把它们分离开，把其中之一当作真理，凭借他的诡辩伎俩交替地时而坚持并肯定这一观念，时而又坚持并肯定正相反的那一观念，从而从一个错误走到另一个错误。黑格尔指出，“这些抽象观念的本性由于自身的辩证法就把它们自己结合起来了。而所谓健康的理智却剥夺了抽象观念自身结合起来的辩证法，这个辩证法曾经迫使知觉的理智循环往复地在诸对立的抽象观念之间绕圈子。”①这里的所谓知觉的理智或人的健康理智，很明显地指的是形而上学的认识方法。形而上学把对立的抽象观念互相割裂开和绝对对立起来，而看不到对立的统一。正因为这样，所以黑格尔认为，知觉的理智并没有获得关于那些抽象观念的真理，而只是证明了它自身的非真理性。因此，意识不能停留在知觉的阶段，而必须继续前进到一个更高的阶段，即知性的阶段。

(三)知性

对于意识来说，听、看等等感觉早在感性确定性的辩证过程中就已消失了。在知觉阶段上，意识形成了一些观念，但这还是“从感性的东西出来的，本质上受到感性的东西的制约”的共相。只有到了知性的阶段，绝对的、无条件的共相才成为意识的真正对象，虽然在这个阶段上，意识也还没有把它的概念作为概念来掌握。知性所要把握

① 黑格尔：《精神现象学》上卷，第 87 页。

的那个无条件的共相，就是产生事物的现象及其各种属性的根据，黑格尔把它叫作“力”。“力”需要另一种“力”的诱导，于是就发生了“力”的交互作用。这种“力”的交互作用也是一种对立统一的关系，黑格尔说：“力这一概念是通过分裂为两种力而成为现实的，我们并且看见了它之成为现实的过程。这两种力作为自为存在的东西而存在；但是它们的存在是这样一种相互间的辩证运动：它们的存在纯粹是一种被对方所建立起来的存在。”①黑格尔关于“力”的论述是相当晦涩难解的，但在这里也不时迸发出辩证法的思想火花来。

知性的目的是要去把握事物的真实本质，但它又不是把事实的真实本质作为意识的直接对象，意识只能通过力的交互作用的媒介，深入观察到事物的真实背景。“那把知性和事物的内在核心两个极端结合起来的媒介或中项，是力之发展了的存在，这种存在对知性本身说来现在和今后都是一个消失着的过程。因此它就被称为现象。”②知性只和现象直接打交道，而事物的真实本质或内在核心则处于“纯粹的彼岸”，是知性所不能达到的，因而“事物的内在核心是不可认识的”。黑格尔在这里谈的显然是康德的认识论。他肯定康德的这一看法，即知性的对象只限于现象，但是他坚决反对康德的不可知论。他指出，所谓事物的内在核心不可认识，这并不是由于理性太短视了，或者受到限制了，而是由于对象本身性质的单纯，“即因为在空虚中什么也不会被知道，或者从另一方面说来，就因为它恰好被规定为意识的彼岸”③。我们知道，黑格尔对康德的不可知论曾经做过深刻的批判，

① 黑格尔：《精神现象学》上卷，第94页。

② 同上书，第96页。

③ 同上书，第97—98页。

在这里只不过是一个开始，还没有展开，进一步充分的批判主要是在黑格尔的《逻辑学》中进行的。但他已经明确地反对康德把意识和对象分割开，把对象看作意识所无法达到的彼岸，而这正是他对康德哲学的批判的主要之点。

黑格尔从现象前进到规律，在他看来，规律是现象的真理，也就是事物的内在本质。他有一个绝妙的说法，就是规律的形式是用来表达“不稳定的现象界之稳定的图像”的。他说：“那超感官的世界就是一个静止的规律的王国，当然是在知觉世界的彼岸，——因为知觉只是通过经常的变化来表达规律——然而却同样现存于知觉世界之中，作为它的直接的、静止的摹写。”①在他后来写的《精神哲学》一书的“精神现象学”这一节里，他还对规律做了这样的说明：“真正内在的本质应该被描述为具体的、在自身内部有区别的东西。加以这样的理解，它就是我们叫作规律的那种东西。因为规律的本质——不论这是有关外部自然界的规律，或是有关道德的世界秩序的规律，反正都是一样，——就在于紧密的统一之中，就在于各种不同的规定的必然的内在联系之中。”②黑格尔认为，规律的王国是知性所能认识的真理，不过它只是知性的“初步真理”。规律虽然体现在现象界中，但却没有全部体现出来，它是有缺陷的。知性总是要把许多规律结合为一个规律，例如把落体规律和天体运动规律理解为一个规律，这样就把握不住现象的各种区别和丰富的多样性了，规律的局限性也就在于此。黑格尔关于规律的论述，包含着深刻的辩证法思想，这些思想后来在《逻辑学》中进一步发展了，并且得到了列宁的充分肯定和高度评价。

---

① 黑格尔：《精神现象学》上卷，第100页。

② 黑格尔：《精神哲学》，第421页，附释。

有的同志批判黑格尔把规律看作“超感官”的东西是“十足的唯心主义的谰言”，这是没有道理的。黑格尔的唯心主义不在这个地方，相反的，他认为规律存在于感觉世界之中，又是“超感官”的东西，这正是坚持了认识论中的辩证法。

在论知性的这一章最后，黑格尔提出了“无限性”的概念。根据他的说法，通过“无限性”，规律完成其自身而达到内在必然性，规律的单纯本质就是无限性或必然性。要说黑格尔的唯心主义，那么他关于“无限性”的说法倒是一个例证。他说：“这个单纯的无限性或绝对概念可以叫作生命的单纯本质、世界的灵魂、普遍的血脉，它弥漫于一切事物中……它自身像血脉似的跳动着但又没有运动，它自身震撼着，但又沉静不波。”①黑格尔显然把“无限性”看作精神性的东西(所以他又把它叫作“绝对概念”)，并且把这种精神性的东西说成是生命的本质、世界的灵魂，似乎它主宰着一切事物。就这一点而论，这确实是十足的客观唯心主义的谰言。不过就是在这里，我们也要注意到他的辩证法。黑格尔用对立统一的观点去解释“无限性”这个概念。他说，“无限性”是自身等同的，只是与自身相关联，但是“与自身相关联毋宁就是分裂或二元化；换言之，这种自身等同性正是内在的差别”。因此，黑格尔的所谓“无限性”并不是一个静止不变的形而上学的抽象，而是自身包含着内在的差别，自身分裂为二的。他用分裂为二的观点去说明对立的统一，这个思想是卓越的。如果加以正确的理解，就可以进一步得出这样的结论，即：对立的统一是相对的、暂时的，而分裂为二则是绝对的。当然，黑格尔本人并没有明白地说出这一点。

① 黑格尔：《精神现象学》上卷，第110—111页。

在黑格尔看来，意识的对象的内在本质实际上只是意识自身，意识仿佛是在认识某种别的东西，而事实上它只是在认识它自己。因此，“一般讲来，这样的对于一个他物、一个对象的意识无疑地本身必然地是自我意识、是意识返回到自身、是在它的对方中意识到它自身”①。从这里他做出结论说，只有自我意识才是意识的真理，因此意识的发展必然要进到自我意识。这样，就开始了精神发展中的新阶段，即自我意识的阶段。

总起来说，黑格尔《精神现象学》中关于意识阶段的论述是瑕瑜互见的，其中可宝贵的是他的辩证法，他不是孤立地，而是通过矛盾的发展去考察人的意识活动，这比康德的认识论显然要高明得多。但是，黑格尔的认识论中的辩证法始终是建立在唯心主义基础上的。马克思主义创始人曾深刻地揭露说：“在《现象学》这本黑格尔的圣经中……个人首先转变为‘意识’，而世界转变为‘对象’，因此生活和历史的全部多样性都归结为‘意识’对‘对象’的各种关系。”②可以说，黑格尔的全部唯心主义错误都是与此有关的。

二、自我意识

黑格尔认为，从意识发展到自我意识是整个精神前进运动中关键性的一步。那么，意识和自我意识的区别何在呢？他的解释是这样的：在意识的各个阶段上，对象和意识是不同的，因为对象存在于意识之外，并且是不依赖于意识的；确定性包含在意识之中，而真理性则在对象之中，在这里确定性和真理性是不可能一致的。到了自我意

① 黑格尔：《精神现象学》上卷，第 113 页。

② 《德意志意识形态》，《马克思恩格斯全集》第 3 卷，第 163 页。

识阶段，意识以自身为对象，“在此前各个阶段所没有的情况，现在却发生了，即现在我们达到了一种确定性，这种确定性和它的真理性是等同的；因为确定性本身就是它自己的对象，而意识本身就是真理”①。因此，在黑格尔看来，意识是对于一个他物的知识，而自我意识则是对于自己本身的知识。他说，只有到了自我意识，我们才进入真理自家的王国。

黑格尔在“自我意识”这一章里提出了一些新的问题，这些问题的性质显然与前有所不同。如果说以前他谈的是单纯的认识论问题，那么现在他开始把实践引入认识论并且同社会伦理和意识形态方面的问题联系起来。因此，这一章的内容具有重要的意义。

(一)自我意识的产生

自我意识要认识自身，就必须把自身作为对象，就必须在活动中表现自身。因此，黑格尔认为，自我意识首先是作为欲望而出现的，它力图取消对象的独立性而满足自己的愿望。他说：自我意识就是欲望一般。意识，作为自我意识，在这里就拥有双重的对象：一个是直接的感觉和知觉的对象，这对象从自我意识看来，带有否定的特性的标志，另一个就是意识自身，它之所以是一个真实的本质，首先就在于有第一个对象和它相对立。在他看来，对象的意识和自我意识的区别即在于：前者是理论的、直观的，而后者则是实践的；前者把对象当作一个独立存在的东西，而后者则要消灭独立存在的对象来确信它自己的存在。

但是，自我意识在欲望的满足中体验到了对象的独立性，而自我意识对自己的确信则是以对象的存在为条件的。要扬弃对方，就必须

① 黑格尔：《精神现象学》上卷，第115页。

有对方存在。自我意识不能够通过它对对象的否定来扬弃对象，而自我意识的满足又必须建立在对象的扬弃上，因此只有当对象自己否定自己时，自我意识才能获得满足。照黑格尔的说法，由于对象是独立的，又是自己否定自己的，所以它也是自我意识。这样看来，“自我意识只有在一个别的自我意识里才获得它的满足”，“这里的问题是一个自我意识对一个自我意识”①。黑格尔说，只有在这种情况下，自我意识才第一次成为自己和对方的统一。

在黑格尔看来，自我意识的活动不是单独进行的，而是和对方相关联的，它自己的活动也同样是对方的活动，因为单方面的行动不会有什么用处，事情的发生只有通过双方面才会促成。所以他说：“行动之所以是双重意义的，不仅是因为一个行动既是对自己的也是对对方的，同时也因为一方的行动与对方的行动是分不开的。”②但事情不仅如此，双方还处于尖锐的矛盾和斗争之中，每一方都想要消灭对方，致对方于死命。“因此两个自我意识的关系就具有这样的特点，即它们自己和彼此间都通过生死的斗争来证明它们的存在。”③由于这场斗争的结果，便产生了两种不同的意识：“其一是独立的意识，它的本质是自为存在，另一为依赖的意识，它的本质是为对方而生活或为对方而存在。前者是主人，后者是奴隶。”④

应该承认，在有关自我意识的产生的问题上，黑格尔的见解确实要比他的前人高出一头。过去的某些哲学家(例如笛卡尔)往往孤立地、仅仅从人的主观的方面去考察自我意识的产生，黑格尔和他们不

① 黑格尔：《精神现象学》上卷，第121、122页。
② 同上书，第124页。
③ 同上书，第126页。
④ 同上书，第127页。

同，他不仅从意识和对象、主体和客体的相互关系和相互作用中去探究自我意识的产生，而且从人和人的关系中，尤其是人和人之间的斗争中去寻求促进自我意识的客观因素。当然，黑格尔是一个唯心主义者，他对自我意识的产生所做的解释也不可能不带有唯心的色彩。在他那里，自我意识代替了现实的人。因此，人和周围物质世界的现实的关系被曲解为意识和它自己的对象的关系，而人与人之间的现实的社会关系、阶级矛盾和斗争，则变成了各个自我意识之间的关系和斗争。正如马克思和恩格斯所说，“黑格尔把人变成自我意识的人，而不是把自我意识变成人的自我意识，变成现实的人即生活在现实的实物世界中并受这一世界制约的人的自我意识”。[①] 但是，尽管黑格尔把现实的关系做了这种唯心主义的颠倒，其中却仍然以歪曲的形式包含着一些天才的猜测，那就是人的自我意识既不是天赋的，也不是独立自生的，而是在人的实践活动中产生和发展起来的。他已经开始多少接触到人的实践活动的两种主要形式，即劳动生产活动和社会活动。在劳动生产活动中，人(在黑格尔笔下是自我意识)和客观世界的物发生关系，在社会活动中，人和人发生关系并进行斗争(在黑格尔那里同样被歪曲为自我意识之间的关系)；正是这两种实践活动对自我意识的产生和进一步发展起了决定性的作用。在马克思主义诞生前，可以说没有像黑格尔那样重视实践在自我意识发展中的作用，这从下面“主人与奴隶”这一节中可以看得更加清楚。

(二)主人与奴隶

在《精神现象学》里，自我意识是在主人与奴隶的相互关系和斗争中才达到真正成熟。主人与奴隶的区别是在生死斗争中产生的。主人

① 《马克思恩格斯全集》第 2 卷，第 245 页。

之所以成为主人，是因为他不害怕死亡并且冒自己生命的危险。而奴隶之所以成为奴隶，是因为他害怕死亡并且把自己的生命看得高于一切。奴隶意识的本质就是物或物性，对奴隶来说，以物的形式存在具有本质的意义，而意识却是不起主要作用的。主人则是“自为存在着的意识”，他一方面与物，即欲望的对象相关联，另一方面则与奴隶相关联。

此时，黑格尔的看法基本上还没有脱离霍布斯所提出的“一切人反对一切人的战争”的著名论题的轨道。黑格尔坦率地承认，主人与奴隶的关系不是什么亲密合作的友好关系，而是借助于赤裸裸的暴力而形成的统治与被统治、剥削与被剥削的关系。这比奴隶制的辩护士要高明些。黑格尔在谈论主人与奴隶时，无疑是以人类社会发展的特定阶段，即古希腊罗马奴隶制社会作为历史背景的，但却并不仅限于这个特定的阶段。在他看来，这是对一般人类意识发展有普遍意义的一种现象。黑格尔的看法有合理的一面，因为随着奴隶制在人类历史上的出现，社会发生了剥削阶级和被剥削阶级的大分裂，这种分裂一直继续存在。但是，黑格尔对这种关系产生的原因所做的解释却完全不能令人满意。他基本上还是用暴力去解释奴隶制的产生，似乎主人和奴隶的区分乃是人与人之间的生死斗争中强者征服弱者的结果。这种看法是只触及表面历史现象的历史唯心主义观点。为了使奴隶制得以在历史上出现，除了暴力以外，还需要其他更深刻的东西作为条件。恩格斯说：“为了能使用奴隶，必须掌握两种东西：第一，奴隶所需要的工具和对象；第二，维持奴隶困苦生活所需的资料。因此，先要在生产上达到一定的阶段，并在分配的不平等上达到一定的程度，奴隶制才会成为可能。要使奴隶劳动成为整个社会中占统治地位的生产方式，那就还需要生产、贸易和财富积聚有更大的增长。”①黑格尔离开了社会经济条件去考察奴隶制的产生，到主观意识中去寻找原因，当然不可能正确地解决这个问题。不过黑格尔的贡献本来不在于说明奴隶制的起源，而在于阐明奴隶的劳动在自我意识的形成和发展中的作用。

黑格尔指出，主人是由于他对奴隶的关系而成为主人的，他通过生死的斗争证明自己是自为存在着的独立的意识。但是，就对物的关系而言，主人却不是独立自为的，他通过奴隶间接地与物发生关系，利用奴隶这个中介对物予以加工改造，然后把它加以享受。因此，主人对物的关系只是对物的纯粹否定，亦即单纯的享受而已。“但是主人把奴隶放在物与他自己之间，这样一来，他就只把他自己与物的非独立性相结合，而予以尽情享受；但是他把对物的独立性一面让给奴隶，让奴隶对物予以加工改造。”②相反的，奴隶则和物直接打交道，但这种关系不是去享受物。对于奴隶来说，物是独立的，奴隶作为一般的自我意识也对物发生否定的关系，能够扬弃物，但却不能一下子把物消灭掉，而只能对物予以加工改造。因此，奴隶反而是作为独立的意识来对待物的。在这里，问题的关键是劳动。由于主人完全脱离劳动，他就丧失了对物的直接支配，反而依赖于奴隶的劳动来养活自己，这样他就变成了奴隶的奴隶。奴隶则由于被迫进行劳动而取得了对物加工改造的直接支配，从而获得了独立性，变成了主人的主人。正是在加工改造客观世界的劳动过程中，主人和奴隶的地位发生了相互转化。奴隶由一个物成长为真正的人，获得了自我意识。

① 《反杜林论》，《马克思恩格斯选集》第3卷，第200页。

② 黑格尔：《精神现象学》上卷，第128页。

奴隶意识怎样能成为独立意识的真理，奴隶怎样能由一种物品成为具有自我意识的真正的人呢？在黑格尔看来，这需要通过恐惧和劳动的陶冶这两个环节。

关于恐惧在奴隶的自我意识的形成中所起的作用，在《精神现象学》中并没有加以强调，现代存在主义哲学的信奉者们借此大做文章是没有多少根据的。实际上，黑格尔在区分主人与奴隶时就已经把恐惧这个环节包含在奴隶意识之中了，因为奴隶正是由于害怕死亡、未能经受住死亡的考验而沦为奴隶的。对于奴隶来说，并不是这一或那一瞬间害怕这个或那个灾难，而是对于他的整个存在怀着恐惧。也就是死的恐惧。按黑格尔的意见，在恐惧中意识自身还没有意识到它的自为存在，只有通过劳动才能真正确立起独立自为的意识。

与恐惧相比，劳动对自我意识的形成所起的作用显然要重要得多。黑格尔说："在主人面前，奴隶感觉到自为存在只是外在的东西或者与自己不相干的东西；在恐惧中他感觉到自为存在只是潜在的；在陶冶事物的劳动中则自为存在成为他自己固有的了。"① 其所以如此，是由劳动这种特定的人类活动的性质所决定的。早在《伦理体系》和《实在哲学》中，黑格尔就曾指出，劳动与单纯地满足欲求完全不同，满足欲求是通过消灭对象而实现的，它完全是感性的和否定性的，而缺乏客观的持久性。在每一次欲求得到满足以后，又出现新的欲求，比如动物和原始人只是单纯地把对象吃掉，从而把对象消灭而满足自己的欲求，因此他们总是必须"从头开始"，而不产生任何持久的东西②。劳动则不然，人进行劳动的动机虽仍然是需求，但并不是

---

① 黑格尔：《精神现象学》上卷，第131页。

② 拉松编：《黑格尔政治和法哲学著作集》，德文版，第422页。

单纯地把对象消灭和完全否定，而是把需求从一种主观的欲求变成一种外在的、客观的力量，创造一个新的对象(即劳动产品)来代替旧对象。也就是说，劳动本身是一种“形成”活动，它不是简单地否定一个对象，而是通过再创造来获得另一个对象，产生出某种持久的东西、某种独立存在的东西而与人相对立。在黑格尔看来，这种独立存在的劳动产品仍然是人的意识、理性的体现。他说：“归根到底，理性只能存在于它的劳作中；它只有在自己的产品中才得以存在。”[①]《精神现象学》继续发挥了这些思想，在那里明确地指出，奴隶的劳动虽然似乎仅仅体现着异己者的意向，但正是在劳动里，奴隶才重新发现了自己，通过自己的劳动产品意识到自己固有的意向。因此，劳动不仅创造产品，而且也使从事劳动的奴隶改造了自己的主观意识，从一个物变成了具有独立自我意识的人。

从上面可以看出，黑格尔虽然认为对奴隶的自我意识的发展来说恐惧和陶冶事物的劳动都是必要的，但在这两个环节中劳动无疑是起决定性作用的。就这一点而论，黑格尔比其他资产阶级哲学家都要高出一头。例如，企图与黑格尔唱对台戏的克尔凯郭尔，他在不少著作中细微地分析了恐惧的概念，并且十分强调恐惧对人的自我意识发展的影响，然而他的结论却是由恐惧而把人引向宗教信仰，至于劳动，则是他所绝口不谈的[②]。因此，现代存在主义者的真正思想前驱不是黑格尔，而是克尔凯郭尔。

在马克思主义以前的哲学史上，谁也没有像黑格尔那样对劳动做

---

① 黑格尔：《实在哲学》，德文版Ⅰ，第233页。

② 关于克尔凯郭尔对恐惧的看法，可参阅他的《恐惧的概念》、《恐惧和战栗》等著作。

了如此深刻的探讨。他通过对自我意识的发展过程的研究，猜测到劳动在人的形成中的作用，并且不自觉地表述了这样一个真理，即人类历史的进步、包括人本身的发展在内，都是人自己的创造性劳动的结果。马克思对黑格尔的这些思想是做了充分肯定的，他指出《精神现象学》的伟大之处就在于"把人的自我产生看作一个过程"，并且"抓住了劳动的本质，把对象性的人、现实的因而是真正的人理解为他自己的劳动的结果"。①但是，黑格尔毕竟是个唯心主义者，归根到底，他把人归结为意识，把人的一切活动，包括劳动在内都归结为意识的活动。因此，在他看来，劳动产品并不是人的本质力量的实现，而是意识的外化，现实的人的发展也仅仅被当作意识的自我发展。这说明马克思主义对劳动的唯物的理解和黑格尔有着根本的区别。

(三)自我意识的自由：斯多葛主义、怀疑主义和苦恼的意识

在讨论了"主人与奴隶"之后，黑格尔指出，自我意识还要继续向前发展而获得自由。这是一种新形态的自我意识，一种以无限性或者以意识的纯粹运动为本质的意识，或者说，这是一个能思维的自我意识，因为在思维中才有自由。在自我意识的自由的阶段上，要经历三种个人意识形态，即斯多葛主义、怀疑主义和苦恼的意识。

黑格尔说，自我意识的自由作为一个自觉的现象而出现在人类精神的历史上，就是斯多葛主义。"它的原则认为：意识是能思维的东西，只有思维才是意识的本质，并且认为：任何东西只有当意识作为思维的存在去对待它时，它对于意识才是重要的或者才是真的和善的。"②斯多葛主义的特点是完全不管外部世界的条件如何，而只强调

① 《马克思恩格斯全集》第42卷，第163页。

② 黑格尔：《精神现象学》上卷，第133—134页。

自己主观思想上的自由，因此它对主人与奴隶都采取消极的态度。不论处于主人的地位还是奴隶的地位，不论在宝座上或在枷锁中(黑格尔在这里显然是指罗马斯多葛学派的两个著名代表人物：罗马皇帝马可·奥勒留·安托宁和奴隶出身的爱比克泰德)，斯多葛主义意识都是自由的、超脱的，都要保持一种“没有生命的宁静”。正因为这样，“自我意识的这种自由对于自然的有限存在是漠不关心的，因而它同样对于自然事物也听其自由，不予过问”①。黑格尔指出，斯多葛主义意识的单纯思想中的自由只以纯粹思想为它的真理，而纯粹思想却没有生活的充实内容，因而也只是自由的概念，并不是活生生的自由本身。这样的概念是空泛的、抽象的，它脱离了事物的多样性，本身是没有内容的，因此它不能获得真正的自由。

在黑格尔看来，斯多葛主义的进一步发展就是怀疑主义。怀疑主义实现了斯多葛主义所力求达到的那种思想的自由，在怀疑主义里，“思想完全成为一种否定的思维，否定了那多方面地有规定性的世界，而自由的自我意识的否定性在生活的这种多样性形态中成为真实的否定性”②。怀疑主义对外部现实世界采取根本否定的态度，“在怀疑主义面前，所消失的不仅是客观事物本身，而且自我意识认识客观事物为客观的和有效准的根本态度也消失了”，“凡是确定的或有差别的东西，不管这些东西以什么方式、由什么原因而被肯定为固定不变的东西，都一概消失了”③。怀疑主义的意识以为采取这种否定一切的态度就可以表现自己特有的自由，并认为这种自由是它凭借自己而获得

① 黑格尔：《精神现象学》上卷，第135页。

② 同上书，第136页。

③ 同上书，第137页。

的。但是，黑格尔却指出，这种意识只是一个“纯全偶然的混沌体，一种永远在制造紊乱的摇摆不定的东西”。它的行为和它的言词永远是互相矛盾的。它口头上宣称所看见、所听见的东西是不存在的，然而它自己却明明是看见了、听见了这些东西；它口头上宣称伦理原则不存在，实际上却仍然把这些伦理原则当作支配自己行动的力量。就像顽皮任性的小孩子吵闹，一个说甲，另一个就说乙，一个说乙，另一个就偏说甲，故意互相争辩抬扛，以获得彼此处于矛盾争辩状态中的乐趣。显然，这种怀疑主义的意识也是不可能达到真正的自由的。

在怀疑主义里，意识经验到自身的矛盾，由此它又进展到一个新的形态，这个新的形态是意识到自己的矛盾的意识。这样，过去划分为两个个人——主人与奴隶——的两面性，现在就集中在一个人身上了，于是就出现了自我意识自身之内的二元化。根据黑格尔的说法，这就是苦恼的意识。“苦恼的意识就是那意识到自身是二元化的、分裂的、仅仅是矛盾着的东西。”①

黑格尔的所谓苦恼的意识，在这里指的是中世纪的宗教意识，即基督教徒的意识。它自身分裂为二，还没有实现自身之中对立的两方面的统一，所以就把其中的一个方面，即单纯不变的方面认作本质，而把另一方面，即杂多的变化的方面认作非本质。苦恼的意识无法克服它自身中所包含的这两种力量之间的对立，因此它们就成为不变的意识和变化的意识的对立。不变的意识是常住不变的神性，而变化的意识则是变灭无常的、经验的主体，两者之间隔着一道不可逾越的鸿沟，它们的关系也就是彼岸世界和此岸世界的关系。苦恼的意识把自己放在变化的意识这一边，认为自己是非本质的，然而又意识到不变

① 黑格尔：《精神现象学》上卷，第140页。

的意识是它的本质而加以追求，力图把自己从非本质的一面中解救出来。苦恼的意识既然是一个个别的、经验的、感性的存在，所以它是停留在感性的此岸世界的，但它所要寻求的不变的本质却又在它所达不到的彼岸世界。

黑格尔在《精神现象学》的后面的章节里还谈到过类似苦恼意识的那种自身分裂为二的意识，但那是属于完全不同的历史时期，即启蒙运动时代的现象了。库诺·费舍曾引用歌德《浮士德》里的诗句来描述这种分裂的意识：

“有两种精神居住在我心胸，
一个要想同别一个分离！
一个沉溺在迷离的爱欲之中，
执扭地固执着这个尘世，
别一个猛烈地要离去凡尘，
向那崇高的灵的境界飞驰。”①

不过，费舍指出，黑格尔是把这种现代的现象和中世纪的苦恼意识区别开的。费舍的看法就这一点而论是对的，因为浮士德式的精神矛盾表现了个性的崇高的力量，它和基督教徒的消极的精神苦恼确实不能相提并论。某些现代资产阶级学者如让·瓦尔，片面地夸大苦恼的意识在黑格尔哲学中的地位和作用，无非是借黑格尔哲学之名来鼓吹存

① 库诺·费舍：《黑格尔的生平、著作和学说》。参阅歌德《浮士德》第1部，人民文学出版社，第54—55页。

在主义的观点而已[1]。

我们知道，青年黑格尔曾对基督教进行尖锐批判，在写作《精神现象学》的时候，他对基督教的态度显然比过去温和了，但总的说来还是批判多于肯定的。他基本上仍然是从启蒙运动的观点去评价苦恼意识，即宗教意识，揭露了宗教意识对永恒的彼岸世界的追求的虚幻性。黑格尔还指出了宗教意识的神秘主义的反理性的实质，认为它还够不上真正的思想，因而是一种低级的意识形态。他对宗教意识的批判还是反映了当时力图挣脱中世纪思想桎梏的德国资产阶级的利益。

当然，这时的黑格尔也对基督教做了某些让步，他对苦恼的意识是有所肯定的。在他看来，苦恼的意识尽管具有内在矛盾，但它力图把个别性和普遍性联系起来，摆脱主观性而寻求客观的本质，这就使意识向前发展而达到理性的阶段。特别是后来黑格尔在自己的体系中也吸收了基督教的思想，其源盖出于此。

二、向理性过渡

黑格尔把意识和自我意识的全部发展最后归结到向理性过渡。他认为，自我意识所关涉的只是它自己的独立和自由，因此为了保持其自身，不惜以牺牲客观世界或它自己的实在性为代价。这表明在自我意识中主体和客体、意识和存在还没有达到真正的统一。当自我意识进到了理性的阶段，它一向对于客观实在的否定态度就转化为一种肯定态度了。现在，自我意识作为理性，本身就有了保证，就能够容忍客观实在。黑格尔说，因为自我意识“现在确知它自己即是实在，或

① 让·瓦尔：《苦恼意识的观念在黑格尔理论的形成中的地位》，见《黑格尔哲学中的意识的苦恼》，巴黎，1951 年版。

者说，它确知一切实在不是别的，正就是它自己；它的思维自身直接就是实在；因而它对待实在的态度就是唯心主义对待实在的态度”①。于是，他对理性下了这样一个定义：“理性就是意识确知它自己即是一切实在这个确定性；唯心主义正就是这样地表述理性的概念的。”②

黑格尔的好处之一就是他从不隐瞒自己的观点。与某些现代资产阶级哲学家不同，他坦率地承认并且公开地宣扬自己的客观唯心主义世界观。所谓“理性即是一切实在”，就最清楚地表述了他的客观唯心主义的基本哲学原则。在黑格尔看来，主体和客体、意识和存在之间的矛盾正是在理性中得到克服，理性认识到原来一切实在就是它自身，于是就和实在相和解而达到了统一。他说，在此以前，自我意识是完全不了解这个世界的，它对世界虽有所欲求，有所作为，但它后来总是退出世界，撤回自身，它的兴趣只在于世界的消失。只有当自我意识发展到理性，确知实在就是它自身之后，它才第一次发现世界原来是它自己的现实世界，这样它才对世界的继续存在感兴趣，“因为世界的继续存在对于它来说现在成了它自己的真理性和现在性；它确知只在这里才经验到自己”③。

理性的直接对象已不再是个别的事物或现象而是“一切实在”。所谓“一切实在”也就是指整个自然界和社会生活，因此理性的对象比以前阶段上的意识和自我意识要广阔得多。黑格尔主张理性和实在的同一，就是把整个客观世界，包括自然界和人类社会在内，都看作理性的体现。这一方面充分暴露了黑格尔唯心主义哲学的错误实质，另一

① 黑格尔：《精神现象学》上卷，第155页。
② 同上。
③ 同上。

方面也展示出他企图把整个世界的发展都囊括在自己的哲学体系中，用理性去统治世界的那种宏大的气魄和理性主义精神。客观世界并非不可知，从现实世界逃避更为可耻，理性要拥抱这个世界，去征服它，去宰制它，去把它占为己有。这样，黑格尔所描述的个人意识就发展到更高的阶段，由主观精神转化为客观精神，而进入人们的社会生活和世界历史的宽广领域，人类精神戏剧的新的一幕就此开始了。

（原载《上海社会科学院学术季刊》1985年第2期）

关于历史哲学两个问题的思考

据说古希腊德尔斐神庙里有一个题铭："认识你自己"。千百年来，人一直在努力认识自己，只要人还存在，这种努力大概还会继续下去。

认识自己，不仅是认识人的现状，而且要认识人的过去和可能的未来。历史是人创造的，认识历史也就是去认识自己。为什么历史这样地发展？怎样去理解历史的意义？历史向何处去？思考这些古老而又常新的问题归根到底都是为了去认识人自己，因此对历史进行哲学思考是出于人的这种根本需要，历史哲学尽管遭到某些人的反对和非议，却始终有其存在的理由。连法国社会学家和历史学家雷蒙·阿隆也承认，历史哲学虽然是一种如此声誉扫地的文科行当，以致在法国竟没有人敢承认自己是研究历史哲学的，可是实际上难以把历史和哲学分割开，为了理解过去，哲学的思考还是免不了的①。

① 阿隆：《历史哲学导论》，见《现代西方历史哲学译文集》，上海译文出版社，1984年版。

马克思主义是否需要有自己的历史哲学？我看还是必要的。过去有一种看法认为，有了历史唯物主义，就可以取代马克思主义的历史哲学，其实这是很难完全代替的，正像历史唯物主义不能代替马克思主义的社会学一样。下面就近来想到的两个有关历史哲学的问题谈一点粗浅的意见。

一

历史的发展有没有规律？这是人们经常思考的第一个问题。

在某些思想家看来，这是不言而喻的事。例如，在黑格尔的《历史哲学》这部被柯林伍德誉为具有“深刻独创性的和革命性的著作”[①]中，对这个问题做了十分明确的回答。黑格尔把理性看作世界的主宰，把整个人类的历史发展说成是绝对精神自我发展的体现，因此很自然，世界历史在他眼里便呈现为一个有规律的、合理的、必然的过程[②]。对黑格尔的历史哲学观点尽可以有不同的看法和做不同的解释，但他承认历史发展的规律性这一点，应该说大家都是没有什么疑问的。事实上，在黑格尔之前的法国和德国的启蒙学派思想家中间，承认历史发展的规律性是占主导地位的普遍看法，黑格尔只是继承了这种观点并把它纳入自己的客观唯心主义哲学体系而加以独特的解释罢了。

黑格尔关于历史发展的规律性的思想，在当时的德国就有人表示反对。但是，直到19世纪末，否认历史发展的规律性才开始成为一股强大的潮流。1894年，新康德主义学派的领袖之一文德尔班在题

① 柯林武德：《历史的观念》，中国社会科学出版社，1986年版，第129页。
② 黑格尔：《历史哲学》，三联书店，1956年版，第47—48页。

名为《历史与自然科学》的大学校长就职讲演中，为这一潮流做了理论上的论证。他从方法论的角度提出一种经验科学分类法，原则上否定了历史规律的存在。他说："经验科学在现实事物的认识中寻找的，要么是自然规律形式下的普遍，要么是历史规定形态下的特殊。它们所考察的，有的是常住不变的形式，有的是现实事件的一次性的，特定的内容。有一些是规律科学，有一些是事件科学。前者讲的是永远如此的东西，后者讲的是一度如此的东西。如果我们可以造一些新术语，那么可以说科学思想在前一种情况是制定法则的，在后一种场合是描述特征的。"[①]因此，在文德尔班看来，历史学和自然科学二者截然不同，界限分明。自然科学以研究普遍规律为目的，历史学则只描述个别事实，与普遍规律无涉。他强调历史的所谓单一性和一次性，竭力反对到历史中去寻求规律，说什么这样做是企图"从历史中建立一门自然科学"，完全是徒劳无益的事。另一位新康德主义者李凯尔特继承并进一步发展了文德尔班的这种思想，他认为，历史学的对象是不会有重复的精神现象，因此历史学的方法也应该是个体化的方法，它不仅不研究规律，而且必须把规律甚至一般概念从历史科学中排除出去。李凯尔特说："有某种科学，其目的不在于制定规律，也根本不在于创作一般概念；这就是按照最普遍意义来理解的历史科学。"他又说："当我们从一般的观点来观察现实的时候，它就成了自然界，而当我们从特殊的、个别的观点来看现实的时候，它就成了历史；根据这一点，我把历史的个体化的行为与自然科学的一般化的行

① 洪谦主编：《西方现代资产阶级哲学论著选辑》，商务印书馆，1964年版，第55—56页。

为对立起来。”①

以文德尔班和李凯尔特为代表的新康德学派的这种历史哲学观点，一般被人们称之为“个别论”，它对西方历史哲学中否认历史规律的思想的流行产生了很大影响。然而这种论点却并不是什么新创造，而是来自黑格尔的一个渺小的论敌叔本华。早在文德尔班之前几十年，叔本华就在《作为意志和表象的世界》一书中指出，“历史学缺少科学的基本特征”，因为科学总是谈论种类，而历史学则总是谈论个体，说历史学是一门关于个体的科学，这就蕴涵着一种自相矛盾②。就实质的内容而言，文德尔班和李凯尔特并没有超出叔本华多少。奇怪的是，这种“个别论”的观点虽然相当浅薄，却一直影响至今，甚至被某些人当作不容置疑的东西而加以接受。例如，在当代西方以富有批判精神自诩的波普尔，就毫无批判地重弹旧调，他在谈到“历史是否有意义”的问题时说，历史科学与概括的科学不同，概括的科学要研究和说明规律，历史科学则只研究个别事实，而不去探索规律，“所以，以特殊事件及其说明为对象的那些科学，与概括的科学相对立，可以称为历史科学。对于历史的这种观点说明，为什么有这么多的历史学家和历史方法论学家强调他们感兴趣的只是个别事件，而不是所谓一般的历史规律，因为从我们的观点看来，不可能存在任何历史规律。”③

当然，波普尔在否认历史规律这方面也并非完全没有什么新发挥，他借此猛烈攻击马克思主义的历史观。我们不妨进一步看一下他

① 李凯尔特：《文化科学与自然科学》，商务印书馆，1986 年版，第 51 页。

② 叔本华：《论历史》，见《作为意志和表象的世界》第 2 卷，1859 年德文版，第 499—509 页。

③ 波普尔：《开放的社会及其敌人》第 2 卷，伦敦，1952 年版，第 264 页。

究竟还提出了别的什么论点。他在《历史主义的贫困》一书序言中，把反对所谓历史主义的理由归结为五条论证：

1. 人类历史的行程是受着人类知识增长的强烈影响的。

2. 我们不能用合理的或科学的方法来预告我们科学知识的未来增长。

3. 因此，我们不能预告人类历史的未来行程。

4. 这就意味着，我们必须摒弃理论历史学的可能性。

5. 因此，历史主义的方法的基本目的是错误的构想，于是历史主义就崩溃了。①

波普尔在这里所说的历史主义，指的是承认历史发展具有一定规律性的历史决定论观点，首先是指马克思主义。按他的推论，历史主义不能成立，历史规律也不可能存在。

在当代西方历史哲学中，否认历史规律存在的当然大有人在。但波普尔的思想是有代表性的，影响也很大，所以我们不妨就他提出的论据进行剖析，看看他对历史规律的否定究竟能否成立。

先看波普尔从新康德学派那里承袭得来的旧论据，即所谓“个别论”。在这里，首先要正确地解决个别与一般之间的关系。无论在自然界，或是在社会生活中，历史的发展总是由个别事件组成的。有人以为，单一性和不可重复性是社会历史事件的特征，其实这是不对的。就某一个自然现象来说，它同样也是单一的、不可重复的，比如说在某时某地看到的日出、某一次地震、某一株树上某一个苹果的落地等等，又何曾不是单一的、不可重复的现象呢？莱布尼茨早已指出

① 波普尔：《历史主义的贫困》，社会科学文献出版社，1987年版，第42—43页。

过，世界上没有两片完全相同的树叶。实际上，任何个别事物、个别事件都具有单一性、不可重复性的属性，否则它也就不成其为个别的了。问题在于，个别并不是和一般绝然无关，也决不能把二者抽象地、绝对地对立起来。列宁早就指出，在每个事物中都包含着个别与一般的辩证法："个别就是一般"，"这就是说，对立面(个别跟一般相对立)是同一的：个别一定与一般相连而存在。一般只能在个别中存在，只能通过个别而存在。"①因此，当我们去考察任何一个事物或事件时，个别和一般总是处于不可分离的联系之中：从个别可以导致一般，而一般则通过个别而表现出来。从存在着的各个个别的苹果概括出苹果的一般概念，一般的苹果只能通过个别的苹果而存在。苹果落地的规律是通过观察和研究许多次个别苹果落地的现象而得出来的，这一规律也只能通过这些个别现象而表现出来。在这方面，社会历史现象在本质上和自然现象并没有区别，例如在人类历史上起着巨大作用的战争，就是通过无数次大大小小的战争而得出的一般概念，每一次发生在特定的时间和地点的战争都是单一的、不可重复的，可是根据这一点难道可以得出结论说，根本就没有战争的规律吗？"个别论"的错误就在于把一般和个别抽象地、形而上学地对立起来，把二者绝对割裂开，从方法论的角度把它们凝固化而作为两种对立的科学的研究对象。

无可否认，历史科学应该有不同于自然科学的特点。一般说来，自然科学虽然也要通过个别(例如借助于观测和实验)去研究一般，但它的主要兴趣集中于探索规律，集中于探索个别背后的共同的、普遍的东西，在研究过程中可以而且有时必须把个别事物和现象的具体的

① 《列宁全集》第38卷，第409页。

特殊性抽象掉和舍弃掉。历史科学则不然，它的研究对象就是个别的具体历史现象，它虽然也要去探索个别现象背后的普遍，但那不是抽象的普遍，而是带着个别现象的全部具体的特殊性和丰富性的那种普遍。史学要成为科学，不能停留于个别具体现象的描述和记载（如兰克所主张的"如实直书"式的纯记述），而必须透过现象去发现其背后的带规律性的东西，但它的主要兴趣并不是规律本身，而是通过规律性的东西去更深刻地理解和解释具体的历史现象。[①] 主张"个别论"的人，包括波普尔在内，认为历史科学只研究个别事实，对规律不感兴趣，这当然是他们的自由。可是以此为根据来根本否认历史规律的存在，则是完全站不住脚的。自然科学和历史科学研究各自领域内的规律所采取的方式和方法不同，侧重点也不同，这并不涉及规律的有无问题。历史规律是客观存在，不管你是否对它感兴趣，它总是在起作用的。

至于波普尔提出的对所谓历史主义的反驳，也完全不能用来证明历史规律的不存在。他所列举的五条论证中其实只有前两条有重要的实质性内容，后面三条都是可以从前两条中推论出来的，只要承认了前两条，就必然会得出后面的结论。但问题也就在于前两条论证只是换一种方式去重复早已被马克思主义驳倒了的唯心史观，因而是不能成立的。戳穿了说，波普尔的意思是说人类历史的发展是由人的意识（知识无疑地属于意识的范围）决定的，而意识的发展却无规律可循，因此历史规律也不可能存在。这本来是社会意识决定社会存在的旧观

① 奥克肖特认为，"一旦把历史事实当作一般规律的例证，历史也就完结了"（《经验及其样式》，伦敦，1933年版，第154页）。对于马克思主义史学来说，这种担心是完全没有必要的。尊重客观事实，从顽强的事实出发，而不是先确定观念然后到历史中去找例证——这是起码的要求。

念，却被披上了新装。不过波普尔为了掩饰自己的立场，有意回避究竟是社会意识决定社会存在还是社会存在决定社会意识的问题，改换成人类历史进程受知识进步的强烈影响的说法罢了。但是，所谓“强烈影响”是很含混的，关键在于这种影响是否强烈到起决定作用，而马克思早已证明：决定人类历史发展的最终力量是直接物质生活资料的生产，人们的意识是在这个基础上发展起来的，因此也就必须由这一基础来加以说明，而不是相反①。波普尔不是一直标榜所谓“证伪主义”吗？可是他却把早已被马克思“证伪”了的命题用来作为反驳马克思主义的论证，这至少在理论上是很不严肃的。

波普尔对马克思主义还有一个严重的误解，就是他总是强调马克思主义之所以肯定历史规律的存在，目的是利用这种规律来“预言”历史的未来，而他则认为历史的未来是无法预言的。但是，马克思主义者从来也不是“算命先生”，从来不想当什么“预言家”。（顺便说一下，在西方资产阶级学术界，难道各式各样的“预言家”还少吗？）他们只是通过对历史和现实社会的科学研究和分析，揭示出社会发展的内在规律，指明历史前进的必然趋势而已。波普尔攻击马克思主义者自命为“先知”，实在是无的放矢②。

依我看，从新康德派到波普尔，他们提出的否认历史规律存在的论据都不能令人信服，在理论上是站不住脚的。不过也不能因人废

---

① 《马克思恩格斯选集》第 3 卷，第 574 页。

② 当然，波普尔在《开放的社会及其敌人》一书中攻击的不只是马克思，而且也攻击了柏拉图和黑格尔，不过马克思是他的主要目标。尽管这本书轰动一时，可是他对历史上的这三位思想巨人都缺乏专门知识，书中充满了曲解和不少不应有的错误，一些严肃的西方学者都对此提出了批评，例如考夫曼就详细地揭露了他对黑格尔的歪曲。

言，他们的有些意见值得加以思考。过去我们对历史规律的理解，在某些地方确实有简单化、机械化、教条主义的倾向，这些倾向妨碍了对这个问题的创造性的马克思主义的探索，同时也在理论上留下了漏洞，给人以可乘之机。

比如说，过去在谈论历史规律时往往片面地理解马克思所说的“自然历史过程”，过分强调它的不以人们的意志为转移的客观性，而忽视了它和人本身的特殊关系。照这种习惯的看法，自然规律和历史规律实际上并无区别，人和这些规律的关系都同样是如何去认识和利用它们，以达到自己预期的目的，人的主观能动作用仿佛仅仅表现在努力去认识和利用那些规律上。这种看法的重大缺陷就在于它忘记了自然规律和历史规律的根本区别。自然规律和历史规律固然都是客观的存在，但是在自然界，各种规律发生作用并不受人的活动的影响，在人类产生之前或甚至灭绝之后，这些规律照样发生作用。历史却完全不同，它是人的创造，离开了人就没有历史。因此，人是历史的主体，历史规律只能通过人的活动来实现。在历史规律面前，人绝不是消极的旁观者，而是积极的参与者和担当者，历史规律不是在人之外的东西，可以由人超然地加以认识和利用，因为它本身就和人的活动有着不可分割的联系。既然历史是由人自己创造的，历史规律必须借助于人的实践来体现，那么难道能够说它是与人们的意志、思想、感情、愿望(这些都和实践有着密切关系)无关的吗？然而正是人这个创造历史的主体在历史规律中的作用，在过去受到了不应有的忽视，没有得到认真的研究。在谈历史规律时，人看不到了，这就像演《哈姆雷特》没有丹麦王子上场一样。本来应该体现丰富多彩的人类实践活动的无限多样性的历史规律，失去了它原有的诗意，变成了没有血肉的冷冰冰的教条。这种对历史规律的理解实际上不是马克思主义的，而是18世纪机械唯物主义思想的残余。从意大利的维柯在《新科学》中首先提出人创造历史的思想，到马克思的实践哲学观点，人类对自己在历史上的作用的认识已经前进了一大步，现在是沿着从维柯到马克思的路线认真地重新思考一下历史规律的时候了。

二

另一个需要思考的问题是：历史的发展是不是一种进步？

首先应该指出，历史学中关于进步的概念本身就有一个发展的过程。一般说来，进步概念虽然作为一种思想萌芽早已出现，但在古代思想中，无论是在中国或是在西方，进步概念都不占主导地位，相反的，人们普遍地把已经从历史上消逝了的遥远的过去看作人类的黄金时代，而把人类的当前状况说成是一种堕落或倒退。有的西方学者甚至认为，"古代人根本就没有进步的概念"①。

严格地说，历史中的进步概念乃是近代的思想产物，它作为一种明确的信念形成于西欧资本主义制度的上升时期。从哲学上为进步概念奠定思想基础的首推培根和笛卡尔。被马克思誉为"英国唯物主义和整个现代实验科学的真正始祖"②的培根，在历史上以提出"知识就是力量"这个口号而闻名，他对历史进步的信念也是基于确定人类知识具有不断向前进展的可能性之上的。培根代表着当时进步的资产阶级的利益和思想情绪，号召人们去努力认识自然和驾驭自然，对人类社会未来的进步抱着充分乐观主义的态度。相形之下，他对过去历史上所取得的进步则评价很低。在他看来，人们的祖先由于没有找到和

---

① 《思想史辞典》第3卷，纽约，1973年版，第623页。

② 《马克思恩格斯全集》第2卷，第163页。

掌握合适的方法和工具，过去长时期内只是在黑暗中摸索，浪费精力，徒劳无功，因此要在新的适当的基础上去开始完全重建科学、艺术和一切人类知识①。这就是他所说的借助于“新工具”来进行的“伟大的复兴”。他深信，依靠感官的证明和工具、机械的帮助，人的理解力将不断得到提高，而随着知识的增进，人类的境况也将不断改善，这种进步的可能性实际上是无限的。

在培根之后，笛卡尔进一步为历史中的进步概念做了论证。就其哲学世界观来说，笛卡尔和培根属于不同阵营。如果说培根是唯物主义的经验论者，那么笛卡尔则是二元论的唯理论者，然而他们对历史在进步这一点的看法却基本相同。在笛卡尔看来，客观世界是有秩序的、受一定规律支配的，只要采用合适的方法，借助于我们的理性去取得知识，便将为人类的生活提供丰富的果实。他对人类具有能够认识和控制世界的能力抱着充分的信心，历史的进步概念在他那里正是以这种理性主义观点为基础的。笛卡尔派思想家如圣-彼埃尔进一步把进步概念推广于社会科学和道德的领域，他认为，依靠人类理性的力量，应用新的科学方法，不仅能够推动自然科学的发展，而且也能在道德和政治的领域内造成进步，为人类造福②。他深信，一旦人们能够正确地运用理性，文明就将取得胜利，人间天堂也就近在咫尺了。

但是，近代的进步概念真正牢固地确立起来，还有赖于 18 世纪法国启蒙学派的努力。在这方面出力最多的恐怕要推杜尔哥和孔多塞。杜尔哥在 1750 年的两篇著名的讲演中，谈到人类历史上文明发

① 培根：《伟大的复兴》前言，见《培根选集》，纽约，1965 年版，第 299 页。

② 柏里：《进步的观念》第 6 章，纽约，1955 年版。

展的各个阶段，认为整个人类像单独的个人一样要经历一个成长和逐渐成熟的过程。在他看来，人类虽然分成不同的民族和国家，由于自然环境的不同而发展有快慢之分，但都属于统一的历史过程，总的说来朝着越来越完善的方向前进。他说，尽管进步是不均衡的，可是人们的生活方式总是变得越来越文雅，人们的头脑也变得越来越开明，各个民族越来越互相接近，“最后，贸易和政治的联系把世界的各部分联合在一起，而整个人类通过和平和不安、幸福和灾祸的交替仍然在前进，虽然步伐缓慢，却还是走向更大的完善”①。在这以前，也有人谈过社会发展在各方面造成的进步现象，但谁也没有像杜尔哥那样明确而充分地表述进步的概念。他把进步理解为包括一切时间和空间，涉及生活的各个方面和一切因素，适用于一切种族和阶层的发展总趋势，认为人类的进步意味着人性的逐步进化和提高，意味着真理、道德、自由和幸福的扩展，不仅过去的历史证明了这一点，而且进步还将一直继续下去。他把进步看作社会自我发展的过程，这种发展进步不是偶然地发生或是由外力推动的，而是一个有机的整体在内在力量推动下实现的。正如弗林特指出，这种进步概念的提出乃是杜尔哥对历史哲学的巨大贡献②。

杜尔哥的看法当然不限于他个人，而是反映了当时法国启蒙学派的主导思想。狄德罗主编的《百科全书》就是一个最好的证明，它的撰稿人包括了当时法国思想界的精华如达朗贝尔、伏尔泰、孟德斯鸠、布封、魁奈、霍尔巴赫等人，他们所写的许多条目都贯彻着这样的一

① 米克编：《杜尔哥论进步、社会学和经济学》，剑桥，1975 年版。

② 弗林特：《法国和德国的历史哲学》第 1 卷，伦敦，1874 年版，第 110—111 页。

个信念，即人类借助于知识的增长能够逐步学会如何去控制自然，使之为自己的目的服务，提高物质生活水平，改进政治制度和立法，提高审美鉴赏力和道德水准。他们崇尚理性，相信教育和启蒙的作用，认为这是历史不断进步的保证。

启蒙学派的进步概念在法国大革命的高潮中得到了最充分的发挥，说来也怪，其杰出的代表者竟是当时正在躲避罗伯斯庇尔革命政权迫害的一位旧贵族孔多塞侯爵。这位前法国科学院秘书在避难期间，即1793—1794年间写了《人类理智进步的历史概观》一书，对历史的进步做了强有力的论证和辩护，并且对人类未来的进步深信不疑，寄予热烈的希望。后来孔多塞被捕后在狱中自杀，而造成他毁灭的革命正是他目为代表伟大历史进步潮流的力量。这是历史的讽刺，也是他个人的悲剧。尽管他身遭厄运，在他的这部著作里却充满着乐观精神和光明的设想。孔多塞坚信人具有趋向完善的可能性，这是他的历史进步观的理论基础。在他看来，个人具有从最简单的感觉一直发展到复杂观念的能力，整个人类理性的发展也同个人一样，“人类理智的进步服从于在个人认识能力的发展中可以观察到的相同的一般规律”。[①] 根据这一规律，人类理性不仅在过去的历史上表现为不断的进步，而且只要人类存在，这种进步还将无限地继续下去。孔多塞列举了人类社会发展的十个阶段，从最早的渔猎时期，经过畜牧、农业时期，达到古希腊和罗马时期，然后经过中世纪到近代，一直到1789年的法国大革命。在划分阶段时，他特别注意与人的认识能力的发展有关的一些社会现象如语言文字的产生、教育的进展、印刷术的发明、思想的变迁等等，因为归根到底他认为人类理智的进步是历

① 孔多塞：《人类理智进步的历史概观》，伦敦，1955年英译本，第4页。

史前进的最重要动力。例如，他把从印刷术的发明到笛卡尔所完成的哲学思维方法的革命作为第八个时期的标志，把伟大的思想革命(牛顿的物理学发现、洛克和孔狄亚克关于人性的理论、杜尔哥和卢梭的社会学说等等)看作他目前所处的第九个时期的标志。至于未来的第十个时期，那时启蒙思想和科学技术知识，将扩及全球的所有部分，自由、道德和对人权的尊重将越来越取得进展，“所有人都将成为人类的朋友，所有人都将一起为人类的完善和幸福而工作”。[①] 在孔多塞看来，这是理性王国的真正实现，不仅民族之间的不平等将会消灭，而且阶级之间的不平等也将消灭，一切个人都将在智力、道德和体质上得到无限制的、自由而充分的发展。在那时，“太阳将只照耀那些自由的人们，那些人除了他们自己的理性外不知有其他的主人”。[②]

我们所以要对进步的概念在历史上的形成过程做一番回顾，是因为要说明它和启蒙运动之间的密切思想联系。启蒙学派的进步概念在当时历史条件下起过积极的作用，对后来西方思想的影响很大，同时也不可避免地具有它自己的局限性。这些局限性和启蒙运动思想的根本弱点是分不开的，主要表现在以下几方面：第一，这种进步的概念把人的理性的发展和知识的增长看作推动历史进步的终极原因，换句话说，也就是到人们的意识中去寻找社会进步的决定性动力。这显然是以历史唯心主义观点为基础的。第二，这种进步的概念实际上反映了处于上升时期的资产阶级对历史发展前景的自信和良好愿望，而缺乏对客观社会发展规律的科学研究和理解，因此它在一定程度上免不了带有空想主义的成分。第三，启蒙学派一般对社会内部矛盾的深刻

① 孔多赛：《人类理智进步的历史概观》，第 184 页。

② 同上书，第 179 页。

性以及由此而来的历史发展的复杂性和曲折性没有足够的估计，因此他们对历史进步的乐观主义的看法并没有牢固的基础。正如列宁所指出的："启蒙者相信当前的社会发展，因为他们看不见它所特有的矛盾。"①弄得不好，他们的看法甚至会变为对现状的美化和辩护。

实际上，后来人们对历史中的进步的看法都或多或少地和启蒙学派的观点有关系。19 世纪的一些著名人物如黑格尔、圣西门、孔德、斯宾塞，他们的哲学观点虽有很大差别，可是在他们关于历史进步的议论中都能看到启蒙运动观点的影响，只是他们的着重点不同而已。甚至某些人持相反的看法，否认历史是在不断进步，在某种意义上来说，也是对启蒙学派的进步观念所做出的反应。应该看到，启蒙学派虽然一般说来赞同历史进步的观念，但他们也不是铁板一块，像卢梭那样重要的启蒙思想家就对历史的进步抱深刻的怀疑态度。不过卢梭也仍然忠实于他当时的时代精神，把理性看作社会发展的决定性力量，只是他认为随着私有制的出现而发展起来的文明，同时也造成了人间的不平等，破坏了人人平等的原始的"自然状态"，导致了贫穷、犯罪、战争和道德的沦丧。因此，文明的进步并没有带来人的自由和幸福，相反的在这种进步中包含着倒退，所谓"人是生而自由的，但却无所不在枷锁之中"，这种人的处境正是文明进步所造成的恶果。卢梭对文明进步的内在矛盾性的这种批判性见解，为后来的空想社会主义学派提供了丰富的思想营养。

法国大革命一方面实现了人类历史上的巨大进步，另一方面却也带来了对这种进步的失望。正如恩格斯所深刻地指出的那样，为革命做了准备的 18 世纪启蒙学派把理性当作一切现存事物的唯一裁判者。

① 《列宁全集》第 2 卷，第 464 页。

他们要求建立理性的国家、理性的社会，要求无情地铲除一切和永恒理性相矛盾的东西。但事实却证明，这个理性的王国不过是资产阶级的理想化的王国，新制度不论它比旧制度如何合理，却绝不是绝对合乎理性的。理性的国家完全破产，社会契约只是在恐怖时代获得实现。“总之，和启蒙学者的华美约言比起来，由‘理性的胜利’建立起来的社会制度和政治制度竟是一幅令人极度失望的讽刺画。”①这种失望情绪不能不影响到人们对进步的看法。在法国大革命以后，资产阶级陆续在西方世界建立起自己的统治，现在他们首先关心的已不再是继续推动历史前进，而是怎样巩固现存秩序并使之永恒化。特别是在资本主义制度的内部矛盾日益暴露和尖锐化，出现深刻的社会危机以后，由启蒙学派所倡导的历史中的进步观念更加越来越遭到人们的怀疑和反对，当然人们提出各种异议的出发点可能是很不相同的。例如，托克维尔站在自由派保守主义的立场上，一方面肯定扩大民主和平等是历史的必然，另一方面又忧心忡忡地谈论其消极后果，认为这会导致消灭个性，可能有利于独裁统治和为政治暴力打开方便之门②。他对历史的未来是抱悲观态度的。杜克海姆认为，随着近代化生产而来的社会分工和专业化的发展，使人发生了异化，个人失去了共同的目标而成为孤独的存在，而近代社会结构则是相对地无规范的异常的东西③。对历史的进步提出疑问的人中间，韦伯也许是最重要的一个。在他看来，近代西方世界社会生活的一切方面都沿着合理化的路线在发生变化，可是理性却失去了它的规范性的价值，变成了没

---

① 《马克思恩格斯选集》第3卷，第408页。

② 托克维尔：《旧制度和法国革命》，纽约，1955年英译本。

③ 阿尔蒙德等编：《进步和对进步的不满》，加州大学，1982年版，第57—58页。

有任何内在价值的纯粹是抽象的工具，为了不合理的目的去统治世界的工具，因为没有合理的标准可应用于价值的选择。经济领域内的合理化，排斥了旧日的道德方面的关心，把最大限度的生产、为生产而生产当作人的使命。对效率的崇拜要求消灭个人的因素而加强合理的社会政治控制，这就导致社会机构的官僚化①。韦伯承认近代社会中所发生的这些变化的事实，但却从价值判断上提出了问题：难道这是历史的进步吗？

除了对历史的进步表示怀疑的人以外，还有一些人根本不同意把进步观念作为衡量历史的标准。像号称“近代史学之父”的兰克和以研究文艺复兴时期的历史闻名的布克哈特，他们强调历史现象的独特性，认为对每个历史时代都应一视同仁，无所谓高低，都只能按其自己的标准去评判。持这种历史相对主义观点的最近的例子是法国的结构主义者列维-斯特劳斯。按他的说法，原始的巫术和近代科学并非属于人类心智发展的不同阶段，也不应把它们对立起来，而是“获取知识的两种平行的方式”②。这样的话，当然也就不用谈什么进步了。另一些很有影响的历史哲学家如斯宾格勒和汤因比，他们认为全人类的历史是不存在的，也没有人类向着一个方向不断进步的事实，有的只是平行的各个不同的文化或文明的历史，它们就像有机体一样有着产生、生长、成熟、衰亡等发展阶段。③ 历史运动就是在各种文化或文明的发展循环模式中进行，这就从根本上取消了历史进步的概念。

① 韦伯：《社会学文集》，纽约，1946 年版，第 139、155 页；韦伯：《新教伦理和资本主义精神》，纽约，1958 年版，第 181 页。

② 列维-斯特劳斯：《野性的思维》，商务印书馆，1987 年版，第 18 页。

③ 斯宾格勒的《西方的没落》和汤因比的《历史研究》的基本思想都带有历史悲观主义色彩。

综上所述，我们认为，近代西方历史哲学思想中的进步概念是在特定历史条件下产生的，人们围绕这个问题所进行的探讨，从宣传鼓吹到怀疑反对，客观上反映着(虽然有时完全是不自觉的)资产阶级的历史地位的发展变化。当然，有的西方学者完全不是这么看的。例如尼斯贝特认为，从历史上看，进步这个观念和宗教有密切的联系，甚至是依赖于宗教的，因此近几十年来人们对进步的信念的衰退，是由于宗教信仰的衰退所造成的，只有依靠宗教信仰的复兴，才能使人们对进步的信念复苏。① 应该说，尼斯贝特的这种说法完全违反基本的历史事实。在历史上努力鼓吹进步观念的启蒙学派，恰恰把宗教看作阻挠进步的重大障碍而主张加以扫除，而在当代最坚决地相信历史进步的则是信奉无神论的马克思主义者。相反的，对历史进步丧失信心的人倒常常要到宗教信仰中去寻求安慰。这难道不是千真万确的事实吗?

有的西方学者还认为，马克思主义的进步观念作为一种意识形态，也同样是建立在一种宗教式的假定和信仰之上的，因此要理解马克思主义的进步的辩证法就必须求助于基督教神学②。这种意见只能是对马克思主义的有意歪曲。马克思主义的进步观念首先是对启蒙运动的优秀传统的批判继承，同时又吸收了德国古典哲学和空想社会主义学派关于历史辩证发展的矛盾性的一切合理思想，并第一次把对历史进步的理解真正置于科学的基础上，使进步观念由单纯的主观信念变为客观的科学预见。至于某些人把马克思主义庸俗化、教条化，使

① 尼斯贝特：《进步观念的历史》，纽约，1980年版，第352、354页。

② 梅耶：《共产主义意识形态中的进步观念》，见《进步和对进步的不满》文集，1982年版，第67—68页。

之变为僵化的宗教式的信条，那么马克思主义是完全不能对此负责的。

马克思主义对历史进步的理解有什么与其他学派不同的特点呢？

首先，我以为最重要的一点是马克思主义解决了衡量历史进步的标准问题。究竟什么是历史的进步？用什么去衡量进步？这个问题在西方资产阶级历史哲学中是说不清楚的。例如柏里所下的定义是：“人类进步的观念就是说在过去、现在和将来文明都朝着人们向往的方向运动”①，而查尔斯·凡·多伦则把进步界说为“不可逆转地使情况改善的变化”。② 这些说法都过于空泛、抽象，而且把衡量进步的标准和人的主观判断联系在一起。谁都知道，在同一个社会里，不同的人“向往的方向”不同，他们对“情况改善”的感受也不同，根本不可能有一个共同的客观标准。马克思主义在评判历史的进步时反对使用这种不科学的主观标准，也反对一般地、抽象地空谈进步。马克思指出，“进步这个概念决不能在通常的抽象意义上去理解”。③ 对历史的进步必须进行具体的分析，必须用不以人们主观上的好恶为转移的客观标准去衡量它。这个客观标准不能到人的精神领域如理性、知识等中去寻找，而应该到决定整个社会生活的物质基础即经济领域中去寻找。由于生产力是一切社会发展的最终决定力量，所以归根到底衡量历史的进步要看它是否促进了以及在多大程度上促进了社会生产力的发展。把生产力的发展看作“社会进步的最高标准”，④ 这是列宁明确地提出来的。根据这个标准，在历史上凡是有利于生产力发展的，就是进步的；反之，凡是不利于或阻碍生产力发展的，就是反动的。过

---

① 柏里：《进步的观念》，第 2 页。

② 查尔斯·凡·多伦：《进步的观念》，纽约，1967 年版，第 7 页。

③ 《马克思恩格斯选集》第 2 卷，第 112 页。

④ 《列宁全集》第 13 卷，第 223 页。

去我们有时忘记了列宁的教导，不从促进生产力发展去考虑问题，单纯用政治和道德观念去衡量历史进步，往往导致理论上的失误。离开生产力标准，用其他抽象的原则去评判历史的进步或反动，只能得出错误的结论。比如说，奴隶制在历史上的诞生，尽管它并不符合某些人向往的方向，而且使许多人的情况不仅没有改善反而大大地恶化了，但对奴隶制的历史作用不能从道德的角度去评判，应该承认奴隶制在历史上促进了生产力的发展，因此它是必要的和合理的。正如恩格斯所说："在当时的条件下，采用奴隶制是一个巨大的进步。人类是从野兽开始的，因此，为了摆脱野蛮状态，他们必须使用野蛮的、几乎是野兽般的手段，这毕竟是事实。"①

其次，马克思主义根据人类历史上生产力不断发展而且发展的速度愈来愈快的事实，肯定人类社会就总体来说是在不断进步，并认为社会进步是历史发展的客观规律，而且这种历史的前进运动是不以人们的意志为转移的。但同时马克思主义者又不像启蒙学者那样对历史进步抱盲目乐观态度，把进步理解成一帆风顺的直线上升运动。他们充分理解到历史进程的复杂性，承认在总的人类前进运动中有时也包含着停滞、向后倒退，甚至循环发展的因素。尤其是他们深刻地认识到以往的阶级社会中的进步的矛盾性，人类为了取得这些历史进步曾经付出了多么沉重的代价。一方面是生产力的发展，另一方面则是对人的奴役、剥削和压抑，历史的进步就是在这样的矛盾中痛苦地行进。用马克思的形象化的语言来说，过去历史上人类的进步就像可怕的异教神像那样，只有用人头做酒杯才能喝下甜美的酒浆，而资产阶

① 《马克思恩格斯选集》第3卷，第220页。

级只有使个人和整个民族遭受流血与污秽、贫困与屈辱，才能达到进步。① 因此，马克思主义者虽然承认在一定的历史条件下社会进步不可避免地具有这种矛盾性，却决不会为它辩护或加以美化，而是彻底揭露其矛盾，反对把实现这种进步的社会制度永恒化和理想化。他们只是在认定这些社会制度在历史上的暂时性的前提下，才承认其相对的进步性。

最后，马克思主义者把生产力看作衡量历史进步的标准，但发展生产力本身并不是最后目的。归根到底，发展生产力还是为了人，不仅是为了满足人的直接需要，而且是为了人本身的发展，为了人的彻底解放。在以往的阶级社会里，生产力的发展虽然扩大了人对自然的统治，同时却也加强了人对人的统治。特别是在资本主义制度下，人处于严重的异化状态，人越来越变得片面和畸形，自由发展遭到最大的压制。马克思说："资本主义生产比其他任何一种生产方式都更加浪费人和活劳动，它不仅浪费人的血和肉，而且浪费人的智慧和神经。实际上，只有通过最大地损害个人的发展，才能在作为人类社会主义结构的序幕的历史时期，取得一般人的发展。"②单靠发展生产力，当然不能消灭人对人的奴役、剥削和统治，也不能解决资本主义生产方式所固有的深刻矛盾，但它为未来新社会和新人类的诞生创造了必要的物质前提和条件，为社会革命做准备。正是在这一点上，马克思主义者和资产阶级思想家完全不同。某些现代西方学者侈谈发展科学技术，发展社会生产力，把它作为医治资本主义社会痼疾的灵丹妙药，仿佛社会生产力的迅速增长就会自然而然地使一切矛盾迎刃而

① 《马克思恩格斯选集》第 2 卷，第 73、75 页。

② 《马克思恩格斯全集》第 47 卷，第 190 页。

解，建立一个人们所梦寐以求的人间乐园。从罗斯托的“经济增长阶段论”到贝尔的“后工业社会论”，实质上都是借助于技术决定论来虚构一个新的乌托邦。马克思主义者也极其重视科学技术在社会发展中的作用，把科学技术看作最重要的社会生产力，但从不离开社会制度的变革来孤立地谈论科学技术对历史进步的作用。他们深信，当代世界所面临的伟大的科学技术革命将会使社会生产力得到前所未有的飞速发展，从而加速社会革命的到来，这场革命将会扫除套在人身上的枷锁，消灭统治人的一切异化形式，使人真正获得全面的、自由的发展的现实可能性。那时将建立起共产主义社会，也就是《共产党宣言》中所说的“一个以各个人自由发展为一切人自由发展的条件的联合体”①。这将标志着人类由必然王国向自由王国的飞跃，也将是人类历史上从未有过的真正的进步。在关于历史进步的问题上，马克思主义者也是乐观主义者，他们对人类的前途充满着信心，但这种乐观主义绝不是凭盲目信仰或善良愿望，而是以对历史发展规律的深刻理解为依据的。

归纳一下关于以上两个问题的思考，无论是历史规律或是历史进步，最后落脚点都涉及人的问题。关于人的问题的研究，过去曾被视为“禁区”，一直是我们的哲学研究中的薄弱环节。这两年来情况有所转变，但许多问题的探讨还刚刚开始。我觉得，对于历史哲学来说，人的问题尤其重要，很有必要引起大家的注意，在这方面开展研究和讨论。

（原载《世界历史》1988年第2期）

---

① 《马克思恩格斯全集》第4卷，第491页。

克尔凯郭尔哲学思想述评

谈论存在主义哲学，人们一般都要回溯到19世纪丹麦哲学家、神学家克尔凯郭尔。这是理所当然的。作为一种社会思潮，存在主义固然是20世纪欧洲的产物，反映了两次世界大战对西欧资本主义社会里一部分人在精神上、思想上和心理上所造成的后果。但是，像任何一种重要的哲学思想一样，存在主义不仅有深刻的社会根源，也有其历史的、思想的来源。德国存在主义哲学的著名代表之一雅斯贝斯曾经说："克尔凯郭尔和尼采使我们睁开了眼睛。"①实际上，存在主义哲学的一些重要的思想和命题确实可以在克尔凯郭尔那里找到源头，因此人们把他看作存在主义的祖师是有充分理由的。克尔凯郭尔在生前默默无闻，过了半个多世纪以后，他的著作突然又在西方世界风行一时，他本人也被某些人奉为"先知"，这和存在主义的恶性泛滥显然有密切的关系。克尔凯郭尔在西方哲学史上的地位，也只有联系他对存在主义哲学的影响来看，才能见出其重要性。

① 雅斯贝斯：《估计与展望》，1951年德文版，第132—133页。

一、克尔凯郭尔的生平和著作

克尔凯郭尔的传记材料相当丰富，由于这些材料主要是由他本人提供的，所以比较可靠。除了他写的一本自述性的著作《我作为一个作家而工作的观点》外，在他的《日记》和其他许多著作中也包含大量有关他个人生活和体验的记述。与某些哲学家不同，克尔凯郭尔的个人生活经历和环境在很大程度上影响了他的哲学思想，因此研究他的传记对于深入理解他的哲学具有重要的意义。

1813 年 5 月 5 日，索伦·阿拜·克尔凯郭尔诞生在丹麦首都哥本哈根市内面向新市场广场、紧靠着市政厅的一所巨宅里。他的父亲马可·彼德森·克尔凯郭尔是一个富商，对他的思想和性格的形成影响极大，所以我们不妨从他的父亲的生活经历谈起。

马可·克尔凯郭尔出身贫寒，家庭人口众多，有兄弟姊妹八人。他十二岁时就在西日德兰的荒原上放羊，经常挨饿受冻，生活十分困苦。有一天，他意想不到地被他的舅父尼尔斯·安德森·赛定选中，把他带往哥本哈根去当学徒。赛定是一个袜商，但他不仅从事袜类的买卖，而且也经售成衣。当时羊毛主要是在日德兰生产的，因此日德兰人在这个行业中相当突出。马可·克尔凯郭尔想必是个很能干的青年，他去哥本哈根后白手起家，青云直上。起初他登记为袜商，做服装买卖，到 1780 年他二十四岁时取得了从事食品买卖的营业执照，在 1788 年他经皇家专利局批准又获得了经营来自中国、东印度以及西印度群岛丹麦属地的进口商品的许可证。到三十几岁时，他已经成为一个经营各种食品的大批发商，积累了一笔可观的财产，由一个穷乡僻壤的放羊娃变成了首都颇有名气的暴发户。

马可·克尔凯郭尔的第一个妻子在同他结婚后两年就去世了，没有留下子女。当时他年仅四十，正可以在商界大施身手，却突然宣布退休，把业务交给他的侄子经营。在服丧一年尚未满期时，他又和家里的女佣安妮·索伦达特·隆德结婚，婚后仅四个多月就生了第一个孩子，接着又陆续增添了好几个子女。哲学家索伦·克尔凯郭尔是第七个、也是最小的孩子，生他时父亲已经五十六岁，母亲也已经四十五岁。小克尔凯郭尔因先天不足，体质很弱，生下来就有点驼背，双腿也参差不齐。这种生理上的软弱和缺陷对这个儿童性格的形成和发展无疑有相当大的影响。

索伦·克尔凯郭尔诞生的那一年，正值丹麦发生严重的经济危机，用他后来的话来说，"这发生在如此大量无价值的纸币投入流通的那一年"。由于参加拿破仑的反英战争，丹麦的对外贸易遭到致命打击，政府为支付庞大的军费开支而滥发纸币，终于造成恶性通货膨胀，导致了信用破产，使丹麦的大多数小康之家受到惨重的经济损失。唯一不受影响的证券是所谓"皇家公债"，因为这种公债主要由外国政府持有，丹麦必须用黄金支付规定的利息。精明的老克尔凯郭尔恰恰把全部资金都投于购买"皇家公债"，因此在这次经济危机中不仅毫无损失，而且比过去更富有了。索伦·克尔凯郭尔生于富家，从未经历过父辈幼年时的艰苦生活，他父亲由于老年得子，对他又特别宠爱。他从小就娇生惯养，享有种种优裕的物质条件。但这却并没有使他感到幸福，他是作为一个不幸的儿童而成长起来的。

索伦·克尔凯郭尔在他的《日记》和其他许多著作中经常谈到自己的父亲，却从来不提他的母亲。根据别人的叙述，安妮·隆德是个具有快活性格的矮小妇女，她满足于照料自己的一群子女，"就像母鸡照料小鸡一样"。但是，除了生活上的关心以外，她对这位哲学家儿子的精神发展几乎毫无影响。相反，克尔凯郭尔的父亲则对他的思想的形成起了十分重要的作用，特别是在他的童年时期，父亲的影响可以说是居于压倒一切的位置。

马可·克尔凯郭尔虽然没有受过多少教育，但却富有聪明才智，且有活泼生动的想象力。在他退休以后，他喜欢和有学问的人来往，以明斯特主教为首的哥本哈根的知识分子上层人士，经常在他家里聚会。他常常同学者们一起讨论高深的哲理，就像他们之中的一分子，他虽然缺乏文化教养，但他的敏锐的智慧和永不休止的探索精神却令人感到惊异。这位老人以旧式家长的方法治家甚严，他自己笃信宗教，对子女们从小进行严格的宗教教育，教他们敬畏上帝。对他的幼子也早就像对成年人那样灌输宗教思想，进行完全与儿童年龄不相称的交谈，这在未来哲学家的幼小的心灵上打下了不可磨灭的深刻的烙痕。这种宗教教育究竟对索伦·克尔凯郭尔造成了什么后果是值得研究的，它一方面使他终身成为一个虔信的基督徒，另一方面又在他的心灵深处播下了叛逆的种子，后来他自己就指责这种家庭训练是一种“疯狂的”、“残酷的”教育方式。问题在于，他这个早熟的儿童以他特有的敏感很早就觉察到，在他的父亲的表面上的宗教虔诚底下掩盖着内心的不安，他感到父亲在隐瞒什么见不得人的秘密，一种有罪的感觉在折磨着父亲，使父亲长期处于某种不可名状的忧郁之中。这种忧郁也感染了他，成为他毕生的精神上的重负。后来索伦·克尔凯郭尔回忆说：“我是最深刻的意义上的一个不幸的个人，从很早的时候起就和一个又一个痛苦紧紧地联结在一起，直到濒于疯狂的边缘”，“一个老人，自己处于巨大的忧郁之中，在他年老时又有了一个儿子，这全部忧郁都作为遗产传给了他的儿子”。又说：“当我生下来的时候就已经是一个老人了，我完全跳过了童年和青年时期”，“从当孩子的时候起，我就处于一种巨大的忧郁的威力之下……没有一个人能够发现我感到多么不幸”，“作为一个孩子，我是严格地按基督教精神受教育的；以人来说，这是疯狂地进行教育……一个孩子疯狂地扮演一个忧郁的老头。真可怕啊！”

不难看出，克尔凯郭尔的父亲的宗教信仰和道德行为之间的矛盾，不仅使他对父亲的信任发生了动摇，而且造成了他的病态的心理，给他的一生蒙上了阴影。至于他父亲的私人秘密究竟是什么，他没有明说，但从他的《日记》里可以看到，他后来终于知道了这一秘密。据估计，这大概是他父亲与第二个妻子在婚前的暧昧关系，按基督教的戒律来说当然是不道德的。父亲的行为给予克尔凯郭尔什么影响，在他的《日记》中也有记述，他在那里写道：“最大的危险不在于父亲是个自由思想家，或甚至是个伪善者。不，危险在于他是个虔诚的和敬畏上帝的人，并且孩子也强烈地深信这一点，然而却感到在他的灵魂中有着深深的不安，因此即使是虔诚和敬神也不能使灵魂得到安宁。危险也正在这里，因为在这种情况下，孩子会做出推论说，上帝毕竟不是具有无限的爱的那个上帝。”

严格的家庭宗教教育几乎完全剥夺了克尔凯郭尔童年时代的欢乐。他后来在《日记》中回忆自己的童年时说，只有一次他到乡下去远足，穿着绿色的小外套和灰色的裤子在田野里奔跑，才真正感到快乐，而现在“童年留给我的唯一东西只是叹息”。他的父亲大力向他灌输的是路德派基督教所鼓吹的那一套，即强调人生来有罪，天生就堕落，离上帝很远，而耶稣的慈悲就在于为我们承担罪恶，被钉上十字架来为人赎罪。在《当前的时代》中，克尔凯郭尔关于他自己写道：“以前曾经有过一个人。作为一个男孩，他是严格地受基督教教育长大的。他很少听过其他孩子通常听到的那些东西，很少听过关于婴儿耶稣、关于天使以及诸如此类的东西。另一方面，他们最经常给他看的就是钉在十字架上的耶稣，因此这张画是他拥有的唯一的画，也是他关于救世主所有的唯一的印象。他虽然只是一个孩子，却已经和一个老人一样年老了。”

克尔凯郭尔五岁开始上学，他有良好的记忆力，读过的课文差不多都可以背诵。他自己说，他进了学校才第一次知道什么是义务，虽然父亲从来不过问他的功课，也不检查他的作业簿，但他能自觉地把读书当作必须完成的义务。一般说来，他在学校里学习成绩是名列前茅的。1830 年，他进哥本哈根大学读书，按照他父亲的意愿，他选修神学，可是在大学学习期间，他的主要兴趣是在文学和哲学方面。他热心地阅读柏拉图、浪漫派作家、莎士比亚以及晚近的哲学家们的著作。有一个学期他约定当时最有才华的年轻神学家汉斯·马顿森充当他的私人导师，马顿森在使神学适应于当代的需求这方面超过前人，但却未能深深打动这个青年学生的心，引导他去认真地研究神学。在大学里，克尔凯郭尔有机会享受一个大学生的自由生活，接触文化艺术，而过去在他自己家庭环境里是根本不可能享受到的。他开始喜爱音乐，成为一个歌剧迷。他也是剧院的常客，时常纠合一批同学去看戏。此外，他还讲究吃喝，喜欢上咖啡馆。总之，在他上大学的最初几年里，他充分地享受生活，可以说是他一生中过得比较愉快的时期。

但是，在克尔凯郭尔家里，从 1832 年起却接二连三地发生了不幸事件。先是他的三十三岁的长姊于 1832 年 9 月死于分娩，一年后他的一个二十五岁的哥哥又于 1833 年 9 月死于美国新泽西州。老克尔凯郭尔对于这个儿子的死不仅感到伤心，而且受到良心的责备，因为是他强迫自己的儿子去美国独立谋生，结果使儿子遇到种种困难而身死异国。又过了十个月，全家的主妇离开了人世，这位善良的妇女虽然正式结了婚，生育和抚养了一群子女，却一直没有受到丈夫应有的尊重，现在经过长期病痛终于得到了解脱。仅仅相隔五个月，家里的另一个女儿、国家银行经理的夫人也死于分娩，卒年也仅三十三岁。因此，从1832年9月到1834年12月的两年多的时间内，老克尔凯郭尔接连地失去了他的妻子和三个儿女，加上早年死去的两个子女，在他的七个子女中只剩下了长子彼得和幼子索伦。这对于这位老人来说自然是一个莫大的精神打击。过去老克尔凯郭尔一直认为自己是幸运儿，上帝保佑他发财致富，建立了一个舒适的理想家庭，现在则认为无论财富和名声，或甚至自己的高龄，都是上帝借以惩罚他的有意的安排，就是要让他眼看着妻子儿女一个个地先他而死去，落得孤零零的一个人留在世界上。他感到自己是愤怒的上帝手心里的一个罪人，成天生活在恐惧中，预感到他的还活着的两个儿子也将遭到不幸，因而更深地陷入宗教信仰以图赎罪。

家庭的变故对索伦·克尔凯郭尔也同样是一次严重的打击，他自己把这称之为“大地震”，说他自己的童年是在二十二岁那一年结束的。他也怀疑他的父亲的高龄并不是上帝的恩赐，倒像是上帝的诅咒，而自己家庭成员的杰出的才能也只是为了制造相互间的摩擦。他感到死神正在静悄悄地包围他，而他的父亲，这个不幸的人则会死在所有的子女之后。他相信父亲的预言，就是所有的子女都至多活三十三岁，他自己也不例外，在《日记》里就特别指出耶稣基督去世时也年仅三十三岁，这正好符合人类整整一代人的年龄。他认为，他的整个家庭一定是犯了什么罪，因此上帝的惩罚必然会降临到他们头上，上帝的强有力的手必然会把他全家作为一次不成功的试验而扫除掉。可以说，这次“大地震”对克尔凯郭尔的思想发展具有决定性的重大影响。早年的宗教教育，加上家庭悲剧所造成的有罪的感觉，形成了他的一种特殊的反常的心理状态，后来他建立的哲学学说就和这种心理状态有着密切的关系。

克尔凯郭尔在《观点》中断言，他“从来也没有放弃过基督教”。这确实是真的。但在1835年，他在极其失望的心情下曾一度用批判的口气去谈论基督教和基督徒，而且明确地得出结论说：“哲学和基督教是永远不可能联合的”。几年以后，他承认当时他的精神状态包含着反叛的因素，不仅反对他的父亲，而且反对上帝。克尔凯郭尔毕生不参加政治活动，但在那时也曾短暂地对政治感兴趣。1835年年底，他为《飞行邮报》写过四篇政治文章，受到某些人的赞赏。在政治上，他一向是十分保守的。他表面上虽然不反对变革，却反对把法国革命的抽象理论应用于丹麦，反对所谓“群众的统治”。克尔凯郭尔由于对父亲的怀疑和反感而疏远这位老人，自己另找住所与父亲分居。但他的父亲做了很大的努力去改进父子间的紧张关系，向他做了忏悔，承认自己过去在日德兰牧羊时又冻又饿，曾挥拳咒骂上帝，犯了渎神的大罪，现在终于受到报应，罪及自己的子女。克尔凯郭尔为了父亲的真诚而坦率的忏悔而深受感动，和父亲重新和好，并更加坚定地相信上帝确实存在。在父子和解后不久，老克尔凯郭尔于1838年8月去世，索伦·克尔凯郭尔继承了一大笔遗产，其中包括他出生的那所位于新市场的巨宅。

除了父亲以外，对克尔凯郭尔的一生发生巨大影响的是一位姑娘雷金娜·奥尔森，他们之间的短暂而不幸的恋爱，在哲学家脆弱的心灵上留下了永远不能愈合的伤痕，这在他以后的许多著作里都有所表现。克尔凯郭尔初次邂逅雷金娜是在1837年，当时她年仅十四岁。他正处在自己感到有罪的精神痛苦中，结识这位少女给了他重新获得幸福生活的希望。在他的《日记》中有一段回忆他们恋爱情景的详细记载。他说，1840年夏，他通过了神学的正式考试，从8月到9月他一直试图接近雷金娜，到9月8日那一天终于下定了决心去找她，正好在她家门口的街上遇到了她。她告诉他说家里没有别人，这正是求之不得的好机会。于是他们一起到她家的起居室，听她演奏钢琴，但那天演奏得不好，他突然粗鲁地把一本书摔到钢琴上，向她求婚，说"我两年来一直追求的就是你"。但雷金娜却保持沉默，从房间里跑走了。他就直接去找她的父亲，她的父亲也没有表态，但看来是愿意的，同意他再和雷金娜谈一次。9月10日下午，他又去找她，这次她接受了他的求婚。但这种幸福之感很快就消逝了，用克尔凯郭尔自己的话来说，在订婚后的第二天，"我内心里就感到我犯了一个错误。像我这样的一个忏悔者，我的 Vita ante acta，我的忧郁，这就已经够了。在那个时期内，我的痛苦是笔墨难以形容的"。

克尔凯郭尔究竟为什么在刚订婚后就反悔，这始终是一个谜。看来这主要是由于心理上的原因，他认为自己不可能克服支配着他的忧郁，不可能使他心爱的姑娘幸福，因此竭力设法解除婚约。在当时，解除婚约是一件很严重的事，为了不致损害女方的名誉，他故意引起雷金娜不满，想使她主动提出解除婚约，但没有成功。最后只得由他采取行动，于1841年8月他退回订婚戒指并附上一封简单的信，信中请求她"宽恕这样的一个男人，他虽然也许能做某些事，却不可能使一个姑娘获得幸福"。尽管雷金娜恳求他"为了基督和想念他已故的父亲"，不要离开她，他还是无动于衷，坚决解除了婚约。雷金娜以后另嫁别人，而克尔凯郭尔则始终保持独身，但对雷金娜却一直未能忘怀。

在哥本哈根，克尔凯郭尔的行为成为一件丑闻，因此在婚约破裂后他于1841年10月去柏林继续求学。在这之前，他完成了硕士论文

《论讽刺的概念，特别是关于苏格拉底》(1841)的答辩。这是他的第一部学术论著，从此也就开始了他作为一个哲学家的著述活动。《论讽刺的概念》内容相当晦涩，其中经常提到黑格尔。据一位克尔凯郭尔的研究者塞尔斯特罗普的看法，这一著作的立场“基本上是黑格尔主义的”。克尔凯郭尔力图证明，苏格拉底的立场乃是被理解为无限的、绝对的否定性的讽刺。这显然是受到了黑格尔的哲学史的一定影响。但我们在这一著作中也可以看到一些明显地和黑格尔不同的观点(例如对于“个人生活”的强调)。克尔凯郭尔在大学求学期间，曾一度醉心于黑格尔哲学，后来则与黑格尔哲学彻底决裂，转而采取批判态度，这种思想转变在《论讽刺的概念》中已初见端倪。关于他对黑格尔哲学的批判，我们将在后面加以论述。

克尔凯郭尔预先计划要在柏林住一年半。当时的柏林是整个欧洲的哲学思想中心，黑格尔虽已去世，但他的哲学在许多领域内仍然居于统治的地位，而且有着向左发展的趋势。普鲁士当局为了抵消黑格尔的影响，特地请谢林去柏林大学讲学。起初克尔凯郭尔非常热切地想听谢林讲如何批判黑格尔的体系，可是不久就失望了。1842 年 2 月 27 日他写信给波森说，“谢林放肆地满口胡言……我即将离开柏林回到哥本哈根……我不想用新的绳索把自己捆绑起来”。3 月 6 日，他回到哥本哈根，只在柏林耽了四个半月。他曾试图与雷金娜恢复关系，但未能成功。他写道：“我失去了什么？我失去了我所爱的唯一的东西。”后来他又在《日记》中说，“我的存在将绝对地为她的生活加上重音符号，我作为一个作家的工作也可以被看作是为了尊敬和赞美她而树立的纪念碑。我把她和我一起带进了历史。”正是在这种心情支配下，他几乎是疯狂地埋头于创作，在十余年内写成了大量的著作。他自己说，抛弃了雷金娜，他不仅选择了“死亡”，而且选择了文学生涯，“是她使我成为一个诗人”。

1843 年 2 月，克尔凯郭尔用笔名发表了《非此即彼》一书(二卷本)，这是他所写的篇幅最大的一部著作，在哥本哈根引起相当大的轰动。据他自己讲，全书是在十一个月内写成的。有人认为，这部著作是他给雷金娜的暗码通信。接着在这一年克尔凯郭尔又以令人难以置信的速度完成并出版了两部著作：《反复》(在两个星期内写成)和《畏惧和战栗》。从文学观点来看，这两部著作是他所写的最好的作品，而且都涉及他的失恋。在以后几年内，他又出版了好些著作，其中比较重要的有：《训导论文》(1843—1844 年)、《恐惧的概念》(1844 年)、《哲学片断》(1844 年)、《人生道路上的各个阶段》(1845 年)、《关于人生中的严酷境遇的思考》(1845 年)、《〈哲学片断〉一书最后的非科学性附言》(1846 年)、《当前的时代》(1846 年)。特别值得一提的是《〈哲学片断〉一书最后的非科学性附言》，《哲学片断》本身篇幅不大，而这个《附言》却是一部长篇著作，内容也非常丰富。前面已经说过，克尔凯郭尔迷信他自己只能活三十三岁，因此他把这个《附言》当作自己“最后的”著作而倾注了全部的心血。他感谢上帝让他说出了自己需要说的话，感到在哲学方面已经不需要再写什么别的了。

但是，实际上克尔凯郭尔的哲学著述活动却远没有就此结束，在这以后他又写了不少重要著作。在他一生的最后阶段，还有两件大事起了莫大的作用，一是他和报刊的论战，即所谓《海盗报》事件，一是他和丹麦基督教教会的冲突。他晚年写的一些所谓“纯宗教”著作特别受到这两件大事的影响。

《海盗报》是有才华的二十一岁青年诗人阿隆·哥尔德施米特创办的一家小报，编者站在自由主义观点上用嘲笑和讽刺的手法，猛烈抨击专制政体、保守主义、书报检查制度等等，但常利用社会上的流言蜚语，进行人身攻击，格调不高。在当时的丹麦，这家报纸发行量最大，某些上层人物虽然反对这张报纸，暗底下却也阅读它。哥尔德施米特是克尔凯郭尔的崇拜者，他在《海盗报》上发表了几篇竭力吹捧克尔凯郭尔的文章。克尔凯郭尔却认为《海盗报》是迎合低级趣味的报纸，公开在报上发表文章表示拒绝接受该报的赞扬，而要求该报对他进行攻击。他还尖锐地攻击了该报的一个匿名撰稿人缪勒，使缪勒声誉扫地。于是矛盾激化，哥尔德施米特立即在报上做了答复，他没有直接攻击克尔凯郭尔，却对克尔凯郭尔的为人进行揶揄讥讽，并配以漫画，图文并茂。在那时，漫画还是颇为新鲜的东西，上了漫画也就成为公众的笑料。这深深地伤害了克尔凯郭尔的自尊心，他在接着展开的笔战中也没有得到人们的同情和支援，他感到他们因他受到嘲弄而幸灾乐祸。在他心里激起了精神贵族对普通群众的蔑视，他在《日记》里说，大多数人总是错的，真理总是只在少数人手里，因此少数人总是比大多数人更强。这种贵族主义的观点始终伴随着克尔凯郭尔，只是到他的晚年发展得越来越严重了。

至于克尔凯郭尔和基督教会的矛盾，那是由来已久的，因为他对基督教信仰有他自己独特的看法。他曾经想在完成他的主要哲学著作后放弃写作，隐退到乡村里当一个牧师，但在《海盗报》事件后，隐退已不可能。他感到上帝可能赋予他特殊使命，让他为了真理而蒙受痛苦，同时作为真理的见证人而向他的同时代人阐明什么是基督教信仰的真义。他把全部精力转向宗教领域，于是就使他和教会的矛盾尖锐化，而爆发为公开的冲突。

从 1847 年起，克尔凯郭尔发表了许多宗教性著作，如《爱的作为》(1847 年)、《基督教讲义》(1848 年)、《田野上的百合花和天空中的飞鸟》(1849 年)、《致命的痼疾》(1849 年)、《基督教的训练》(1850

年)、《为了自我检查》(1851 年)等等。在这些著作里，他越来越激烈地批评丹麦教会，要求教会当局公开承认基督教的理想和他们的讲道不相符合，号召他们忏悔，承认自己不再能代表《新约》中的基督教。这当然使他和教会的关系趋于恶化。但是，在丹麦教会大主教明斯特(克尔凯郭尔父亲的老朋友)在世时，克尔凯郭尔对他还保持尊敬，对教会的批评还有一定的克制，当明斯特于 1854 年逝世由马顿森(也就是教过克尔凯郭尔的那位神学教授)继任以后，克尔凯郭尔就对丹麦教会进行公开的谴责和攻击。从 1854 年 12 月到 1855 年 9 月这一短时期内，他接连在《祖国报》上发表了二十一篇文章，并且出版以《快报》为名的一系列小册子(一共出了九期)，而且他一反以往喜欢使用笔名的习惯做法，在这些文章和小册子上都署真名。他尖锐地指责教士们用基督教的名义来伪造基督教，并且对他们的生活、家庭和执行圣礼的职务都极尽讽刺挖苦之能事。他甚至公然号召人们停止参加官方的公共礼拜，退出教会。马顿森在当时已成为一个颇有声誉的神学家，面对他的这位过去的学生的挑战，他保持沉默，置之不理，因为他怀疑克尔凯郭尔怀有不可告人的个人动机。克尔凯郭尔的唯一在世的哥哥彼得那时在国家教会中也已身居高位，他们之间的最后的一点兄弟情谊也终于彻底破裂了。

1855 年 10 月 2 日，克尔凯郭尔在散步时失去知觉跌倒在街上，他的下肢瘫痪了。当时他已准备好《快报》第十期，但尚未付印。他自己意识到末日已临，所以当他被送进弗里德烈克医院时，他说，“我是到这里来死的”。在医院里，他拒绝了哥哥彼得的探视，拒绝从神职人员那里领受圣餐。同年 11 月 11 日，克尔凯郭尔离开了人世，他被安葬于家庭墓地，但彼得却没有设立墓碑指明安葬这位弟弟的确切地点。

关于克尔凯郭尔的生平，几十年来一直是资产阶级学者研究的对象。他不仅有先天的生理上的缺陷，而且确实是精神上的畸形儿。他自己承认他曾濒于疯狂的边缘，并多次起过自杀的念头。有些弗洛伊德派精神分析学家曾专门详细地研究过他的《日记》和其他著作，试图对他的精神是否正常做出诊断。他们并没有得出一致的结论，但看来克尔凯郭尔至少有某种程度的病态心理。据他的私人秘书列文提供的材料，他害怕阳光，总是把窗户遮得严严的，对火有歇斯底里式的恐惧，经常发狂似的担心受怕，大量出汗和浑身战栗①。这些都是精神不正常的征候。但在生活上他倒很讲究享受，一点也没有悲观消极的表现。他经常享用珍馐佳肴，居住宽敞豪华的房子，喜欢购置银器和各种昂贵的手杖，每天要更换杯子。他直到逝世一直雇有两个仆人，像流水般地大量挥霍金钱，完全是阔少作风。他所继承的大笔遗产到他临死前已所剩无几，连父亲传给他的那所巨宅也早已被他出售。一方面在哲学上鼓吹痛苦、忧郁、畏惧、悔罪，另一方面却又尽情地享受奢侈的寄生生活，这就是克尔凯郭尔的双重人格。他自己在《日记》里也承认，“我是具有两副面孔的雅努斯；我以一副面孔笑，我以另一副面孔哭”②。这两副不同的面孔也同样出现在他的哲学思想中。

二、克尔凯郭尔的哲学思想

（一）克尔凯郭尔是怎样批判黑格尔的

哲学史家一般认为，克尔凯郭尔的哲学思想开始于对黑格尔主义

① 参阅约利维：《克尔凯郭尔导论》，英译本，第67页。

② 布莱塔尔编：《克尔凯郭尔文选》，现代丛书英文版，第8页。雅努斯是罗马守护门户的两面神。

的批判。在当时，这位丹麦人确实是作为黑格尔的对立面而出现的，他所宣扬的一系列观点可以说是对黑格尔哲学的全面否定。有的资产阶级学者，例如颇有点名气的洛维特，因为克尔凯郭尔曾经批判了黑格尔而把他列为黑格尔“左派”①，甚至还有人因而把他和马克思相提并论。因此，我们必须首先弄清楚，克尔凯郭尔究竟是从什么立场去批判黑格尔，这种批判究竟属于什么性质?

在19世纪30年代，当克尔凯郭尔在大学求学期间，黑格尔主义无论在德国或丹麦都居于统治的地位。首先把黑格尔主义引进丹麦的是哥本哈根著名的剧作家、文学批评家和教授约翰·路德维希·海伯格(1791—1860)。海伯格曾经是黑格尔的学生，并且和这位伟大德国哲学家建立了私人友谊，他在1824年写的一篇论人的自由的论文，大概是丹麦第一篇阐述黑格尔哲学观点的著作。当时在丹麦具有巨大影响的另一个黑格尔哲学的热烈崇拜者是神学家马顿森，他在传播黑格尔主义这方面起了主要的作用。马顿森试图利用黑格尔辩证法去建立一种思辨的神学，以调和理性主义和正统派神学，达到人道主义和基督教的新的综合。经过海伯格和马顿森等人的大力宣扬，黑格尔主义在当时丹麦知识分子中间得到了广泛的承认，特别是黑格尔的美学和宗教哲学影响尤为重大。当然，像在任何其他地方一样，在丹麦也有黑格尔的反对者，例如哲学教授西伯恩和缪勒，他们对黑格尔哲学的批评以及同海伯格等进行论战的文章，曾经引起人们很大的兴趣。克尔凯郭尔在大学时期曾受到黑格尔的信奉者和反对者双方的影响，这对他自己的哲学世界观的形成起了一定的作用。

---

① 见洛维特编：《黑格尔左派》序言，1962年德文版。

根据著名的克尔凯郭尔研究者塞尔斯特罗普的考证①，克尔凯郭尔比较系统地了解黑格尔的哲学思想大约开始于1837年，但他主要是依据第二手材料，对黑格尔本人的著作并没有多少研究。克尔凯郭尔在1838年发表的第一本文学处女作是关于安徒生的小说的评论，在该书第一页上就赞许地指出黑格尔"从'无'开始的伟大尝试"，但他对黑格尔的理解显然不大符合原意，这说明那时他关于黑格尔哲学的知识还是肤浅的。直到他写《论讽刺的概念》这一硕士论文时，才可以说他对黑格尔的某些著作（主要是《法哲学》、《历史哲学》、《哲学史讲演录》、《美学》）进行了较深入的研究。《论讽刺的概念》中有许多地方引证黑格尔的话，虽然有些观点与黑格尔不同，却没有一处直接对黑格尔提出批评，可见当时的克尔凯郭尔还处于黑格尔哲学的相当大的影响之下。克尔凯郭尔对黑格尔的态度的明显的转变是从写作《非此即彼》一书开始的，他感到借助于黑格尔哲学不能解决自己所面临的问题，而从黑格尔的对立面谢林和特莱德伦堡等人那里也同样得不到对那些问题的答案，因此他才下决心走自己的路。当然，他自己也承认向特莱德伦堡学习了很多东西，特莱德伦堡从逻辑学方面对黑格尔的批判使他深受影响。克尔凯郭尔进一步研究了黑格尔的《逻辑学》和《哲学百科全书》等著作，越来越对黑格尔的体系发生反感。由于他对黑格尔哲学的理解主要是根据黑格尔右派的解释，而黑格尔右派所着重的也正是黑格尔的体系，所以他也把体系看作黑格尔哲学中的主要的东西而加以批判。在《畏惧和战栗》、《哲学片断》、《畏惧的概念》、《〈哲学片断〉一书最后的非科学性附言》等著作中，以及在这一时期的《日记》中，克尔凯郭尔对黑格尔的批判达到了高潮。

---

① 塞尔斯特罗普：《克尔凯郭尔和黑格尔的关系》，1980年英译本。

克尔凯郭尔对作为思想家的黑格尔始终抱有敬意，据他自己说，他之所以对黑格尔主义感到不满，根本原因在于它不能给人以真正的实在，而只能提供关于生活的幻影。他引证李希顿伯格的话说，“这就好像是向一个饥饿的人朗读烹调书一样”。在《日记》里，他还用形象化的比喻去讽刺那些黑格尔派的哲学家，说他们建造了巨大的宫殿，自己却满足于居住在附近的窝棚里。在他看来，黑格尔的最大的错误莫过于用逻辑去代替真正的存在。一个人可能是伟大的逻辑学家并由于自己的成就而成为不朽，可是如果他把逻辑的东西说成是存在的东西，认为既然在逻辑的领域内可以消除矛盾，那么在存在的领域内也可以消除矛盾，那就是出卖他自己，大错而特错了。克尔凯郭尔指出，“如果黑格尔在写了整部《逻辑学》以后，在前言中说明它只不过是一种思想的实习(那里在许多地方他也规避了某些东西)，那么他可能就是有史以来最伟大的思想家了。而现在他却是令人可笑的。”①

骤然看来，克尔凯郭尔对黑格尔的这种批评似乎有一定的道理。作为一个唯心主义者，黑格尔把思维和存在之间的真实关系弄颠倒了，因此逻辑的东西不是客观实在在人的头脑中的某种反映，却反而被说成是客观实在的创造主。以费尔巴哈为代表的唯物主义者批判了黑格尔的这一错误，但抛弃了黑格尔的辩证法，而伟大的马克思则在纠正黑格尔的唯心主义错误的同时对辩证法进行了唯物主义的改造。费尔巴哈和马克思都坚持了客观物质世界第一性的原则，因此他们对黑格尔的批判是来自“左”的方面的批判。那么，克尔凯郭尔又是怎样批判黑格尔的呢？

---

① 克尔凯郭尔：《日记》。参阅克尔凯郭尔：《最后的非科学性附言》，1974 年英译本，第 558 页。

克尔凯郭尔指责黑格尔不能向人提供真正的实在，反对把逻辑的东西和存在的东西混为一谈，这本来没有什么不对。问题的关键在于，他自己怎样去理解实在，他所说的存在指的又是什么。克尔凯郭尔自己也说，他和黑格尔之间只有一发之差，那就是实在和实在的概念之间的差别。或者换句话说，他认为黑格尔只是从逻辑上去推演出实在的概念，而从来没有真正把握实在本身。但是，克尔凯郭尔的所谓实在，指的并不是客观存在的物质世界，而是人的存在，这种存在不是物质的，而是主观伦理的，它只有作为主体的个人才能体会到。存在是绝对不可思考的，它是非理性的，因此他认为只可能有逻辑的体系而不可能有存在的体系。他就是这样地用非理性的个人的存在去对抗黑格尔的具有内在逻辑必然性的整体。在他看来，由黑格尔主义所造成的时代的谬误之一就在于过分夸大了对世界历史的哲学沉思，而把个人降低为袖手旁观的消极的观察者，实际上个人却是存在的唯一的例证。他认为，这种“不正常的历史意识”阻碍了伦理的存在，黑格尔哲学由于不能规定自己和存在的个人的关系，由于忽视伦理的东西，就破坏了存在。① 人们嘲笑修道院生活的非现实性，却完全没有注意到所谓“纯思维”的非现实性，其实僧侣比思辨哲学家还高出一筹，因为僧侣虽然脱离尘世，他毕竟没有从自身抽象出去，而思辨哲学家却在世界历史的骚乱中忘记了自己。克尔凯郭尔为了个人遭到这种“蔑视”而感到十分气愤，他说，“集体观念”越来越统治普通的意识，使人不能成为个别的人，而沦为群众的一分子，在“类”中丧失了自身。但是，“群众就其概念本身来说是虚妄的，因为它使个人完全

① 克尔凯郭尔：《最后的非科学性附言》，第275页。

死不悔悟和不负责任，或者至少是削弱了他的责任感，把它降为零数”①。黑格尔哲学强调普遍而轻视个别，它认为人只有超出自己的个别性而成为普遍的东西的一个环节才能实现其真正的本质。克尔凯郭尔指出，这种理论是极其错误的。按他的说法，用“类”这一范畴去指明什么是人，是一种“误解”，人类所以区别于动物的“类”，不仅是由于他们作为一个“类”比动物优越，而且是由于他们的“人的特征”，即这个“类”之中的每个个人（而不单是杰出的个人）都比“类”更高，“因为一个人把自己和上帝相关联，远远比把自己和‘类’相关联并通过‘类’和上帝相关联要高得多”②。因此，他把黑格尔对普遍性、整体性的强调直率地斥之为“异教”。

在克尔凯郭尔看来，黑格尔的失败是由于他过于信赖所谓“纯思维”。“纯思维”是黑格尔哲学体系所以能迷惑人的原因，它诱使人们屈服于它所编造的逻辑必然性的幻想，以为从绝对理念的抽象观点去看世界就能摆脱存在的偶然性。这样的话，在黑格尔的体系中实际上就只有普遍性的思维的地位，而抹杀了个人的存在。与黑格尔相反，克尔凯郭尔则把个人这个概念作为“自己的范畴”，认为自己的使命就是重新阐明做一个个人究竟是什么意思。他指出，现在普遍性的概念几乎统治一切，人们总是说“我们”、“我们的时代”、“十九世纪”等等，个别存在的人简直算不了什么，当今时代的不道德的根源即在于此。克尔凯郭尔写道，“每个时代都有它自己特有的邪恶。我们时代的邪恶恐怕不是享乐和放纵或荒淫，而毋宁说是对个人的一种放荡的泛神论式的蔑视。”人们对时代的成就感到欢欣，其中却夹杂着对个人

① 克尔凯郭尔：《观点》，1939年英译本，第114页。

② 同上书，第88—89页。

的蔑视，似乎每个事物都必须附属于某种运动成为它的一部分，才能具有价值，人们也必须参与世界历史，丧失在整体之中。没有人愿意成为一个个人，因为人们害怕如果成为个别存在的人，他们就会消失得无影无踪①。克尔凯郭尔把这归咎于黑格尔哲学，他大声疾呼地要求提高个人的地位，为保卫个人而斗争。他甚至表示这样的愿望，就是在他将来的墓碑上刻上“个人”二字作为墓志铭。

由此可见，克尔凯郭尔对黑格尔的全部批判的出发点是加以唯心主义理解的个人。用他的话来说，“个人的伦理的实在是唯一的实在”②。这清楚地表明他除了个人以外不承认客观世界中存在的一切，从这种立场对黑格尔进行的批判，只能是来自右面的批判。尤其应该指出，克尔凯郭尔心目中的存在的个人带有浓厚的宗教色彩，因为他认为个人的最高的自我实现不是像黑格尔所说的那样在于普遍的绝对思维的发展，而在于个人和上帝的关联之中。在当时，对基督教采取什么态度是划分黑格尔学派左翼和右翼的重要标志之一。黑格尔左派在不同程度上以各种方式去批判黑格尔对基督教的论证，而黑格尔右派则把黑格尔体系看作基督教精神的最好的体现。克尔凯郭尔从来不是一个黑格尔主义者(一些著名的克尔凯郭尔研究者如勃兰特、塞尔斯特罗普都有这样的看法③)，他虽然批评黑格尔的宗教观并因而同当时的黑格尔右派发生争论，但他是从维护基督教信仰的立场出发去批判黑格尔的，因为他认为黑格尔哲学是对基督教信仰的破坏。即此一端，也可见把他列入黑格尔左派是多么没有根据了。

---

① 参阅克尔凯郭尔：《〈哲学片断〉一书最后的非科学性附言》，第 317 页。

② 同上书，第 291 页。

③ 关于这一点，可参阅勃兰特：《青年时期的克尔凯郭尔》和塞尔斯特罗普：《克尔凯郭尔和黑格尔的关系》。

(二)论存在和存在的三个阶段

在克尔凯郭尔的哲学思想中，最重要的是他关于存在的理论。正是从他开始，存在作为一个哲学范畴被赋予特殊的含义，对现代资产阶级哲学思想的发展产生了巨大的影响。

首先应该注意到，克尔凯郭尔所说的存在根本不是我们通常指的与思维、精神相对立的客观物质实在，而是人的一种主观的体验。这种主观的体验只有作为主体的个人亲身经历才能领会，而不可能通过概念来传授。譬如说，一个人不管他具有多少关于爱情的知识，也不能算是一个情人，除非他果真在谈恋爱。同样的道理，一个诗人可以把他经验过的事表现得非常之美，人们可能沉醉于他的诗句，从审美的角度来欣赏，但除非亲身经历同样的经验才能真正加深理解。因此，克尔凯郭尔反对黑格尔的意见，认为存在不可能从理性中推演出来。存在是不能用概念来表达的，像黑格尔或其他唯心主义者那样把存在变成概念，存在就立即不成其为存在，而变得和其他任何东西一样了。“因此，存在的个人不需要麻烦自己去创造存在或在思维中模拟存在，而更需要倾全力于存在。”[①]正因为存在与概念格格不入，所以也绝不可能有存在的体系。所有的体系都是封闭的，体系和封闭是同一个意思，都是远远脱离存在和真正的生活的，而存在则永远是开放的。克尔凯郭尔说，存在不能用概念来表达，并不是因为它过于一般和模糊，使人难以思考，而是相反地因为它过于具体和内容丰富。“我存在”这个事实是如此逼人的一种实在，用我的概念是根本不可能把它再现出来的，然而“我存在”却是生死攸关的事实，没有它的话也就没有我的一切概念了。

---

① 克尔凯郭尔：《〈哲学片断〉一书最后的非科学性附言》，第376页。

从这里可以清楚地看出，克尔凯郭尔是用主观唯心主义的观点去解释存在的。实际上，像他所说的那种作为人的主观体验的存在必然会归结为“我的存在”，因为每一个人的存在都带有它的特殊性和唯一性，只能由这个人本人去体验，只对他有意义，其他任何人都无法告诉他。因此，存在只能是主观的，而人们用来思考存在的意义、人性和自由的运用等问题的所谓“存在的思维”(与“纯思维”相对立)，也只能是“主观的反思”。

克尔凯郭尔所说的存在不仅是主观的，而且带有强烈的反理性的神秘色彩。在他的《日记》里有这样一段话：“整个存在使我吃惊，从最小的苍蝇到神下凡化身为基督的神秘，每一件事物对我来说都是难以理解的，而最难以理解的则是我自己；在我的视野里，整个存在都被玷污了，特别是我自己。”①的确，照他说来，通常借助于人的理性是不可能认识存在的。人们在自然科学、数学和逻辑学中可以成功地使用抽象思维或客观思维，它们可以提供有关事物的本质方面的可靠知识，但它们并不能达到真实的存在，并不能包含那认识的个人和被认识的事物的关系。因此，要洞察存在就需要通过另一条途径，使用理性的手段是无济于事的。对存在的理解不是一种通常的认识活动，而是个人的内心的体察，这是只能意会不能言传的。克尔凯郭尔虽然在许多著作里大量使用存在这个词，但存在的确切定义究竟是什么连他自己也没有说清楚。正如一位克尔凯郭尔研究者所指出，克尔凯郭尔在不同时期、不同著作里对存在这个概念有不同的用法，在他那里并没有一个固定地形成了的关于存在的概念，也无法一般地回答在他

① 布莱塔尔编：《克尔凯郭尔文选》，现代丛书版，第11页。

的著作里存在是什么①。

在克尔凯郭尔哲学中，最有名的是他关于存在的三个阶段或境界的学说。在他看来，存在是分层次的。他用不同的术语去称谓这种存在的层次，有时他把它们叫作“阶段”(特别是在《人生道路上的各个阶段》一书中)，有时则叫作“人生观”(例如在《关于人生中的严酷境遇的思考》、《〈哲学片断〉一书最后的非科学性附言》等著作中)。偶尔他也使用“存在的范畴”这一说法，不过他用的主要的名称还是“存在的境界”(特别是在《〈哲学片断〉一书最后的非科学性附言》中他使用得最多)②。关于如何分阶段的问题，克尔凯郭尔前后也有两种说法。在早期著作《非此即彼》中，他把存在分为两个阶段，即审美的(或感性的)阶段和伦理的阶段，从《人生道路上的各个阶段》一书开始，又正式加上第三个阶段，即宗教的阶段。因此，现在人们一般都把三阶段说作为他的存在论。

存在的第一个阶段或境界是审美的。描述这个阶段的主要是克尔凯郭尔的两篇文字优美颇有文学价值的作品，一篇是《非此即彼》一书中的《勾引者的日记》，另一篇是《人生道路上的各个阶段》中的《酒中有真理》(*In vino veritas*)。前一篇是仿照施莱格尔的《路琴德》写的(但按照勃兰戴斯的意见，《勾引者的日记》要比《路琴德》高超③)，后一篇的样板则是柏拉图的《会饮篇》。在这些作品里，克尔凯郭尔采用非常形象化的手法表达了他对审美阶段的看法，例如在《酒中有真理》

① 参阅威尔德：《克尔凯郭尔对存在的理解》，哥本哈根，1969 年德文版，第 162 页。

② 参阅汤姆特：《克尔凯郭尔的宗教哲学》，1949 年英文版，第 97 页。

③ 参阅勃兰戴斯：《克尔凯郭尔和其他斯堪的纳维亚伟人》，1924 年德文版，第 358 页。

中他描述了五个朋友举行的一次酒宴，让每个人都发表一通关于爱情的议论，有抽象的观点，也有切身的经验之谈，写得十分生动。在《非此即彼》的某些篇章里，他大谈起音乐，用一些著名歌剧如《费加罗的婚礼》、《魔笛》、《唐璜》中的人物形象，去说明他自己的观点。他在这方面的文学才能确实帮了他不少忙，有些读者就是被他的那种引人入胜的文笔所吸引的。

审美的阶段或境界的特点就在于它停留在感性的水平上。审美的人是由感觉、冲动和情感所支配的，所以说儿童是完全的审美者，因为儿童仅仅生活在当前顷刻的快感或痛感之中。有些人即使长大成人，也仍然保持着这种儿童般的生活在当前一瞬间的能力。但我们不应该把审美的人看作单纯是具有粗野的肉欲的人，像诗人就往往使世界成为一个具有浪漫色彩的想象的王国。所谓审美意识就是没有任何固定的普遍道德标准和确定的宗教信仰，而只有享受一切情感经验和感官愉快的欲望。克尔凯郭尔在《非此即彼》一书中所表现的那个玩弄女性的“勾引者”，就是一个典型的审美的人，“他的全部生活的动机就是享乐”①。另一个典型是莫扎特歌剧里的人物唐璜。克尔凯郭尔认为，唐璜是肉欲的人格化，在他身上可以说“肉欲的天才”得到了最充分的表现。这个荒淫无耻的纨绔公子不是爱一个女人，而是爱一切女人，也就是说，勾引一切女人。他勾引妇女就是靠肉欲的力量，因此欲望绝对地作为欲望而表现出来②。但是，克尔凯郭尔指出，不管这种审美的境界多么令人迷醉，到头来它却必然会土崩瓦解而使人陷于失望。主张享乐主义的伊壁鸠鲁派总是摆脱不了失望的暗影，他们

① 克尔凯郭尔：《非此即彼》第1卷，纽约，1959年版，第301页。

② 参阅《非此即彼》第1卷，第83—102页。

的最美的诗歌也总是被忧伤所纠缠着，在鲜花后面的是露着牙齿的骷髅。“什么是诗人？诗人就是一个不幸的人，他的内心充满很深的痛苦，然而他的嘴唇却具有奇异的构造，当呻吟和哭泣的声音通过他的嘴唇时会变成令人销魂的音乐。”①为什么审美的境界总是使人免不了痛苦和失望呢？这是因为审美的生活是空虚的、没有意义的。审美的人就像一个在生活里匆匆而过的“旅行的烦琐哲学家”，他饱食终日，吃腻了一切，却还是感到饥饿。他追求无限，但这是“坏的无限”。他尽情享受，从每一朵花上收集甘露，仇恨一切限制他自由选择的东西，可是他自己的生活却从来没有确定的形式。克尔凯郭尔指出，审美阶段在最好的情况下也是不结果实的，因为它的基本命题是：“此时此刻就是一切”，但这就等于说“它就是无”，正如说“一切东西都是真的”就等于说“没有东西是真的”一样②。如果说此时此刻中只有此时此刻，那么这就意味着此时此刻中一无所有，因为此时此刻作为时间的一个原子是不断地消失的。“对审美的存在来说，最合适的表现就是：它存在于此时此刻”③，审美的人希望生活在此时此刻，这就把他的全部生活化为“无”。他的生活必然是不幸，他追求快乐，最后得到的却只是痛苦，这使他终于意识到，转瞬即逝的东西就是他毁灭的原因。对于这样的人来说，自杀似乎是解脱的唯一途径，因此克尔凯郭尔认为，每个审美的人终于都渴望死亡。

审美的阶段所以空洞而没有意义，根本原因在于缺乏永恒。那么，怎样才能纠正审美的生活方式呢？根据《非此即彼》中的威廉法官

---

① 克尔凯郭尔：《非此即彼》第1卷，第19页。

② 克尔凯郭尔：《〈哲学片断〉一书最后的非科学性附言》，第265页。

③ 克尔凯郭尔：《非此即彼》第2卷，1974年英文版，第234页。

的意见，唯一的答案就是通过失望。失望不仅使审美的生活遭到破灭，而且也是治疗这种疾病的唯一良方。正是在极度失望的情况下，审美的人要求进入一种更完善的存在形式。这样，就“跳跃”到存在的第二个阶段，即伦理的阶段。

克尔凯郭尔并没有提出成体系的伦理学说，他主要通过他笔下的威廉法官这个人物的生活方式来表述存在的伦理境界。在《非此即彼》第二卷和《人生道路上的各个阶段》中的“关于婚姻的各种考察”里，可以找到主要的有关材料。伦理阶段的特点是承认确定的道德准则和义务，伦理的人必须倾听普遍理性的呼声，自觉地遵守这些客观的普遍的道德规范，使自己的生活具有一定的形式和前后一贯性。在这方面，克尔凯郭尔对伦理生活的看法倒接近于黑格尔，他在《畏惧和战栗》一书中说：“伦理是普遍的东西，它本身是神圣的”，“伦理本身是普遍的东西，它适用于每一个人，从另一观点可以说，它适用于每一时刻，二者说的是一回事”①。如果说，唐璜是审美阶段的典型，那么苏格拉底就是伦理阶段的典型。伦理的人有自己信奉的原则，有为原则而牺牲的英雄气概，因此可能产生克尔凯郭尔称之为悲剧英雄的人物。“悲剧英雄为了表现那普遍的东西而抛弃他自己。”②苏格拉底如此，索福克勒斯笔下的安提戈涅也同样如此(在这一点上也可以看到黑格尔的影响，黑格尔正是把苏格拉底和安提戈涅看作最伟大的悲剧英雄的)。在克尔凯郭尔看来，伦理境界的一个最重要的表现是进行选择，无论什么地方只要存在着严格意义上的非此即彼的问题，那

---

① 克尔凯郭尔：《畏惧和战栗》，普林斯顿大学出版社，1941 年英文版，第 79、102 页。

② 同上书，第 109 页。

里也就存在着伦理的东西。唯一绝对的非此即彼，就是在善恶之间进行选择，这一选择也是绝对的伦理的选择。但是，克尔凯郭尔借威廉法官之口说，“我的非此即彼首先并不意味着在善恶之间进行选择，而是意味着这样一种选择，就是选择善与恶还是排除善与恶”①。一个人进行这样的选择，就使善与恶的范畴在他的生活中具有绝对的意义。因此，归根结底，基本的伦理的选择就是选择自我。古希腊德尔斐神庙里的题铭是“认识你自己”，克尔凯郭尔则提出“选择你自己”。伦理在本质上是“普遍与特殊的综合”，义务是要求人去做的普遍的东西，我的义务又是专对我一个人来说的特殊的东西，我完成义务就把二者统一起来了。伦理的意识相信自己在道德上的自足性，但它只是用一般方法去解决个人问题，在碰到例外情况时，它就无能为力，甚至无法找到一个行为规则。克尔凯郭尔在《反复》一书中，以他自己和雷金娜的恋爱为例，说明普遍的伦理道德不能解决他的个人问题。当伦理的人意识到自己不能满足道德律的要求，缺乏自足性，因而感到自己有罪时，就不可能再停留在伦理的阶段上了。“只有当我选择自己是有罪的时候，我才绝对地选择了我自己”，有罪是“存在的最具体的表现”，是“存在最强烈地自我肯定的表现”②。罪的事实对伦理是不可克服的障碍，使伦理丧失了理想性。在罪面前，伦理毫无办法，只能导向忏悔。这样，就必须离开伦理的境界而进入存在的第三个阶段——宗教。

克尔凯郭尔主要在《畏惧和战栗》、《反复》、《人生道路上的各个阶段》的第三部分“有罪还是无罪”以及其他著作里，叙述了把宗教阶段看作更高的生活形式的思想。有时他也谈论伦理和宗教，似乎把二

① 克尔凯郭尔：《非此即彼》第2卷，第173页。

② 克尔凯郭尔：《〈哲学片断〉一书最后的非科学性附言》，第470页。

者混淆在一起，不过实际上这两个阶段之间的区别还是明显的。他用《圣经》上亚伯拉罕愿意听从上帝的命令把儿子以撒献为燔祭这个故事作为例子，去说明宗教境界不同于伦理境界的地方。他说，一条伦理的准则总是表现为普遍的东西，一切人在某种情况下都应该如此做，但宗教却可能偏偏要求人去做违反普遍准则的事。一切人都珍爱自己儿子的生命，这是普遍的人性和伦理，而上帝却命令亚伯拉罕牺牲自己的儿子。从伦理观点来看，这样的行动简直是谋杀，但从宗教观点来看，这却是牺牲行为①。由于这一矛盾，便产生畏惧之感。结果亚伯拉罕克服了自己的思想斗争和疑虑，服从上帝的命令，这是一种无条件屈从的行动。“他靠了荒谬才相信；因为人的一切计算长久以来就停止活动了。”②亚伯拉罕通过牺牲以撒，完成了一次“跳跃”而达到了信仰。有信仰的人直接地与上帝相关联，而上帝的要求则是绝对的，根本不能用人类理性的标准去衡量。宗教境界并不完全排斥伦理的东西，而是使伦理为它服务，使之获得新的确实性。但宗教境界决不能归结为道德，因为它是只有靠“荒谬”、在一切理性原则之外才能达到的无限的境界。“荒谬”不仅是对于高出理性之上的神秘事物的信仰，而且是与理性相反的。古代“教父学”的著名代表德尔图良说：“正因为荒谬，所以我才相信。”克尔凯郭尔翻来覆去鼓吹的也是同样的宗教蒙昧主义思想，只是花样翻新而已。

在克尔凯郭尔看来，宗教境界是存在的最高阶段。普遍的伦理规则正因为它是普遍的，所以不可能把整个的我、把具有我的具体性的个人包括在内。因此我出于宗教意识，不得不超越这种规则，使自己

① 克尔凯郭尔：《畏惧和战栗》，第38页。

② 同上书，第48页。

成为一个例外，也就是成为任何普遍的东西所永远不可能完全包摄的一个具体的存在。用克尔凯郭尔的话来说，一个人只有当他面对上帝时，才具有真正的存在。宗教的本质即在于个人进入了与“无限”的无限的关系，与“绝对”的绝对的关系。宗教境界的一个突出的特征是它不可避免地包含着痛苦，克尔凯郭尔在《人生道路上的各个阶段》中，把宗教阶段叫作“痛苦的经历”，认为宗教感情必然伴随着痛苦，没有痛苦也就说明没有宗教信仰。他说：“与审美的存在或伦理的存在相关，痛苦只是起偶然的作用；可以没有痛苦，而存在的形式仍然是审美的或伦理的……这里的情况就不是如此，对于一个宗教的存在来说，痛苦是某种决定性的东西，而且正是宗教内在性的一个特征：痛苦愈甚，那宗教的存在也就愈高——而且痛苦是持久的。”①

所谓存在的三个阶段或境界，简单说来就是这样。关于这三者之间的关系，克尔凯郭尔曾有所叙述，他说：“一共有三种存在的境界：审美的、伦理的和宗教的。形而上的境界只是抽象，没有一个人是在形而上的境界里存在的。形而上的东西、本体论是有的，但却并不存在；因为当它存在的时候，它是存在于审美的、伦理的、宗教的境界之中的。”他认为，“伦理的境界只是一个过渡的境界，因此它的最高表现乃是作为一种消极行动的忏悔。审美境界是直接性的境界，伦理的境界是要求的境界（这种要求是如此无限，以至个人总是遭破产），宗教的境界则是满足的境界”②。在另外的地方，他又换一种说法指出，审美的存在本质上是享受，伦理的存在本质上是斗争和胜利，宗

① 克尔凯郭尔：《〈哲学片断〉一书最后的非科学性附言》，第256页。

② 克尔凯郭尔：《人生道路上的各个阶段》，1940年英文版，第430页。

教的存在本质上则是痛苦①。

除了上述的三个存在的境界之外，克尔凯郭尔还承认有两个中间地区，“讽刺”是审美境界和伦理境界之间的中间地区，而“幽默”则是伦理境界和宗教境界之间的中间地区。“讽刺”对审美的生活表示异议，但还没有进入伦理的范畴。“幽默”和“讽刺”并无本质上的不同，幽默家发现自己人格中的道德冲突，认识到罪，但他还没有依据宗教激情去保持和上帝的关系。

从上面可以清楚地看出，克尔凯郭尔的所谓存在的三个阶段或境界，完全说的是人的主观的生活态度，而其最终目的则是要把人们引向宗教信仰。他虽然引证了费尔巴哈在《基督教的本质》里的一句话：“基督教是痛苦的宗教”，可是他们二人的立场形成多么鲜明的对照啊！费尔巴哈说这句话，是为了揭露基督教的本质，对基督教进行无情的批判；克尔凯郭尔却把痈疽当作宝贝，千方百计地维护和美化基督教，硬说什么正是在深沉的痛苦里个人才能真正领会存在的意义。这使他的主观唯心主义的存在论更带有浓厚的悲观主义色彩。有的资产阶级学者喜欢把克尔凯郭尔和法国思想家巴斯噶相比较，这虽然有一定的道理，但实际上克尔凯郭尔在反理性的信仰主义方面远远超过了巴斯噶。巴斯噶诚然把信仰置于理性之上，但在他看来信仰并不与理性相对立，他认为“如果理性的原则被动摇了，我们的宗教就将成为荒谬可笑的了”。克尔凯郭尔则断言，信仰不仅高于理性，而且是理性的死亡，是和理性相敌对的②。他所推崇的最高的宗教阶段，纯粹是一种反理性的痛苦的神秘境界。

---

① 克尔凯郭尔：《〈哲学片断〉一书最后的非科学性附言》，第256页。

② 克尔凯郭尔：《为了自我检查》，英译本，第101页。

(三)主观性和主观真理

主观性是克尔凯郭尔谈得最多又使用得十分普遍的一个范畴，某些资产阶级学者认为，正是在这个方面，克尔凯郭尔弥补了过去哲学家们留下的空白而做出了“贡献”。

克尔凯郭尔总是强调自己是“主观的思想家”，但他的所谓“主观”或“主观性”具有不同于一般的含义。通常在哲学上所说的“主观性”，往往指的是由于个人在观察上所发生的误差而造成的对现实事物的歪曲，因此“主观主义”也被理解为个人专门借助于自己的心灵或个性去观察事物的一种不正确的态度。人们一般认为，在科学地认识真理的过程中，真理是不依赖于个人而客观地存在的，而主观性和个人在观察上的误差则应尽可能加以避免。克尔凯郭尔说的主观性不是这个意思，他所关心的问题不是对客观真理的科学探求，而是个人的伦理的宗教的关系。他所要解决的并非“是什么”的问题，而是“如何”的问题。在这里，问题不在于“个人是否与某个客观地真实的东西有关系”，而在于“这种关系是否是真实的关系”。在《〈哲学片断〉一书最后的非科学性附言》一书中，克尔凯郭尔提出了使思维成为主观的任务，他说：“客观地，我们只考虑讨论的内容，主观地，我们则要照顾到主体及其主观性；并看到这种主观性也正就是讨论的内容。以下这一点必须时刻记住，即：主观的问题并不是关于一个客观结果的某种东西，而就是主观性本身。因为议论中的问题要求做出决定，而一切决心都属于主观性，所以重要的是必须把一个客观结果的所有痕迹都消灭掉。”①

照克尔凯郭尔的说法，“客观的思维”把一切事物都翻译成结果，因此真理就成为一个客体。在这种情况下，思维过程是离开思维着的

① 克尔凯郭尔：《〈哲学片断〉一书最后的非科学性附言》，第115页。

主体而进行的，达到最大限度时客观思维就使主体成为偶然附带的东西了。就客观真理的确实性而言，它是不依赖于主体的，对主体的存在是漠不关心的。这种“客观的思维”导致抽象的思想，导致数学、历史知识等等。克尔凯郭尔并不否认，而且他也不能否认这种客观知识在科学领域内的存在。但是，他采取了一种不同的手法，说他所关心的根本不是这一类科学知识，严格地讲，他谈的也不是认识论，而是涉及一个人的存在的方式。这样，他就提出了所谓“主观的思维”。“主观的思维”关心的不是客体，而把注意力转向主体，它把一切事物都放到过程中去，并且省略结果，它希望在这种内心的紧张中去实现真理。在进行“客观的思维”时，当客观性一旦成为存在，主观性便消失了。同样地，在进行“主观的思维”时，主体的主观性便成为最后的阶段，而客观性则成为消失的因素。“它时刻不忘，主体是一个存在着的个人，而存在则是生成的过程。”①简单地说，“客观的思维”与个人的存在无关，例如二加二等于四，这一知识完全是和个人无关的，我不需要为之进行斗争使它成为我的真理。而“主观的思维”则相反，它与个人的存在密切相关，所以克尔凯郭尔指出，“正如汉姆莱特所说，存在还是不存在，这只具有主观的意义”②。

克尔凯郭尔用这种观点去解释真理，径直地提出了“真理是主观性”的著名命题。为了说明他的这个命题的真实意义，他曾经做了充分的阐述。他说，当真理问题以一种客观的方式提出来的时候，真理是作为与认知者有关系的一个对象被客观地加以思考的。然而，思考

---

① 以上参阅克尔凯郭尔：《〈哲学片断〉一书最后的非科学性附言》，第175—176页。

② 克尔凯郭尔：《〈哲学片断〉一书最后的非科学性附言》，第173页。

不是集中在关系，而是集中在与认知者有关系的究竟是否是真理这一问题上。只要与主体有关系的对象是真理，那主体也就被以为是掌握了真理。相反，当真理问题被主观地提出来的时候，思考是主观地放在个人的关系的本质上；只要这种关系的方式是真的，那么即使与个人有关系的东西不是真的，个人也仍然掌握了真理。比如说，有这么一个基督徒，他虽然在知识方面具有关于上帝的真实的概念，并来到真的上帝的礼拜堂里，但却以虚伪的精神来祈祷；而另一个人生活在盛行偶像崇拜的社团里，虽然他的眼睛看着偶像，但却带着无限的激情来祈祷。那么，在这两个人中间，在谁那里有最多的真理呢？克尔凯郭尔认为，显然是后者而不是前者，因为后者虽然崇拜的是一个偶像，但却是真心向上帝祈祷，而前者则虚伪地向一个真的上帝祈祷，因此他实际上崇拜的是一个偶像①。

在过去的哲学史上，真理一般被理解为概念、观念和对象的一致，主观和客观的一致。当然，不同阵营、不同学派的哲学家们对真理的看法很不一样，但他们总还是承认客观对象在真理的认识中的地位和作用的。克尔凯郭尔则反其道而行之，在真理问题上完全撇开客体，把真理纯粹归结为主观性。他所提出的真理的定义如下：“在最富于激情的心灵的据为己有的过程中被紧紧把握住的客观不确定性就是真理，就是一个存在着的个人所能达到的最高真理。”②在这个定义中，客观知识完全被搁置一旁，主体在客观上所拥有的仅仅是不确定性，但正是这一点增加了构成他的心灵的那种无限的激情的紧张程度，而真理也正就是“以无限的激情去选择一种客观的不确定性的冒

① 参阅克尔凯郭尔：《〈哲学片断〉一书最后的非科学性附言》，第178—180页。
② 同上书，第182页。

险”。因此，照克尔凯郭尔说来，真理必须渗透到个人的存在中去，否则它就是无，而且个人必须每天在自己的生活中使这真理得到更新，把它据为已有。在某种意义上说，真理乃是我的真理。很明显，这种主观主义的真理观完全排除了任何客观的真理标准，所以是否接受真理就只有依靠信仰。事实上，克尔凯郭尔自己也承认，他提出的上面这个真理的定义和信仰是相同的意义，因为“没有冒险，就没有信仰。信仰正就是个人心灵的无限激情和客观不确定性之间的矛盾”①。

某些西方学者竭力吹捧克尔凯郭尔的这种极端主观唯心的真理观，例如巴雷特就认为这标志着自从十三世纪托马斯·阿奎那以来的欧洲哲学史上的一个转折点②。克尔凯郭尔把文艺复兴以来人们对科学真理的无私追求变成了生活在病态世界里的个人内心中的宗教激情，这确实可以算得上有一点“创造性”。但如果一定要把这叫作什么转折点的话，那么这绝不是人们朝着新的真理前进的光辉起点，而是没落阶级惧怕客观真理而日益堕落到主观主义和信仰主义的泥沼中去的开始。

克尔凯郭尔对主观性的强调，在理论上导致了一系列恶果。首先，根据他的说法，人的主观的生活绝不可能作为知识的对象，而在原则上成为与认识无关的东西。他曾以关于死亡意味着什么的问题作为例子指出，虽然我知道人们关于死亡问题一般所知道的知识，我知道如果我吞服硫酸、跳河自溺或在充满煤气的空气中睡觉，我就会死亡；我知道拿破仑总是带着毒药，知道莎士比亚剧中的朱丽叶(应为罗密欧——引者注)服毒自尽；我知道斯多葛派把自杀看作勇敢的行

① 克尔凯郭尔：《〈哲学片断〉一书最后的非科学性附言》，第 182 页。

② 巴雷特：《非理性的人——存在哲学的研究》，1962 年英文版，第 170—171 页。

动，而另一些人则认为自杀是怯懦的行为，以及如此等等，尽管如此，我还是不能认为我已经理解了死亡[①]。对于我来说，死亡仍然是那样一种不确定的东西，始终是一个谜。这样的话，主观性就成为认识所不可能达到的领域，从而导向赤裸裸的宗教蒙昧主义。

其次，克尔凯郭尔把重点放在主观性上，必然意味着抬高个人的位置而贬低群众。主观性既然只是和个人的存在有着本质的联系，那么不言而喻，个人也就成为克尔凯郭尔这个“主观的思想家”所探讨的中心范畴。他自己明确地指出，“我是自觉地要做一个宗教著作家，我所关心的是‘个人’……关于生活和世界的全部哲学都包含在这个思想里”[②]。他认为，所谓“群众”只是一个抽象，并且是没有手的，“而每一个个人则通常都有两只手”。由于“群众”使个人成为毫无责任感的人，因此它只是非真理和谎言而已[③]。他这样强调个人，其意图也很清楚，就是为了抵制所谓“泛神论”(实则以泛神论形式出现的唯物主义思想)，因为在他看来，如果没有个人这个范畴，“泛神论”就会取得绝对的胜利。

再次，克尔凯郭尔对主观性的夸大，导致对一切客观规律的否定。个人被抛到不可知的世界里，他面对着各式各样的可能性，不断地迫使他通过自己的意志做出主观的“选择”。就拿存在的三个阶段或境界来说，它们之间就没有依次相继的必然的联系，个人从一个阶段过渡到另一个阶段并不依据任何规律，而完全是由于自己的“选择”而努力实现的“跳跃”的结果。在这一点上，克尔凯郭尔也和黑格尔相对

---

① 克尔凯郭尔：《〈哲学片断〉一书最后的非科学性附言》，第 147—148 页。

② 克尔凯郭尔：《我作为一个作家而工作的观点》，1939 年英译本，第 21 页。

③ 同上书，第 114—115 页。

立。黑格尔在《精神现象学》里描述了人的意识通过各个阶段由感性确定性发展到绝对知识的全过程，这个过程不仅表现了个人意识，而且也表现了社会意识的历史发展规律(当然是以唯心主义的形式)。黑格尔广泛地使用"中介"这个范畴，把个别和普遍联系起来。克尔凯郭尔则反对一切"中介"，用"跳跃"来同"中介"相对立，为的是要维护个人不依赖于周围的现实而进行"选择"的自由。这是一种露骨的主观唯心主义。

最后，对主观性的重视使克尔凯郭尔广泛地涉及人的各种情绪和心理状态，特别是过去人们所忽视的某些所谓"消极性的"情绪，如畏惧、失望、苦恼、恐惧、怀疑、痛苦等等。有人把他叫作宗教经验的心理学家，这是有几分道理的。当然，他是站在一个狂热的宗教信仰者的立场上，用非理性主义的精神去研究这些主观的领域，在很大程度上反映了他本人的宗教经验和情绪，暴露了他自己的那种病态心理。但是，他毕竟为哲学研究扩大了兴趣的范围，并且为研究宗教信仰提供了许多值得注意的心理学材料。克尔凯郭尔对现代资产阶级哲学的影响，在这些主观的领域中表现得尤为明显。正是由于他的倡导，某些概念已成为20世纪西方哲学的流行品。

(四)所谓对基督教国家的"攻击"

有一个现象看来似乎令人费解：克尔凯郭尔是虔诚的宗教徒，是宗教信仰的狂热鼓吹者，同时他又始终和当时丹麦的教会格格不入，在他晚年甚至写了这许多尖刻的反教会的文章，竭尽嬉笑怒骂之能事①。他甚至说过这样的话，只要还有一个牧师存在下来，基督教就

① 在克尔凯郭尔去世后，这类文章被编成文集出版，标题为《对基督教国家的攻击》(1944年英译本)。

不可能实现。诸如此类的言论还很不少，给人以他反宗教的假象。卢卡奇因而做出了错误的结论，把克尔凯郭尔称为“宗教无神论者”①。那么，这究竟是怎么一回事呢？

在克尔凯郭尔的《日记》和著作中，我们确实可以发现他经常怀疑自己是否真正信仰基督教，并多次宣布他并没有基督徒的那种完全的信仰，甚至这样写道：“我总是说我没有信仰。”在《畏惧和战栗》一书中，他承认说：“我不能实现信仰的运动，我不能闭上我的眼睛，信心十足地投身于荒谬之中，这对我来说是件不可能的事，但我也并没有自己吹嘘能做到这一点。”②可是诸如此类的说法，并不能真正证明他不是一个狂热的宗教信仰者，而恰恰说明他对基督教信仰提出了极高的要求。有一段话可以作证，他说，“和我唯一相似的人是苏格拉底。我的工作任务是苏格拉底式的工作任务——也就是去重新修订关于做一个基督徒意味着什么的概念。我并不自称为基督徒……但我可以揭露这个事实，即其他人比我更配不上这个称号”③。可见，他不自称为基督徒是假，实际上是要说明当时的基督徒没有一个人够得上他心目中的基督徒的真正标准。

克尔凯郭尔也确实曾经对丹麦的基督教会和它所宣扬的某些宗教教条进行了“攻击”，和某些路德教派神学家展开激烈论辩，但这也同样不能证明他真是反对基督教。相反，他明确地指出，他虽然批判教会，但他的立场和不信宗教的“自由思想者”有着根本的区别。他说，“自由思想者”想要压制牧师，因为“自由思想者”没有远见和缺乏眼

---

① 卢卡奇：《理性的毁灭》，1955 年德文版，第 238 页。

② 克尔凯郭尔：《畏惧和战栗》，英译本，第 40 页。

③ 转引自汤姆特：《克尔凯郭尔的宗教哲学》，第 15 页。

光，以为这样我们就能摆脱基督教；而我之所以想要压制牧师，是为了使基督教能够得到发展。他还把自己同费尔巴哈做了对比。照他的说法，费尔巴哈这个“信魔鬼的叛徒”攻击基督徒，是为了使他们堕落，把他们和基督教割裂开；他自己则是“信上帝的叛徒”，他所以攻击国教会和基督徒，是为了劝告他们成为真正的基督徒。因此，克尔凯郭尔的态度是很鲜明的，他是基督教的热烈维护者而绝不是反对者，只不过他对基督教的理解不同于当时教会的官方观点而已。他自己说得很清楚，虽然有些时候在他看来基督教显得极其不人道和残酷，但他从来也没有失去对基督教的崇敬，从来没有与它决裂，也从来没有起过攻击它的念头。他认为，他从青年时期就认识到基督教很难得以它的真实形式出现，像国家教会之类则毋宁称之为基督教的一幅讽刺画，而那些保卫基督教的人则经常背叛基督教。所以他大声疾呼要求人们领会基督教的实质，信仰真正的基督教。克尔凯郭尔对基督教会的“攻击”，最多也只是来自基督教阵营内部的批评和意见分歧，这一点连资产阶级学者也不能不承认。问题在于，这种批评究竟属于什么性质？这就需要加以具体分析。

克尔凯郭尔在有些问题上的看法确实和当时教会的正统派观点大相径庭，甚至也许可以说有点“离经叛道”。但是，只要深入地看一下，就可以发现他的这种“离经叛道”绝不是什么进步的行为。例如，一般认为，怀疑是和信仰相对立的，因此为了坚定宗教信仰，就需要消灭怀疑。克尔凯郭尔则主张，怀疑、痛苦、烦恼等是和信仰密切不可分的，正如人的失望和基督教的希望是不可分的一样。骤然看来，似乎他容忍怀疑比那些把宗教信条宣布为不容怀疑的绝对真理的顽固派要开明一些。但实际上并不如此。且不说克尔凯郭尔把宗教的怀疑和所谓被魔鬼迷了心窍的怀疑区分开，他所容许的显然只是前一种。

更重要的是他认为对基督教的最大危险并非来自怀疑，因此反对怀疑是弄错了对象。他在1847年的《日记》里写道："他们要使我们相信，对基督教的反对来自怀疑。这永远是一种误解。对基督教的反对是来自不服从、不愿服从、对一切权威的反叛。因此，迄今为止他们一直是徒劳地同反对者作斗争，因为他们一直是在思想上同怀疑作斗争，而不是在伦理上同反叛作斗争。"①在《论权威和启示》中，他又重申，无论是在政治领域或宗教领域以及其他一切领域内，"我们时代的不幸就是不服从、不愿服从"，而有人欺骗自己和别人，想把这种不幸说成是怀疑，这是不正确的。由此可见，克尔凯郭尔为了保卫基督教，考虑得更远些。在当时黑格尔主义左翼反宗教思潮的冲击下，他知道要根绝人们对宗教的怀疑几乎是不可能的，因而必须变换手法，把信仰本身定义为忧虑、不安、怀疑②。他把矛头主要指向"不服从"，提出所谓"在伦理上同反叛作斗争"，这是更带根本性的保护宗教的措施。换句话说，这是意味着：尽管你怀疑，还是必须服从，就是不准造宗教的反。

一般说来，当时丹麦的路德教会还是比较开明和自由宽容的，它倾向于用理性主义精神去解释基督教义。克尔凯郭尔最不满的也就是这一点，他把这归咎于黑格尔主义的影响。在他看来，基督教根本不是一种可以解释清楚并加以论证的学说，一旦它成为这样的客观的东西，也就不再是基督教了。他说："基督教不是关于神人统一的学说，不是关于主客体同一的学说，也不是关于基督教的任何一种逻辑的副本。如果基督教是一种学说的话，那么同基督教的关系就不是一种信

① 克尔凯郭尔：《日记》，1959年英文版，第193页。

② 克尔凯郭尔：《为了自我检查》，英译本，第42—44页。

仰的关系了，因为只有理智类型的关系才能适应于一种学说。因此，基督教不是一种学说，而是上帝存在这个事实。”①他甚至认为，对一个真正信仰宗教的人来说，任何对信仰的基础作合理说明的企图都将是走入魔道，因为根本就不能用论据去证明那高于理性或甚至与理性相反的东西。基督教的真理性是永远不可能加以证明的，基督的神性绝对超越人类理性之上，谁只要同意进行论辩，谁就是放弃信仰。信仰也不需要辩护，辩护就是不信仰或至少是信仰不坚定的信号。信仰如企图自我论证，就毁灭了自己。总之，克尔凯郭尔是竭力想把宗教信仰非理性化，用反理性主义精神去提倡对基督教的无条件的盲目崇拜。

克尔凯郭尔心目中的上帝也和一般基督徒信奉的上帝不一样。他认为有两种基督教，一种是《新约》中的真正的基督教，另一种是基督教国家的基督教，它只是“恶毒的诡计”，二者根本不同，就像方和圆不同一样。基督教国家里人们信奉的基督教鼓吹爱上帝，爱别人，同时也被别人所爱；而《新约》中的真正的基督教则在于对上帝的爱和对人的仇恨，不仅恨自己，而且恨别人，包括恨自己的父母妻子，信仰基督教的这种“超越世俗的人”与庸众的区别就在于能够忍受孤独②。在克尔凯郭尔看来，上帝是仇恨人类的，“上帝恨一切存在”，“基督教所以存在，是因为上帝和人之间有仇恨”。他甚至说，“上帝是你的死敌”，上帝是残酷的，但这种残酷是使人完善和幸福的必要条件，因为人的完善和幸福即在残酷之中、痛苦之中。要成为一个基督徒就必须经受这种残酷和痛苦，这也可以说是一种自我折磨，没有一种人间

① 克尔凯郭尔：《〈哲学片断〉一书最后的非科学性附言》，第290—291页。

② 克尔凯郭尔：《对基督教国家的攻击》，1946年英译本，第162—163页。

的痛苦可与此相比，但残酷的并不是基督教，残酷的是基督徒不得不生活在这个世界上，残酷的是这个世界[①]。通常基督教是鼓吹“博爱”的(当然，这种“博爱”带有很大的虚伪性)，而克尔凯郭尔则公然宣扬仇恨人类的思想，他所推崇的是仇恨一切人、直接和上帝发生关联的孤独的个人。

当然，克尔凯郭尔对基督教国家的“攻击”还不止以上这些，应该说他的某些批判也有歪打正着的地方。20世纪30年代，有的德国神学家就曾依据克尔凯郭尔的观点反对希特勒当局利用基督教为国家服务。但是，总的看来，克尔凯郭尔是从更为保守的立场出发去批判当时丹麦的基督教会的，他不仅没有减轻基督教对人们的精神奴役，反而又给他们增添了新的苦难。

三、克尔凯郭尔和现代存在主义哲学

在克尔凯郭尔活着的时候以及在他死后的一个相当长的时期内，他的影响从来没有超出丹麦这个欧洲小国的边界。他的一些主要著作虽然早已出版，但在当时几乎没有得到欧洲思想界的任何注意。具有讽刺意味的是，第一个为克尔凯郭尔做宣传的是以无神论和反基督教著称的丹麦文学批评家勃兰戴斯(Georg Brandes，1842—1927)。勃兰戴斯于1877年出版了有关克尔凯郭尔的第一本专著，全面地介绍了他的生平和思想，并企图利用这个宗教哲学家的学说去反对基督教会。也正是勃兰戴斯曾经向尼采推荐过克尔凯郭尔的著作，可是，尽管尼采和克尔凯郭尔有着不少思想上的共同点，甚至被后人称作“异教的克尔凯郭尔”，却没有证据说明尼采确实认真读过克尔凯郭尔的

---

① 参阅克尔凯郭尔：《基督教的训练》，英译本，第194页。

著作，因此也就谈不上他受后者的什么影响。当然，除了丹麦以外，最早对克尔凯郭尔思想发生兴趣的还是在德国，他的著作在第一次世界大战之前基本上都已译成了德文。但是，克尔凯郭尔哲学的真正流行还是在第一次世界大战以后。随着存在主义的兴起和发展，人们又“重新发现了”这个丹麦人，他的著作被译成各种语言大量出版，在整个资本主义国家里不胫而走，泛滥成灾。克尔凯郭尔也俨然成为西方哲学史上的重要人物，甚至有人把他和黑格尔、马克思相提并论，把他们说成是“改变了文明发展方向的三位伟大哲学家”①。

存在主义哲学的风行和克尔凯郭尔的“复兴”，显然是第一次世界大战后开始的世界资本主义体系的严重危机在思想上的一种反映。克尔凯郭尔的著作被湮没了几十年之后又被重新发掘出来，并成为资产阶级思想界的时髦品，这首先要从新的历史条件下资本主义社会的需要来求得解释。除了克尔凯郭尔之外，还有一个尼采，他们可以说是处于资本主义没落时代反映资产阶级精神危机的那些西方思想家的精神上的父亲。雅斯贝斯有一段很富有典型意义的话，他说：“目前哲学状况是以下面这个事实为特征的，即克尔凯郭尔和尼采这两位哲学家在他们生前受到忽视，以后长时期内一直在哲学史上受人轻视，而现在他们的重要性则越来越不断地增长。黑格尔以后的其他一切哲学家正越来越失势而引退，而今天这两个人则不容争辩地作为他们时代的真正伟大思想家而站了出来。”②

关于克尔凯郭尔对20世纪存在主义哲学的形成所起的作用，一直是学者们感兴趣的题目。严格地说，存在主义很难说得上是一个统

① 参阅海斯：《黑格尔、克尔凯郭尔、马克思》，1975年英译本。

② 雅斯贝斯：《理性与存在》。

一的、严密的哲学学派。存在主义的一些最著名的代表甚至公开否认自己是“存在主义者”，如海德格尔就坚决反对“存在主义”这个名词，雅斯贝斯也认为“存在主义”就是存在哲学的死亡，似乎只有法国的萨特、梅洛·庞蒂和西蒙娜·德·波娃才愿意接受这个称号。这些存在主义哲学家在许多方面有着意见分歧，在有的重大问题例如宗教问题上的看法甚至是完全对立的，因此有所谓有神的存在主义和无神的存在主义之分。由于各人的情况不同，他们和克尔凯郭尔的思想继承关系当然也有所区别。但是，对我们马克思主义者来说，重要的首先不是他们之间的差别，而是存在主义作为一种思潮或运动而具有的那些一般的特征。正是在这方面，克尔凯郭尔为未来的存在主义确定了基本的方向。无论是同克尔凯郭尔最相近的雅斯贝斯，或是在社会和宗教的观点上同他正相反的萨特，都在不同程度上受到了他的深刻的影响。存在主义者所鼓吹的一些最重要的思想如：强调个人的不可还原的独特性和个人与群众的对立，对主观性的无限夸大和突出研究主观情绪，贬抑知识和反理性主义，非决定论和强调人的自由选择和决定，对生活的悲观主义态度以及如此等等，其滥觞都可追溯到克尔凯郭尔。这一点连萨特那样的存在主义阵营中的激进派也是不能否认的。

克尔凯郭尔不仅对现代资产阶级哲学，而且也对西方现代神学发生了巨大的影响。在现代基督教神学家中间也存在着一股存在主义的潮流，像巴尔特（K. Barth）、布尔特曼（R. Bultmann）、梯利希（P. Tillich）等人，力图把存在主义哲学和基督教神学结合起来，他们都以克尔凯郭尔为依据。另一个犹太神学家布勒尔（M. Buber）也利用了克尔凯郭尔的思想。

现在，曾经盛极一时的存在主义哲学在西方世界里已趋于没落，一些最著名的代表人物也已陆续谢世，看来是已经到了对这种资产阶级意识形态的典型形式做出科学评价的时候了。在这种情况下研究克尔凯郭尔其人及其思想，也还是具有现实意义的。

（写于 1982 年，原载《西方著名哲学家评传》第 8 卷，山东人民出版社 1985 年版）

施蒂纳的生平和著作

19 世纪 30—40 年代，当时在德国思想界居于统治地位的黑格尔学派发生了分裂和解体。这个学派的右翼，即所谓老年黑格尔派，继承和发展了黑格尔哲学体系中保守的方面，倾向于对普鲁士容克地主封建制度及其思想支柱——宗教采取妥协的态度。与此相对立，青年黑格尔派则组成黑格尔学派的左翼，他们站在资产阶级激进主义的立场上，主张在德国实行资产阶级改革，对封建专制国家和基督教进行了尖锐的批判。另一些黑格尔主义者在两派斗争中采取中间立场，则组成所谓黑格尔中派。被恩格斯称为“现代无政府主义的先知”的麦克斯·施蒂纳，属于当时的左翼，是继施特劳斯和鲍威尔兄弟之后出现于当时德国文坛的青年黑格尔派的重要人物。

一、施蒂纳的生平

“麦克斯·施蒂纳”的原名是约翰·卡斯巴尔·施米特，

由于他的前额特宽，在学童时期就获得了“施蒂纳”[①]的绰号，后来被他用作笔名而为人所周知。我们现在所了解的关于施蒂纳的生平的材料，基本上来自马凯的《麦克斯·施蒂纳的生平和著作》一书[②]。马凯虽然和施蒂纳并无直接的交往，但他在研究施蒂纳的工作中花费了将近三十年的功夫，并且曾广泛地向施蒂纳的一些故交征集第一手材料，所以他所写的这部传记性著作中叙述的情况一般说来是比较可靠的。

施蒂纳在1806年10月25日生于德国拜罗特。他的父亲阿尔勃特·施米特是一个制笛的工匠，在施蒂纳诞生后仅六个月即猝然去世。不久，他的母亲又重新结婚。继父海因里希·巴勒施泰特经营一家药房，并携带施蒂纳迁往东普鲁士的库尔姆，他的童年就是在那里度过的。直到他十二岁的时候，他的父母才把他送回拜罗特受教育，由他的姑母照管。他进了当地有名的古典中学，在七年的学习期间成绩优良，一般在班上都处于前六名。中学毕业考试时，他排名第三，并获得了第一等毕业证书。

1826年秋，施蒂纳进柏林大学哲学系学习，在两年内他学习十分勤奋，每周听课达二十二小时。他的兴趣广泛，逻辑学、神学、希腊文学、地理学等均有所涉猎。在哲学专业方面，他听过许莱尔马赫的伦理学课程，特别是受过当时名声达到最高点的黑格尔的直接教诲，听过黑格尔讲哲学史、宗教哲学和精神哲学，受到了深刻的影响。按当时的习惯，施蒂纳在柏林大学学习两年后又转往其他大学继续求学。1828年，他前往爱尔朗根大学学习神学、逻辑学和形而上

---

① 施蒂纳源自德语 Stirn（额）。

② 马凯：《麦克斯·施蒂纳的生平和著作》，柏林，1898年版。

学的课程，接着又去哥尼斯堡大学，但在那里却没有听课。他名义上虽然是哥尼斯堡大学的学生，实际上却中断了学习。由于他的母亲精神开始失常，他不得不为家务事分心。直至1832年，他才回到柏林，决心完成他的学业并取得教师资格。但是，等待着他的却是挫折和失败。首先，他因病未能认真准备某几门必需考试的课程，接着他母亲精神完全错乱，到柏林住院治疗。虽然他于1834年3月就正式结束学习，但一直拖到同年11月他才交出参加考试所要求的一篇译作和一篇论文。他的论文题为《论校规》(Über Schulgesetze)，它是现存最早的施蒂纳哲学著作①，是用非常抽象的黑格尔主义观点写成的。看来他的论文没有得到好评，在1835年4月的口试中也成绩不佳。主考人的评语指出，他除了圣经以外缺乏精确的知识，虽然具有“思辨的能力”，却没有足够的哲学史知识，严密的逻辑思想反而使他的思想受到窒息。因此，他只获得在中学授课的资格，但他向皇家布兰登堡学校委员会提出要求任命的申请却遭到了拒绝。在这种情况下，他只得在柏林的一个实科初级中学里担任无酬的拉丁文教员。

1837年，施蒂纳的继父去世，留给他微薄的遗产。同年12月，他和女房东的女儿布茨结婚。布茨没有受过多少教育，是个十分平庸的年轻妇女。但施蒂纳的第一次婚姻时间很短促，因为第二年他的二十二岁的妻子就死于分娩。她似乎对他没有留下任何影响。

1839年，施蒂纳已经三十三岁，那时他才第一次得到正式任命，在柏林的一个私立女子中学担任教职，讲授历史和文学。从1839年到1844年，他在女子中学教书的这五年是他一生中比较平稳和有成

① 这篇论文直到1921年才初次发表于恩格特编：《关于施蒂纳研究的新论著》，德累斯顿版。

就的时期。他的工资不算高，但有固定收入，生活有保障，每天下午和晚上都有充分的时间由他自由支配。他为人谦虚而有礼貌，颇受同事和朋友们的尊敬。根据马凯的描述，施蒂纳的身材中等偏矮，长得文弱匀称，很注意衣着，但又很朴实。金色的头发和温和的蓝眼睛，加上一副钢边眼镜，薄薄的嘴唇经常带有讽刺式的微笑，使他很富有教师的派头和风度。从他的相貌和举止来看，人们一般会认为他将一辈子当个普通的教师，决想不到在这个文弱书生的头脑里竟蕴藏着如此偏激的思想。当然，施蒂纳的思想并不单纯是他个人的创造，而同时也是他积极地参加青年黑格尔派活动的结果。

19 世纪 40 年代初，一些对现状不满的德国年轻知识分子经常在柏林的咖啡馆、酒吧间和俱乐部里集会，批评政府，谴责不合理的社会。他们中间最活跃的一个小集团自称为“自由人”(die Freien)，聚会的地点在弗里德里希大街上的希配尔酒馆。这个集团的成员大多是二三十岁的青年新闻记者、编辑、大学生、教员和军官，其中有《文学报》编辑梅因、《莱比锡总汇报》编辑朱利斯、诗人哥特夏尔和乔尔登等。青年马克思在求学时期、恩格斯在柏林服军役期间都曾先后参加过该集团的讨论会。当时初露头角的青年黑格尔派著名人物布鲁诺·鲍威尔，则是该集团公认的思想领袖。大约从 1841 年末开始，施蒂纳常常参加“自由人”的集会。不过他很少直接参与热烈的辩论，总是喜欢抽着雪茄烟坐在一旁静听，偶尔向他邻近的人发表几句讽刺性的评论。当时马克思已经离开柏林，所以施蒂纳和马克思并没有直接的交往，但他和青年恩格斯则常在集会上见面。恩格斯在晚年曾回忆说，“我同施蒂纳很熟，我们是好朋友，他是一个善良的人，远非像他在自己的《唯一者及其所有物》一书中对自己所描写的那样坏，不过多少带点学究气。”①恩格斯在《信仰的胜利》一诗中谈到施蒂纳说：

> 施蒂纳来了，一个打破清规戒律的凶恶敌人。
> 今天他喝啤酒，明天就会大叫：拿血来饮！
> 只要有谁高喊自己的口号：打倒国王，
> 他立刻就会补上：也打倒法律。②

从恩格斯的描述来看，施蒂纳在所谓“自由人”中间也是思想相当激进的分子，至多是外表比较温和而已。正是在希配尔酒馆的集会上，施蒂纳结识了玛丽·丹哈尔特。她是个大胆泼辣的新女性，虽然才能平平，在政治性和哲学性的学术辩论中并没有突出表现，可是在玩弹子、喝啤酒、抽雪茄方面却很在行，并享有一笔不小的遗产。施蒂纳爱上了这位丹哈尔特女士，他们在1843年10月21日举行了婚礼。

关于这次婚礼，当时地方报纸倒有所记载。从这段作为奇闻来报道的记事中很可以看到那些所谓“自由人”的不拘俗礼、狂放不羁的性格。婚礼就在施蒂纳的宿舍里举行，当婚礼主持人、以自由派观点闻名的牧师马洛特到达时，发现新娘不在，而新郎则正在和卷起衬衣袖子的两位证婚人布鲁诺·鲍威尔和路德维希·布尔玩牌。后来新娘总算来到了，却穿着家常的便服。马洛特不得不要求证婚人穿上外套，临时要找一本圣经却怎么也找不到。当他要求新郎新娘交换誓约戴上结婚戒指时，却发现根本没有人想到要事先准备好戒指，只得当场从鲍威尔的钱袋上拆下两个铜环来代用。婚礼草草结束后，马洛特牧师

---

① 《马克思恩格斯全集》第37卷，第286页。

② 《马克思恩格斯全集》第41卷，第363页。

被邀请留下吃饭，但他却溜走了。

在施蒂纳的一生中，他的第二次婚姻也许算是给生活稍微增添了一点光彩的愉快插曲，正是在这次婚姻前后的几年内，他的理论活动取得了较多的成果，并且富有独创性。从 1842 年起，施蒂纳为一些报纸杂志写了不少文章。他的第一篇重要的哲学论文《论我国教育的虚假原则，或人道主义和唯实主义》，于 1842 年 4 月发表于《莱茵报》，同年 6 月又发表了他的另一篇重要文章《论艺术和宗教》。此外，他还写了评论鲍威尔著作和欧仁·苏的小说《巴黎的秘密》的文章，以及好几十篇短文。马克思在负责编辑《莱茵报》后，也曾在该报发表了施蒂纳的两篇较好的文章。在那些文章里，施蒂纳基本上是站在黑格尔派左翼的立场上对现存的社会制度和观念采取批判态度的。他的早期著作明显地带有费尔巴哈和卢格的思想影响的烙印，但我们从中也已经可以觉察到他与青年黑格尔派的思想主流不一致的某些倾向。1844 年 11 月，施蒂纳的主要代表作《唯一者及其所有物》由出版商维干德出版(当时青年黑格尔派的不少著作都是由维干德出版的)，这部著作标志着他已经在思想上独树一帜，与当时青年黑格尔派的头目布鲁诺·鲍威尔等人相抗衡了。实际上，这也是他唯一具有真正独创性的重要著作。施蒂纳写明把这部著作献给他的妻子丹哈尔特，可是这位新女性却完全欣赏不了它，以致后来有人引用一句西班牙的谚语说这是“上帝把杏仁核给了那些没有牙齿的人”。

《唯一者及其所有物》一书初版印了一千部，为了逃避书报检查，维干德在书印出后迅速把它们分发出去，但还是有 250 部遭到扣押。可是过了几天以后，萨克森的内务部长却又撤销了禁令，理由是这一著作内容“过于荒谬”，因此没有危险性。如果说这位部长大人的哲学水平使他不能理解施蒂纳的著作的真实含义，因而认为可以对它置之不理，那么施蒂纳的那些青年黑格尔派的朋友们却不是这么看。他们虽然事先知道施蒂纳正在埋头于创建自己的哲学，但他从未向他们吐露过自己真实的思想，所以当《唯一者及其所有物》问世时，就立刻掀起了一场风波。这部著作一下子成为当时思想界和理论界人们注意的中心，在许多报刊上发表了对这部著作的评论。但情况显然对施蒂纳十分不利，因为他的著作不仅没有博得人们广泛的同情和赞赏(除了卢格以外)，却反而树立了一大批论敌。无论是社会主义者，或者是自由主义者和人道主义者，都对他提出了尖锐的批评。甚至在他经常参加活动的“自由人”集团内部，大家也对他表示愤慨和不信任，除了布鲁诺·鲍威尔之外几乎都和他断绝了友好往来。接着就展开了一场激烈的论战，施里加、赫斯、费尔巴哈、库诺·费舍等人纷纷写文章对施蒂纳进行反击和批判，施蒂纳不甘示弱，也作了答辩。当然，对施蒂纳哲学作了真正毁灭性批判的是马克思和恩格斯的《德意志意识形态》，但马克思主义创始人的这部伟大著作在当时并未发表，施蒂纳本人大概也不知道，因此在他的著作里看不到对此的反应。

施蒂纳似乎错误地估计了自己的这部“杰作”的价值，他以为它将会替他赢得莫大的声誉，奠定他在理论界的地位，因此在该书出版前不久，他就辞去了女子中学的教职。可是他的名声只是昙花一现，人们很快就对《唯一者及其所有物》失去了兴趣。他也始终未能在理论界站住脚，而不得不转入萨依和亚当·斯密的经济学著作的翻译工作。他在生活上也遇到了困难，辞去教职后他不再有固定的收入。为了维持生活，这位毫无商业才能的书生居然异想天开决定用他妻子的钱去开办一家牛奶公司，结果由于经营不善，找不到销路，牛奶变酸，公司所在的伯恩布格大街上好几天都充满了酸牛奶的味道。公司不得不宣告倒闭，施蒂纳和妻子的感情也发生破裂。她指责他“过于自私”，既无能又爱虚荣，最后终于在1846年底离开了他，独自前往伦敦，在1850年正式办了离婚手续。五十年后，马凯在伦敦想去采访这位丹哈尔特女士，她却不愿会见他，不想再谈这段她力图忘记的生活经历，只是写信表示她从来没有爱过和尊敬过施蒂纳。

施蒂纳的晚年过得十分凄凉，他失意潦倒，在1853年和1854年曾因债务两次入狱，共禁闭了八个星期。他的才思也似乎已经枯竭，他的最后一部著作《反动史》(Die Geschichte der Reaction)以他的真名出版于1852年，其中没有什么创见，实际上只是柏克、孔德等人的著作的编纂，因此丝毫没有引起人们的注意。1856年5月，施蒂纳的颈部被有毒的飞虫叮咬而发高烧，延续数星期后终因血液受到感染而在6月25日默默地去世。只有少数几个朋友参加了他的简陋的葬礼，其中有过去为他证婚的两个青年黑格尔派朋友布鲁诺·鲍威尔和路德维希·布尔。一两家报纸在事后简短地报道了《唯一者及其所有物》的作者的死讯，就这样潦潦草草地送他入墓。社会似乎已经完全遗忘了这位生活中的失败者，只是在几十年后，人们才惊异地重新发现，原来施蒂纳的思想并没有和他本人一起死去，而是以新的形式渗透在19世纪后期以来的欧洲某些重要的社会思潮中，起着在他生时所没有起过的作用。这也算得上是对历史的嘲弄吧。

二、施蒂纳的早期思想

施蒂纳的正式的著述活动开始于1842年初，从这时起到《唯一者及其所有物》一书的出版，他的思想经历了一个迅速发展和演变的过程。

施蒂纳最早发表的文章是有关宗教问题的。在当时的德国，思想斗争首先是在宗教领域内进行，施蒂纳对宗教的态度基本上和鲍威尔、费尔巴哈等青年黑格尔派的观点一致。1841 年 11 月，鲍威尔匿名发表了《对黑格尔、无神论者和反基督教者的末日的宣告》一书，他在该书中假装成正统派，揭露黑格尔是真正的宗教的死敌，谴责黑格尔企图在调和哲学理性和基督教信仰的外衣掩护下消灭宗教。该书出版不久，施蒂纳就在汉堡的《德意志电讯报》上发表了一篇书评，他完全同意鲍威尔的看法，认为黑格尔主义的真正实质是无神论，它必然导向不信神，因而黑格尔左派是黑格尔的真正的继承者。紧接着这篇书评，施蒂纳又写了一本小册子，题为：《一个柏林社团的成员对五十七位教士所写的小册子〈基督徒遵守星期日戒律〉的答复：对我们俗人的友好进言》。在这本小册子里，他主张宣传一种人道的宗教，反对社会奴役、道德贫乏和精神上的怯懦，认为应该教导人们去实施一种合乎理性的伦理，在自身中实现人性，并且自由地、无畏惧地生活。这些观点无疑带有费尔巴哈的色彩，但是在那时他的文章里就已经出现了虚无主义的个人利己主义的苗头，到后来就愈演愈烈，最后在《唯一者及其所有物》中达到了巅峰。

在前面提到过的《论我国教育的虚假原则，或人道主义和唯实主义》一文里，施蒂纳向以上那个方向迈进了一步。他在这篇谈教育的文章里，口头上虽然也承认教育在“使我们的社团、我们的社会生活完善”方面所起的作用，可是它起这种作用不是靠“生产出被创造者”，而是靠“造就出创造者”①。他仍然利用黑格尔的“精神”概念去解释学生的自我，但却着重强调学生的“精神”的自律和自足性，正是这种自律和自足性使“精神”得以摆脱一切外在的异化，使周围的一切

① 《施蒂纳的短篇论著和他对于他的著作〈唯一者及其所有物〉的批评的回答》，马凯编，柏林，1914 年第 2 版，第 237—238 页。

事物仅仅变为学生正在发展中的个性的营养品。他大谈特谈个人的"独立自主性格"的形成，照他说来，个人自身就是自己的原则，因为除此以外他们是没有任何固定原则的，所谓"自由人"本身就处于不断的毁灭和新生的过程中，他们的自由就在于不断的自我规定和自我表现①。施蒂纳在这里所说的"自由人"虽然还不是他后来所竭力宣扬的极端的虚无主义者和利己主义者，或所谓"唯一者"，但在"自由人"身上显然已经可以看到"唯一者"的那种反复无常的个人主义的特性。

《论艺术和宗教》是施蒂纳在同时期写的另一篇重要的哲学论文，它充分表现了费尔巴哈对施蒂纳的思想影响。在这篇论文发表前不久，费尔巴哈的《基督教的本质》和鲍威尔的小册子《黑格尔的宗教和艺术学说》刚刚出版。施蒂纳站在费尔巴哈这一边，向宗教发动了进攻。他指出，艺术家把人的最深刻的渴望投射到一个具体的对象，即艺术作品上面，借以宣传人的理想，而宗教则企图用使理想的对象变成一种内在的精神现实的办法去把握这对象，结果只能使它具有感性内容的形象枯竭②。因此，宗教的真正结果总是异化，信仰宗教的人追求和上帝拥抱，实际上却只是追求和他自己的影子拥抱，因为上帝不是别的，只是尚未发现自身的人性的空虚的反映③。

如果说，《论艺术和宗教》一文基本上是用费尔巴哈的观点写的反宗教文章，那么写于1843年春的《关于爱之国家的一些初步意见》(发表于《柏林月刊》)，则说明施蒂纳已经脱离了他原来拥护的费尔巴哈的立场，他感兴趣的领域也不再是单纯的宗教，而是政治、国家。这

---

① 《施蒂纳的短篇论著和他对于他的著作〈唯一者及其所有物〉的批评的回答》，马凯编，柏林，1914年第2版，第252—254页。(下称《施蒂纳的短篇论著》)

② 同上书，第258—260页。

③ 同上书，第268页。

篇文章的出发点是讨论过去反拿破仑战争时期德国政治家冯·斯泰因提出的关于宪政改革的建议。德国的自由派人士一直为冯·斯泰因的建议未能实行而感到遗憾和不满，认为这是建立现代化的民主国家的一条可行的途径。施蒂纳则指出，冯·斯泰因所建议的那种“平等”和“自由”完全是虚假的，它们只不过是臣民们在国王的直接的中央权威（而不是在分散的封建统治者们的间接的权威）面前的“平等”，只不过是臣民们出于效忠感而自觉地履行他们的公民义务的那种道德上的“自由”[①]。在他看来，冯·斯泰因的宪政国家实际上只是建立在基督教的爱的普遍义务之上的国家，它的基础是爱的原则，但正因为如此，真正的个人自由就被消灭了。他说：“我们把爱拿来同自决或自由相比较。人在爱中决定自己，使自己具有某种确定的面貌，成为自身的创造者，然而人做这一切不是为了自己，而是为了别人……相反地，自由的人既不通过别人，也不为了别人而决定自己，他只是从自己出发来决定自己，他理解自己并且在这种自我理解中找到对自决的推动力：只有理解了自己，他才能合理而又自由地行动。”他认为，爱的原则和自由的原则是正好对立的，“爱的原则是，每一个人，不管他做什么，总是为别人而做；自由的原则是，他总是为自己而做；前者使我去关心别人，后者却使我关心自己”。当然，爱可能比被动地服从本能的欲望的那种自私更高尚些，但是以爱为行动准则的人是为了上帝、为了兄弟们而行动，根本没有自己的意志，有理性的人则除去自己的意志之外不愿意执行任何人的意志，而只有意志才使人有理由把自己称为自由的人[②]。

① 《施蒂纳的短篇论著》，第270—272页。

② 同上书，第275—276页。

从这里可以看得很清楚，施蒂纳对“爱之国家”的批判不仅是针对主张宪政改革的德国自由派，而且也是针对把人类之爱当作社会生活的最高原则的费尔巴哈。施蒂纳揭穿了当时颇为流行的那种关于爱的空谈的虚假性，这不能说他不对。但是，他的根本立足点却是错误的。他从主张意志绝对自由的唯心主义观点出发，把鼓吹“为自己”的资产阶级利己主义奉为最高准则，以此来反对宣扬“为别人”的资产阶级博爱主义。他这样地用“自由的原则”去反对“爱的原则”，实际上只是暴露了他自己所遵循的是毫无掩饰的赤裸裸的个人主义。另一方面，施蒂纳批判了自由派所向往的那种君主立宪制下的“平等”和“自由”，这也应该承认是有积极意义的，不过他却由此而得出了否定一切国家的错误结论。在他看来，国家本身是政治异化的形式，一切国家形式都必然会导致对人的自由的压抑，甚至在革命的国家里，公民也由于必须服从国家而失去自由。施蒂纳的无政府主义思想在这篇文章里已经开始形成了。

施蒂纳在《唯一者及其所有物》出版前发表的最后一篇重要文章，是关于欧仁·苏的小说《巴黎的秘密》的书评。《巴黎的秘密》的文学价值虽然不高，但它对罪恶的黑社会的大胆暴露和它所表现的感伤的社会主义思想，却正好迎合当时相当一部分读者的口味，从而在法国以及在德国都获得了巨大的成功。不少德国评论家对这部小说是肯定的，其中包括青年黑格尔派分子施里加。施里加为这部小说写了长篇评论，吹捧说它揭露了“人类社会的秘密”、“我们时代的秘密”。为此，马克思和恩格斯在《神圣家族》一书中对他作了彻底的批判。与施里加不同，施蒂纳基本上倒是对《巴黎的秘密》采取否定态度的。他批评欧仁·苏企图用基督教的爱去解决社会问题，但用这种办法不仅不能消灭产生社会罪恶的根源，即贫困，反而使人受到新的精神奴役。

他指出，小说中的玛丽在脱离了社会底层的苦海之后本来已经有所醒悟，会以烈火般的愤怒清除掉冷酷无情的社会的罪恶的重压，而摆脱自己的屈辱地位。可是，作者却让这个可怜的少女皈依了基督教，于是“玛丽在脱出了‘猫头鹰’的魔掌之后又落到教士的控制之下；教士用虔信上帝的教义来摧残她的柔弱的心灵，说她从今以后必须过一种不断忏悔的生活，才可望得到上帝的宽恕”，这样，“当玛丽一旦进入道德世界并且开始遵从它的规范，她就必然变成一个受压抑的奴隶”。施蒂纳不仅谴责了基督教对被损害和被侮辱的人的精神毒害，而且嘲笑了欧仁·苏笔下的“救世主”鲁道夫的社会改革计划，认为这种博爱主义的社会改良完全是不切实际的幻想。应该承认，施蒂纳的这些看法确实要比施里加之流高出一筹。

但是，施蒂纳在评论《巴黎的秘密》时也暴露出他自己的错误思想。按照他的看法，这部小说里的人物可分为两类，一类是盲目地受动物本能驱使的平庸之辈，另一类是狂热地信仰某种原则、从事于某种事业（不论是为善或是作恶）的人。这两类人都同样可鄙。施蒂纳说，欧仁·苏的思想过于狭隘，所以他不可能想象在这两类人之外还会有这样的一种人，可以“超越于善恶之上，超越于道德和罪恶之上”①。这种“超越于善恶之上的人”，也就是施蒂纳心目中真正自由的人。他应该具有“钢铁般的性格”，像“一个独立自主的人”那样地生活，完全把本能和信仰置之度外，用自己的创造力量去建造自身。对于这样的人来说，善恶之间的全部人为的区别只不过是毫无价值的固执观念罢了，因为他根本就不承认有任何固定的道德原则。这样，施蒂纳就走向了虚无主义和非道德论，他攻击道德说：“真正的道德和

① 《施蒂纳的短篇论著》，第288页。

真正的虔诚敬神是永远不可能完全分开的，因为甚至无神论的道德家实际上也是把善、真理和德行作为他们的上帝来崇拜"①。这些话清楚地表明，他已经同费尔巴哈最后决裂，从他原先的自由派人道主义观点向极端的虚无主义演变。在他的思想发展中，这一演变过程大约历时一年半，其结果就是使他闻名于世的《唯一者及其所有物》。在某种意义上可以说，他以前所写的文章都是为这部著作做准备。

三、《唯一者及其所有物》

（一）一部个人主义的宣言书

《唯一者及其所有物》是施蒂纳系统地发挥他自己的哲学和社会思想的主要著作，因此研究施蒂纳的学说一般都以这部著作为依据。正是在这部著作里，他公开地批判了他的青年黑格尔派伙伴们的不彻底性，而树起了自己的虚无主义的个人主义的旗帜。

施蒂纳认为，无论是费尔巴哈也好，或是鲍威尔也好，都没有把无神论真正贯彻到底。他们虽然不承认上帝的存在，却仍然承认某种超验的事物如"人道"、"社会"或"道德"等的存在，而这些事物和上帝一样是虚构的，并且和上帝一样对具体的个人实行专制的统治。因此，施蒂纳不仅要求摆脱上帝的统治，而且要求把人从各种虚构的观念和原则下解放出来。我们在《唯一者及其所有物》第一部卷首就可以看到这样的一段题词："费尔巴哈说，人就是人的最高本质。布鲁诺·鲍威尔说，人刚刚被发现。那么，就让我们更仔细地考察一下这最高的本质和这个新发现吧。"②

① 《施蒂纳的短篇论著》，第282页。

② 施蒂纳：《唯一者及其所有物》，英译本，第8页。

在施蒂纳看来，费尔巴哈在批判宗教教条方面是有功绩的，但他并没有彻底摧毁宗教。费尔巴哈虽然正确地指出，宗教把最高本质叫作上帝，并把它看作是一种客观的本质，而实际上它却只不过是人自己的本质，可是他依然把具体的个人和人的本质分离开，基督教所造成的那种二元化并未消除，只是以另一种形式表现出来而已。施蒂纳说，“最高本质确实就是人的本质，但正因为它是他的本质而不是他本身，所以它仍然是无形的，不管我们把它置于他之外，把它看作‘上帝’，还是把它置于他之内，把它叫作‘人的本质’或‘人’。我既不是上帝，也不是‘人’，既不是最高本质，也不是我的本质，因此不管我认为这本质是在我之内还是在我之外，它都是一回事。”①所以施蒂纳认为，归根到底费尔巴哈哲学仍然是一种神学，它只是把人的本质造成上帝的代用品，用对于“人”的信仰代替了对于上帝的信仰。

同样地，布鲁诺·鲍威尔在施蒂纳眼里也是不彻底的。鲍威尔主张对基督教进行批判，把人类从宗教的精神束缚下解放出来，以达到真正的自我意识。他把普遍的自我意识当作唯一的实在，把全部人类的历史归结为普遍意识的发展。施蒂纳指出，鲍威尔尊崇普遍的自我意识同样是抹杀了个人。鲍威尔认为批判的真理是最后的真理（实际上也是基督教本身寻求的真理，基督教世界的历史最后发现的真理），这就是“人”、一般的“人”；施蒂纳则反驳说，“大写的人只不过是一个理想，类只不过是想象的东西。做一个人并不是去实现‘人’的理想，而是去表现他自己、个人。我的任务并不在于如何去实现那一般的人类的东西，而在于如何去满足我自己”②。因此，施蒂纳认为鲍

① 施蒂纳：《唯一者及其所有物》，第34—35页。

② 同上书，第188、190页。

威尔所自诩的新发现同样是一个虚构。

施蒂纳既然对当时青年黑格尔派的两位最著名的代表人物都表示不满，所以他决心要另辟蹊径，走一条新路。在《唯一者及其所有物》一书中，他一开头就引用歌德的诗句："我把无当作自己事业的基础"①，作为全书前言的标题。接着他激昂地又带有讽刺性地写道："还有什么不是我的事业！首先第一位的是善的事业，其次是上帝的事业，人类的事业，真理的事业，自由的事业，人道的事业，正义的事业；再次是我的人民、我的君主、我的祖国的事业；最后，甚至还有精神的事业和成千种其他的事业。只有我的事业就从来不该是我的事业。'只考虑自己的利己主义者真可耻呀！'"②施蒂纳发现了一个秘密，原来上帝和人类都只关心自己的事，都是"伟大的利己主义者"。他说，既然如此，那么为什么我还要继续无私地为那些伟大的利己主义者服务，而自己不成为利己主义者呢？就让我自己去关心我自己吧，这个我就是我的一切，这个我就是"唯一者"(der Einzige)。他在结束这篇前言时大声疾呼地公开宣称："神性的东西是上帝的事业；人类的东西是人的事业。我的事业既不是神性的，也不是人类的，同样也不是真、善、正义和自由等等，而仅仅是我的事业，我的事业并不是一般的，而是唯一的，正如我是唯一的一样。对于我来说，我自己就是一切！"③

《唯一者及其所有物》一书的前言虽然简短，却可以看作一个虚无主义的个人主义者的宣言书，它毫无掩饰地表述了这样一种个人无限

---

① "Ich hab 'Mein' Sach auf Nichts gestellt"引自歌德的诗："Vanitas! Vanitatum Vanitas!"第一行。

② 施蒂纳：《唯一者及其所有物》，第3页。

③ 同上书，第5页。

膨胀的极端主观唯心主义的世界观。“对于我来说，我自己就是一切”，这句话一言道破了施蒂纳的全部理论的实质。实际上，《唯一者及其所有物》全书翻来覆去不厌其烦地鼓吹的也就是这个思想。在施蒂纳看来，自我是唯一的实在，自我创造一切，在自我之外，一切都不存在。因此，我当然只关心我自己，利己主义是合乎这种个人主义逻辑的必然结果。施蒂纳自以为这是了不起的新创造，其实他只不过是把他的前辈费希特的主观唯心主义的命题“我就是我”进一步推向极端而已。这一点连资产阶级学者也早已指出过，例如哈特曼就认为，“施蒂纳把‘自我’加以绝对化，是费希特主观主义一元论的真正的实际的结果”。[①] 当然，施蒂纳和费希特也有所区别，费希特还竭力想避免唯我论，因此他谈论“绝对的自我”以有别于“经验的自我”，而施蒂纳则以公然宣扬赤裸裸的唯我论而自鸣得意，反对谈普遍的我，强调个别的我、以自己的“唯一性”而有别于其他自我的我。施蒂纳的优点就在于坦白，敢于说出其他某些主观唯心主义者所力图掩盖的东西。

施蒂纳的唯我论的特点是带有强烈的虚无主义色彩。在他那里，无限膨胀的“我”不仅意味着对客观世界的否定(用他的话来说就是：我和上帝一样是一切他物的无)，而且就“我”本身来说也同样是“无”。不过，“我不是空洞无物的意义上的无，而是创造性的无，是作为创造者的我自己所赖以创造出一切的那个无”[②]。施蒂纳从这种虚无主义的哲学世界观出发，必然会走向道德的虚无主义：“你认为至少我应该关心‘善的事业’吗？什么是善，什么是恶？我只关心我自己，而

---

① 哈特曼：《道德意识现象学》，柏林，1922年版，第634页。

② 施蒂纳：《唯一者及其所有物》，第5页。

我既不是善的，也不是恶的。对我来说，无论善恶都毫无意义”。① 在哲学史上，我们可以看到，施蒂纳的这种虚无主义哲学对以后欧洲思想的发展产生了多么有害的影响。

(二)施蒂纳眼里的“人”的发展

由于施蒂纳追求的是以自己的“唯一性”为标志的个别的“我”，所以他的整个体系的目的就在于论证这个“唯一者”的诞生的过程。在他看来，全部人类的历史无非就是人为了肯定自己是个别的、唯一的我而进行的斗争史。由此他把历史分为两大时期：一是人还没有被承认具有独特的“唯一性”的时期，一是人肯定了自己是唯一的我而获得完全的自由的时期。与此相适应，《唯一者及其所有物》也分为两部分，即：“人”和“我”。这可能是模仿费尔巴哈《基督教的本质》一书的编排，因为那部著作也是分为“论宗教的人本学的本质”和“神学的本质”两部分的。至于书的写法，施蒂纳在很大程度上参考了黑格尔的《精神现象学》，试图采用黑格尔的三段式以及逻辑与历史、个体与社会相统一的辩证的方法，去描述“唯一者”的产生和发展。但是“画虎不成反类犬”，施蒂纳的薄弱的历史知识和主观主义的任意杜撰，使《唯一者及其所有物》变成了对辩证方法的一幅绝妙的讽刺画。在他那里，黑格尔辩证法被极度主观化了。

《唯一者及其所有物》的第一部分“人”是从“人的生活”这一节开始的。在这一节里，施蒂纳描述了人怎样由儿童成长为成人的过程。照他的说法，儿童一生下来就生活在对整个世界的斗争中，他试图在混乱杂多的经验中找到自己，最初他未能摆脱物质世界而处于自然的影响之下。随着时间的推移，儿童力求洞察事物的底蕴，想了解事物背

---

① 施蒂纳：《唯一者及其所有物》，第5页。

后究竟是什么，通过将世界精神化而战胜事物世界，于是他就进入了青年时期。在青年时期，“我们凌驾在世界之上，我们就是精神”，或者说，精神是人的“第一次自我发现”。青年只希望生活在纯思维的抽象王国里，按照纯理性的指令去调节他的行为，结果他又再度丧失了自身，落到了精神的统治之下。思想世界里的那些形象如真理、自由、人道、“人”等等，照耀着和鼓舞着青年的心灵，而追求精神的完善化则把他导向上帝，因为只有超验的上帝才是完善的精神。过去儿童必须和他周围的物质世界进行斗争，而现在青年则必须和他自己的良心的指令进行斗争。最后，人终于由青年变为成人，成人按照世界的本来面目去把握世界，而不像青年那样按自由的理想去构造世界，成人在和世界打交道的时候也是根据自己的利益，而不是根据自己的理想。在青年的阶段，思想成了有形体的东西，成了怪影，如上帝、皇帝、教皇、祖国等等；到了成人的阶段，我摧毁了思想的形体性，把它们收为己有，于是“我把世界作为我心目中的世界来把握；作为我的世界，我的所有物来把握；我把一切都归于我”。这可以称为人的“第二次自我发现”。施蒂纳在最后总结人的生活的各个阶段时指出，儿童是唯实主义的，他未能从事物世界中解脱出来，青年是唯心主义的，因为他被思想世界缠住了，把精神看作事物背后的本质，而成人则是利己主义的，只有他才按自己的心意去处理事物和思想，把自己的个人利益置于一切东西之上①。

施蒂纳关于人的生活的各个阶段的哲学概括，是彻头彻尾的唯心主义的虚构。正如马克思和恩格斯所尖锐地指出的那样，施蒂纳的根本错误在于他把人生的各个阶段只是看作个人的“自我发现”，而这些

① 施蒂纳：《唯一者及其所有物》，第14—15页。

“自我发现”总被归结为一定的意识关系。施蒂纳完全不顾产生意识变化的那些物质变化和社会变化，根本不去注意个人的物质生活和社会生活，只是就个人意识来谈个人意识，完全撇开了历史时代、民族、阶级等等。而且他对意识的作用也夸大到荒谬的程度，例如，在他看来，只要成人认识到各种有关皇帝、祖国、国家等占统治地位的力量和关系仅仅是自己的观念，是自己“发热病时的胡想”，只要把这些错误想法从自己头脑中挤出去，就可以把这些力量真正摧毁。马克思和恩格斯说：“事情恰恰相反：只要他不再用他的幻想的眼镜观察世界，他就得考虑这一世界的实际的相互关系，研究和顺应这些关系。只要他摧毁了他所赋予世界的幻想的形体性，他就会在自己的幻想之外发现世界的真实的形体性。”[①]施蒂纳认为，只要“我把一切都归于我”，将世界作为我自己心目中的世界来把握，就可以把世界据为己有了。这也完全是主观唯心主义的梦呓，“实质上，他不是‘把握世界’，而只是把他关于世界的‘热病时的胡想’当作自己的东西来把握并占为己有”。正确的唯物主义的提法应该是：“把世界作为不以我为转移的世界来把握，按照世界自身来把握。”[②]

儿童（唯实主义）—青年（唯心主义）—成人（利己主义）的公式，在施蒂纳那里具有普遍的适用性。他不仅用这个公式去说明个人生活的各个阶段，而且把它套用于整个人类历史的发展。在他看来，全部历史也无非是一部利己主义者的诞生史。

施蒂纳把历史分成三个时期：古代是人类的儿童时期，在那个时期内，人还处于自然的统治下，所以古代人是唯实主义的；从基督教

① 《德意志意识形态》，见《马克思恩格斯全集》第3卷，第126页。

② 同上书，第127页。

兴起以后开始的近代，则是人类的青年时期，近代人摆脱了自然的统治，却又陷入了精神的奴役之下，所以近代人是唯心主义的；只有从施蒂纳提出他的理论的时候起，人类才进入了一个历史新时期，在这个时期中，人将会从自然和精神的统治下得到彻底解放，只受自己意志的支配，所以他是利己主义的。

《唯一者及其所有物》一书的第一部分的主要篇幅是用来论述“古代人和近代人”的，其中特别是对“最新的近代人”或“自由人”做了详尽的评述。施蒂纳的所谓历史，实际上只是哲学史，而且是加以任意歪曲的哲学史，因为他单纯地从人的意识去看历史，把历史曲解为利己主义的“我”的自我创造。例如，古代世界的历史被他归结为古希腊罗马的哲学史，而同真实的社会历史完全割裂开，他对诡辩学派、苏格拉底、斯多葛主义、伊壁鸠鲁、怀疑论派等等的解释，也充满了牵强附会和主观武断的说法，如果作为古代哲学史的研究来说是没有多大价值的。接着下来，施蒂纳描述了由古代过渡到近代的过程。他认为，如果“对古代人来说，世界是真理”，那么“对近代人来说，精神是真理”，基督教就是从“精神世界”开始的①。他把古代人对自然的关系的演变和近代人对精神的关系的演变做了类比，把基督教的历史作为后者的明显的例证。施蒂纳说，在中世纪人们深深地陷于宗教教条的束缚，在宗教改革之前的文艺复兴运动的“理智”把人从这种境况中解放出来，路德清洗了被宗教教条僵化了的欧洲人的心，但他在这样做的时候却把无情的“批判”的力量也解放出来了。结果是，对抽象的“人”的观念的纯理论的关心取代了对有血有肉的人的积极的爱，这本质上仍然是一个“神学的革命”，但它终于使精神失去了它所有的一

① 施蒂纳：《唯一者及其所有物》，第25页。

切生动的内容，而成为一种不断地进行自我考察的空洞的活动。施蒂纳对基督教的历史的这种解释，完全脱离了基督教赖以产生和发展的社会历史条件，基本上还没有跳出以鲍威尔为代表的青年黑格尔派宗教研究的窠臼。比较值得注意的是他关于所谓“教阶制”的论述。照他的说法，中世纪的教阶制还只是软弱的，在宗教改革之后，教阶制才发展到登峰造极的地步。什么是教阶制呢？施蒂纳说道：“教阶制就是思想的统治，精神的统治”①。他把人分成两类：有教养的人和无教养的人。前者从事于思想、精神的活动，他们要求人们奴隶般地尊重他们所承认的思想，诸如国家、皇帝、教会、上帝、道德、秩序等等，它们是仅仅为精神而存在的。后者没有文化教养，他们只注意自己生活的必需，对那些精神事物完全漠不关心，但却屈服于精神的威力，受精神的统治。在施蒂纳看来，这就是所谓教阶制的意义，而直至如今，我们还在实行教阶制，受那些以思想为依据的人的压迫，把思想奉为“圣物”。精神的统治从来没有像现在那样无所不包和无所不能，特别是在黑格尔那里，“现实、事物世界应该完全符合于思想，而任何概念都不应该没有现实性。这就使黑格尔体系成为最客观的体系，因为在这个体系中思想和事物结合在一起。”但是，这也是思想的暴戾的最极端的例子，是思想的专制和独裁的顶点，它是精神的胜利，也是哲学的胜利②。

施蒂纳指出，黑格尔哲学代表着教阶制的顶峰。德国唯心主义哲学把精神当作世界的创造主，使它具有神化的性质。这样，像世界精神、普遍意识、人的本质、国家等等观念就被赋予绝对的性质，变成

① 施蒂纳：《唯一者及其所有物》，第77页。

② 同上书，第78页。

为实体、固定观念。这些观念本来是人的精神的产物，却反过来统治和压迫每一个人。于是世界就成为幽灵和怪影的世界，而崇拜那些幽灵和怪影的人就好像是着了魔。因此，在施蒂纳看来，个人所受的压迫并不是来自现实的社会剥削制度，而是来自人们加以神化了的固定观念。从这种唯心主义的观点出发，他自然会得出完全错误的结论，认为个人只要批判了这些固定观念，就能在教阶制的压迫下得到解放。正如马克思和恩格斯所指出，施蒂纳“摆脱这种观念的方法很简单，就是对这种观念提出抗议并声明他没有这种观念。恰恰和我们曾在非自我一致的利己主义者身上看到的一样：人们只要改变自己的意识，世界上的一切就会安排得 all right[很好]”①。

(三)对所谓自由主义的三种形式的批判

应该强调指出，施蒂纳主张对固定观念展开批判，其矛头不仅是指向基督教和黑格尔哲学，而且更重要的是指向他所谓的自由主义。他说，自由主义者并不是独立于古代人和近代人之外的第三种人，而只是近代人中最近代的人，因为他们属于当今的时代②。在《唯一者及其所有物》中有专门的一节“自由人”，对自由主义的三种形式，即政治自由主义、社会自由主义和人道自由主义进行了批判。

施蒂纳对政治自由主义的批判实质上是对近代资产阶级国家的批判。由于他把国家看作是意识所产生出来的一种固定观念，他当然不可能理解形成近代国家的客观历史条件和国家的阶级实质，也不可能正确地说明近代国家的真实的历史作用。照他说来，政治自由主义者本质上是资产阶级，即所谓“第三等级”的宣传家，他们是“政治上的

① 《德意志意识形态》，见《马克思恩格斯全集》第 3 卷，第 317 页。

② 施蒂纳：《唯一者及其所有物》，第 103 页。

新教徒”。新教的“宗教自由”使人们更厉害地服从于上帝的法律，同样地，自由主义的“公民自由”也使人们更厉害地屈服于国家的法律。虽然拥有一切特权的旧君主已经消失，可是新君主(即国家)的权力却比旧君主要大一千倍。现在国家就是一切。国家宣布一切公民“平等”，其实只是声明它根本不关心人：个人在它的法律面前只等于零。国家宣传一切公民“自由”，其实只是意味着它将不能容忍私人对私人使用暴力：只能用法律的名义对个人使用暴力。施蒂纳说，公民自由“并不意味着我的自由，而是意味着统治我和压迫我的政权的自由”，所以这个政权的自由就是对我的奴役。在国家面前，一切个人都消失了。个人的价值就在于做一个国家的公民，“每一个人都致力于‘整体的利益’，都必须溶解在国家中，把国家当作他的目标和理想”，“一个人必须放弃他自己，仅仅为国家而活着。一个人必须‘无私地’进行活动，不想为他自己谋利益，而只为国家谋利益。因此，国家就成为真正的人，在它面前，个人的个性消失了；不是我活着，而是国家在我身上活着”①。

施蒂纳对资产阶级国家的批判表面上看来似乎很激进，实质上却只是从小私有者的极端个人主义立场出发的一种反动的批判，其结果是为以后的无政府主义思潮提供了理论基础，因为照他的说法，不仅资产阶级的国家，而且任何国家都意味着对个人的压迫，政治革命也许可以解放人民(即给予作为公民的人们以自由)，却不可能解放个人，使个人获得自由。所以施蒂纳同样把攻击的矛头指向未来的无产阶级革命中将要产生的新国家，这集中地表现在他对社会自由主义的批判中。

---

① 施蒂纳：《唯一者及其所有物》，第 105 页。

所谓社会自由主义，施蒂纳其实指的是社会主义和共产主义。他对社会自由主义的否定态度，充分地暴露出一个无政府主义的个人利己主义者对社会主义和共产主义的仇恨心理。在施蒂纳看来，社会主义和共产主义甚至比资产阶级国家更为可恶。他说，在政治自由主义的情况下，人的自由是摆脱“主人”的自由，即没有任何人能下命令，只有法律才能下命令。但是，尽管人们有着这样的平等，他们在拥有的财产方面却是不平等的。“因此，社会自由主义得出结论说，没有任何人能拥有财产，正如按照政治自由主义，没有任何人能下命令一样；也就是说，正如在后一种情况下只有国家才能下命令那样，现在只有社会才拥有财产。”①。社会自由主义者认为，光是摆脱“主人”的自由还是不够的，因为还存在贫富的差别，还仍然不平等。因此，让我们取消个人财产，使任何人都不再拥有什么东西，使每个人都成为穷光蛋。让财产成为非个人的东西，使财产属于社会。这样，在那最高的所有者面前，我们大家都一律平等，因为大家都是一无所有的穷光蛋。施蒂纳污蔑说，共产主义社会的集合体就是“一群穷光蛋”，胡说什么做穷光蛋就是无产阶级的理想。他指责共产主义是“为了‘人类’的利益而对‘个人’进行的第二次掠夺。个人既没有下命令之权，又没有财产；国家夺走了前者，社会夺去了后者”②。他说，在共产主义社会里，人的尊严就在于他们“为彼此而生存”，彼此互相服务，为彼此而劳动。每一个人都只通过别人而生存，别人关心我的需求，他的需求也由我来满足，例如他(裁缝)为我的衣服而劳动，我(喜剧作家)为他的娱乐需要而劳动，如此等等。因此，“构成我们的尊严和

① 施蒂纳：《唯一者及其所有物》，第123—124页。

② 同上书，第125页。

我们的平等的是劳动”[①]。在这样的社会制度下，一切为“公共利益”工作的劳动者，即共产主义劳动者，都是平等的，因而工资也是平等的。施蒂纳攻击共产主义者是“两副面孔”，一方面宣布自由活动是人的本质，另一方面则又教人相信劳动是人的命运和天职，因此共产主义者只在星期日才把你当作人和兄弟，而在其他工作日则只把你当作劳动人手[②]。他叫嚣这就使个人变成了社会的奴隶，而社会则成为一个“新的主人”、“新的鬼”、“新的最高的存在”。

根据一位施蒂纳的研究者卡罗尔的看法，施蒂纳在这里所批判的共产主义主要指的是魏特林的学说[③]。魏特林的共产主义确实是粗糙的、幼稚的，并带有空想的性质。但是，施蒂纳攻击的主要不是魏特林关于平等的空想，而是共产主义的根本原则，即废除私有制。正是在这一点上，他彻底暴露了自己顽固地站在小资产者立场上维护私有财产的真面目。对于把自己鼻子底下的一点私有财产看作命根子的小资产者来说，代表大资本利益的资产阶级国家固然不好，但主张根本消除私有制的共产主义革命则无疑地更危险得多。施蒂纳反共产主义的胡言乱语正是小资产者的这种恐惧情绪的反映。

“自由人”这一节的最后一部分是对人道自由主义的批判，施蒂纳在这里批判了费尔巴哈和鲍威尔对“人”的神化。人道自由主义既反对资产阶级意识，也不赞成无产阶级意识，认为二者都过于狭隘，而要求解放普遍的人性。人道自由主义者用所谓“人的”劳动去同共产主义者的社会有用劳动相对立。在他们看来，共产主义者只为他自己劳

---

① 施蒂纳：《唯一者及其所有物》，第 126 页。

② 同上书，第 129 页。

③ 卡罗尔编：《施蒂纳：唯一者及其所有物》，1971 年英文版，第 100 页注。

动，他的劳动不是自由的，而是出于必要；“人的”劳动则是自觉的劳动，是“人的自我显示”，这种劳动者既不是为自己，也不是为别的个人而劳动，他是为人类和人类的进步而劳动的①。施蒂纳认为，人道自由主义的这种观点完全是没有根据的空谈，一个人总是为了他自己、为满足他的需要而劳动，虽然他同时也对别人、对子孙后代有用，但这并不使他的劳动失去利己主义的性质。他说，人们一般以为艺术是表现普遍性的，你说你是在显示“人”，但你所显示的“人”就是你，你只是显示你自己。“并不是人造成你的伟大，而是你创造你的伟大，因为你是比人更高、比其他人更强有力的东西。人们以为一个人不可能是高于人的东西。毋宁说，一个人不可能是低于人的东西！”②一句话，施蒂纳用个人去对抗抽象的、普遍的“人”。他认为人道自由主义者的错误就在于使“人”变成了个人的主人，而实际上个人却是至高无上的。用他的话来说，自我在每一时刻都在设定自己和创造自己，自我既是创造者又是被创造物。③

（四）施蒂纳的“我”

《唯一者及其所有物》的第二部分“我”是论述施蒂纳所推崇备至的“唯一者”的产生和发展的，在这里指出了自我获得真正解放的道路。就其内容来说，这一部分在很多方面是前一部分的复述，只是换了另一种方式而已。

施蒂纳形象地指出，在现时代的进口处站着“上帝一人”，仅仅上帝死了，“上帝一人”还是死不了的。在我们的时代，把启蒙运动的工

① 施蒂纳：《唯一者及其所有物》，第 139 页。

② 同上书，第 141 页。

③ 同上书，第 160 页。

作进行到胜利的结局使上帝消失了，但却没有注意到“人”杀死了上帝只是为了他自己现在成为“独一无二的上帝”。上帝不得不让了位，但不是让位给我们，而是让位给“人”。因此，不仅上帝死了，而且“人”也要死了，“上帝一人”才会死去①。“上帝死了”的提法曾见于黑格尔的《精神现象学》，施蒂纳则赋予这一提法以新的意义，并且和“人死了”相结合，为他的极端虚无主义的利己主义者，即所谓“唯一者”鸣锣开道。后来尼采也侈谈“上帝死了”，这和施蒂纳是一脉相承的。

过去西方思想家们一般都标榜自由，特别是在德国古典哲学中，自由始终是人们努力追求的目标和理想。相反，施蒂纳则提出所谓“自有”②的概念来同自由的概念相对立。在他看来，自由是没有内容的空洞的东西，它是基督教的学说。尽管全世界都希望自由，所有人都渴慕自由王国的到来，自由仍然只是一个可爱的梦。所谓自由永远不过是摆脱某种东西的自由，可是一个人虽然能够摆脱许多东西，却永远不可能摆脱一切的东西而得到自由。换言之，自由的渴望是永远不可能满足的，甚至我们越是自由，就越是意识到自己受到新的束缚。所以说，只有在梦的王国里才有自由。但是，如果自由不能带给我们任何东西，那么自由对我们又有什么用呢？“自有”则正好相反，它是我的整个存在，它就是我自己。我是我的权力所能支配的或我所控制的东西的所有者，在任何时候和任何情况下，我都是我自己的所有物。施蒂纳说：“我并不反对自由，但我希望你能得到比自由更多的东西：你不应该仅仅摆脱你不想要的东西；你不应该仅仅是一个

---

① 施蒂纳：《唯一者及其所有物》，第162页。

② “自有”(Eigenheit)是施蒂纳独创的一个概念，在德语字典上，Eigenheit并没有他所赋予的那种独特的含义。施蒂纳用的这个概念很难译成中文，姑译为“自有”。

'自由人'，你还应该是一个'所有者'。"[①]几千年的文明使你看不清你自己究竟是什么，使你相信自己不是利己主义者，而是所谓的理想主义者("好人")。施蒂纳声嘶力竭地叫道，抛弃这种看法吧！不要去寻求什么自由，自由只是使你失去你自己，使你"自我否定"。还是去寻求你自己，成为利己主义者，使你们每一个人都成为"全能的自我"吧！

从这种个人主义的占有欲出发，施蒂纳必然会合乎逻辑地走向权力崇拜。照他的说法，只有当一个人有权力的时候，他的自由才是完全的。为什么人民的自由只是一句"空话"呢？就因为人民没有权力。"权力是一件好东西，可用来达到许多目的；因为'一个人掌握了少量的权力也比拥有满口袋的公理走得更远'。你渴望自由吗？你这个傻瓜！如果你有了权力，自由自然就会来到的。"[②]这种"强权即公理"的思想当然不是什么创新，而是自从马基雅弗利(或更早从古希腊时代)以来就存在于西方政治哲学中的，不过施蒂纳使这种权力崇拜更富有强烈的个人主义色彩，请听他是怎样说的："我的权力就是我的财产。我的权力给予我财产。我自己就是我的权力，通过我的权力，我就是我的财产。"[③]总之，对个人来说，权力就是一切，没有权力，也就一无所有。施蒂纳就是这样的一个个人权力迷。

由于施蒂纳把个人权力奉为至高无上的东西，所以他根本不承认什么权利、正义和道德。他认为生而俱来的、永恒的、不可让渡的权利是不存在的，一个人有什么样的权力，才有什么样的权利。因此，

① 施蒂纳：《唯一者及其所有物》，第164页。
② 同上书，第175页。
③ 同上书，第197页。

“我的一切权利和一切权威都来自我自己；我有权利去做我有权力去做的一切。如果我能够，我就有权利去推翻宙斯、耶和华、上帝等等”①。施蒂纳心目中的个人完全不受法律的束缚，也不顾任何道德准则，他只遵循自己的意愿和利益行事，能用武力去获取就用武力获取，而不能用武力去获取也就没有权利去获取。世界上没有什么神圣不可侵犯的东西，“凡是神圣的东西都是束缚和桎梏”②，在施蒂纳看来都属于该打倒之列。甚至真理也没有绝对的价值，它只是一种思想，只存在于我的头脑里，因此一切真理的意义和价值完全看它对我的关系如何。“只要你相信真理，你就不相信你自己，而你就是一个仆人、一个信宗教的人。只有你才是真理，或者毋宁说，你比真理更高，在你面前真理只等于零。”真理的价值不在于它本身，而在于我，也就是说，真理本身是毫无价值的，它只是人的创造物③。所以施蒂纳嘲笑那些探求真理的人，在他看来，真理从来也没有赢得胜利，它永远只是我用来取得胜利的手段。真理本身是死的，是空洞的言辞，它只是我能够加以利用的材料而已。就这一点而论，施蒂纳的真理观散发出浓厚的实用主义的气味。

施蒂纳心目中的个人既不讲道德，也不相信真理，只为了自己的利益而斗争，而决不为那些和自己毫不相干的东西比如上帝、真理、法律、自由、人道等操心。他认为，只有这样的赤裸裸的利己主义者，才是真正从各种固定观念的束缚下解放出来的个人。一切他认为妨碍利己主义的个人发展的东西，如国家、人民、社会等等，都统统

① 施蒂纳：《唯一者及其所有物》，第193页。

② 同上书，第225页。

③ 同上书，第372—374页。

遭到他无情的攻击。按他的说法，国家和个人自己的意志是绝对不相容的，国家不能容许任何人有自己的意志，而要求大家奴隶般地服从于国家的意志。因此，“每个国家都是一种专制，不管专制君主是一个人或许多人”。国家的最高权力是反对个人及其“自我意志”的，它使用暴力，名之曰“法律”，但却不准个人使用暴力，说这是“犯罪”①。所以施蒂纳不遗余力地反对任何形式的国家权力。所谓人民也同样与个人相对立。他说，自由主义者主张人民的自由，可是“人民的自由并不是我的自由”。人民的自由往往是靠牺牲个人的自由而建立起来的，人民越是自由，个人就越是受束缚。雅典人民正是在最自由的时期创造了贝壳流放，驱逐了无神论者，并毒死了最诚实的思想家(指苏格拉底)②。至于社会，它也是强加于个人的，施蒂纳直率地把它比作“监狱”。社会并不是由你和我所建立，而是由第三种因素预先为我们创造好的，因此社会有其独立的地位，与我们这些利己主义者处于不可调和的对立状态。施蒂纳指出，今日世界的战斗就是针对这种“已经建立起来的东西”③。

那么，怎样才能摆脱国家、社会这些“已经建立起来的东西”呢？施蒂纳认为，这不能通过社会革命，而只能通过个人的反抗。这种个人反抗始终是一种思想的批判和斗争，就是用根本否定国家、社会等的全部价值的办法把自己从错误观念的束缚下解放出来。只有当人们真正“从自己出发”成为“唯一者”的时候，他们才能按照自己的真实面貌彼此进行交往。那时取代国家和社会的将是利己主义者的自由联

① 施蒂纳：《唯一者及其所有物》，第204—205页。

② 同上书，第223页。

③ 同上书，第227、233页。

盟，这样的联盟是我自己的创造物，所以参加联盟完全可以由我自己决定。这样，在消除了对个人的一切束缚以后，"唯一者"就可以为所欲为地生活了。

《唯一者及其所有物》一书尽管以否定一切的气势汹汹的姿态出现，最后得出的结论却是这样的可怜和渺小。因此，在它结尾时喋喋不休地重复的关于个人的"唯一性"的高调，也终究只是空话而已。施蒂纳是当时德国小资产阶级的思想代表，小资产者在反抗资本主义的压迫时，有时可以表现得很狂热，但本质上却是非常虚弱的。他们耽于脱离实际的思想，而根本不理解革命的社会实践的意义。像施蒂纳那样企图用思想批判和个人反抗的办法去求得个人解放，当然完全是不可能实现的空想，这也伤不了资本主义制度的一根毫毛。所以马克思和恩格斯把施蒂纳叫作"最大的保守主义者"。他们一针见血地指出，在施蒂纳那里，"唯一性永远只不过是对现存关系的粉饰，对陷于贫困中的可怜的无能的灵魂的一点安慰"①。这是对《唯一者及其所有物》一书的公正的政治判决。

四、施蒂纳对后世的影响

在施蒂纳逝世时，他的著作差不多已经丧失了社会影响。直到1882年维干德出版《唯一者及其所有物》一书第二版，该书的销路仍然很差。只是到了20世纪90年代，施蒂纳才重新引起了人们的注意。

1892年，大名鼎鼎的柏林交响乐团指挥汉斯·冯·布洛在离任前的告别音乐会(演奏了贝多芬的"英雄"交响曲)上的演说中，高度赞

① 《德意志意识形态》，见《马克思恩格斯全集》第3卷，第517页。

扬了“不幸地在生前不为人所周知而死后又被后人遗忘了的一位德国哲学家”麦克斯·施蒂纳。这标志着德国知识界的精英再度对施蒂纳发生兴趣的开始，而且这一次并不局限于德国，施蒂纳的思想影响还扩展到其他欧美国家。至20世纪初，《唯一者及其所有物》一书先后被译成法文、西班牙文、意大利文、丹麦文、俄文和英文出版，风行一时，无怪乎有人把这种现象称之为施蒂纳的“复活”。

为什么已经被历史无情地淘汰了的施蒂纳思想又能卷土重来呢？这必须从19世纪末资本主义向帝国主义阶段演变所形成的新的历史条件去求得解释。资本主义社会矛盾的加深，无产阶级和资本家阶级的斗争的尖锐化，使西方社会发生了严重的精神危机，作为这种危机的反映，尼采哲学便应运而生，并日益成为时髦品。另一方面，随着工人运动的蓬勃发展，马克思主义逐渐取得了领导地位，但是混在工人运动内部的小资产阶级分子打着无政府主义的旗号疯狂反对马克思主义，妄图夺取革命的领导权。无政府主义思潮一度泛滥成灾，像瘟疫似地迅速蔓延。尼采哲学和无政府主义思潮的兴起，促使人们去寻找它们的思想源头，于是就自然地把施蒂纳重新挖掘了出来。

关于施蒂纳对尼采的思想影响，这是一个值得研究的题目。早在20世纪末，劳特巴赫就在《唯一者及其所有物》一书1892年版序言中把尼采称为施蒂纳的“伟大继承者”。实际上，这也是大多数施蒂纳研究者的看法，他们都认为施蒂纳是尼采的思想前驱。例如，卡鲁斯指出，施蒂纳的《唯一者及其所有物》和尼采哲学有着许多相似之处，“当施蒂纳被人遗忘时，被移植到《查拉图斯特拉如是说》的作者著作里的同样的思想，却先在德国，随后不久又在全世界得到了共鸣”①。

① 见卡鲁斯：《麦克斯·施蒂纳——尼采的前驱》。

当代西方另一位著名的学者洛维特也说："施蒂纳常常被人拿来和尼采做比较，以至于断定施蒂纳是尼采获取他的武器的'思想武库'。"①应该说，这种看法是有道理的。在这两个德国思想家之间确实有不少类似的共同点，如以个人为中心的主观唯心主义的世界观，反对一切现存价值观念的虚无主义，否定善恶标准的非道德论，主张"上帝死了"的反基督教思想，权力崇拜，非理性主义等等。施蒂纳的"利己主义者"在某种程度上确实也可以说是尼采式的"超人"的雏形。有一个法国的研究者这样认为："如果说尼采是不妥协的个人主义的诗人和音乐家，那么施蒂纳就是这种个人主义的哲学家。"②

但是，施蒂纳究竟对尼采哲学的形成起了什么直接的作用，却仍然是有争议的，因为尼采的研究者虽然费尽力气也找不到尼采阅读过《唯一者及其所有物》一书的直接证据。尼采在巴塞尔大学任教授时曾向他的得意门生鲍姆加特纳介绍施蒂纳的这部著作，但他自己却没有从大学图书馆借过这本书③。根据加斯特的查证，尼采无论在已出版的许多著作或未出版的笔记和手稿中，都从未提到过施蒂纳的名字。有人认为，尼采是故意不提施蒂纳，以保持他自己思想的"独创性"。也有人估计尼采只是通过第二手材料(朗格的《唯物主义史》)去了解施蒂纳的思想④。由于没有可靠的材料可供人们做出结论，这个问题还是留待专家们去继续探讨吧。

至于施蒂纳和无政府主义的关系，一般都承认他在理论上为无政

① 见洛维特：《从黑格尔到尼采》。

② 见巴希：《无政府主义的个人主义》。

③ 见列维：《施蒂纳和尼采》，巴黎，1904 年版。

④ 派特逊：《虚无主义的利己主义者麦克斯·施蒂纳》，1971 年英文版，第 149 页。

府主义奠定了基础。普列汉诺夫说，“施蒂纳有十分充分的权利取得无政府主义理论始祖的尊号”，因为他第一个叙述了无政府主义理论。他还指出，施蒂纳敢于把个人主义理论发挥到极度，是“最彻底的无政府主义者”，同他相比，克鲁泡特金和蒲鲁东之流不过是“迂腐的庸夫俗子”而已①。现代的一位无政府主义的研究者阿尔冯也认为，施蒂纳是“无政府主义的最有独创性和最彻底的思想家”②。尤其应该注意到，施蒂纳不仅在理论上，而且也在实践上对无政府主义运动发生了影响。早在19世纪末期，著名的美国无政府主义者特克尔就在《自由》周刊上鼓吹施蒂纳思想，并推行一条强烈地带有施蒂纳色彩的政治路线。在第一次世界大战前，施蒂纳思想在当时“无政府主义的民族主义”的中心之一，即萨拉热窝学派中也有很大影响。当然，由于无政府主义内部有各种不同的派别，因此施蒂纳的某些观点并不为所有的无政府主义者所接受。但重要的是，表现无政府主义思想本质的一些基本观点如否定一切外在的权威、反对任何国家和政府、主张个人至上等等，恰恰都可以在施蒂纳那里找到来源。这就足以说明他在无政府主义思潮中的历史地位了。

施蒂纳对现代资产阶级思想的影响也不容忽视。这主要表现在施蒂纳和存在主义哲学的亲缘关系上。许多研究者认为，存在主义，特别是无神的存在主义的思想渊源之一，就是施蒂纳学说。例如，约尔指出，施蒂纳的极端个人主义“是一种和晚近的存在主义的某些形式非常接近的学说”③，而伍德柯克则进一步断定说，施蒂纳“否认一切

① 普列汉诺夫：《无政府主义和社会主义》，三联书店，第28、38页。

② 阿尔冯：《无政府主义》，巴黎，1951年版，第39页。

③ 约尔：《无政府主义者》，伦敦，1964年版，第172页。

自然律和共同人性”，使他接近于虚无主义和存在主义。还有一些人如布勃尔和洛维特，把施蒂纳和丹麦哲学家克尔凯郭尔作比较，认为他们两人都是存在主义哲学的前驱。事实上，存在主义哲学家们，无论海德格尔或萨特，都从施蒂纳那里吸收了思想营养，正如某一个研究者所说，萨特的存在主义者、海德格尔的“真正的个人”和施蒂纳的“唯一者”所居住的本质上是同一个世界，而《唯一者及其所有物》一书在方法论和结构方面都明显地和《有和时间》、《有与无》属于同一个哲学血统①。另一个所谓无神的存在主义者加缪，则在名噪一时的《反叛的人》一书中用专门的一节去论述施蒂纳的“唯一者”。在他看来，施蒂纳和尼采是近代“形而上学的反叛者”中间的最高人物，施蒂纳像尼采一样，毫不畏缩地把他的无神论带进伦理学的领域，把道德当作“必须加以摧毁的上帝的最后的一面”，正是施蒂纳的“唯一者”把虚无主义引向了它的逻辑的结论，消灭了一切偶像和对永恒观念的信仰②。总之，存在主义思想在许多方面是和施蒂纳息息相通的，拆穿了说，存在主义的最重要的命题：“存在先于本质”，也只是施蒂纳的“自我先于本质”的思想的翻版罢了。

最后，应当指出，施蒂纳的影响不限于哲学界，他在西方文艺界也有不少追随者。在无政府主义思想一度盛行的法国，一些文化界的名人，如象征派诗人马拉美和瓦雷里，印象派画家毕沙罗等等，都曾经在不同程度上受过这种思想的感染。在施蒂纳的祖国德国，他的传记作者马凯本人就是一位有些名气的小说家和诗人，而马凯是以施蒂纳的崇拜者著称的。另一个突出的例子是德国达达派画家麦克斯·恩

① 派特逊：《虚无主义的利己主义者麦克斯·施蒂纳》，第185—186页。

② 加缪：《反叛的人》，1956年英译本，第62页。

斯特，他从青年时代起就深受施蒂纳的影响。在美学和文艺理论方面，英国当代著名学者赫伯特·里德也很喜欢谈论施蒂纳，他自己承认他年轻时读过而永远不忘的一本书就是《唯一者及其所有物》。

因此，我们今天批判地研究施蒂纳不仅有哲学史的意义，而且也有现实的意义。

（写于 1983 年，原载汝信《西方的哲学和美学》）

论 韩 非

韩非是先秦法家最大的代表人物，也是我国古代哲学史上的一位卓越的唯物主义思想家。他继承了古代唯物主义哲学的传统，在自然观、认识论等方面把唯物主义哲学发展到新的高度。但是，在韩非的学说中，最重要的还是他的政治哲学，他所积极倡导的封建君主专制主义理论，对以后两千多年的中国政治产生了极其深远的有害影响。

一、韩非的生平和著作

关于韩非的生平和活动，留传下来的历史记载很少。我们今天所知道的有关这方面的材料，主要来自《史记》中的《老子韩非列传》。此外，在《史记》的《秦始皇本纪》、《韩世家》、《六国表》，《战国策》的《秦策》，以及《论衡》的《祸虚篇》和《案书篇》中，对韩非的事迹也有所涉及。但是，对韩非的政治活动的某些情况，现在还是不清楚的。

韩非大约生于公元前280年（周赧王三十五年）。根据司马迁的说法，他出身于贵族世家，是韩国的公子。他和后来在秦国飞黄腾达的李斯都做过荀况的学生。他有些口吃，不大善于讲话，但很会写文章，连李斯也承认自己比不上他。

韩非生活在战国时代末期。当时的韩国在战争中屡遭失败，丧师失地，在强敌秦国的武力威胁下面临着亡国的严重危机。为了救亡图存，韩非曾上书韩王，坚决主张变法。但他的建议未被采纳，只得退而著书来阐明他的思想观点。关于他在韩国的政治活动和著述活动，《史记·老子韩非列传》中有这样一段记载：

> 非见韩之削弱，数以书谏韩王，韩王不能用。于是韩非疾治国不务修明其法制，执势以御其臣下，富国强兵而以求人任贤，反举浮淫之蠹而加之于功实之上。以为儒者用文乱法，而侠者以武犯禁。宽则宠名誉之人，急则用介胄之士。今者所养非所用，所用非所养。悲廉直不容于邪枉之臣，观往者得失之变，故作《孤愤》、《五蠹》、《内外储》、《说林》、《说难》十余万言。

从上面这段记载可以看出，韩非对当时韩国的现实政治颇为不满，要求用法家的主张来进行改革。他倡议变法的态度是坚决的，甚至甘冒政治风险。根据《韩非·问田》篇(以下凡引此书只注篇名)的说法①，韩非在韩国鼓吹法家学说时，他的一个老前辈堂谿公曾劝他要小心保全自己："臣闻服礼辞让，全之术也；修行退智，遂之道也。今先生立法术，设度数，臣窃以为危于身而殆于躯。何以效之?"堂谿

① 《问田》篇中的这段记载是否为韩非所作，历来有人表示怀疑。堂谿公是韩昭侯时人，比韩非早得多，但韩非死于韩王安六年，上距昭侯之卒100年，据此推算，老年堂谿公与青年韩非的会见亦并非绝对不可能。问题是文中辞气不似战国人，堂谿公对自己和韩非的称呼也不大符合两人的身份。我们认为，要否定这次会见是缺乏足够根据的，但这段记载很可能出于后人之手。

公还用吴起、商鞅惨遭杀身之祸的例子警告他，希望他免蹈这些法家人物的覆辙。韩非则回答说，他所以要“废先王之教”，“立法术，设度数”，是为了“利民萌，便众庶”，如果为了个人的安危，明哲保身，那是贪鄙的行为。因而他拒绝了堂谿公的劝告。

韩非的主张未被本国统治者所接受，却得到了秦王政(后来的秦始皇)的赏识。秦王政读了韩非的《孤愤》、《五蠹》等著作，大为钦佩，感叹说：“寡人得见此人与之游，死不恨矣!”秦王政于公元前233年进攻韩国，本来不得重用的韩非，此时被韩王派遣出使秦国。韩非到了秦国，秦王政很高兴，但还没有任用他。这时秦国的大臣李斯和姚贾就在秦王面前说韩非的坏话，韩非因而被关进监狱，不久就在狱中服毒自杀，而派人送毒药给他的就是他的老同学李斯。

关于韩非之死的原因，《史记》和《战国策》的说法有所不同。《史记·老子韩非列传》说：

> 李斯、姚贾害之，毁之曰：“韩非，韩之诸公子也。今王欲并诸侯，非终为韩不为秦，此人之情也。今王不用，久留而归之，此自遗患也，不如以过法诛之。”秦王以为然，下吏治非。

而《战国策》则记载说：秦王封姚贾千户，以为上卿，韩非表示不满说，姚贾是“梁监门子，尝盗于梁，臣于赵而逐。取世监门子，梁之大盗，赵之逐臣，与同知社稷之计，非所以励群臣也”。秦王召姚贾询问，姚贾并不否认自己的出身经历，但表示效忠，希望秦王不要听信谗言，于是秦王信任姚贾而杀了韩非①。这两种说法虽然不同，却

① 《战国策·秦策》。

并不矛盾。前者强调的是政治原因，后者强调的是个人原因。其实，李斯、姚贾合谋要清除韩非，既有政治原因，又有个人原因。李斯是主张先消灭韩国然后再进攻其他国家的①，而韩非入秦后则向秦王提出了"存韩"的建议。李斯为了使秦王接受他自己的主张，就需要排除韩非的影响。除此以外，在李斯、姚贾看来，韩非无疑是一个潜在的权位竞争者，是对他们个人利益的一种威胁，因此也有必要在肉体上消灭韩非。所以，我们可以说，韩非是当时秦国政治斗争和统治集团内部钩心斗角的牺牲者。

对于韩非之死，李斯、姚贾应负严重的责任，这是没有问题的。但有些人却过分地夸大了他们的罪责，而放过了杀害韩非的主要罪人秦王政②。秦王对韩非学说的倾倒，并不能消除他对韩非的怀疑和不信任，因为韩王曾找韩非商量如何削弱秦国，所以在秦王政看来韩非在政治上是不可靠的。另外，正当秦向韩进攻时，韩王突然把平时不得重用的韩非派来，也不能不引起怀疑。在秦王政看来，对韩非这样一个有才华而又危险的人，最好的处置办法自然是找个罪名把他囚禁起来，或是把他消灭。据司马迁说，后来秦王后悔了，派人赦免韩非，而韩非已经被害。但秦王政既没有为韩非平反，也没有追究李斯、姚贾诬陷韩非的罪责，可见囚禁韩非是出于他的本意。尉缭说得好，秦王政为人"少恩而虎狼心……诚使秦王得志于天下，天下皆为虏矣"③。秦王政需要的是能实现他的统治野心的工具，不能充当他的这种工具的人，不论有多大学问，也没有什么存在的价值。韩非以

① 《史记·秦始皇本纪》。

② 例如王充认为，"李斯妒同才，幽杀韩非于秦"(《论衡·祸虚》)。

③ 《史记·秦始皇本纪·十年》。

为，只要不婴人主的逆鳞就可平安无事，他没有料到，碰上秦王政那样的人，即使不犯他的逆鳞，也难免杀身之祸。韩非死后，秦王政应用他的理论，一统天下，建立了我国历史上第一个强大的中央集权封建专制国家。杀其人而用其学说，这倒也是符合这个统治者的性格的。

韩非的著作收集在《韩非子》一书中。据《汉书·艺文志》载："韩子五十五篇"，今本《韩非子》也正好五十五篇。在先秦的哲学古籍中，韩非的著作是窜乱得比较少的，但也存在不少问题。在现存的五十五篇中，有几篇据考证不是韩非的著作，有几篇可能是其他法家的著作被编入韩子书的。有的似乎是后人纂集《韩非子》书各篇的语句，略加增减修改而凑合成篇的，有的究竟是否出于韩非手笔仍有争论（如《初见秦》），有的则真伪混杂。但总的说来，《韩非子》一书大部分出于韩非之手是可以肯定的。韩非的主要代表作有：《五蠹》、《六反》、《显学》、《扬权》、《孤愤》、《说难》、《饰邪》、《亡征》、《南面》、《解老》、《喻老》等篇。

韩非的学说，从根本上来说，是他所处的时代的产物，是当时新兴封建地主阶级的经济和政治要求在思想上的反映。但是，韩非思想的最终形成，也是和他以前的某些思想家的影响分不开的。一般说来，在哲学宇宙观和方法论方面，对韩非影响最大的是老聃的道家思想和儒家的荀况学派；而在社会政治思想方面，对他影响较大的还有前期法家（如商鞅、申不害、慎到）的理论和实践。司马迁说，韩非"喜刑名法术之学，而其归本于黄老"①，这大致上是符合事实的。下面我们结合韩非的思想渊源，对他的学说作一简要的论述。

---

① 《史记·老子韩非列传》。

二、韩非的唯物主义自然观

在自然观方面，韩非从老聃的“道法自然”的思想出发，而对老聃学说做了唯物的改造，他的《解老》和《喻老》，是对《老子》的最早的注解。他还继承和发展了荀况的唯物主义和无神论思想，对唯心主义的天命论进行了批判。

老聃的“道法自然”的思想，是对神学目的论的否定，因为他不承认世界之上有一个有意志的神秘的主宰。就这一点而论，老聃思想中有其合理的因素。但是，老聃所说的“道”不是物质实体，而是比原初的物质更原始的、先于物质存在的绝对精神之类的东西。在他看来，“道”是“万物之宗”，也就是说，“道”是第一性的，是物质世界的创造主，而世界万物则是从“道”中派生出来的，尽管“道”生育万物时是无意志、无目的、自然而然的。韩非吸收了老聃思想中的合理因素，并对其“道”做了唯物主义的解释。他说：“道者万物之始，是非之纪也。”[①]又说：“道者万物之所然也”，“道者万物之所以成也。”[②]他虽然也把“道”看作世界万物之始，把“道”当作使万物所然、万物所以成的始因，但他所理解的“道”却不是精神性的东西，而是物质的自然本身。“道”并非存在于自然界万物之外，而是与万物俱存，体现在万物之中。韩非指出，“道”这个东西，“天得之以高，地得之以藏，维斗得之以成其威，日月得之以恒其光，五常得之以常其位，列星得之以端其行，四时得之以御其变气……而功成天地，和化雷霆，宇内之

① 《主道》。
② 《解老》。

物，恃之以成”。[①] 有一种看法认为，韩非所说的“道”，实际上就是古代唯物主义者所说的气或精气。这是有一定道理的。因为照韩非的说法，“道”是宏大而无形的，“至于群生，斟酌用之。万物皆盛，而不与其宁”。[②] 每个事物都占有一部分“道”，“道”使万物自然生成，它本身是广大无边，弥漫一切，而又没有具体的形象。“道”不同于万物，却又是万物统一的基础，可见它是万物赖以产生的物质性的实体。

韩非有时把“道”解释为构成万物的物质实体，有时又把“道”看作自然界的最一般的规律、一切事物的总规律。这也是他对老聃学说的新解释和唯物主义的改造。除了“道”以外，韩非还把“理”作为一个重要的哲学范畴而提出，并且论证了“道”和“理”的关系。他认为，世界万物都服从于“道”这个一般规律，但各种不同的事物又有其各自的特殊规律，这就是“理”。“道”是“理”的依据，二者之间的关系，也就是一般的普遍规律和各种特殊规律的关系。不同的事物由于各自有其特殊的“理”，因而彼此互相有区别，不能相混淆，但是万物虽有不同的“理”，却又共同体现了普遍的“道”，“道”包含概括了万物的“理”。所以韩非说：“万物各异理，而道尽稽万物之理。”[③]

韩非关于“道”和“理”的论述，体现了自然界发展的规律性的思想。特别应该指出，在他看来，这些规律并不是永恒不变的，而是存在于事物中，随着事物的不断变化而变化的。所谓“不得不化，故无常操”[④]，就是这个意思。因此，他的看法不仅是唯物的，而且带有

① 《解老》。

② 《扬权》。

③ 《解老》。

④ 《解老》。

朴素的辩证法的倾向。这种朴素的辩证法，也是他从老聃哲学继承得来的。

在人和自然界的关系问题上，韩非坚持了他的老师荀况的唯物主义立场，认为自然界的客观存在是不依人的主观意志为转移的，自然界是按照它自身的规律而运动的。荀况说过："天行有常，不为尧存，不为桀亡"，"天不为人之恶寒也辍冬，地不为人之恶远也辍广"。[①]意思就是说，自然界有其自己的客观规律，并不受人们意志的支配。韩非继承了荀况的这一思想，充分承认自然界、物质世界独立于人们的意识而存在。他认为，天地按自己的客观规律运行，对谁都一样，并不分什么亲疏。"若地若天，孰疏孰亲?"[②]如果不按时耕作，不管有多大本领，也不可能在冬天取得收获。"非天时，虽十尧不能冬生一穗。"[③]由此可见，韩非在肯定物质自然界的第一性方面，态度是十分鲜明的。

韩非虽然强调自然规律独立于人们的意志而存在，但并不赞成在自然规律面前采取无所作为的消极态度。他有时也讲"无为"、"静退"，"不敢为天下先"，但他的解释显然和老聃哲学不同。在这方面，荀况主张发挥人的主观能动性、"制天命而用之"的思想，对他具有深刻的影响。在韩非看来，人固然不能违反自然规律而轻举妄动，但只要认识自然界的性质，按客观规律办事，因势利导，发挥人的主观能动作用，就能取得成功。他说："万物莫不有规矩"，"圣人尽随于万物之规矩"，意思就是说人必须遵守客观规律，使主观服从于客观。

---

① 《荀子·天论》。

② 《扬权》。

③ 《功名》。

所以人们的行动能否取得成功，取决于认识规律和利用规律。“夫缘道理以从事者，无不能成……夫弃道理而妄举动者，虽上有天子诸侯之势尊，而下有猗顿、陶朱、卜祝之富，犹失其民人而亡其财资也。”不懂得客观规律，又不肯学习和请教别人，就会遭到失败。“今众人之所以欲成功而反为败者，生于不知道理，而不肯问知而听能。”①作为新兴地主阶级的思想代表，韩非和荀况一样，主张对自然界和社会进行积极的改造。他说：“夫必恃自直之箭，百世无矢；恃自圜之木，千世无轮矣。自直之箭、自圜之木，百世无有一，然而世皆乘车射禽者何也？隐栝之道用也。”②可见，一切听任自然生成是不行的，人必须发挥能动性，利用工具去改造自然，使之为人们服务。他的这种看法充分表现了处于上升时期的新兴地主阶级在改造自然和发展生产方面的朝气和信心。

从唯物主义的自然观出发，韩非对当时流行的宗教迷信思想进行了尖锐的批判。在这方面他也继承和发展了荀况的无神论思想。自古以来，奴隶主统治阶级中间就盛行着宗教迷信。国家遇到重大事件，都要占卜问鬼神，决定吉凶，然后再定大政方针。韩非列举了历史上的许多事例，证明这些宗教迷信完全是骗人的鬼话。例如，有一次燕国和赵国双方交战前都各自凿乌龟壳求神问卜，双方占卜的结果，卜兆都说是“大吉”，而战争的结局则是赵国取胜，燕国战败。赵国与秦国交战之前，也进行过占卜，结果也是“大吉”，但在这次战争中赵国却被秦国打得大败，地削兵辱。韩非指出，在前一次战争中，并不是赵国的神龟灵验而燕国的神龟骗人，在后一次战争中，也不是秦国的

---

① 《解老》。

② 《显学》。

神龟灵验而赵国的神龟骗人。问题不在于哪一国的乌龟灵验或不灵验，因为用来占卜的龟根本决定不了战争胜败的国家大事。用龟壳问卜是欺骗，占星术也同样是欺骗。韩非以魏国的几次战争为例，戳穿了占星术的骗局。占星术胡说什么某些星象的出现可以决定战争的胜败。但是魏国前几年进行的战争取得了胜利，后几年进行的战争却遭到了失败，丧失了国土，可见天上星宿的方位，决定不了国家的盛衰安危。所以韩非说："龟筴鬼神，不足举胜；左右背乡，不足以专战。然而恃之，愚莫大焉。"①

韩非认为，决定国家命运的是人，而不是鬼神。"越王勾践恃大朋之龟，与吴战而不胜，身臣入宦于吴；反国弃龟，明法亲民以报吴，则夫差为擒。故恃鬼神者慢于法，恃诸侯者危其国。"②总之，事在人为，不从政治制度上去努力改革，不把国家治理得富强，就不能在战争中取胜。不相信人的作用，求神问卜，搞宗教迷信，是亡国之道。"用时日，事鬼神，信卜筮，而好祭祀者，可亡也。"③应该说，韩非对宗教迷信的危害性是揭露得比较深刻的。

韩非还试图从无神论的立场去解释产生宗教迷信思想的原因。他指出："人处疾则贵医，有祸则畏鬼。圣人在上则民少欲，民少欲则血气治而举动理，举动理则少祸害。夫内无痤疽瘅痔之害，而外无刑罚法诛之祸者，其轻恬鬼也甚。"④人们有病才求医，遇到灾难就信鬼神，所以宗教迷信盛行是有客观原因的。只要身体健康，免于疾病，生活安定，政治清明，赏罚公平，人们不会遭到无妄之灾，也就不会

① 《饰邪》。
② 《饰邪》。
③ 《亡征》。
④ 《解老》。

轻信鬼神了。韩非的这种看法接触到了产生宗教迷信的社会根源，这一努力方向是应该肯定的。当然，由于剥削阶级的局限性，他不可能揭示出宗教迷信的阶级根源，看不到在阶级社会里宗教迷信是剥削阶级用来统治劳动人民的精神鸦片，因此也就不可能正确地阐明宗教迷信思想的产生。同时，由于当时科学水平的限制，韩非还不能科学地说明精神的作用和精神与肉体的相互关系，因此就给灵魂不死说留下了后路。他并不否认有所谓“鬼”的存在，只是认为在人的身体强健、精神正常时，鬼就不能给人以灾祸。这也说明了他的无神论思想的不彻底性。

三、韩非的认识论观点

韩非的认识论观点是建立在他的唯物主义自然观的基础之上的。在这方面，他也直接继承和发展了荀况的思想。荀况认为，作为人，就具有认识的能力，而作为物，就可以被认识。“凡以知，人之性也；可以知，物之理也。”①人的认识来源于通过感官（所谓天官）与外界事物的接触，然后由心（所谓天君）对感官得来的认识起“徵知”的作用。韩非接受了荀况的这种唯物主义认识论观点，并加以发挥。他说：“聪明睿智天也，动静思虑人也。人也者，乘于天明以视，寄于人聪以听，托于人智以思虑。”②在他看来，世界也是可以认识的，而认识只能来自客观，而不是主观自生的东西，并且他已经察觉到感觉器官和思想器官的不同作用的问题。

从这种观点出发，韩非对《老子》做了新的解释。《老子》一书中主

① 《荀子·解蔽》。

② 《解老》。

张“不出户，知天下；不窥牖，见天道”①，认为根本不需要通过感官去接触客观物质世界，闭目塞听，就可以认识一切。所以圣人“不行而知，不见而名，不为而成”②。这显然是一种纯粹的唯心主义先验论。韩非没有直接批判《老子》的这种认识论观点，而是加以改造，赋予另一种完全不同的意义。他说：“空窍者，神明之户牖也。耳目竭于声色，精神竭于外貌，故中无主。中无主，则祸福虽如丘山，无从识之。故曰：不出于户，可以知天下；不窥于牖，可以知天道。此言神明之不离其实也。”③韩非的解释抛弃了《老子》原来的先验论观点，他强调的是，孔窍（耳目口鼻等感官）是精神的门窗，如果耳力目力都用在声色上，精神都用在外貌上，就会使人内心没有主宰，以至无法去认识祸福那样的重要大事。所以，不能让精神离开身体，要尽力保持住精神，不要把它浪费在声色外貌之类的欲望的满足上。韩非对《老子》的这种解释，显然是唯物主义者所能接受的。

韩非曾经对唯心主义的先验论进行批判，他对所谓“前识”是采取否定态度的。在《解老》中，他举了一个故事来批判“前识”。他说：

> 先物行，先理动，之谓前识。前识者，无缘而忘意度也。何以论之？詹何坐，弟子侍，有牛鸣于门外。弟子曰：“是黑牛也，而白在其题。”詹何曰：“然，是黑牛也；而白在其角。”使人视之，果黑牛而以（白）布裹其角。以詹子之术，婴众人之心，华焉殆矣！故曰：“道之华也。”尝试释詹子之察，而使五尺之愚童子视之，亦知其黑牛而以布裹其角也。故以詹子之察，苦心伤神，而后与五尺之愚童子同功，是以

① 《道德经》第四十七章。

② 同上。

③ 《喻老》。

曰："愚之首也。"

在韩非看来，没有接触事物，就侈谈什么认识，这完全是个人毫无根据的妄想和臆测。詹何的伎俩不过是一种主观的猜测，即使猜对了，也没有什么了不起。像这样的问题，派一个儿童去实地看一下就能解决，根本用不着像詹何那样故弄玄虚，苦思冥想去伤脑筋，结果却只是做了任何一个小孩也能做的事。这里韩非已开始接触到认识论中的重要问题。

韩非认为，要判断一种意见、言论是否正确，不能凭主观来决定，而要看它是否符合实际，是否能在实际生活中得到证实。他提出了"参验"的方法，主张"循名实而定是非，因参验而审言辞"①，"偶参伍之验，以责陈言之实"②。"参"是比较，"验"是验证，"参验"就是用考查比较来验证的方法。韩非强调指出，在使用"参验"的方法，对事物进行反复的比较、研究和考察时，必须采取完全客观的态度，不能有主观的成见和偏见。用他的话来说，就是一定要有"虚心"。同时要切忌偏听偏信，一定要"众端参观"。他把"众端参观"列为人主的"七术"的第一项，③ 就是说要多方面收集情况，作参验比较，避免主观主义。但是，要辨明真理、判断是非，最根本的还是要通过实际的检验。韩非说：

夫视锻锡而察青黄，区冶不能以必剑；水击鹄雁，陆断驹马，则臧获不疑钝利。发齿吻形容，伯乐不能以必马；授车就驾而观其末涂，

---

① 《奸劫弑臣》。

② 《备内》。

③ 《内储说上·七术》。

> 则臧获不疑驽良。观容服，听辞言，仲尼不能以必士；试之官职，课其功伐，则庸人不疑于愚智。①

判断刀剑是否锋利，不能只凭刀剑所用金属原料的颜色，而要使用刀剑去宰杀动物；挑选好马，不能只看马的外形、年龄，而要将马驾上车跑一次；挑选干部也同样不能只看外表和只听他讲话，而要让他到实际工作中去考验。所以韩非认为，要评判一个人的言行，不是根据他自己的说法，也不是只凭争论来解决，而一定要根据他的言行的实际效果。

实践是评判真理的最高法庭。韩非虽然还没有明确地认识到这一点，但他已经开始接近于这个思想。在他看来，有些问题本来就只能在实际中求得解决。比如说，大家都在睡觉的时候就无法分别出谁是盲人，要区别盲人就得让他看东西试一试；大家都不说话的时候就无法发现谁是哑巴，要区别哑巴就得让他回答问题②。还有些哲学问题看起来奥妙，诡辩论者可以花言巧语把它说得头头是道，但在实际面前就会显出真相。韩非举例说："儿说，宋人，善辩者也。持白马非马也服齐稷下之辩者，乘白马而过关，则顾白马之赋。故籍之虚辞则能胜一国，考实按形不能谩于一人。"③儿说强辩白马不是马，但当他骑着白马过关时，却不得不照章纳税，诡辩在事实面前屈服了。这是一个有说服力的例子，具有重要的认识论方面的意义，因为韩非实际上承认在评判真理的问题上实践比理论有更高的权威。

---

① 《显学》。

② 《六反》。

③ 《外储说左上》。据郭沫若考证，儿说年代早于公孙龙，可能是"白马非马"说的首创者(参阅《十批判书》中《名辩思潮的批判》)。

韩非用这种“参验”的方法去反对当时某些学派死抱着旧教条不放、反对改革的保守主义思想。他指出，在孔丘、墨翟之后，儒家分为八派，墨家分为三派，他们的取舍不同，却都自称为孔、墨的真传。孔、墨又都称道尧舜，自称为尧舜的真传。可是尧舜早已死了三千年，孔、墨也都死了不能复活，谁能来评判这些派别的真假呢？因此，不能盲目相信旧教条，重要的还是要依据当前经过验证的材料。“无参验而必之者，愚也；弗能必而据之者，诬也。故明据先王，必定尧舜者，非愚即诬也。”①由此可见，韩非的认识论也是为他积极主张改革的政治观点提供论据的。

应该指出，韩非虽然强调要根据实际效验来判断是非，但他的“参验”的方法和马克思主义关于实践是检验真理的唯一标准的认识论原理却有原则的区别。韩非的唯物主义处于唯物主义发展史上的初级阶段，即朴素唯物主义的阶段。它还远没有达到能够理解社会实践这个高级的科学概念的水平。从韩非所举的各种例了也可以看出，他所说的“参验”并不是通过社会实践去检验人们的认识，而只是简单地就事论事，察看事情的效果，也就是说还停留在直观的水平上。特别是，当他谈论一般自然事物时，他还能坚持唯物主义认识论的原则，而一旦涉及社会历史领域内的真理问题，他就往往背离唯物主义，而陷进唯心主义的泥坑了。例如，他把封建统治者的法令当作衡量真理的客观标准。照他说来，“言”的标准是“令”，“行”的标准是“法”，违反法令的言行都是错误的，合乎法令的言行就是正确的。但是，在阶级社会里，法令只是统治阶级意志的表现，是根据统治阶级的利益制定的，它最多只能作为统治阶级判断是非的准则。从哲学意义上来

① 《显学》。

说，把封建统治者的法令作为参验的根据来判断是非，仍然没有脱出以人的主观意志为是非标准的窠臼，这显然是唯心主义观点。

韩非的认识论强调功用。对这一点要一分为二，作具体的分析。他说：

> 夫言行者，以功用为之的彀者也。夫砥砺杀矢而以妄发，其端未尝不中秋毫也；然而不可谓善射者，无常仪的也。设五寸之的，引十步之远，非羿、逢蒙不能必中者，有常也。故有常则羿、逢蒙以五寸的为巧，无常则以妄发之中秋毫为拙。今听言观行，不以功用为之的彀，言虽至察，行虽至坚，则妄发之说也。①

在这里，韩非明确地提出了人的认识活动的目的性问题，认为一切言行都必须有一定的目的，要有的放矢，反对脱离实际的夸夸其谈的空论。他的这些思想具有合理的因素。但是，他对功用的强调带有浓厚的实用主义色彩。从《问辩》篇以及其他著作中都可以看出，在他看来，凡是对封建统治无用的一切，不管是人民的文学、学者的智行，都在应予扫除之列，而且可以随便扣上“犯上”的帽子加以惩治。这种狭隘的功用观，充分暴露了他的剥削阶级的思想局限性。

四、韩非的社会伦理思想

韩非的社会伦理思想，代表着新兴地主阶级的利益和要求，同他的唯物主义哲学观点也有着一定的内在联系。他认为人生来就是“好利”的，只有“利”才是推动社会发展、促进人群合作的唯一力量，因

① 《问辩》。

此只有物质利害关系才是人们真实的社会关系。韩非用这种观点尖锐地批判了当时流行的儒家的先天道德论和关于仁义道德的说教，而达到了根本否定一切道德的结论。

从思想渊源来说，韩非的社会伦理观点导源于商鞅、慎到和荀况等人。他把这些人的某些观点结合起来，加以极端的发展，而形成了他自己的社会伦理学说。商鞅认为，人的本性是自利，“民之性，饥而求食，劳而求佚，苦则求乐，辱则求荣，此民之情也”；人总是为自己打算，“民之生，度而取长，称而取重，权而索利”①。慎到也有类似的看法，他认为人都是为自己的，因而主张利用人的自为。他说：“人莫不自为也，化而使之为我，则莫可得而用矣……故用人之自为，不用人之为我，则莫不可得而用矣。”②韩非接受了商鞅、慎到关于自为自利的思想，又把它同荀况的性恶论相结合。荀况的性恶论认为，人的本性是追求满足自己的情欲，他的某些说法和商鞅很相似，例如他说人性就是“饥而欲食，寒而欲暖，劳而欲息，好利而恶害”。③ 只不过他明确地做出了人性本恶的推论：“今人之性，生而有好利焉，顺是，故争夺生而辞让亡焉；生而有疾恶焉，顺是，故残贼生而忠信亡焉；生而有耳目之欲，有好声色焉，顺是，则淫乱生而礼义文理亡焉……用此观之，然则人的性恶明矣，其善者伪也。”④韩非虽然没有直接提到荀况的性恶论，但实际上他的全部社会伦理观都贯彻着性恶论的思想，而且他走得比荀况更远。荀况认为，人性本恶，所以需要对人们进行道德教育，“明礼义以化之”；而韩非则干脆认

① 《商君书·算地篇》。

② 《慎子·因循篇》。

③ 《荀子·荣辱》。

④ 《荀子·性恶》。

为，人性既然如此，那么所谓仁义道德就都是骗人的鬼话，应该统统抛弃。

在韩非看来，社会中人与人之间的关系无非都是利害关系，因此这种关系自然是以人们的自为自利心为基础的。他说：

> 故王良爱马，越王勾践爱人，为战与驰。医善吮人之伤，含人之血，非骨肉之亲也，利所加也。故舆人成舆，则欲人之富贵，匠人成棺，则欲人之夭死也。非舆人仁而匠人贼也，人不贵则舆不售，人不死则棺不买，情非憎人也，利在人之死也。①

人总是自私自利的，他唯一考虑的就是对自己是否有利。因此车匠制造车，希望别人升官发财，并不是他心善，而是希望把车卖出去获得利益；木匠做棺材，希望别人早死，也不是他心坏，对别人有什么仇恨，而是人死了对他有利可图。这样看来，一切都受冷冰冰的利己主义的支配，决定人们的思想行为的是赤裸裸的物质利益，而不是什么“仁义”和“爱人”之类的虚伪的道德观念。

一切人既然都是自为自利，只考虑自己的利益，那么在各个不同的利己主义者之间唯一可能建立的相互关系，就只能是交换关系或买卖关系了。这是韩非必然得出的结论，实际上他也是这样看的。比如说，他认为地主与雇工之间的雇佣关系就是这样的一种交换关系，他说：

> 夫卖庸而播耕者，主人费家而美食，调布而求易钱者，非爱庸客

① 《备内》。

也，曰：如是，耕者且深，耨者熟耘也。庸客致力而疾耘耕者（“者”字衍），尽巧而正畦陌畦峙者（“畦畤”两字衍），非爱主人也，曰：如是，羹且美，钱布且易云也。①

这种自为自利的交换关系不仅适用于经济活动的领域，而且推而广之，也同样适用于其他一切生活领域。例如，在政治领域内，君臣之间的关系就是一种互相利用的买卖关系。“臣尽死力以与君市，君重爵禄以与臣市。”②过去一向被理想化和美化的君臣之间的伦理关系，被韩非无情地推翻了，他甚至针锋相对地指出，“君不仁，臣不忠，则可以霸王矣”③。在韩非看来，君王对于人民则更完全是一种利用的关系，根本谈不上什么“恩爱”。“君上之于民也，有难则用其死，安平则尽其力。”④即使是父母与子女之间的关系，也免不了利害打算的侵蚀。“且父母之于子也，产男则相贺，产女则杀之。此俱出父母之怀衽，然男子受贺，女子杀之者，虑其后便，计之长利也。故父母之于子也，犹用计算之心以相待也，而况无父子之泽乎。”⑤

这样，在韩非的心目中，历来一直被奉为神圣不可侵犯的伦理观念和道德规范都一齐宣告破产。他撕破了长久以来装饰着阶级社会的温情脉脉的道德面纱，揭穿了统治阶级所宣扬的伦理道德的虚伪性。像他那样毫不掩饰地公开主张抛弃一切旧的社会伦理道德，在先秦思想家中间也是少见的。当然，韩非的立场完全站在封建统治者一边。

① 《外储说左上》。
② 《难一》。
③ 《六反》。
④ 《六反》。
⑤ 《六反》。

他所以主张抛弃一切伦理道德，是因为他认为这些东西对封建统治阶级来说是毫无用处的，“举先王、言仁义者盈廷，而政不免于乱”①。封建统治者要巩固政权，建立新的封建地主阶级专政，只能依靠暴力。韩非说：“夫严家无悍虏，而慈母有败子，吾以此知威势之可以禁暴，而德厚之不足以止乱也。”②我们在后面将会看到，他的这种伦理思想在政治理论方面导致了怎样的后果。

韩非反对传统的伦理道德还有另一个理由。他认为，在古代讲“仁义道德”这一套可能还有一点用处，可是现在时代已经变了，再搞这一套就行不通。“古者文王处丰、镐之间，地方百里，行仁义而怀西戎，遂王天下。徐偃王处汉东，地方五百里，行仁义，割地而朝者三十有六国，荆文王恐其害己也，举兵伐徐，遂灭之。故文王行仁义而王天下，偃王行仁义而丧其国，是仁义用于古而不用于今也。”③所以他得出结论说，“上古竞于道德，中世逐于智谋，当今争于气力”④。在当前的世界，一切都决定于谁有力量，根本用不到讲什么道德。韩非还以那个为人们所熟悉的宋襄公讲“仁义道德”以致败军伤身的故事，说明讲“仁义道德”只能自找倒霉。⑤ 因此，韩非认为应该以切身利害作为指导行动的准则。

韩非的社会伦理学说是极端功利主义的，他的看法表面上似乎是从承认人们的物质利益出发，实质上却仍然是一种抽象的人性论观点，因为他把趋利避害看作固定不变的、超阶级的、人类共同的本

① 《五蠹》。

② 《显学》。

③ 《五蠹》。

④ 《五蠹》。

⑤ 《外储说左上》。

性。毛泽东同志说：

> 有没有人性这种东西？当然有的。但是只有具体的人性，没有抽象的人性。在阶级社会里就是只有带着阶级性的人性，而没有什么超阶级的人性。我们主张无产阶级的人性，人民大众的人性，而地主阶级资产阶级则主张地主阶级资产阶级的人性，不过他们口头上不这样说，却说成为唯一的人性。①

韩非所说的那种自私自利的“人性”，其实并不是固定不变的、普遍的“人性”，而是剥削阶级所固有的一种阶级属性的抽象化。他正是把他自己所代表的新兴封建地主阶级的阶级性格，当作人类的共同性格了。因此，他宣扬的是地主阶级的人性论、地主阶级的功利主义。他无情地剖析了当时阶级社会里人与人之间的关系，打破了传统伦理道德观念所制造的假象，这可以说是他的一个功绩。但是，作为封建地主阶级利益的自觉的捍卫者，他竟主张为了达到功利的目的，可以全然不顾任何道德，不受任何道德准则的约束，不择手段地为所欲为。这种非道德主义的观点，彻底暴露了地主阶级这个刚登上历史舞台的新剥削阶级的冷酷、贪鄙、残暴和无耻。

五、韩非的社会历史观

在社会历史观方面，韩非有一些重要的见解。他对社会历史的看法有两个显著的特点：一是强调社会的进化，注重当前的现实，反对“是古非今”的复古主义；一是比较重视物质因素在社会历史发展中的

① 《在延安文艺座谈会上的讲话》，见《毛泽东选集》第3卷，第827页。

作用，企图探索引起社会变化的物质原因。

韩非的历史观也明显地受到商鞅和荀况的影响。商鞅在秦国主张变法，认为时代已经发生变化，不能一味守旧法古，提出“治世不一道，便国不必法古。汤武之王也，不循古而兴；殷夏之灭也，不易礼而亡”。[①] 荀况也是比较注重当代、主张“以近知远”的，他一方面虽然也像其他儒家一样称颂“先王之道”，另一方面则更加强调“法后王”[②]。他说：“天地始者，今日是也；百王之道，后王是也。君子审后王之道，而论于百王之前。”[③]韩非继承了他们的这些思想，却大大地加以发展。荀况基本上还是认为历史是永恒不变的，说什么“古今一度也，类不悖，虽久同理”[④]，韩非则抛弃了他老师的这种观点，而形成了他自己的较系统的历史进化理论。

韩非的社会历史观最完整地表述在他的《五蠹》篇中，那里有这样一段著名的论述：

> 上古之世，人民少而禽兽众，人民不胜禽兽虫蛇；有圣人作，构木为巢以避群害，而民悦之，使王天下，号之曰有巢氏。民食果蓏蚌蛤，腥臊恶臭而伤害腹胃，民多疾病；有圣人作，钻燧取火，以化腥臊，而民说之，使王天下，号之曰燧人氏。中古之世，天下大水，而鲧禹决渎。近古之世，桀纣暴乱，而汤武征伐。今有构木钻燧于夏后氏之世者，必为鲧禹笑矣。有决渎于殷周之世者，必为汤武笑矣。然

① 《商君书·更法》。

② 从具体内容来看，荀况的所谓“后王”，指的仍然是周文王、武王，与儒家的另一派孟轲所推崇的“先王”实际上是一致的。因此荀、孟关于“法后王”和“法先王”的不同口号，并不是原则性的争论。

③ 《荀子·不苟》。

④ 《荀子·非相》。

则今有美尧、舜、禹、汤、武之道于当今之世者，必为新圣笑矣。是以圣人不期修古，不法常可，论世之事，因为之备。

从上面这段话里可以看出，韩非把人类社会的历史看作一个不断向前进化的发展过程。他把历史分为上古之世、中古之世、近古之世三个时期，这当然是不科学的。但在当时历史科学还处于幼稚阶段的情况下，这种把真实的历史和传说混为一谈的错误是难以避免的。重要的倒在于韩非已经明确地认识到，历史并不是永恒不变、停滞不前的，而是有其不同的发展阶段。每个阶段都有不同的具体情况和问题，历史上的所谓“圣人”无非是顺应时代的需要而出现的，时代的条件变了，就需要有“新圣”出来根据新情况，解决新问题。如果墨守成规，故步自封，搞老一套，就只能引人耻笑。他讽刺那些复古主义者主张用“先王”的老办法去统治当今社会的老百姓，就像“守株待兔”那样愚蠢。

那么，使社会发生变化的根本原因何在呢？韩非认为应该到社会物质生活条件中去寻找原因。他说：

古者丈夫不耕，草木之实足食也；妇人不织，禽兽之皮足衣也。不事力而养足，人民少而财有余，故民不争……今人有五子不为多，子又有五子，大父未死而有二十五孙。是以人民众而货财寡，事力劳而供养薄，故民争，虽倍赏累罚而不免于乱。①

换句话说，在韩非看来，古今社会的变化决定于人口和财贸的比例关

① 《五蠹》。

系，人口再生产的速度高于生活资料再生产的速度，人口多，财富少，这是造成社会争乱的根源。无论在中国或世界思想史上，明确地提出人口繁殖速度超过生活资料增长速度以致引起社会问题的，恐怕还是以韩非为最早。韩非之前的先秦思想家们谈到人口问题时，一般都着眼于如何增加人口，没有考虑过人口过多的问题。韩非看到了人口问题的另一方面，这可能和韩国当时人多地少的具体情况有关。当然，他的这种人口论的观点还很幼稚粗浅。他所说的古代人口少、物质财富充裕的情况，并不符合历史的事实。他所假定的人口繁殖速度（数十年内可能增加许多倍），也毫无科学的根据。他不理解造成社会斗争的根本原因不在于相对于人口的财富的多少，而在于阶级剥削和不合理的社会分配，因此他把人口增殖作为社会变动的决定因素是错误的。但是，他试图用物质生活的原因去解释社会治乱，这应该说是一种朴素的唯物主义观点。

当时某些学派如儒家、道家对历史发展采取"是古非今"的态度，认为古代人道德品质高尚，近代人道德越来越堕落，因此把希望寄托在回到遥远的古代去。例如，孟轲就说："五霸者，三王之罪人也，今之诸侯，五霸之罪人也。"①韩非驳斥了这种主张历史倒退的复古主义思想，指出这种所谓道德退化完全与个人品质无关，而是由物质生活条件造成的。他说，古代生活条件极其困苦，尧当天子，住的是茅草房，吃的是粗米菜汤，穿的是简陋的衣服，生活和一个看门人差不多；禹当天子，亲自带头劳动，劳苦的程度不亚于一般奴隶，所以古时候有把天子的地位让给别人的事。可是在今天，当一个县官都有许多特权，一旦死后，他的子孙出门还有马车，当然就没有人会辞去官

① 《孟子·告子》。

位了。“是以古之易财，非仁也，财多也。今之争夺，非鄙也，财寡也。轻辞天子，非高也，势薄也。争土橐，非下也，权重也。”①因此，归根到底，这并不是道德问题，而是当时的物质条件和利害关系所造成的结果。

在这里，韩非强调事随势转，是合理的，但他没有注意到自己的论证中的自相矛盾之处。既然古代人少财多，当代人多财少，那么为什么古代天子的享受反而远不及当代的县官呢？这难道能够用人口增殖来解释吗？按照韩非的逻辑，事情应该恰好相反。可见，他的人口论即使应用于他自己的论点，也是无法自圆其说的。

复古主义者盲目迷信所谓“先王”，把所谓“先王”之言当成了神圣不可侵犯的教条，根本不去考虑实际情况。韩非则强调首先要从实际出发，不能受那些早已过时的教条的束缚。他讲了一个寓言去嘲笑那些言必称“先王”的顽固派，他说：

> 郑人有且置履者，先自度其足而置之其坐，至之市而忘操之。已得履，乃曰：“吾忘持度”，反归取之。及反，市罢，遂不得履。人曰：“何不试之以足？”曰：“宁信度，无自信也。”②

韩非指出，迷信“先王”之言，而不问当前的现实，就像那位只相信量的尺寸而不相信自己脚的郑国人一样可笑。应该承认，韩非反对复古倒退，要比他的老师荀况更为彻底，更为坚决。

从上面可以看得很清楚，韩非的社会历史观是为他的变法主张提

---

① 《五蠹》。

② 《外储说左上》。

供理论根据的。他反复地强调，时代已经和过去不同，要恢复旧制度是绝对行不通的。处于多事的时代，不能再用那些落后的办法，聪明人一定不乘过时的笨重的车子，聪明的统治者也一定不采用过时的政治制度。既然当前时代的特点是"争于气力"，那就应该适应时代的要求，实行社会变革。韩非的历史观表现了当时新兴地主阶级的积极进取精神，是反映社会发展的趋势向前看的，因此在当时具有很大的进步意义。他企图到经济生活中去寻找社会发展变化的原因，这也包含着合理的思想因素。但是，从马克思主义的观点来看，韩非仍然未能避免一切旧唯物主义者的必然命运，他在自然观和认识论方面还能坚持唯物主义的观点，但当问题涉及社会历史领域时，他最后仍然陷入了历史唯心主义的泥坑。例如，在谁是历史的真正创造者这个根本问题上，韩非就片面地夸大所谓"圣人"的作用，而完全抹杀了劳动群众的伟大贡献。像人类用火、建造房屋、治水等等，本来是广大劳动群众长期实践的结果，却被他说成是"圣人"的功绩。在他心目中，只有当代封建地主阶级的"新圣"才是历史的创造者，只有他们才能决定历史发展的方向，而劳动群众则天生就是封建统治者奴役和剥削的对象，他们只能充当工具，在历史上没有任何重要的地位。仅此一端，也就充分说明了韩非的社会历史观的唯心主义实质。

六、韩非的政治学说

韩非从他的历史观出发，要求实行"变法"。他的全部政治哲学，实际上就是以"变法"作为核心的。

在韩非看来，是否"变法"完全取决于实际需要，只要有"变法"的需要，就应该毫无顾忌地坚决实行。他说："不知治者，必曰：'无变古，毋易常'。变与不变，圣人不听，正治而已。然则古之无变，常之毋易，在常古之可与不可。伊尹毋变殷，太公毋变周，则汤武不王矣。管仲毋易齐，郭偃毋更晋，则桓文不霸矣。”①他所建议的“变法”的主要内容，就是“废先王之教”，而“以法为教”，即实行封建的法治。

韩非认为，实行法治乃是历史的必然。根据他的说法，人口既然越来越多，而相对地说财富则越来越少，争夺也就会越来越激烈，因此社会愈往前发展，就更需要用法治来维持秩序。“夫古今异俗，新故异备，如欲以宽缓之政治急世之民，犹无辔策而御駻马，此不知之患也。”②因此，韩非主张用严酷的暴力去镇压一切反对者，以建立封建地主阶级专政下的新秩序。

韩非的法治思想一方面来自荀况，另一方面更主要的是来自前期法家。荀况和单纯讲“礼治”的某些儒家学派不同，他的政治主张是以礼治为主，而又兼用法治，也就是所谓“隆礼重法”。他说：“隆礼尊贤而王，重法爱民而霸。”③他虽然仍把礼置于法之前，因为礼治可以成王道，而法治只能成霸道。但实际上他不拘泥于王道，而主张“上可以王，下可以霸”，因此他还是很注重法，把法当作治理国家的工具。“法者，治之端也。”④说的就是这个意思。况且，荀况所讲的礼，其含义有时也与法相接近。荀况重法的思想显然对韩非发生了影响，但韩非比他老师走得要远得多，竟达到了彻底否定礼治而专讲法治的极端。在这一点上，韩非可以说是青出于蓝而胜于蓝了。

早期法家的学说是韩非的法治理论的另一个直接思想来源。韩非是先秦法家思想的集大成者，他综合和总结了以前法家三个派别的思

---

① 《南面》。

② 《五蠹》。

③ 《荀子·天论》。

④ 《荀子·君道》。

想，建立了一个以法、术、势相结合的政治思想体系。商鞅重法，申不害重术，慎到重势，韩非兼采三家学说，加以融会贯通并对各家有所批评纠正。他在《定法》篇中说：

> 今申不害言术，而公孙鞅为法。术者，因任而授官，循名而责实，操杀生之柄，课群臣之能者也，此人主之所执也。法者，宪令著于官府，刑罚必于民心，赏存乎慎法，而罚加乎奸令者也，此臣之所师也。君无术则弊于上，臣无法则乱于下，此不可一无，皆帝王之具也。

因此，韩非主张法和术应该并用。在他看来，申不害的缺点是“徒术而无法”，商鞅的缺点是“徒法而无术”，“二子之于法术皆未尽善也”，都各有片面性，所以申不害在韩国、商鞅在秦国执政许多年都未能取得更重大的成就。当然，要推行法术，还必须要掌握统治权，也就是所谓“势”。韩非对慎到注重势治是表示肯定的，他引述慎到的话说：

> 慎子曰：飞龙乘云，腾蛇游雾，云罢雾霁，而龙蛇与螾螘同矣，则失其所乘也。贤人而诎于不肖者，则权轻位卑也；不肖而能服于贤者，则权重位尊也。尧为匹夫不能治三人，而桀为天子能乱天下，吾以此知势位之足恃，而贤智之不足慕也。①

韩非同意慎到的看法，认为君主能进行统治全仗着他的权势，如果失去权势，就像虎豹失去了爪牙一样，必然受制于人。他指出：“万乘之主，千乘之君，所以制天下而征诸侯者以其威势也。威势者，人主

① 《难势》。

之筋力也。”[①]没有权势，就实行不了法治，势与法也要互相结合，所以说“抱法处势则治”。这样，法、术、势三者就在韩非那里有机地统一起来，形成了比以往法家学说更为完整、更为系统的一整套政治理论。可以说，韩非的政治哲学代表着先秦法家思想发展的最高峰。

韩非的政治理论有一个最重要的特点，那就是主张高度的君主集权，鼓吹个人的绝对专制主义。实际上他所说的法、术、势，都是建立在君权至上的基础之上的。他推崇绝对的君权，力图从哲学上加以论证。照他说来，君主是“道”的体现者，所以就天然地比别人高超。他说：“道不同于万物”，“君不同于群臣”，“道无双，故曰一。是故明君贵独道之容”[②]。又说：“道者，万物之始，是非之纪也。是以明君守始以知万物之源，治纪以知善败之端。”[③]由于君是掌握“道”的，所以他享有绝对的统治权，而“君臣不同道”，为臣的就只能俯首帖耳地为君主效劳。“万物莫如身之至贵也，位之至尊也，主威之重，主势之隆也。”[④]因此君主就被神化为绝对，简直变成了迷信的对象。韩非反复地要求把一切政治权力集中于封建君主之手，强调君主必须“独擅”、“独断”，千万要防止大权旁落。“权势不可以借人，上失其一，臣以为百。”[⑤]如果君权旁落，大臣权重，那就有亡国的危险，所以他把这列为“亡征”的第一条：“凡人主之国小而家大，权轻而臣重者，可亡也。”[⑥]

---

① 《人主》。

② 《扬权》。

③ 《主道》。

④ 《爱臣》。

⑤ 《内储说下·六微》。

⑥ 《亡征》。

在韩非所处的战国末期，群雄割据的局面和各国之间的频繁的大规模战争，已严重地阻碍社会生产力的进一步发展。结束诸侯割据和混乱状态，建立统一的中央集权的封建国家，已成为当时历史发展的必然趋势。在这种历史条件下，韩非提出中央君主集权的思想，是具有进步意义的。所谓“事在四方，要在中央，圣人执要，四方来效”①，正是对即将诞生的统一的封建大帝国的描绘。但是，韩非所鼓吹的绝对君权的理论，成为后来两千多年使中国人民深受其苦的封建集权主义的滥觞，这也是不可否认的事实。封建专制制度在中国的长期统治，终于成为中国历史发展的严重阻碍，使中国社会停滞不前。中国政治中盛行的那种君主个人专断，缺乏任何民主传统的情况，不能说与韩非学说没有一定的关系。因此，对韩非的政治理论应采取一分为二的具体分析的态度，既要承认它在当时反映历史发展需要的进步性，也要看到它对以后中国政治所造成的严重恶果。“四人帮”只讲韩非政治思想的进步的一面，而完全不讲其对人民残酷专政的反人民的一面，是为了要在社会主义的新中国搞他们自己的现代封建法西斯统治制造反动舆论。

韩非的政治理论谈得最多的还是法和术，严格地说，把他称为法术家是比较合适的。特别是，他关于法的论述并没有很多创见，而关于术倒有不少新发挥。关于法和术的区别，他是这样说的：“人主之大物，非法则术也。法者，编著之图籍，设之于官府，而布之于百姓者也。术者，藏之于胸中，以偶众端而潜御群臣者也。故法莫如显，而术不欲见。是以明主言法，则境内卑贱莫不闻知也，不独满于堂。

① 《扬权》。

用术，则亲爱近习莫之得闻也，不得满室。”[①]因此，法是正式向老百姓公布的成文法，官吏根据这些条规来统治人民；而术则是人君暗藏在心中的权术，是驾驭臣民的手段。法是公开的，家喻户晓的；术则是深藏不露，见不得人的。二者虽有区别，但都是君主进行统治的工具。所以韩非说：“故明主之道，一法而不求智，固术而不慕信。”[②]法术只要运用得当，即使君臣都是平庸之才，也可以统治天下。

按照韩非的看法，法由封建统治者国君颁布以后，就应成为臣民一切行动的唯一准则，必须人人遵守。他强调除了国君自己以外，不论贵贱，一律要受法的约束。所谓“法不阿贵”，“刑过不避大臣，赏善不遗匹夫”[③]，所谓“诚有功则虽疏贱必赏，诚有过则近爱必诛”[④]，正是法家理论中最具有进步性的一种观点，比“刑不上大夫”的特权思想要进步得多。执行法令主要靠赏罚，遵守法令的有赏，违反法令的受罚。赏罚的大权，最后都掌握在封建统治者手里。因为在韩非看来，人总是趋利避害、喜欢受赏而害怕受罚的，所以他认为君主只要运用赏罚，就可以支配全国臣民。他把赏和罚看作重要的统治工具，称之为“二柄”。他说：“明主之所导制其臣者，二柄而已矣。二柄者，刑、德也。何谓刑、德？曰：杀戮之谓刑，庆赏之谓德。为人臣者，畏诛罚而利庆赏，故人主自用其刑、德，则群臣畏其威而归其利矣。”[⑤]

---

① 《难三》。

② 《五蠹》。

③ 《有度》。从内容来看，《有度》不是韩非的著作，似系秦汉间法家的文章，但其观点无疑是符合韩非思想的。

④ 《主道》。

⑤ 《二柄》。

韩非的法治强调赏罚分明，目的在于加强封建地主阶级的政权。他主张论功行赏，反对无功受禄，不论出身贵贱，只要按法行事立下功劳，就可担任官职。“明主之吏，宰相必起于州部，猛将必发于卒伍。”①这就否定了过去只讲出身和血统宗法关系、任人唯亲的老办法。当然，韩非选拔人才的标准完全是从统治者的功利出发的，因此他反对“尚贤”，为臣的不需要具备一定的道德品质，坏人也可以当官，只要能为君所用就行了。“是以有道之主，不求清洁之吏，而务必知之术也”。② 但是，韩非的主张有利于打破世袭贵族对政权的垄断，便于当时的新兴地主阶级分子参加各级政权，这对巩固封建制度的统治还是起了积极作用的。

法治的精神更重要的还在于罚，而且是重罚。韩非猛烈地抨击儒家主张的所谓“仁政”，认为这是致乱之道。他说，“今世皆曰：‘尊主安国者，必以仁义智能’，而不知卑主危国者之必以仁义智能也。故有道之主，远仁义，去智能，服之以法。”③照他说来，实行法治和统治者本人性格毫无关系，古代刑轻罚薄，是因为人们争夺少，并不是统治者仁慈，而当代刑重罚严，是因为人们争夺激烈，并不是统治者残暴。他公然提出，要“峭其法而严其刑”，“罚莫如重而必，使民畏之”，要“行诛无赦”④，就是要依靠赤裸裸的暴力，用严刑峻法来治理国家。从韩非的论述来看，法治虽然也有用来对付统治阶级内部反对派或权位觊觎者的一面，但主要还是用来镇压人民的。他特别强调

① 《显学》。
② 《八说》。
③ 《说疑》。
④ 《五蠹》。

不能“哀怜百姓”，说什么“不忍诛罚，则暴乱不止”①。因此，韩非所鼓吹的法治尽管在历史上有过一定的进步意义，实质上却仍然是一个新的剥削阶级对广大劳动群众的残酷专政。

韩非对人民采取极端蔑视的态度，充分暴露了他的剥削阶级立场。他从性恶论的观点出发，认为绝大多数人不会自动为善，“恃人之为吾善也，境内不计数”②，因此必须用刑罚来使人民就范。在他看来，人民只不过是愚昧无知的群氓，只配老老实实地听从“新圣”的统治。就这一点而论，韩非对儒家思想的批判是来自右的方面的一种反动。孟轲宣扬“民贵君轻”尽管有其虚伪性，但总还是强调统治者要得民心，要尊重民间舆论，在行动时不能无所顾忌。荀况虽然主张性恶，比较注重法治，但他也还是强调要通过教育和学习使人由恶而善，而且他是相当重视人民的。（“天之生民，非为君也；天之立君，以为民也。”）韩非则把儒家思想中的这种民主因素一概斥之为谬论，认为老百姓的意见根本不值得考虑，因为他们天然就是接受统治的材料。他说：

> 今不知治者必曰：得民之心。欲得民之心而可以为治，则是伊尹管仲无所用也，将听民而已矣。民智之不可用，犹婴儿之心也。夫婴儿不剔首则腹痛，不副座则寖益。剔首副座必一人抱之，慈母治之，然犹啼呼不止，婴儿子不知犯其所小苦，致其所大利也。今上急耕田垦草以厚民产也，而以上为酷；修刑重罚以为禁邪也，而以上为严；征赋钱粟以实仓库，且以救饥馑、备军旅也，而以上为贪；境内必知介而无私解，并力疾斗，所以禽虏也，而以上为暴。此四者所以治安

① 《奸劫弑臣》。
② 《显学》。

也，而民不知悦也……故举士而求贤智，为政而期适民，皆乱之端，未可与为治也。①

我们所以在这里作长段的引证，是因为这段话集中地表现了韩非本人以至整个法家学说所主张的法治的反人民实质。在新兴地主阶级统治者眼里，人民算得了什么？草芥而已。无论统治者对人民如何严酷残暴，进行敲骨吸髓的剥削，都是为了人民的利益，因而是天然合理的。② 人民自己反而不知道自己利益之所在，只能听任高明的统治者驱使。维持统治不是依靠民心，而是依靠棍棒，因此为了实现统治者的心愿，可以不顾老百姓的死活，只需要加强镇压就行了。话的确说得很露骨，韩非的优点就在于坦白，能毫不掩饰地说出封建统治者内心的看法。

韩非的法治在具体的政治经济措施方面主要是提倡“耕战”，这不是什么创见，而是以往法家的一贯主张。他总结了早期法家实行变法使国家富强的经验。认为首先必须重视农业生产（“富国以农”），并采取奖励生产的措施，“使民以力得富”。在对外政策方面，韩非竭力鼓吹武力兼并，用战争来求得统一。在他看来，“耕战”政策是富强之本，有害于“耕战”政策的都是乱亡之道。所以他要求提高从事耕战的人的社会地位，规定只有从事农业生产的才能致富，只有参加战争的才能得官爵。同时，要勒令非生产的城市人口去从事农业劳动。他严厉地斥责与耕战无关的五种人：“称先王之道以籍仁义”的学者、言谈者、带剑者（指勇于私斗的侠士，即所谓私剑）、患御者（有人解释为

---

① 《显学》。

② 顺便指出，这种提法和韩非学说本身是自相矛盾的。既然他认为人都是自为自利的，那么统治者当然也不例外，怎么会为人民的利益考虑呢？

怕服兵役的人)和工商之民，把他们称之为“五蠹”。总之，凡是不能为封建统治者生产粮食和打仗的就是社会“害虫”，都在清除之列。

正是根据这样的政治目标，在韩非的理想国家里十分强调思想统治。他公开提出，凡是不符合于封建专制政权需要的一切学派，都应严格地加以取缔，禁止他们进行活动。他激烈地批判和攻击法家以外的其他学派，特别是反对当时影响最大的学派(即所谓显学)：儒家和墨家。在他看来，这些学派的理论互相矛盾，只能造成人们的思想混乱，是非不分，统治者如果兼听他们的意见，就必然引起乱子。“自愚诬之学、杂反之辞争，而人主俱听之，故海内之士，言无定术，行无常议。夫冰炭不同器而久，寒暑不兼时而至，杂反之学不两立而治。今兼听杂学缪行同异之辞，安得无乱乎”。[①] 因此，韩非主张禁止这一切互相矛盾、只能惑乱人心的学说，而定法家于一尊。特别是要防止老百姓受到法家以外的其他学派的思想影响，要对他们的思想实行严格的统制。“故明主之国，无书简之文，以法为教；无先王之语，以吏为师……是境内之民，其言谈者必轨于法。”[②]在他看来，封建统治者并不需要什么学术繁荣，只需要人民成为“无二心私学，听吏从教”[③]的守法的顺民就够了。所以他很欣赏商鞅关于“燔诗书而明法令”的主张，认为这是对人民实行思想控制的好办法。韩非的这种文化专制主义思想，是对于战国时期学术思想空前活跃的“百家争鸣”局面的反动。

韩非的政治思想中反动的一面不仅表现在他的法治理论中，而且

① 《显学》。

② 《五蠹》。

③ 《诡使》。

也表现在他关于术的论述中。法治主要是统治人民，术治则侧重于驾驭群臣。如果说他的法治理论在历史上多少起过进步作用，还有值得肯定的一面，那对他的术治理论就很难作同样的评价了。韩非讲术治，完全是站在极端的君权主义立场上，搞阴谋权术，不顾任何政治道德，为维护个人的至尊地位而可以不择手段。关于这一点，郭沫若曾经在《十批判书》中对韩非做了详尽而深刻的揭露。

韩非讲术治的根本出发点，就是君主绝对不可相信任何人。“人主之患，在于信人，信人则制于人”①，这就是他提出的首要的政治信条。从人性本恶的观点看来，真正可以信任的人是极少的，“贞信之士不盈于十”②，不仅大臣们不可靠，而且连自己的后妃、儿女、父兄等亲人也都不可靠，都属于他所谓的“八奸”之列。韩非所鼓吹的一套君主的统治权术，就是建立在这种对一切人都不信任的病态的猜疑心理之上的。他指出：“万乘之患，大臣太重；千乘之患，左右太信，此人主之所公患也。”③因此，要维护君权绝对不受侵犯，就一定要“防奸”、“察奸”、“除阴奸”。韩非的这种理论，完全符合于封建专制君主阴险残暴的本性，以后历代封建王朝诛杀功臣，正是实践了他所提出的主张。

为了加强君主绝对专制统治，韩非还设计了一些具体的办法去驾驭群臣和防备内奸。例如利用特务手段，广设耳目，奖励告密等等。“明主者，使天下不得不为己视，使天下不得不为己听，故身在深宫之中而明照四海之内。”④根据韩非的意见，君主行事要叫人捉摸不

① 《备内》。

② 《五蠹》。

③ 《孤愤》。

④ 《奸劫弑臣》。

透，不能暴露自己的真实意见和好恶，让群臣感到莫测高深，“明主观人，不使人观己”①。这样，君主处势抱术，看来似乎无所作为，却使群臣感到恐惧，事情办成功了就由君主享有贤名，出了过错就由臣下负担罪责。所谓“明君无为于上，群臣竦惧乎下”，“有功则君有其贤，有过则臣任其罪”②，就是要把一切功劳归给自己，把一切错误推给别人。说穿了，韩非所宣扬的“君人南面之术”就是这样的阴谋权术。照他说来，君主如果不掌握这种权术，虽然工作辛苦勤劳仍不免于乱，而只要掌握了这种权术，尽管生活腐化佚乐，也仍然能致帝王之功。③ 韩非的这套“南面之术”历来被中国封建统治者奉为至宝，因为它极其适用于建立以个人绝对专制为基础的家天下。事实上，中国的大多数封建帝王都在不同程度上采用了这种统治术，所以它对中国政治危害甚大，流毒极深。对韩非思想中的这个毒囊，必须予以彻底清算，决不可等闲视之。

总起来说，韩非的政治理论是一定历史条件下的产物，它产生于中国统一的封建大帝国诞生的前夕，绝不是偶然的。应该说，在当时它主要还是对历史发展起了积极的作用。但是，如果考虑到它对以后中国政治所起的消极影响，那就不能不揭露和批判其中包含的一系列反人民的毒素。这样才能对他的政治思想做出比较全面的公正评价。假如套用哲学唯物主义等于政治上进步这样一个机械的公式，以韩非是坚定的唯物主义者作为理由，而认为他的政治思想始终只能起进步的作用，那就会得出错误的结论。

---

① 《观行》。

② 《主道》。

③ 《外储说右下》。

七、韩非学说的历史命运

韩非在生前未能亲自实践自己的学说，但是秦始皇全盘接受并在政治实践中贯彻了韩非的理论，统一了中国。在秦王朝，以韩非为代表的法家学说上升到占绝对统治的“官方理论”的地位，盛极一时。其他一切学派都遭到无情的摧残和镇压，法家理论成为社会和国家生活中的唯一指导原则。不仅秦始皇本人是韩非的崇拜者，而且靠阴谋诡计上台的野心家秦二世及其帮凶李斯、赵高之流，也都是韩非学说的信奉者和实行者。在这个意义上可以说，秦王朝的建立是韩非学说的胜利。

但是，秦始皇及其继承者大力实行韩非理论的后果却很不妙。这位韩非心目中的“新圣”，“贪狠暴虐，残贼天下，穷困万民，以适其欲”。[①] 残酷的刑罚，沉重的徭役，野蛮的政治压迫，过度的经济剥削，使广大人民无法生活下去，在忍无可忍的情况下终于揭竿而起，爆发了我国历史上第一次声势浩大的农民起义。秦王朝只经过 14 年的短暂统治就遭覆灭，这标志着韩非学说的破产。

秦王朝的迅速败亡，迫使新上台的封建统治者从中吸取必要的历史教训。地主阶级中间比较有远见、有头脑的政治家，开始认识到单纯实行韩非的那一套法家理论并不有利于巩固封建统治。所以当汉高祖命令陆贾总结“秦所以失天下”的原因时，陆贾就认为秦亡的教训主要是过于依靠刑法，结果是“事逾烦天下逾乱，法逾滋而奸逾炽，兵马益设而敌人逾多。秦非不欲为治，然失之者乃举措暴众而用刑太极

① 《汉书·贾山传》。

故也”[①]。这间接的也就是对韩非的法家理论的批判。陆贾建议要“贵仁义，贱刑威”，主张用统治人民的两手政策来代替韩非所鼓吹的单纯的暴力政策。后来汉宣帝所说的“汉家自有制度，本以霸王道杂之”[②]，正是说明封建统治者已经转而采用“外儒里法”或“儒法并用”的新的策略了。

在两汉时期，人们一般都是用这种新观点去看待韩非学说的。司马迁说：“韩子引绳墨，切事情，明是非，其极惨礉少恩。”[③]他的这种看法实际上是继承他父亲司马谈的，司马谈批评法家“严而少恩”，“可以行一时之计，而不可长用”[④]。班固则认为，法家“无教化，去仁爱，专任刑法，而欲以致治，至于残害至亲，伤恩薄厚”[⑤]。特别值得注意的是，在哲学思想上受韩非很大影响的杰出的唯物主义者王充，专门写了一篇《非韩》来批评韩非。他同样指责韩非只单纯地强调“务力”，而不讲“养德”。他说：“治国之道，所养有二：一曰养德，二曰养力……夫德不可独任以治国，力不可直任以御敌也。韩子之术不养德，偃王之操不任力，二者偏驳，各有不足；偃王有无力之祸，知韩子必有无德之患。”[⑥]所以他主张“文武张设，德力俱足”，以纠正韩非的片面性。以上这一切说明，封建地主阶级的思想家们对如何进行统治和巩固自己的政权的问题，已经有了更进一步的认识。韩非的法家理论已不能完全满足封建地主阶级维护统治的需要，而不得不逐

① 陆贾：《新语》。
② 《汉书·元帝纪》。
③ 《史记·老子韩非列传》。
④ 《史记·太史公自序》。
⑤ 《汉书·艺文志》。
⑥ 《论衡·非韩》。

渐退居次要的地位。

到了西汉后期，由于统治者的提倡，儒家学说成为封建地主阶级的正统思想，在中国思想史上一直统治了许多年。但是，这绝不是意味着封建地主阶级已经抛弃了韩非的法家理论。相反的，韩非学说中一切有利于封建专制制度的东西都被保存下来了，只是有时被涂上一层保护色，使残酷性隐藏在虚伪性的外衣后面而已。统治阶级每当遇到深刻的政治危机，按旧的方式已经统治不下去而不得不求助于赤裸裸的暴力镇压手段的时候，总是捡起申韩之学作为自己的思想武器。在中国近现代史上也不乏这样的事例。

（原载《中国古代著名哲学家评传》第1卷，山东人民出版社1980年版）

对人类的现状和未来的若干思考

千百年来，无论是在东方还是在西方，人类一直在努力认识自己，而且把这看作哲学探究的最高目标。如果哲学像某些人所说，是讨论某些经久不变的永恒性问题的学科，那么人类怎样去认识自己恐怕就是这类永恒性问题之一。我想，只要人类还存在，哲学还存在，这种自我认识的努力大概还会继续下去。

人类认识自己，总是很难离开特定的时代，很难离开当时人在世界中的实际处境。苏格拉底、柏拉图、释迦牟尼、孔子在探讨人的问题上，都是从人的现状出发。由于人的处境在不同的历史时期不断地发生变化，所以每个时代都会对有关人的问题做出不同的回答。人的现状是联结人的过去和未来的桥梁。历史是人创造的，人类的今天是人类昨天的作为的结果，而人类在今天的作为又将创造人类的明天。离开人类的现状，既无法正确理解人类的过去，更无法去想象人类的未来。因此我们最好从人类目前在世界上的处境开始。

谈到人类的现状和未来，我感到应该指出一个可喜的现象，就是这个过去只有少数人关心的问题，在近几十年来已越来越引起公众的注意，并引起热烈的讨论。这一方面表明了人类意识在我们的时代里的新的觉醒，另一方面也是因为我们所面临的那些迫切的全球性问题，迫使人们不得不从全人类的观点去认真地、清醒地认识和考虑自己目前的处境和未来的前途。当然，每一个人都根据自己的立场、经验、价值观念和文化背景去思考这个问题，不可能会有共同的一致的看法。例如，一个马克思主义者对人类的现状的分析和对人类未来的展望，恐怕很难被非马克思主义者所接受。但是，在我看来，重要的不在于达到意见的一致，而在于自由地交流思想，面对事实，去共同应付时代向我们提出的挑战，探索人类走向未来的道路。绝大多数人大概都会同意，自从第二次世界大战以来，世界已经发生了翻天覆地的变化，而且这个变化的过程还在继续进行。由于世界的变化而产生的许多新情况和新问题，是过去人们从来没有经历过，甚至是从来没有预料到的。三十年前，卡尔·雅斯贝斯在《原子弹和人类的未来》一书中谈到，由于原子弹的出现而造成的完全新的局势，人类所不得不面对的新的事实就是：人类第一次掌握了自我毁灭的能力，世界末日，即在地球的表面上消灭生命，已不再是想象出来的概念，而成为现实的可能性。自从雅斯贝斯指出这个新事实之后，世界又有进一步的新发展，但却并没有变得比以前更安全。现在我们正处在一个重要的历史关头，人类似乎走到了通常所说的交叉路口，有两个方向任我们选择：朝其中的一个方向走下去就会有极大的危险，就有可能使人类完全自我毁灭，使人类文明宣告结束，把我们这个星球变成一片废墟。朝另一个方向走则有前所未有的良好机会，可能使人类达到共同的繁荣和幸福，把生活福利提高到历史上空前的水平，把我们现在居住的这个星球改造成更适宜于人类居住的场所。因此，人类正处于进行严峻选择的关键时刻，这一次选择从意义上来说不同于以往，因为这是一次关系到人类未来的命运、关系到人类本身生死存亡的选择。而且允许我们考虑如何选择的等待时间也不会很长了。

如果我们客观地分析一下目前人类的状况，的确可以看到许多非常矛盾的现象，有人把这种状况叫作"人类困境"。人类要继续生存下去并且生活得更好，就必须设法克服这些矛盾，寻找一条走出困境的道路。

应该承认，这个世纪是人类社会在物质和精神上都得到飞速发展的世纪，可以毫不夸大地说，近几十年来人类在这方面取得的成就超过了人类以往所有历史时期的成就的总和。尽管近些年来有不少人对"进步"这个概念本身表示怀疑，然而有些基本事实还是确凿无疑的。在世界范围内，社会生产力得到了很大发展，这首先是与有效地运用科学和技术密切相关。科学上的一系列重大发现，推动了技术的发展和推广，创造了大规模、低成本的生产体系，大大提高了生产率，使相当一部分人的生活质量有所提高。由于医学的进步和卫生保健事业的发展，在不少国家里人的健康状况得到改善，婴儿死亡率下降，平均寿命延长。先进的交通运输和通信工具，缩短了把人们分隔开的距离，有力地促进了国际贸易和人员交流。人类知识领域的扩展尤其令人注目，知识的进步看来正在以加速度进行，无论是宏观的认识还是微观的认识都达到了前所未有的深度和广度，以至有人把这称之为"知识爆炸"。人类实践活动的范围也扩大了，我们祖辈所梦想的，甚至未曾梦想过的事情已经变成了现实。人类这种一直生活在地球上的生物，开始战胜地球引力，把自己的活动领域伸展到外层空间，人造卫星、空间实验站、登月、航天飞机等等，这些令人眼花缭乱的重大科学技术成就似乎证明，人不仅是大地的主人，而且要开始向宇宙进军了。目前，一场新的科学技术革命正方兴未艾，微电子学、生物工程、空间技术、新能源和新材料科学等等，将会极大地影响人类未来的生活。在人类历史上，人还从来没有像今天这样强大有力，而且看来还有取之不竭的潜力可以发扬，拥有一切可能的手段去创造自己美好的未来。人类确实可以为自己的成就而骄傲，这使我们想起索福克勒斯在《安提戈涅》中说的话："世上珍奇事物千千万万，唯有人最为伟大。"

但是，我们同时也可以看到，人类在取得这些辉煌成就时付出了多么沉重的代价。整个世界状况远远不能使人满意，到处都能遇见一些令人困扰和沮丧的消极现象，甚至难以容忍的丑恶现象。旧的矛盾没有消除，又增加了许多新的矛盾，我们生活的这个时代的特点是越来越多的未解决的问题和未实现的许诺。这些矛盾和未解决的问题是潜在的巨大危险，它们随时都可能激化，造成莫大的灾难，直接威胁到人类本身的生存。我们的世界既充满活力，又如此不安定，人类的未来从未像今天这样显得不确定。

当代世界上问题成堆，但是可以归结为两个最主要的问题：和平和发展。这两个问题不仅是全人类当前迫切需要解决的问题，而且它们的解决也直接决定人类的未来。

和平无疑是关系到地球上每一个居民生死存亡的头等大事。现在大家清楚地知道，由于现代化的大规模毁灭性武器的出现，一次大规模的核战争对人类将意味着什么。在这样的战争中将不可能有胜利者和失败者，也不可能有中立者和旁观者，一切人都将无例外地遭受可怕的厄运。第二次世界大战结束以来，人们一直生活在对新的战争的恐惧之中。广岛和长崎上空曾经出现的蘑菇云，就像悬挂在人们头上的利剑，始终威胁着人类的生存。核战争的阴影造成人与人之间的不信任和敌视，使人们的心理、思想、道德观念发生扭曲，特别严重地影响到在一种互不相容、互相猜疑的气氛中成长起来的年轻一代。超级大国的政策不考虑人类未来的利益，而是努力增加他们的核武库中的储存和加强他们潜在的致命打击力量。军备竞赛一直在加紧进行，科学技术的最新成就都用来为此服务，现在甚至向外层空间扩展，使“星球大战”的前景不再停留于科学幻想。政治家和战略家们谈论什么“恐怖的平衡”和“相互确保的毁灭”，似乎这是保证和平和安全的有效方法。尽管世界上现存的大规模毁灭性武器已经足以消灭全人类若干次，却还嫌不够，还在继续把大量资金和资源用于研制更先进的杀人武器，不遗余力地为一场明知不可能有胜利者的战争做准备。如果人类的智慧就表现在要用毁灭全人类的威胁来保证各自的安全，那确实是可悲的。近来在裁减核武器方面出现了一线新希望，然而全球军事化的趋势并未减弱，人类健康的理智能否占上风，仍是不确定、不明朗的。

当然，和平问题不仅仅是防止核战争。事实上，第二次世界大战结束后被称为和平时期的 40 多年内从来没有过真正的和平，大大小小的地区性战争和武装冲突共有 150 次之多，死去的人达 2000 万。暴力和恐怖手段越来越成为司空见惯的事，有时甚至成为某些国家或社会集团推行政策的手段。无论从使用暴力的规模和残酷无情的程度来说，都有逐步升级的趋势，而无辜的平民成为主要受害者。大量居民被迫离开故土，沦为难民，过着悲惨的生活。人对人的非人道行为并非现时代特有的现象，但就其规模和强度来说却是史无前例的。问题是针对手无武器的平民实施系统的暴力镇压和杀戮，往往是在“自卫”、“国家安全”的虚伪借口下进行，被说成是合理的、合法的行为。这不能不说是一种人性的堕落。至于像种族隔离那样与时代背道而驰的丑恶现象居然还在地球上存在，这简直是人类的耻辱。以上这些问题不解决，世界上是得不到和平的。

除了战争与和平的问题以外，对人类的未来具有同样重要性的是如何通过发展消灭贫困和社会不公正的问题。由于世界和平已经越来越受到公众的注意，所以目前后一个问题甚至具有更大的危险性，因为这种危险更旷日持久并包含着巨大的社会后果，特别是因为这种危险往往由于生活在富裕之中的人的短视和自私而遭到忽视。

我们生活在这样一个世界里，全人类 3/4 的人口生活在经济不发达的状况下，他们在世界 GNP 中的份额仅占 15%，同时 20%的人口却消费了全世界 80%的资源。世界在继续向两极分化，毫无希望地分裂为富人的世界和穷人的世界，一方面是发达的经济和先进的科学技术创造着富裕而舒适的生活，另一方面则是可怕的贫困和饥饿，世界上有 8 亿人生活在绝对贫困状态，主要是在非洲和亚洲，其中 7 亿人甚至得不到能保证生存的最低限度的食物。我们时代的具有讽刺性的是，世界上并不缺少食物，事实上有足够养活每个人的食物而有余。在某些富裕的国家里食物太多，以致政府不得不实行特别的政策去处理这些食物。而同时却有千百万人类同胞一直在饥饿线上为生存而挣扎。另一个具有讽刺意味的矛盾是全世界每年在军事开支上花费 1 万亿美元，有一半科学家、工程师和技术人员在从事与军事有关的研制工作，这些资金和专门人才中只要有一小部分投入为全人类的福利服务，就足以解决为一切人保证起码生活资料的问题。在我们开会讨论“人类的现状和未来”的 3 小时内，每分钟就有两个儿童死于饥饿和营养不良，同时每分钟又有 200 万美元用于军费。这是我们每一个关心人类的现状和未来的人所必须面对的严酷的事实。难道这种状况是合理的吗？在这里，我要从一部书中引证一段话：

“……根据天意所建立的自然秩序，物质的货品是为了满足人的需求而供应的。因此，来自人间法律的财产的分配和占用不得妨碍人对这些货品的需求的满足。同样地，一个人所有的任何过剩的东西按自然权利应给予穷人以维持他们的生存。”我愿指出，说这些话的人绝不是激进分子，他是托马斯·阿奎那，而这部书是《神学大全》。

与贫困密切相关的还有人口爆炸的问题。20 世纪初，地球上全部人口不到 20 亿，现在已超过 50 亿，到 20 世纪末如没有意外情况预计将超过 60 亿。从理论上说，世界资源究竟能维持多少人口是有争议的，但现在的问题是人口增长率最高的地区，恰恰是最贫困、最无力维持大量人口生活的不发达地区。因此，这种无节制的人口高速增长，进一步加剧了贫困和饥荒，并且使失业、城市化、文盲、高婴儿死亡率和低寿命、居住环境恶化等消极现象更趋严重。要克服这些困难，只有通过以增进人民的福利为目的的经济与社会发展才有可能。

和平与发展也是分不开的。如果没有发展，人类的一大部分生活在充满社会矛盾的悲惨境地，社会动乱就不可避免，也就没有世界和平。现在贫富之间、南北之间的差距不仅没有缩小，反而更加扩大。即使在发达国家里，也不能说已经消灭了贫困现象，那里仍然有剥削、压迫和社会不公正。至于新获得独立的许多发展中国家，它们虽然摆脱了殖民主义的枷锁，却并没有在经济上取得独立。现今国际经济关系体系是极不公正的，因为它显然有利于发达的工业国家，是建立在保护既得利益和特权的基础上的，除非根本改变这种状况，使社会不平等逐步缩小，使各国得到均衡的和谐的发展，建立起使每个国家人民都能过有尊严的幸福生活的新的国际秩序，我们才会生活在一个更合理、更安全的世界上。所以有人说：“发展是和平的别名。”

对人类的生存构成威胁的还有生态危机。多少年来，人类一直致力于利用和宰制自然，现在则受到了自然的报复。科学和技术的进步，使人们把兴趣集中于计算机、机器人和征服空间，却忽视了地球上使生命得以出现和人类赖以生存的那些基本要素——土地、空气、水。大气污染、酸雨、破坏性地使用土地，导致大片土地的荒漠化、森林消失、水土流失和稀有物种的灭绝。这种环境破坏所造成的后果并不受国界的限制，对一切人都起作用，并将对我们的后代产生深远的影响。

概括地说，人类在现时代所遇到的巨大挑战集中在这样一些问题上：在核武器时代如何生存，如何防止人类集体自杀的悲剧发生？如何使全世界的居民通过健康的、均衡的发展而过上真正的人的生活，消除贫困和社会不公正？如何保证数量日增的人类后代能够生活在优化的环境里并有机会得到自由的、全面的发展？当然，这不是使当代社会蒙受痛苦的全部问题，但这几个主要问题的解决将使人类社会变得更合乎人道并使我们的地球更适合人类居住。同时，我们也知道，这些都是非常复杂而又长期未能解决的问题，不能指望会有什么包治百病的灵丹妙药。我们并不抱盲目乐观的态度，但我们抱有希望，而希望就在人本身。应该看到，第一，目前人类的困境以及许多使人困扰的难题在很大程度上是人为的，既然是人造成的，就可以由人去解决；第二，人类确实已经掌握了解决这些问题所需的技术知识和物质手段，它们之所以没有解决，并不是因为有无法克服的技术上的困难，而主要是由于人本身的原因，是由于陈旧的狭隘的思想方式、相互猜疑和对抗的心理和为个人利己主义、小集团利益服务的政治经济结构。因此，人是真正的关键，摆脱目前的危机和创造美好的未来，完全取决于人自己。首先需要对人类面临的挑战和危险有足够的认识，有决心和勇气去解决政治、经济、社会等各方面的实际问题。同样重要的是要进行人自身的改造，革新人的思想、价值观念和行为方式，树立一种适合于现时代的新伦理，人类的生存和团结的伦理。这正是哲学家们所应该承担的责任。

爱因斯坦早已指出，新的时代需要新的思想方式。他说“原子能的释放已经改变了一切，致使我们以前的思维方式已经变成过时了。因此，我们面对着前所未闻的灾难，如果人类要生存下去，我们就需要一种完全新的思维方式。”哲学应该努力去帮助人们去建立新的思想方式，这种新的思想方式乃是人类生存的伦理学的基础，在这里，请允许我提出以下几点供参考。

第一，新的思想方式首先要确定全球意识，要充分认识到我们的世界是一个整体，不管我们是否愿意，大家都得在这个星球上一起生活。由于科学技术的进步，世界正在变得越来越小，成为所谓“地球村”。宇航员从外层空间看到我们这个小而脆弱的蓝色行星的景象，第一次用肉眼证实了地球上生活的人类如何紧密地相互关联。人类的一体性和相互依赖、相互协助的思想，应取代损人利己、相互猜忌和欺骗，而成为人与人之间的关系的基本原则。一些全球性问题关系到全人类共同利益和未来命运，它们的解决也只能依靠人类共同努力。

第二，承认人类的一体性绝不是否定其多样性，人类的统一是多样性中的统一。一方面应承认我们之中每一个人和其他人一样，都同样是人；另一方面，在强调我们作为人的共同性时，也必须承认和尊重各种社会制度、文化、思想、传统之间的差异，求同存异，用对话代替对抗，容忍不同于自己的东西。这样才能在现时代得到和平和共同繁荣，否则就只能使世界因争吵而分裂，造成冲突和动荡不安，甚至共同毁灭。由一种文化来统治世界的时代已经结束，各种不同的文化都应成为全人类的精神财富。不能把一种意识形态、价值观念奉为绝对标准，强加于人，尤其是西方发达国家不应把自己看作一切国家实现现代化所应遵循的普遍模式。每个民族都有权根据自己的具体情况和文化历史背景，去选择适合自己的发展道路。

第三，我们也必须根本改变千百年来对自然界的态度，不再对自然界无节制地利用、榨取和征服，而要寻求建立一种人与自然界之间更和谐协调的关系。要改变谋求当前最大利益的短视的做法，从考虑全人类长远利益出发，保护养育人类的家园，保护生态环境，对物质资源进行适度的合理的开发。

最后，同样重要的是，人类必须学会自我克制，不仅要克服过度的个人主义，要把自己漫无止境的欲望和消费控制在合理的范围内，而且要自觉地控制人类自身的繁衍，认真地考虑大地母亲的承受能力。

我知道，要建立这样一种新的思想方式绝非易事，但如果人类要在下一个千禧年生存下去并得到自由的、全面的发展，就需要新的思想方式，尽管这可能要经过好几代人的努力。人类是否能成功地应付时代的挑战，这仍然取决于人自己。我们虽然主张对人类要有信心，要相信人类能够把世界改造得更好同时也改造自己，但我们并不奢望能准确地预测人类的未来。马克思主义者常被人误解为历史进程的预言家，而根据我们中国人的理解，马克思主义者不是算命先生，他只是从人类社会的现实出发，客观地分析存在的问题和发展趋势，提出一个在现实条件下可能实现的目标作为全力争取的理想罢了。而在我们看来，靠全人类的共同努力，创造一个没有压迫、剥削和贫困的和平、自由、幸福的新世界是完全可能的。

也许有人会说，这仅仅是一个梦。是的，直到今天为止，这仍然是一个梦。自从古代中国人提出“大同”理想以来，这个梦至少已经有两千多年的历史。但是，有时人们需要梦，而且历史证明，有些梦是可以实现的。一个伟大的美国人马丁·路德·金曾公开向世界宣告：“我有一个梦”，而且为了实现他的梦而献出了生命。他在接受诺贝尔奖金的演说中说：“或迟或早，世界上所有的人民终将找到一种和平地生活在一起的方法，从而把这正在逼近的宇宙间的哀歌转变为一首创造性的兄弟情谊的赞美诗。”马丁·路德·金不是一个哲学家，但他对人类未来的这种期望，是我们大家值得为其实现而努力工作的。

（原为作者在 1988 年英国布莱顿第 18 届世界哲学大会上的主旨演讲，英文稿载于《中国社会科学（英文版）》1989 年夏季号，及苏联知识出版社出版的《哲学》1989 年第 11 期）

中国的现代化与当代伦理

我想利用这个机会谈一谈当前中国的现代化和中国的伦理精神。在中国，这是引起人们普遍关心的问题。

中国正在为实现国家的现代化而努力，目前正在进行的经济改革、政治改革都是为了促进现代化的早日实现。改革给中国社会带来了新的活力和生机，也给人们的社会生活带来了许多变化，出现了一些新情况、新问题。改革和对外开放的洪流冲刷着旧的习俗、旧的思想方式、旧的价值观念。传统的中国文化和伦理，受到迅速变化的社会生活和随着对外开放而进入中国的外来西方文化和价值观念的双重冲击，引起了一些人的怀疑和困惑。近几年来中国学术界就文化问题展开了热烈的讨论，有人把这一场讨论称为“文化热”，其实质就是要对中国的传统文化和伦理重新进行检讨，探求建立一种能够和现代化生活相适应的新文化和新伦理。

中国和某些大国如美国、苏联不同，它曾有过长期的历史文化传统，而且历经数千年而未中断。这一传统已构成中国人的思想和生活方式的本质，形成了中国人独特的伦理。正由于这种文化传统和伦理，使中华民族在历史上历经种种磨难、曲折而始终成功地保持了自己固有的性格。这一点是英国著名历史学家汤因比也不得不承认的。但是，现在中国的文化传统和伦理却面临着现代生活的挑战，自身发生了问题。那么，出路何在呢？是回到过去中国的传统文化和伦理中去，还是抛弃传统，求助于外来文化和西方价值观念，一时成为争论的焦点。前几年，确实有一些年轻的中国知识分子把传统文化和伦理看作中国实现现代化的障碍，认为它们同中国经济发展和大规模商品经济、市场经济不相容，因此他们主张实行“全盘西化”以适应现代化的需要。相反，另一些人则惧怕改革开放后进入中国的西方文化和价值观念，将会从根本上破坏中国人的文化传统和伦理，从而使中国人丧失民族特性和文化伦理性格。因此，在当前中国社会发展新时期，如何解决传统文化和伦理与现代化之间的关系问题，不仅有理论意义，而且有很大的实际意义。但是，从中国近代历史来看，这并不是一个新问题，不过这个问题由于当前中国所面临的种种迫切的问题而显得特别突出罢了。事实上，自从中国在鸦片战争中失败，西方国家用武力打开中国的门户以来，中国知识分子为了把国家从灭亡的边缘挽救出来，一直在探寻中国现代化的道路，同时也不能不考虑如何对待中国传统文化和伦理的问题，由此形成了各种不同的意见和派别，从最初魏源在 19 世纪中叶提出“师夷长技以制夷”，到洋务派张之洞主张“中体西用”，康有为、梁启超维新派主张变法改良，到孙中山，到五四新文化运动，不同意见的争论时起时伏，没有停止过。由于历史的原因，中国走现代化的道路十分艰难、曲折，现代化的历史任务至今尚待完成，所以这场争论仍在进行，不过是在新的历史条件下的继续。

西方人对中国文化和伦理曾经有过两种理解上的偏向，一种是否认中国文化的独创性，认为几乎一切有价值的东西都是从西方传入的，这种看法早已被事实所驳倒，李约瑟(Joseph Needham)在《中国科学技术史》(*Science and civilization in China*)一书中已经做了很好的说明。另一种偏向是把中国文化和伦理说成完全是自我封闭的、与世界文化发展总潮流隔绝的东西，这种看法也同样是没有根据的。实际上，中华民族本身就是在历史上由许多民族融合而成，中国文化也是由各种文化源流汇合成的。中国文化一直有它的独立传统，但决不能说它排斥一切外来的观念、文化。中国的伦理也同样如此。在历史上，它是依靠不断地吸收各种新的养分而丰富自己，从而发展起来。特别是中国历史上最辉煌的汉唐时期，印度、阿拉伯、波斯和欧洲文明的许多成果被引入中国并加以吸收利用，成为中国自己的东西。佛教传入是一个最明显的例子，它对中国思想、文化、伦理的深刻影响是众所周知的，后来的宋明理学可以说就是中国的传统儒学在吸收佛学思想某些成分后的新发展。上个月我参加了在中国福建泉州举行的联合国教科文组织(UNESCO)海上丝绸之路考察队的学术讨论会，与会者印象最深的一点，就是在当地发现在古代中国许多外来的宗教如佛教、天主教、伊斯兰教、景教(Nestorians)、摩尼教(Mani)等等，和中国传统的儒学、道教和平共处。在历史的进程中，外来的因素凡是适合于中国文化和伦理的都被吸收，变成了新的活力推动了发展，而那些不适应中国的东西则被自然地淘汰掉了。近代中国的历史也证明了这一点，外来的西方文化思想传入中国也经历了被吸收和被否弃的过程，不过这个过程还没有结束。外来因素的吸收并没有使中国文化传统中断，使中国伦理毁灭，而只是使它发生积极的变化而进一步发展。总的来说，中国文化传统和伦理在两千多年的发展中表明它一方面有稳定的连续性，另一方面又富有开放性，不断地在自我完善而发生变化。

中国的现代化确实要求一种新的伦理。一个社会的发展需要有伦理的支持，按马克斯·韦伯的说法，西方资本主义的兴起有赖于新教伦理(Protestant Ethics)的推动，这种看法虽然有人表示异议，但任何一个社会都要有相适应的伦理，这大概是不错的。过去几十年间，中国社会发生了急剧的变革，过去以亲族宗法为基础的伦理文化受到强烈的冲击，丧失了在社会生活中的权威性和支配作用，但是又没有能及时地建立起调节现代社会里人际关系的新的伦理文化，所以一时在社会伦理道德领域内就出现了某种意义上的空白和脱节。近年来在我国社会里产生的伦理道德方面和人际关系方面的一些令人忧虑的消极现象(如曾经一度在中国绝迹的丑恶事物的重新出现)，不能不说与新的伦理文化未及时建立并巩固这一点有关。因此，我认为中国现在面临着重建中国伦理文化的任务。这当然需要长时间的努力，不仅是需要理论上的论证和阐明，更重要的还是要付诸伦理实践。伦理原则不管本身怎样完美，如果不能在实践中贯彻，那就不能在社会生活中起作用而成为空谈。我们中国现在强调在建设物质文明的同时，也要同样重视精神文明建设，据我看伦理文化就是精神文明的核心部分。中国现代化事业能否取得成功，中华民族的振兴的希望，不是单靠发展经济，同样也要看我们中国人能否建立起新的伦理。

关于如何重建中国的伦理问题，中国国内一直在进行讨论，有许多不同的意见。中国的现代化是一个新的事业，它不等于西方国家或任何其他国家的现代化，它必须从中国自身社会文化背景下，自然地生长出来，所以并没有现成的经验或模式可循。而且许多西方国家在实现现代化后，虽然在经济发展上取得很大成功，生活富裕，物质丰富，可是在社会道德和精神生活方面却出现了严重的危机，一系列社会问题都得不到解决。西方的一些学者承认，可怕的道德堕落正席卷西方社会，社会风气腐败，各种骇人听闻的犯罪和暴力事件每年上升，贩毒吸毒、赌博盛行，性关系混乱，家庭破裂，人与人之间的关系紧张、冷漠，人生活在社会里缺少温暖和相互关心，孤独、寂寞、多余感成为生活主调。人们对道德抱虚无主义态度，出现了某些学者所说的道德真空。西方现代社会的这些教训，正是我们所应该吸取的。前几年一位意大利哲学家阿加齐(Agazzi)就再三强调决不能把现代化理解为西方化，劝告我们免蹈西方国家的覆辙。因此适应于现代化要求的新的中国伦理究竟如何建立还有待于探讨，在这方面有不同意见是正常的。只有通过自由讨论和伦理实践才能辨别各种主张的是非。不过据我看来，重建中国伦理需要遵循以下几个基本原则：第一，它必须从当前中国社会的现实出发，符合中国的实际，而不应是脱离或超越实际的空谈。第二，它必须抛弃掉过去中国传统伦理文化中不适应现代化要求的保守落后的东西，同时又必须扎根于民族的伦理文化传统，继承和发扬其中一切优秀的合理的东西，决不能造成中国伦理传统的断裂。第三，它必须是开放的、面向世界的，它决不排斥外来的东西，而是努力吸收各种伦理文化中于我有益的东西，但同时又必须是中国化的，不能简单地从外国移植进来。我们期望，通过长期努力，将来中国伦理文化会得到新的复兴。所谓复兴，当然不是意味着回到过去、复古，这是不可能的，复兴本身意味着革新，不过这种革新不是完全抛开传统，而是在新的历史条件下对传统的重新认识和重新阐释，根据现代化的要求加以新的发挥。我想，在中国伦理的重建中，中国人将会获得对于我们民族伦理道德的尊严感和自信心。

对待中国的伦理传统要进行全面的考察，不能仅限于一个学派，例如儒家思想虽然是中国传统伦理思想的主干，但它并不等于整个传统，而只是众多学派中的一个。所以对传统要博采各家之长，保存和发扬其中一切适应现代社会发展的积极因素，同时要在保持中华民族主体意识的前提下，充分吸收国外一切先进思想和科学成就，进行综合创新，来建立我国当代的伦理。

那么在中国伦理传统中有哪些值得继续发扬光大呢？在这里只能略举几点：

第一，重视人、尊重人的尊严、提高人们互爱的人道精神，是中国伦理传统中最重要和最有价值的东西。中国早在春秋时代，就有民本的思想，就是把民众看作国家的根本。所以《左传》上有“夫民，神之主也”，“天道远，人道迩”的说法。这种朴素的人本主义到孔子提出关于“仁”的学说，得到了进一步系统的发展。“仁”这个字，在殷代甲骨文和西周金文中没有出现，但孔子以前的古文献中曾出现多次，不过孔子把“仁”的概念提高到最重要的地位，把它作为他的哲学的中心观念，在《论语》中“仁”就出现 109 次之多，所以《吕氏春秋》中说：“孔子贵仁。”“仁”的最基本的意义是爱人，他的学生樊迟问“仁”是什么？孔子回答说：爱人。爱人的主要内容就是对人要有同情心，希望别人幸福。实行“仁”的方法也很简单又切合实际，便于实践，就是自己有什么要求时总想到别人也有这样的要求，在满足自己的要求时总想使别人也能满足这样的要求(“己欲立而立人，己欲达而达人”)。从消极意义上讲，我不愿别人这样对待我，我也不要这样去对待他(“己所不欲，勿施于人”)，这样的道德就叫作忠恕之道，就是实现“仁”的方法。要实行“仁”，还需要修身，自觉地约束自己的欲求，遵从道德准则，所谓“克己”就是爱人、实行忠恕之道的先决条件。从爱人出发，孔子提倡泛爱众、把“博施于民而能济众”作为“仁”的最高理想。

孔子在实践中也体现了重视人，有一次马厩失火，他只问伤人乎，不问马。“仁”的更深的一层意思是把“仁”作为人的本质来看，“仁”正是人之所以为人、人之区别于禽兽的本质所在。孔子说：“仁者人也”，这是说人的最高本性即道德本性，没有这种道德观念就不成为人，所以道德对于人不是外在的、可有可无的东西，而是人类的本性。孟子在这方面更进一步发挥了“仁”的思想，他从内心态度来讲“仁”，认为“仁”是人所固有的恻隐之心，“人皆有不忍人之心”，看到小孩要掉入井里，人都有恻隐之心，否则就不是人，这种恻隐之心就是“仁”的萌芽，它植根于人性深处。“仁”又是最高的生活理想，为了追求它甚至可以舍弃生命，孔子说：“志士仁人，无求生以害仁，有杀身以成仁。”这种“仁”的思想不限于儒家，例如墨子也讲“仁”，不过他以利来谈“仁”，“仁人之所以为事者，必兴天下之利，除去天下之害”，“仁”之实质是兼爱，就是爱所有的人，不分人我，视人如己。墨子是主张全心全意为人民服务的，孟子说：“墨子兼爱，摩顶放踵，利天下，为之。”我认为，这种爱人民、不辞辛劳为人民服务的人道精神正是中国目前在现代化建设中需要树立的。

第二，中国伦理传统中自古就强调刚健自强的精神。《易传》说：“天行健，君子以自强不息”，这种自强不息，不断进取的精神构成中华民族的优秀品质。中国人，特别是知识分子对国家、民族、社会有一种强烈的责任感，所谓“天下兴亡，匹夫有责”，“先天下之忧而忧，后天下之乐而乐”，被认为是榜样，而“富贵不能淫，贫贱不能移，威武不能屈”，则被看作努力追求的理想人格。由于中国历史上经历了许多战乱、异族入侵和外来的统治，特别是近 150 多年来民族蒙受屈辱，这种以天下为己任的胸怀往往激励起强烈的爱国主义精神，爱国主义已经成为中国优秀伦理传统的一部分，正是在这种精神的鼓舞下，许多中国人抛弃个人和家庭幸福，为救国而做出巨大牺牲，完成许多英雄业绩。在今天建设现代化中国的艰巨事业中，也仍然要发扬高度的爱国主义。

第三，中国传统伦理学的另一优点就是理论与实践、学说与行为的一致，将思想、个人修养和日常生活打成一片。中国伦理首先是为了解决人们在生活中遇到的现实问题，而不是去追求什么虚无缥缈的上帝之城。中国人讲求实际生活中的道德行为，身体力行，而不去树立什么不可能实现的遥远而不切实际的道德理想。它是入世的，而不是出世的。所以中国始终是以道德教育置于首位，通过个人道德修养的提高去调节人与人之间的关系，使个人和社会相协调。中国的伦理往往更重视社会，个人的价值表现在他完成的社会责任之中，而当个人欲望和私利与社会责任相矛盾时，自我克制往往成为规范他的行为的道德准则。有人把这称为实践理性主义，就是说个人生活在社会里用理性精神和理性态度去处理他在日常生活中的各种问题，这使他对周围社会环境抱着一种冷静的、现实主义的态度，有利于人们的团结和社会稳定。据我看，这对于中国进行现代化建设的进程也是至关重要的。在目前中国社会里，怎样处理个人利益和社会、集体利益的关系，是必须妥善解决的问题。在社会承认和保护合理的个人利益的情况下，提高每个人的道德自觉，把社会利益、集体利益置于个人利益之上，避免损人利己的极端个人主义过度膨胀，才能使中国的现代化不致产生像某些西方国家里的那种恶果。

最后，中国人的价值观和伦理在很大程度上是和家庭相联系的，家庭制度在中国有牢固的经济、社会和道德基础。传统的最高价值

“仁”就是从家庭成员之间的爱开始，然后扩及社会一切成员的。所谓“修身、齐家、治国、平天下”，家庭在这个道德行为的序列中占了重要位置。当然，中国旧式家庭有许多必须改革之处，如家长专制、男尊女卑等等目前已经被废除了，大家庭也逐步被小家庭(独生子女家庭)所代替。但家庭仍是中国社会伦理生活的基本单位，有鉴于某些西方国家中家庭制度瓦解所带来的严重社会问题，在新的基础上保持家庭制度的稳定对中国现代化建设也将起积极的作用。

以上所说的中国伦理传统中需要继续发扬的优秀的成分，也是符合目前中国大多数人的价值观和价值取向的。1999 年中国社会科学院的研究人员曾在 9 个省、市城乡地区进行抽样调查，对象是 16—35 岁，思想比较活跃，将在未来 20 年起重要作用的青年人。结果是：绝大多数人强烈地关心国家的事业，主张“位卑未敢忘忧国”的占 83.7%，同意“个人的事再大也是小事，国家的事再小也是大事”占 66.6%。在个人和关心他人的问题上，反对“人不为己、天诛地灭”的利己主义的占 72.9%，赞成“只关心自己是小人，以他人为重才是君子”占 56.4%。在什么是人的最重要品质的问题上，42.2%认为是正直，41.6%认为是善良，合计为 83.8%，其余才是自信和进取精神，这说明大多数中国人对传统美德的认同。关于什么是人生最大幸福的问题，43.5%的人认为是事业成功，42.7%的人认为是温暖的家，这也可以看出家庭在目前中国人心目中的重要位置。

我们主张发扬中国传统伦理中的优秀成分，并不是原封不动地保持它们，或是复古，而是要用现代新的眼光加以改造，使之符合现代生活的要求。同时我们也不否认中国传统伦理中有不少不适应现代化的落后的东西必须要抛弃，如因循守旧的保守思想、安于贫困服从命运的消极态度、轻视劳动、轻视工商业等，这些落后的伦理观念如不清除，中国的现代化是难以实现的。在这方面，我们中国人应该有自我批判的勇气，同时要开放思想，吸收其他国家、其他民族一切优秀的东西和成功的经验，来重建我们新时代的伦理。

（原为作者1991年在日本东京伦理研究所讲演稿，载于日本《伦理》杂志1991年第11—12期）

儒学及其在现代中国的作用

由孔子所创立的儒家哲学，两千多年来一直在中国社会里处于正统地位，它是中国传统文化的主要思想基础，对历史发展产生过巨大的作用。它深深地渗透到社会生活的各方面，对整个中华民族的思维方式和文化心理结构的形成具有极大的影响，即使在今日中国的现实生活中，也仍然可以到处感受到它的影响。儒家哲学还传播到中国的周边国家，对东亚地区的文化和思想的发展留下了深刻的印记。儒家哲学能够绵延流传达 25 个世纪之久，影响如此多的人口，在人类历史上恐怕很少有哲学学说能够与它相比的。

但是，在 20 世纪儒家哲学遇到了前所未有的严重挑战。早在 20 世纪初，章太炎首先公开对孔子提出批评，对儒家学说进行全面的指责，认为实行革命，提倡民权，“孔教是断不可用的”①。从此引发了批评儒学之风，到 1911 年共和革命前夕，儒学受到猛烈的抨击，被作为封建专制主

① 章太炎：《演说录》，载《民报》第 6 号。

义的思想基础而加以无情的批判。革命推翻了清王朝，建立了共和国，但接着又发生帝制复辟，通令恢复尊孔，甚至有康有为那样的人鼓吹把孔教定为国教。这种利用儒学来宣传复辟的倒行逆施，激发了中国知识分子进一步批判儒学的浪潮，直接为"五四"运动做了思想准备。作为中国近代史上极其重要的一次新的思想文化运动，"五四"运动在当时进入中国的西方进步思想的影响下，高举民主与科学的旗帜，对儒学进行全面深入的批判，认为儒学是中国历代封建专制政治的灵魂，是阻碍中国社会进步的主要原因，因而已不适合现代生活，应予彻底抛弃。经过"五四"运动，儒学在中国的统治地位从根本上被动摇了，其影响也日益衰微。此后虽然不断有人提倡儒学，却再也无法重新恢复以前的独尊地位了。

"五四"运动是近代西方文化进入中国与传统文化相碰撞的结果，使中国思想发展开始了新的一页，也是中国社会迈向现代化的重要的一步。在当时，"五四"运动的思想家们为了使中国摆脱落后屈辱的地位而早日成为现代化的国家，采取激烈的反传统的观点，这是有历史理由的，也是可以理解的。但是，他们出于现实政治的需要以及对传统思想的强烈反感，不可能对儒家哲学及其在现代中国社会的作用做客观的、公正的评价，而往往抱着片面的、偏激的、绝对否定的态度。现在"五四"运动已经过去了 3/4 个世纪，中国在排除了种种障碍后业已坚定地走上了现代化的发展道路，我们完全有可能冷静地、更客观地去重新审查儒家哲学，看看今天儒家哲学中哪些是已经过时的死东西，哪些是仍然有生命力的活东西，从而确定儒家哲学在现代中国的地位。

在对儒学进行重新审查之前，先对儒学在中国的历史发展做一简要的回顾并不是多余的，因为只有了解儒学的过去，才能更好地估价它在今天和明天可能起的作用。

儒学在创立的初期只不过是中国先秦时期众多学派中的一个学派，在漫长的岁月中，它随着社会历史的变化而不断地发展，别的许多学派有的影响逐渐削弱，有的甚至完全从历史舞台上消失，而儒学力量却越来越壮大，经久不衰，长期居于统治地位，成为“官方哲学”被视为“正统”，其原因何在呢？

第一，儒学在历史上的诞生反映了时代的需要，其后随着各个时期社会的变迁，儒学本身也发生不断的演变，迎合当时的社会政治需要，表现出强大的适应能力。孔子生活在春秋末年，这是一个旧制度的权威在崩溃、新制度正在产生的历史转换时代。周王朝赖以进行统治的典章制度(周礼)已经难以维持，权力下移，政局动荡。作为新登上历史舞台的“士”阶层的代表，孔子考虑的首先是如何恢复或重建稳定的社会秩序，建立大一统的国家。他虽然内心里十分崇拜周礼，赞扬它“郁郁乎文哉”，但也不得不对它进行补充，最重要的补充就是纳“仁”入“礼”，用“仁”这个最高的道德原则去补充建立在强制和原始宗教崇拜基础上的“礼治”。儒家主张“爱人”、宽容，反对苛政，提倡“仁政”、“德治”，虽然在战乱频繁的春秋战国时代是不可能实现的，但是他们的这种政治理想仍然反映了当时人们渴望统一和安定的要求，因而发展成为重要的学派(显学)。秦用武力统一中国，压制儒学，实行法家严刑峻法、重赋繁役的办法，建立了一个短命的大帝国，很快就被推翻了。汉王朝继承了这一庞大帝国，同时接受了秦亡的教训，实行黄老“无为而治”的政策，战后经济逐渐得到恢复和发展，但也造成权力分散，中央皇权软弱无力状态。为了要建立一个与雄厚经济实力相称的强大国家，又重新提出了加强中央集权的极端君主专制的要求。儒学适应这种政治需要而发生很大的变化，被汉王朝提高到“独尊”的地位。汉代儒学以董仲舒为代表，大大背离了孔子儒学的本来面貌和精神，把明教化、施仁义同正法度、严刑赏结合起来，把儒家严格等级名分同法家推崇君权至上、绝对专制的主张结合起来，建立一种以“三纲五常”为绝对准则的宣扬封建君主专制“大一统”的理论。董仲舒等汉儒还把儒学加以神学化，用宗教迷信去论证“君权神授”和解释当时各种社会现象与自然现象。汉王朝的覆灭，结束了这种神学化儒学的统治，在相当长的时期内，道家思想昌盛，从外国传入的佛教也空前繁荣，相比之下，儒学虽未消失，却显得沉寂。但是，当封建王朝发生严重社会政治危机之后，却充分暴露出宣扬消极无为和出世思想的道教和佛教的无能为力，于是又重新出现了从思想上强化封建制度和社会秩序的政治需要。从唐代中叶开始，韩愈首先提出要恢复儒学业已中断了的旧“道统”。到了宋代，儒学又经历了一次大变革、大改造。新形态的儒学比素朴的原始儒学和粗陋的神学化儒学要更精致得多，富于哲理性。儒学经周敦颐、邵雍、程颢、程颐等人的努力，到南宋朱熹而集其大成，形成程朱理学的庞大理论体系，从哲学世界观、伦理观、政治理论、社会历史观以及个人修养和教育等各个方面，为巩固和完善中央集权的封建专制制度提供一套完整的思想体系。正因为程朱理学能很好地为稳定和加强既存的封建社会秩序服务，所以从南宋后期开始历代统治者(包括在中国建立王朝的蒙古族和满族的统治者)，竭力用官方政权的力量和行政手段来推广和灌输理学的那一套学说，把它钦定为正统儒学。实际上近几百年来一直在中国占统治地位的儒学，并非真正的孔孟之道，而是程朱理学。从名称上看，儒家似乎从先秦到明清一脉相承，其内容却随着时代的变化而不断变换，以适应不同时代的需要。一般地说，儒家在中国历史上的作用从来不是推动社会变革，而是维护统一，使现存社会秩序稳定和得到巩固。在中国古代以来极端分散的小农经济基础上建立的农业社会里，如何保持国家的统一和政治的高度集中，儒家提供了最佳的方案和实际可行的办法，这是它长期在中国经久不衰的根本原因。

第二，儒学在中国历史上的影响日益扩大的另一个原因在于，它不是一成不变的封闭的体系，而是开放的、依靠吸收外来的养料来充实自己。作为一个学派，儒学和其他学派不断地进行竞争和争论，有时达到十分炽烈的程度，但同时儒家又善于从对方吸取自己所需的东西，使自己更加丰富，表现出兼收并蓄的博大精神。历史上的某些学派已经衰落甚至消失，它们的某些因素或观点被儒家吸收和改造而得到保存。早在先秦时期，儒家的不同派别就从其他学派吸取营养，把儒家学说推进一步，如孟子曾吸取五行说的因素，荀子则接受了早期法家的强烈影响。汉代的儒学更是若干不同流派的大杂烩，广泛吸收了当时流行的燕齐方术及黄老刑名之学，以阴阳五行说为框架，把儒家和法家思想融合在一起。魏晋时期玄学风靡一时，儒道互相交流结合，到了五代、盛唐，儒学又和佛教、道教交融和互相吸收。特别是宋明理学的产生，完全是用佛教和道家的哲理对儒家思想进行重新创造的结果。在程朱之后与之相抗衡的陆王心学，更是明显地受到佛教禅宗的深刻影响。所以我们今天谈论儒家在中国历史上所起的作用，其实在一定程度上也包括中国传统文化的其他学派的作用在内，儒家影响显得特别巨大，原因之一在于它在不同时期吸收和综合了其他学派的许多因素，构成了中国文化的主流。

第三，儒学所以能够在中国历史上保持持久影响，还因为它往往能依据新的条件对儒学本身进行改造，对某些原理作新的解释和发挥。儒学本身不是单一的严密学派，而是不断地分化，产生出不同的派别。儒学内部的各派之间的竞争和交锋，使儒学保持继续向前发展的活力，有可能不断推陈出新。据韩非的说法，孔子死后，儒家就分为八派。这八派的主张和活动情况，有的现在已无法考证，但就后来影响最为重要的两派（孟子和荀子）来说，他们一方面继承了孔子思想，另一方面和孔子有很大差异，都有创造性的新发展。孟、荀两派之间不同意见的交流，对推动儒学本身的发展是有益的。它们代表儒学发展的不同方向，后来在历史不同时期适应于不同的社会需要而各自发挥影响。汉代的神学化的儒学在今天看来虽然十分荒谬粗俗，可是在当时仍然是为了满足特定的政治需要而对儒学所做的新改造。至于宋明理学和心学那样哲理化的儒学，则与先秦的原始形态的儒学相去甚远，完全是从当时新构造的哲学体系出发对传统的儒学所做的重新解释，所以人们把它称之为“新儒学”是有充分理由的。直到晚清，西方列强的入侵威胁到王朝的生存，封建制度陷于严重危机，传统的理学已经无法维持的时候，有一些思想家也还是企图利用儒学来鼓吹改革，康有为竭力把孔子装扮成托古改制的祖师，借此来提倡维新变法。当然，康有为对儒学的这种重新解释和改造已经不能挽救清王朝的命运，最后以彻底失败告终。

从上面对儒学在中国发展的历史回顾中可以得出简短的结论：儒学所以能在中国长期发挥巨大的影响是由于它能随着时代的变化而变化，适应当时社会的需要，为巩固和稳定既存秩序服务；是由于它能不断地吸收其他学派的因素，加以改造而变成自己的东西，这样就使自己得到丰富和发展，成为中国传统文化的主流；最后是由于它自身具有不断创新的能力，能够在新的历史条件下对传统的学说进行改造，做出新解释。反过来说，一旦儒学不再能适应社会发展的需要，成为不能接受新思想、新观念的封闭体系和僵死的教条，失去了创新的能力而停滞不前，那就必然会成为时代的落伍者而走向衰亡。

我们现在来探讨儒学在现代中国可能起的作用，也需要参考以上历史考察所得到的那几点结论。儒学今后在中国的生存和发展，在很大程度上将取决于它能否满足前面所列举的那些要求。

关于儒学在现代中国的地位和意义的问题，近年来一直是中国学术界热烈讨论的题目，这场讨论由于海外学者的积极参与而更加引人瞩目，因为这个问题不仅属于中国内地，而且也涉及整个受儒学影响的东亚文化圈。但在这里我把讨论局限于儒学在中国内地的前途。中国是儒学的故乡，儒学的命运归根到底决定于它在中国的发展前景。

有一种观点认为，当代中国面临的最主要的任务是实现国家的现代化，建立市场经济体制，大力发展生产力，把中国建设成为民主富强的国家，而儒学则是阻挠现代化的思想障碍，必须予以彻底的批判和否定，在未来的现代化的中国也将没有儒学的位置。这种观点实际上并不新鲜，只是“五四”运动前后盛行一时的那种反传统、反儒的极端观点的重复。但在新的条件下重新提出这种观点却具有新的意义和不同的论据。在这方面，韦伯的理论显然起了很大影响。韦伯到宗教文化中去寻找现代资本主义产生的原动力，他认为，在西方基督教新教伦理就是这种原动力，而在中国由于儒教伦理占主导地位，就缺乏这种原动力，使资本主义无法产生。这意思就是说，儒教文化和现代化社会是不相容的，要实现现代化，首先就必须抛弃儒教伦理。尽管韦伯的理论缺乏证明，他对中国社会和儒教都缺乏深入的理解，却有不少人受到他的影响。近几十年来儒学在中国内地的衰落似乎也证实了韦伯的看法，因此有的西方学者如列文森对儒家的命运是很悲观的，认为它已注定要退出历史舞台了。

另一种观点恰恰与此相反，认为“五四”运动以来对儒学的批判根本错了，应该予以否定。韦伯的理论也应加以重新审查，因为第二次大战后数十年间东亚地区某些国家经济迅速发展，走上现代化道路，说明儒教文化不是阻碍，而是促进了资本主义的发展。有些人甚至把东亚地区经济称之为“儒教资本主义”，他们强调儒教文化的优越性，肯定它有强大的生命力，主张以儒学为基本价值取向，塑造人格，建设社会。他们认为，儒学不仅与现代化不相矛盾，而且还能有助于解决西方社会实现现代化之后进入的后工业社会的一系列矛盾和问题，虽然儒学应吸纳西方文化中许多优秀的成分，但必须坚持以儒学为本位的立场，重新建构中国本位文化。因此，他们对儒学的前途抱乐观态度，提倡建立现代新儒学，鼓吹“儒学复兴”，期望儒学将继宋明理学之后获得所谓“第三期”大发展。

据我看，这两种观点都有片面性，都不符合当代中国的实际，因而都不能正确说明儒学在当前中国社会中的作用。

在过去，儒学思想一直和小农经济、以血缘关系为纽带的宗法制度密切相联系，由于中国社会长期依靠在很大程度上自给自足的分散的小农经济的支持，宗法制度也长期保存下来，所以儒学的存在和发展有其深厚的社会基础。现在中国社会情况已经发生根本的变化，小农经济和宗法制度基本上都不复存在，现代化的进程要消灭的恰恰就是千百年来儒学赖以存在的基础。作为一种意识形态，儒家思想就整体来说是难以适应现代化的要求的。儒家的基本精神是倾向于守成，面向过去，遵守传统，维护既存的秩序和社会稳定，它使人安于现状，不求变革，限制人们的主动性和创造精神。对于正在进行全面改革、社会结构正在发生急剧变化的当代中国来说，儒学很难提供推进社会发展的精神动力。就儒学的具体内容而言，许多基本观点也是和现代社会的要求不相适应的。例如，在人际关系上，儒学关于纲常名教、尊卑等级的观念是根深蒂固的，从原始儒家到后来的宋明理学，这种观念发展成为一整套系统的伦理、政治理论，成为封建等级和专制政治的思想支柱。这和建立高度民主的现代社会，反对等级观念、特权意识、官僚主义和个人专断，显然是背道而驰的。儒学强烈地维护血缘关系和宗法制度，宣扬以父权为中心的家长制，孔子说："孝悌也者，其为仁之本欤"，把家族关系置于一切之上，这对于建设现代法制社会也是格格不入的。从经济思想上说，儒家历来主张"贵义贱利"、"重道轻器"，始终把道德价值放在首位，轻视经济效益和物质利益，尤其反对自由竞争精神。目前中国正在向社会主义市场经济体制转化，在这种情况下儒家不可能为现代化进程提供正面的经济导向。现代化要求人们具有开放创新意识和科学技术意识，而儒学的特点是重继承而轻创新，重人生而轻自然探索，忽视科学实验和生产实践。儒学注重个人修养，塑造内在人格，提倡内省的思维方式，然后再推及外部世界，走所谓"内圣外王"之路。这种内省的思维方式把自我道德修养放在首要位置，往往造成人们内向型的封闭心理，它固然能为中国的"士"阶层营造安身立命之所，却无助于培养实现现代化所需要的那种积极进取改造世界的开拓精神。总之，儒学思想的主流和现代化是不相适应的，从儒学本身产生不了科学、民主，不能为个性的全面自由发展创造条件，儒学中的那些过时的死东西只能对中国社会发展起阻碍作用，如果不清除这些消极因素，实现现代化是没有希望的。在儒学的社会基础已经不复存在的情况下，它不可能重新成为正在向现代化迈进的中国社会的主导思想。某些学者们所鼓吹的"儒学的复兴"只不过是不切实际的善良愿望而已。至于东亚地区经济发展的成功，也有种种复杂的原因，并不能简单地归功于儒家思想的作用，更不能把这作为儒学有利于推动现代化的证明。

儒学不可能重新成为现代中国的主导思想，决不是意味着我们必须完全抛弃儒学，对它全盘否定。儒学经过两千多年的发展，已经溶化在中国人的民族性格和民族精神里，构成文化传统的主干。中国要实现现代化，创造新文化，但文化的发展有继承性，不可能割断历史。每一代人只能在已经形成的文化环境下生长，只能在利用前人已经取得的文化成果的基础上来进行创造和发展。中国的现代化并不是西方化，应该有中国自己的特色，决不能脱离中国固有的文化传统。就儒学来说，它作为总体不能与现代化的要求相适应，但它像世界上其他伟大的学说一样，不管时代的变化，仍然含有普遍的、富有生命力的积极因素。问题是要根据新的要求，把儒学中的积极因素发掘出来，加以必要的改造和新的解释，使之有利于中国的现代化建设。事实上，儒学本身具有两重性，其中不少思想观点即使在今天也仍然富有现实的意义和价值，举例如下：

第一，儒学中最值得我们在今天发扬的是人文精神，就是对人的关切和尊重，这集中表现在关于"仁"的学说中。"仁"是孔子在《论语》中谈得最多的一个概念，可以说是孔子学说的核心。由于孔子关于"仁"有不同的说法，因此引起研究者的许多意见分歧。我认为，今天应该强调的是"仁"的一般意义，而不是孔子对"仁"所做的某些具体的表述。"樊迟问仁，子曰爱人"①。"爱人"是孔子对"仁"的最明确的概括，是用来调节和处理人与人之间关系的最高原则。用这个原则去指导个人的行动，就须做到"己所不欲，勿施于人"，"夫仁者，己欲立而立人，己欲达而达人"②。首先要从自己做起，只要推己及人，由

① 《论语·颜渊》。
② 《论语·雍也》。

近到远，就可以达到“仁”，因此这完全在于自己是否去做的问题，而不是能否做的问题。“仁远乎哉？我欲仁，斯仁至矣。”①但是，这又是一种很高的道德境界，甚至可以为之不惜生命，“无求生以害仁，有杀身以成仁”②。当然在孔子那里，“仁”和“礼”结合在一起，而“礼”则是严格等级制的体现，因此“仁”有很大的局限性。但是“仁”的思想是以普遍性的形式提出来的，表现出人道主义精神，经过新的解释，可以作为现代中国社会处理人际关系的准则。孟子的解释是：“仁也者，人也”，就是要把人当作人来看待。这是符合现代精神的。

第二，儒学重视人格的塑造，强调保持崇高的精神境界，自尊自爱，不屈不挠，为理想而献身。孔子说：“三军可夺帅也，匹夫不可夺志也”③，即使是普通人也都应有自己的志向和尊严。孟子心目中的大丈夫的形象是经过各种艰苦的磨炼，达到“富贵不能淫，贫贱不能移，威武不能屈”④，这样的人能为崇高的原则而把个人的荣辱生死置之度外。“生亦我所欲也，义我所欲也。二者不可得兼，舍生而取义者也。”⑤儒学的这种献身精神在中国漫长历史上曾造就了许多英雄人物，他们在最危急的时刻，临难不惧，慷慨赴义，表现了民族气节和爱国主义。这仍然是现代中国所需继续发扬的。儒家宣扬一种为伟大事业而工作的历史使命感和不计成败荣辱和坚忍不拔的精神。这对于正在从事现代化建设的中国人来说也是十分重要的。

第三，儒家在处理个人与集体，个人与社会、国家的关系上，虽

① 《论语·述而》。
② 《孟子·卫灵公》。
③ 《论语·子罕》。
④ 《孟子·滕文公下》。
⑤ 《孟子·告子上》。

然把个人作为出发点，以个人修身为本，但始终把群体利益放在首位，认为个人只有在家庭、社会、国家中才能充分实现自己的价值。对待个人物质利益和欲望的问题，儒家在承认的前提下主张采取有原则的适当节制的态度，反对极端个人主义和对欲望的盲目追求。孔子说："富与贵，是人之所欲也，不以其道得之，不处也。"①在义和利的关系上，儒家始终把义放在利之上，强调保持社会公正的重要。儒家所信奉的中庸，如果加以新的理解和正确的运用，对于现代化过程中可能出现的极端个人主义、拜金主义、过度追逐物质利益等倾向，可以起有益的抑制作用。

第四，儒家在人与自然界的关系方面主张建立一种统一、和谐的关系。由于中国几千年来是一个自然经济的农业国，儒家思想是在这样的历史背景下产生的，反映了人在这样的环境下与自然界的特殊关系。人的生存依赖于自然界提供良好条件，同自然界息息相关，对自然界有一种感激之情，对自然界抱高度崇敬，同时儒家又是以人为中心的人本主义哲学，因此人必须积极主动地调整自身与自然界的关系，确立自己在自然界的地位。儒家强调"天人合一"、"天人相通"，反对把人与自然界对立，认为人应该顺应自然，互相交融。《中庸》说："万物并育而不相害"②，人应该尊重自然，爱护万物，承认万物的独立平等，并尽力去实现各自的内在潜能，所以"能尽人之性，则能尽物之性"，然后"可以赞天地之化育"，"可以与天地参矣"③。应该说，儒家的这种学说是和现代保护环境的思想相一致的，在现代化

① 《论语·里仁》。

② 《中庸》三十章。

③ 《中庸》二十二章。

过程中它有助于帮助人们和自然界建立更和谐的关系。

上面列举了儒家思想中至今仍富有生命力的积极因素，这些因素并未过时，而仍能在现代中国发挥重大作用。这些因素与中国传统思想和文化的其他因素一起，使中国的现代化过程具有自己的特色。中国正在实现现代化，但我愿意再重复一遍，中国的现代化绝不是西方化，而是走自己的路。西方国家的现代化虽然是历史上的巨大进步，但也带来许多社会问题和危机。高度发达的市场经济和利润追求，淹没了人与人之间的亲缘关系和道德感情，人际关系冷漠疏远，人陷入自私、孤独，精神空虚，家庭崩溃，人生理想丧失。人对自然界以征服者自居，贪得无厌地索取和掠夺，破坏生态环境，滥用和浪费自然资源，使人类生存条件日益恶化。有鉴于西方国家的教训，发扬儒家思想中的积极因素，或许能防止类似西方社会的严重疾病，使中国在现代化过程中更健康发展。

中国正坚定地实行改革开放，实现现代化需要向全世界开放，利用和吸收外国一切对中国有益的东西。在文化上，我们正创造有中国民族特色的现代新文化，它植根于中国的土壤，继承和发展优秀的传统文化，同时也充分吸收和借鉴外来文化。儒学无疑将在这新的综合中占据一席之位，它的一切积极因素和思想精华将得到保存和发展而不至于消失。从这个意义上说，中国正在形成的新文化虽然不是新儒学，却是儒学的真正继承者。

（原为作者1993年在韩国精神文化研究院举行的儒学国际讨论会上的讲演，曾载于该院学术集刊）

中国古代文明中人的问题

人权概念在中国出现较晚，但是关于人和人的尊严和价值的问题却是中国传统思想经常讨论的重点。中国人对人权的理解同这一历史文化背景有着密切联系，在中华文明及其特有的价值观中可以找到它的根源。

关于人的学说是中国人文主义思想的基础。这是一种与西方迥然不同的独特的人文主义，自从中国产生真正的哲学思维后一直起着十分重要的作用。在关于人的问题上，中国传统哲学的不同学派都发表过许多意见，曾进行过激烈的讨论。如儒家、法家、道家和后来的佛家都有各自的看法。但由于儒家哲学长期以来被奉为正统思想，得到历代王朝统治者的大力支持而成为中国传统思想和文化的主流，统治中国社会两千年之久。因此，谈论中国古代文明中关于人的看法应该主要以儒家思想为依据。

在中国历史上，孔子是第一个创立一套关于人的哲学体系的思想家。为以后中国哲学和文化的发展确定了方向。以前，人是不受重视的。在商代，人们相信一切自然现象和人事都由超自然的最高存在“天”或“帝”所控制，而人只不过是听命于“天”这种超自然的神圣力量的玩物。但是这种观念逐渐发生变化，人们对“天”开始采取更理性的看法。公元前11世纪，周战胜商标志着观念开始转变。过去“天”对人统治是全面和绝对的，一切都得听命于“天”。到了周代，对一个统治者来说，虽然他仍需得到“天”的授权来进行统治，但这主要是取决于统治者本人的品德和良好作为。对“天”的信仰也有所变化，“天”不再是拟人化的神，凭自己的好恶来干预人的活动，而只是作为精神世界的最高存在和道德的源泉而起作用。因此，人主要靠自己的德行来决定命运，不能完全依靠“天”了。这就导致了人的哲学的产生。

孔子是当时这种新思潮的代表。他虽然仍认为自己受命于“天”去完成神圣使命，保持对“天”的传统信仰，然而他不再去探究“天”如何干预人事。在《论语》中，他的学生子贡说：“夫子之言性与天道。不可得而闻也。”可见“天道”并不是孔子和学生们讨论的主题。孔子心目中的“天”虽然仍是社会秩序和道德之源。但已不是为人们的活动做出一切安排的万能的上帝，在某些场合他对“天”的理解还带有自然主义的倾向，例如他说：“天何言哉？四时行焉，百物生焉，天何言哉？”至于“天”以外的其他鬼神，则孔子公然抱怀疑态度，例如他说：“务民之义，敬鬼神而远之，可谓知矣”，“未能事人，焉能事鬼”。所以他的学生说“子不语怪、力、乱、神”。实际上，孔子对神灵世界和人死后的生活不感兴趣，采取把它们搁置不论的态度，而把注意力集中于人，关注人的日常生活。他在中国思想史上的重大贡献之一，是把人们的注意力从超自然的东西转向人本身。此后，人就成为中国哲学思想的中心。

由于孔子和儒家思想的影响，中国主流传统思想中没有对万能的上帝崇拜的信仰，没有上帝创造世界和创造人的概念，也没有对死后的另一世界的憧憬和灵魂不死的观念。它强调的是人在现实世界和社会中的生存和生活。而这主要靠人自己的努力。这是中国古代文明和深受犹太—基督教传统思想影响的西方文明的重大区别之一。

儒家的人的哲学的核心是仁学。孔子赋予仁以新的意义，使之成为人所特有的普遍品德和最高价值。个人总是生活在与他人的交往关系中。构成人类的群体生活，仁就是规范人与他人之间的关系的伦理原则。人类与一般动物的根本区别就在于在群体生活中遵循一定的伦理原则。至于什么是仁，孔子在不同场合有不同的解释。我们应强调的是仁的一般意义。即孔子在回答樊迟问仁时所说的“泛爱众”。“爱人”是用来调节人与人之间的关系的最高原则，也是仁的实质所在。这种爱首先源自对亲人的爱。然后扩大到爱其他人。在他看来，仁是人人都可具有的，深深植根于人性之中，所以说“仁远乎哉？我欲仁，斯仁至矣”。孟子说得更清楚。“仁也者，人也”，直截了当地把仁和人性等同起来了。

关于人性的讨论是先秦时期各个哲学学派注意的焦点之一，对中国人文主义思想的发展起了重要推动作用。孔子认为，人性基本上是相似的，“性相近也，习相远也”，他似乎主张一种自然平等论，即人天生都有同样的人性，人与人的差别是后天造成的，是由于不同的环境因素和个人的努力。儒家十分强调教育的作用，把教育看作发展人性的最重要手段，而因为人性基本上相同，所以所有人都应享有受教育的机会，即所谓“有教无类”。在这方面，孔子的主张与柏拉图有很大不同，因为柏拉图在《理想国》里认为人生来是不平等的，只有少数精英分子才应获得最好的教育。人的高度可塑性是儒家的基本看法，即认为通过教育和个人努力学习，人人都有平等的机会在道德和才能方面成为卓越的人。

孔子的仁学标志着中国哲学思想中自我意识的开始。人作为主体取得了主动性和独立性，“自我”被确立起来了。这种作为主体的自我并非源自主客体的一分为二或人与自然的分裂，而是源自“自我”与“他者”的关系。仁必须在人和他人的关系中表现出来，但仁的起点和体现总是在个人自己身上。孔子在解释仁的本质时指出，仁就是“己所不欲，勿施于人”，或从更积极的意义上说，“己欲立而立人，己欲达而达人”。因此，仁的标准就在自己心中，人作为道德的主体，按自己内心的愿望去行事，而不是受外界强制性力量的约束。实行仁是高度自觉自愿的道德行为，同时又是一个人完全可以做得到的。

儒家认为。人的本质是仁，但要达到这一道德品质必须通过后天的“修己”和不断努力学习。一个人的自我道德完善完全要靠自己，除了学习还要不断进行严格的自我检查、反省，及时改正。但“修己”而达到个人道德完善并不是最终目标，还需把仁推广给别人，即所谓“修己以安人”，“修己以安百姓”，把仁的原则应用于广大人群，把人当作人来看待，互相爱护和尊重。爱他人也不是单纯的同情，而是要做有益于人的实事，给众人带来福祉。从自身做起，推广到家庭、社会、国家，建立一种和谐的人际关系，这就是实施仁的整个过程。儒学经典之一《大学》中提出的“修身、齐家、治国、平天下”这一公式长期以来被人们在生活实践中所遵奉，在中华文明的历史上起过很大的影响。

儒家的人的学说重视人格的塑造，强调保持崇高的精神境界，自尊自爱，不屈不挠，为道德理想而献身。“匹夫不可夺志”，即使是普通人也都有自己的志向和尊严，不容他人剥夺。而要成为大丈夫则更需历经各种艰苦磨炼而始终坚持自己的道德人格。这样的人为了自己的道德理想，甚至可以不惜自己的生命，必要时可以“杀身成仁”，

“舍生取义”。儒家所推崇的这种人格激励了无数志士仁人为祖国的崇高事业而献身。这些都是儒家的人的学说的积极意义。

（原载《中国社会科学院院报》2006年12月14日）

第三辑　美学与文明对话

马克思和美学中的革命

马克思不是通常意义下的美学家，他并没有写过系统地论述美学问题的专著①，但他在不少著作里涉及美学问题时所阐发的一些基本观点，却在美学中开始了一场真正的革命。对于这场革命的重大意义，我们还需要加以充分的认识。

关于马克思的美学思想，人们现在已经谈得很多了。对马克思著作中有关美学的言论做认真的研究和正确的解释，这无疑是一项十分重要的工作。在我看来，研究这些言论的主要目的不应该是从中寻找对一些具体的美学问题的现成答案，而是从中获得启示，去创造性地运用马克思的基本观点建立和发展一门名副其实的马克思主义美学科学。马克思在美学中的划时代的伟大贡献，并不在于对历

① 从青年时代起，马克思就有写作美学专著的打算，但革命斗争的需要使他不得不把主要精力集中于研究哲学、经济学、科学社会主义和无产阶级运动的战略和策略问题，他的计划始终未能实现。1857年，《美国新百科全书》的编者德纳曾约请马克思撰写《美学》条目，但从内容上看，我认为后来发表的《美学》条目显然不是出自马克思的手笔。

史上长期争论不休的这个或那个美学问题做出结论，好让我们这些后人心安理得地躺在这些结论上睡觉。不！马克思之所以能够在美学领域内点燃这场伟大的革命，正因为他能超越于一般美学家们感兴趣的那些纯粹的美学问题之上。马克思的视野要比过去的美学家们宽广得多，站得要比他们高得多，他把美学现象放到人类社会生活和历史发展的整体中去考察，并且和现实的人的丰富多彩的多方面实践活动以及人在未来共产主义社会里的全面发展的远景联系起来加以研究，从而从根本上突破了以往传统美学的框架，为美学成为一门真正的科学指明了方向。只有从这种更高的角度去看，才能理解马克思留给我们的美学遗产的巨大历史价值和现实意义。

那么，马克思在美学中进行的革命主要表现在哪些方面呢？对我们今天从事美学科学的研究又有什么重要的启示呢？

一

马克思在美学领域内所造成的革命，首先是他把研究人类社会历史时的伟大发现应用于美学的必然结果。恩格斯在马克思墓前的著名讲话中高度概括地阐述了他的亡友的最重要的理论功绩，他说：“正像达尔文发现有机界的发展规律一样，马克思发现了人类历史的发展规律，即历来为繁茂芜杂的意识形态所掩盖着的一个简单事实：人们首先必须吃、喝、住、穿，然后才能从事政治、科学、艺术、宗教等等；所以，直接的物质的生活资料的生产，因而一个民族或一个时代的一定的经济发展阶段，便构成为基础，人们的国家制度、法的观点、艺术以至宗教观念，就是从这个基础上发展起来的，因而，也必须由这个基础来解释，而不是像过去那样做得相反。”①

恩格斯在这里所指出的马克思的伟大发现也就是历史唯物主义，而美学一旦建立在历史唯物主义的稳固的基础上便发生了根本性的变革。马克思以前的美学家们，往往脱离人类社会生活的整体，特别是脱离社会的经济基础的历史发展进程，去孤立地探讨美学问题，因而不可能对美学现象和文学艺术现象做出真正科学的解释。像康德那样的美学史上的重要人物，只是从主观的、形式的方面去抽象地考察人的审美活动和艺术创造活动。在他的《判断力批判》里就完全看不到现实的社会生活条件对人的审美活动和艺术创造活动的影响和作用。康德诚然是发展了人在审美领域内的主观能动性，这是他的一个历史功绩，但他只是唯心地、抽象地发展了这种主观能动性，使它成为脱离人的具体社会历史实践的东西。黑格尔比康德高明，他联系人的多方面的实践活动去考察美学问题，特别是把艺术本身的发展和整个社会生活的发展结合在一起来加以研究。在黑格尔的《美学》里，各种艺术类型和各门艺术的产生和发展，它们的相互更迭以及消亡，都是和社会历史的特定发展状态(用黑格尔的术语来说，就是所谓“一般的世界情况”)密切相连的。可是，黑格尔毕竟是一个唯心主义者，他把事物的真实关系完全弄颠倒了。在他看来，整个世界的发展，包括自然界和人类社会历史在内，都无非是转化成为独立实体的抽象思维、精神或理念自身的发展，因此艺术也只不过是理念发展到最高阶段，即绝对精神时的一种表现形式，也就是说，直接的、感性的表现形式。正由于黑格尔美学建立在这样的错误的唯心主义的基础上，所以尽管他曾经对某些美学现象(例如荷兰绘画)做过十分精辟的具体的社会历史

① 《马克思恩格斯选集》第3卷，第574页。

分析，但就他的美学的总体来说，他并没有找到解开人的审美活动和艺术发展的规律这个历史之谜的正确的钥匙。在马克思完成历史唯物主义的伟大发现以前，人们一直在黑暗中摸索，美学作为一门科学还缺乏最必要的基础。

当然，马克思在创立历史唯物主义时，并没有抛弃掉过去人类积累起来的知识，而是充分利用并且批判地吸取了前人所提供的思想资料。就拿美学的领域来说，在18世纪的德国，先进的思想家们就曾自觉或不自觉地试图用物质生活条件去解释美学观念和艺术的发展。例如，温克尔曼在马克思所熟谙的《古代艺术史》这部在当时具有巨大影响的名著中，把古希腊高度发展的审美感和艺术繁荣归功于良好的气候条件和民主自由的国家体制。康德美学的批判者赫尔德，则进一步指出艺术起源于满足人的日常生活需要的过程，因而和劳动有着密切的联系。如人类最早的艺术——建筑术即产生于满足人对住宅的需要，食物的需求产生了园艺，衣服的需要产生了应用艺术、手工艺，狩猎和防御外敌的需要使颂扬刚勇的男性美成为造型艺术的内容，人们交往的需要产生了语言，而语言则转化为高尚的艺术，即诗和音乐的手段，如此等等。毫无疑问，在这些德国启蒙运动者的美学思想中，已经包含着茁壮的历史唯物主义的萌芽。但是，应该指出，在马克思以前虽然已经有人对决定审美意识和艺术发展的客观物质条件做过一些可贵的探索，然而他们还远远没有达到对社会发展规律整体的唯物的理解，不能从历史观的高度去唯物地解释各种美学现象的产生和发展。因此，他们在这方面的见解是零散的、肤浅的，不可能摆脱形而上学唯物主义(例如地理决定论)的影响。归根结底决定一个社会发展的动力究竟是什么？审美意识和艺术在社会整体中究竟占什么位置？它们和其他社会因素的相互关系又是怎样？人们在这些关键性的问题面前仍是茫然。直到马克思完成了他的伟大发现，创立了历史唯物主义，才彻底清扫了千百年来笼罩着人类历史的迷雾，使长期以来受唯心主义统治的美学双脚落地，站到现实的土壤上来。

关于历史唯物主义的基本原理，马克思曾在《政治经济学批判》一书的序言中做了经典式的论述，这是大家所熟悉的，不用再在这里引证①。在这段内容极其丰富而又高度概括和简洁的论述中，对于美学来说特别重要的是关于经济基础和上层建筑、社会存在和社会意识之间的相互关系的理论。根据这一理论，决定一个社会的根本性质的是经济基础，也就是同物质生产力的一定发展阶段相适合的生产关系的总和，而这些生产关系是必然的、客观的，不以人们的意志为转移的。包括审美意识和艺术在内的社会意识形式，则属于建立在这个基础之上的上层建筑的范围。就二者的关系来说，上层建筑反映基础的性质，是由基础决定的，它必须与基础相适应，它的本质归根到底应由基础来说明。当然，上层建筑的不同部分和基础的关系有着程度上的差别，与政治、法律、道德相比，审美意识和艺术离基础更远些，对基础的反映也可能不那么直接，但就其基本性质而言，却仍然是由基础派生出来的第二性的东西。马克思的结论是：物质生活的生产方式制约着整个社会生活，其中也包括精神生活的过程，不是人们的意识决定人们的存在，而是人们的社会存在决定人们的意识。所以我们决不能把审美意识和艺术看作独立自足的王国，而必须看到它们背后的起决定作用的东西，到社会存在中去寻找对它们的解释。

马克思的历史唯物主义，曾被列宁公正地称之为“科学思想中的

① 《马克思恩格斯选集》第2卷，第82—83页。

最大成果”①，它对美学的重大意义是怎么估计也不会过高的。恩格斯说：“人们的意识决定于人们的存在而不是相反，这个原理看来很简单，但是仔细考察一下也会立即发现，这个原理的最初结论就给一切唯心主义，甚至给最隐蔽的唯心主义当头一棒。”②马克思所提出的这个原理，正是把美学领域内根深蒂固的形形色色的唯心主义观点彻底否定了，使它们遭到了毁灭性的打击。很久以来，人的审美活动和艺术创作一直被唯心主义者吹得神乎其神，似乎是无功利的、与任何物质利害关系不相干的。马克思却恰恰相反地证明，不管从表面上看来这些美学现象和人们的经济活动相隔多么遥远，只要我们充分认识了某一历史时期的经济状况，那么该时期的一切现象，包括美学现象在内，归根到底都可以由这一时期的生活的经济条件以及由这些条件决定的社会关系来说明。这样，唯心主义就从美学这个最深的隐蔽所里被驱逐出来了。

因此，马克思在美学中进行的革命给予我们的最重要启示就是：必须朝着马克思所指引的方向，把美学科学建立在历史唯物主义的基础上，这样才能真正根除美学中的唯心主义的影响。事实证明，只要遵循这个正确的方向进行认真的探索，就能在美学研究中获得丰盛的收获(如梅林的《莱辛传说》和普列汉诺夫的《没有地址的信》，可惜这样成功的例子太少了)。现代资产阶级美学则从反面来证明在美学中坚持历史唯物主义的必要性。现代西方资产阶级美学家们几乎无例外地反对历史唯物主义的基本原理，他们走的是一条与马克思相反的道路，竭力想使美学脱离社会经济基础，把主要兴趣集中于审美心理、

① 《列宁选集》第2卷，第443页。

② 《马克思恩格斯选集》第2卷，第117—118页。

审美意识、审美经验的分析研究。这有一定的迷惑性，因为审美心理学确实是一片尚待开垦的处女地，而且资产阶级学者们在这方面所做的研究还往往披着“科学”的外衣，在某些具体问题上取得了一些成果。但是，审美心理本身并不是天生的、不依赖于外界的、独立自足的东西。它一方面是人类文明长期发展的产物，另一方面又是一定时代的物质生活条件的特殊反射。因此，如果离开社会意识与社会存在、基础与上层建筑之间的相互关系，去抽象地研究审美心理学，就不可能建立真正的美学科学，而只能重蹈现代资产阶级美学的覆辙，走到邪路上去。

马克思主义的敌人往往把历史唯物主义曲解为庸俗的“经济决定论”，在美学方面也有人在重复这种毫无根据的谰言，似乎马克思主义美学把一切复杂的美学现象都简单地、机械地还原为经济原因。某些自称为马克思的“学生”的人，则在这方面为马克思主义帮了倒忙。所以恩格斯在晚年不得不多次对庸俗的、机械的“经济决定论”进行驳斥，指出它和马克思的历史唯物主义毫无共同之处。恩格斯说：“根据唯物史观，历史过程中的决定性因素归根到底是现实生活的生产和再生产。无论马克思或我都从来没有肯定过比这更多的东西。如果有人在这里加以歪曲，说经济因素是唯一决定性的因素，那么他就是把这个命题变成毫无内容的、抽象的、荒诞无稽的空话。”①马克思主义在充分肯定社会存在对社会意识、经济基础对上层建筑的决定作用的前提下，承认社会意识和上层建筑的反作用和相对独立性。在美学中也同样如此，“政治、法律、哲学、宗教、文学、艺术等的发展是以经济发展为基础的。但是，它们又都互相影响并对经济基础发生影

① 《马克思恩格斯选集》第4卷，第477页。

响。并不是只有经济状况才是原因，才是积极的，而其余一切都不过是消极的结果。这是在归根到底不断为自己开辟道路的经济必然性的基础上的互相作用”①。因此，承认经济基础的最后制约作用，并不会使马克思主义美学变得贫乏和简单化，相反，这使它在内容的丰富性方面远远超过资产阶级唯心主义美学。采用历史唯物主义观点，要求人们必须重新研究全部历史，必须详细研究各种社会形态存在的条件，然后从这些条件中找出相应的美学观点来。这是一件十分复杂和艰巨的工作，比唯心主义美学家凭空构造“体系”要困难得多。

马克思本人没有来得及应用历史唯物主义的观点去系统地研究和解决所有重大的美学问题，但我们在他的著作里看到关于某些美学问题的极其深刻而精辟的论述，堪称为非常成功地应用历史唯物主义的典范。一个最著名的例子就是他在《1844 年经济学哲学手稿》里关于审美感觉和艺术起源于物质生产劳动的论述。

《1844 年经济学哲学手稿》在人们长期忽视以后，近三十年来已经成为马克思研究中的热门。虽然这部手稿直接谈到美学问题的地方很少，但却对理解马克思的美学思想具有特别重要的意义，原因就在于青年马克思在这里应用了刚刚形成的历史唯物主义观点，从全新的角度去研究与人类社会生活有着最密切关系的带关键性的美学问题。像究竟到哪里去寻找审美感觉和艺术的根源那样的问题，资产阶级学者们从来没有找到正确的方向，他们在这方面写的著作可以说是汗牛充栋，却始终只是在门外转圈子，只有马克思才提供了真正登堂入室的钥匙。马克思破天荒第一次从作为与一般动物有别的人类得以生存的最必要条件，即物质生产劳动的特点出发去看这个问题，就抓住了

---

① 《马克思恩格斯选集》第 4 卷，第 506 页。

问题的本质。马克思认为，正是在物质生产劳动中，人改造了周围的客观世界，同时也改造了自己，使人成为人，所以“整个所谓世界历史不外是人通过人的劳动而诞生的过程，是自然界对人来说的生成过程”①。诚然，动物为了维持生命也要进行生产，但动物的生产是片面的，只是在直接的肉体需要的支配下生产，而人之所以为人，就因为他超越了动物的这种局限性。人的生产是全面的，他甚至不受肉体需要的支配也进行生产，而且只有在这时才进行真正的生产。动物只是无意识地适应自然界，仅仅按照它所属的那个种的尺度和需要来生产，而人的类特性则是“自由的自觉的活动”，人“懂得按照任何一个种的尺度来进行生产，并且懂得怎样处处都把内在的尺度运用到对象上去；因此，人也按照美的规律来建造”②。这样看来，艺术和美的创造的最深刻的根源，应该到人的自由的自觉的生产劳动中去寻找，正是在这种劳动中，人能动地、现实地复现自己，把自己的本质对象化了，并且在他所创造的世界中直观自身。不仅如此，人的感觉，连同审美感觉在内，也不是天赋的、生来就一成不变的，自然的、直接的感觉只有在人改造自然界也改造自身的过程中才发展成为真止的人的感觉。所以，人的眼睛和耳朵得到的享受不同于原始的、非人的眼睛和耳朵，社会的人的感觉不同于非社会的人的感觉。“只是由于人的本质的客观地展开的丰富性，主体的、人的感性的丰富性，如有音乐感的耳朵、能感受形式美的眼睛，总之，那些能成为人的享受的感觉，即确证自己是人的本质力量的感觉，才一部分发展起来，一部分

① 《马克思恩格斯全集》第42卷，第131页。

② 同上书，第96—97页。

产生出来。”①可以毫不夸大地说，马克思这样地应用历史唯物主义于美学研究，在美学史上完全是新的创举，对美学的发展造成了根本的转折。

当然，在美学研究中，甚至在上面所谈到的关于审美感觉和艺术起源于劳动的问题上，马克思主义并没有也不可能穷尽真理，而仅仅是开拓了通向真理的道路。马克思为我们指明了以历史唯物主义作为基础去建立美学科学的正确方向，但真正的工作还有待于在攀登科学的高峰上不畏艰险的探求者去进行。光在经典著作中引章摘句是完成不了这个任务的，需要开展深入的理论探讨，切实地认真研究历史，用大量历史事实去论证、丰富和发展马克思在美学中贯彻的历史唯物主义观点。我们要牢记恩格斯的话：“即使只是在一个单独的历史实例上发展唯物主义的观点，也是一项要求多年冷静钻研的科学工作，因为很明显，在这里只说空话是无济于事的，只有靠大量的、批判地审查过的、充分地掌握了的历史资料，才能解决这样的任务。”②

二

马克思的伟大功绩在于，他不仅发现了人类历史的一般发展规律，而且发现了资本主义生产方式和它所产生的资产阶级社会的特殊运动规律。如果说，马克思的前一个发现，使人们能够在错综复杂的社会生活现象中把握住最后决定社会发展的基本因素，从而为科学地阐明作为社会意识形式之一的审美意识和艺术的产生和发展提供了可能性，那么，他的后一个发现，则彻底揭露了资本主义这一特殊社会

---

① 《马克思恩格斯全集》第42卷，第126页。

② 《马克思恩格斯选集》第2卷，第118页。

经济形态的整个内部结构的秘密，从而为正确地理解资本主义社会里审美意识和艺术的历史命运指明了途径。

要深刻地剖析某一特定社会形态下的美学现象，光是借助关于经济基础和上层建筑之间的相互关系的一般原理还是很不够的，还需要对这一社会的生产方式本身做具体的深入的分析研究。马克思说："要研究精神生产和物质生产之间的联系，首先必须把这种物质生产本身不是当作一般范畴来考察，而是从一定的历史的形式来考察。例如，与资本主义生产方式相适应的精神生产，就和与中世纪生产方式相适应的精神生产不同。如果物质生产本身不从它的特殊的历史的形式来看，那就不可能理解与它相适应的精神生产的特征以及这两种生产的相互作用。从而也就不能超出庸俗的见解。"①有一些庸人把艺术的发展和社会经济的发展机械地等量齐观，以为发展水平较高的社会里必然会有较高水平的艺术。马克思驳斥了这种错误观点，指出了艺术和社会经济之间的发展的不平衡。艺术的繁荣绝不是同社会的一般发展成正比的，相反，某些有重大意义的艺术形式只有在社会发展的不发达阶段才可能产生(例如古希腊的史诗)。因此，不能根据某一社会的经济发展一般水平去评判它的艺术，而必须具体地分析该社会生产方式，作为一种特殊的历史的形式，究竟对艺术的发展发生怎样的影响和作用。对于资本主义社会里的艺术，尤其需要采取这种科学的历史的态度。正因为马克思把资本主义生产作为一定的、历史地发展的和特殊的形式来加以缜密的研究，所以他不像他所批评的有些人那样停留于"泛泛的毫无内容的空谈"，而对资本主义社会形态下包括艺术在内的精神生产达到了比前人远为深刻的理解。马克思尖锐地指

① 《马克思恩格斯全集》第 26 卷，第 296 页。

出："资本主义生产就同某些精神生产部门如艺术和诗歌相敌对"①。这可以说是从美学上对资本主义社会做出的严厉的判决。

关于资本主义生产方式对艺术创作的不利影响，在马克思以前也有人谈到过。即使在资本主义生产关系发展得较晚的德国，当时的一些进步思想家也已经或多或少地觉察到新生的资产阶级社会并不有利于艺术的繁荣。诗人席勒在这方面是有代表性的，他以一个杰出艺术家所特有的敏感，忧虑地看到由法国革命所建立的资产阶级社会本身包含着深刻的矛盾。用他的话来说，在现代社会里，人性的内在联系断裂了，"一种毁灭性的纷争使人性的和谐力量发生了分裂"，"享受和劳动分离了，手段与目的分离了，努力和报酬分离了。由于永远束缚在整体的单独的一个小碎片上，人自己也就变成了一个碎片"。人日益沦为专业化分工的奴隶，他就无法发展自己本质中的和谐，丧失了自身全面发展的可能②。这样的状况当然是对艺术有害的。德国革命民主派的卓越人物福斯特则更进一步指出，正在形成的资本统治一切的社会制度使金钱势力猖獗，社会风气败坏，机械的劳动和政治的专制使审美能力丧失无余，盛行的是极端自私的利己主义和最卑鄙的动物式的情欲，凡此种种，都是摧残和扼杀艺术的。因此，他得出结论说，在古希腊存在过的那种艺术繁荣已经成为历史陈迹，永远一去不复返了③。以上的这种看法实际上也以另一种方式表现在黑格尔的美学中。黑格尔同样认为，艺术的黄金时代业已过去，近代社会的环境已不适宜于艺术的发展，只不过他用唯心主义的观点把这说成是什

① 《马克思恩格斯全集》第 26 卷，第 296 页。

② 席勒：《美育通信》，《席勒选集》第 2 卷，莱比锡，1958 年德文版，第 521—523 页。

③ 福斯特：《艺术与时代》。

么“艺术的形式已不复是心灵的最高需要”①。但是，无论席勒、福斯特也好，或是黑格尔也好，他们只是指出了资本主义制度不利于艺术发展的事实，最多只是对此表示愤慨和提出谴责，却不能做出科学的说明。特别是，他们和其他资产阶级美学家一样，都无法正确地解释资本主义社会里的艺术的特性。这主要是因为他们对资本主义生产方式的内部结构缺乏知识，从而不可能理解资产阶级社会的特殊运动规律对艺术发展的决定性作用。

马克思对资本主义制度所特有的矛盾以及人在这种制度下的处境的理解，比他的前人要深刻得多。他所做出的关于资本主义生产同艺术和诗歌相敌对的结论，正是建立在这种深刻的理解之上的。马克思《在〈人民报〉创刊纪念会上的演说》(1856 年)中十分透彻地揭露了资本主义生产方式下不可避免的那种惊人的矛盾，他说：“在我们这个时代，每一种事物好像都包含有自己的反面。我们看到，机器具有减少人类劳动和使劳动更有成效的神奇力量，然而却引起了饥饿和过度的疲劳。新发现的财富的源泉，由于某种奇怪的、不可思议的魔力而变成贫困的根源。技术的胜利，似乎是以道德的败坏为代价换来的。随着人类愈益控制自然，个人却似乎愈益成为别人的奴隶或自身的卑劣行为的奴隶。甚至科学的纯洁光辉仿佛也只能在愚昧无知的黑暗背景上闪耀。我们的一切发现和进步，似乎结果是使物质力量具有理智生命，而人的生命则化为愚钝的物质力量。”②

马克思在这里所表述的思想和他在《1844 年经济学哲学手稿》中提出的关于劳动异化的理论是完全一致的。马克思批判地吸取了德国

① 黑格尔：《美学》第 1 卷，商务印书馆，1981 年版，第 132 页。
② 《马克思恩格斯全集》第 12 卷，第 4 页。

古典哲学中的异化概念的合理因素，对它进行了唯物主义的革命改造，然后应用于研究资本主义社会。劳动异化是从哲学上对资本主义生产方式的本质揭露，而马克思后来提出的剩余价值理论则是从经济上对资本主义生产方式的内在关系的更深一层的剖析。就美学而言，它和劳动异化学说的关系更直接些。

劳动异化学说是对资本主义社会里人的处境的一种深刻的哲学的洞察。在这个社会里，一切好像都弄颠倒了。劳动者生产的财富越多，他就越贫穷；他创造的商品越多，他自己就越变成廉价的商品。劳动创造了美，但是使工人变成畸形；劳动生产了智慧，但是给工人生产了愚钝和痴呆。在这里，“物的世界的增值同人的世界的贬值成正比。”①劳动所生产的对象，作为一种异化的存在物，作为不依赖于生产者的力量，同劳动相对立。人创造了物，却反过来被物所统治。这还仅仅是劳动产品的异化，对劳动者来说更严重的是劳动本身的异化。劳动者不但被迫和劳动的产品分离，被剥夺掉他的劳动成果，而且他在劳动中丧失了人之所以为人的特性。自觉的自由的劳动本来是人区别于动物的特点，现在却被异化的劳动所代替了。对劳动者来说，劳动变成了一种苦难，他的劳动不是自愿的而是强迫的；他在劳动中不是肯定自己，而是否定自己；不是感到快慰，而是感到不幸；不是自由地发挥肉体和精神两方面的力量，而是在肉体上和精神上都遭摧残。结果是：劳动者只有在运用自己的动物性机能，即吃、喝、生殖等等时，才觉得自己是一个人在自由活动，而在劳动中运用人的机能时却反而觉得自己和动物没有区别。于是就出现了这样一种荒唐

① 《马克思恩格斯全集》第 42 卷，第 90 页。

的颠倒："动物的东西成为人的东西，而人的东西成为动物的东西。"①工人在劳动中发生了自我异化。由上面这两种异化劳动的规定还可以推出它的第三个规定，即人同人的类本质相异化。人的类本质是自由的自觉的活动，异化劳动却把这种活动贬为维持人的肉体生存的手段。这样，人类就丧失了自身。异化劳动的另一结果是人同人相异化，出现了工人与资本家的对立，产生了资本主义私有财产。在资本主义社会里，异化劳动把一切变成商品，商品统治一切，人不仅生产商品，而且人本身也被当作商品、"商品人"生产出来。人的价值表现为商品的价值，人完全失去了人的尊严而沦为"精神上和肉体上非人化的存在物"②。

那么，在资本主义这个异化的世界里，艺术和美的创造会遭到怎样的命运呢？为什么说资本主义生产是同艺术和诗歌相敌对的呢？

首先，马克思指出，作为异化形式之一的私有财产使人的真正的审美感觉受到了极大的限制。私有制使我们变得如此愚蠢而片面，以致一个对象，只有当它被我们拥有或直接占有的时候，在它被我们使用的时候，才是我们的。"因此，一切肉体的和精神的感觉都被这一切感觉的单纯异化即拥有的感觉所代替。人的本质必须被归结为这种绝对的贫困，这样它才能够从自身产生出它的内部的丰富性。"③私有制对人的审美感觉的影响大到这样的程度，使一无所有的忧心忡忡的穷人甚至对最美丽的景色都没有美的感觉，又使贩卖矿物的商人只看到矿物的商业价值，而看不到矿物的美和特性。资本主义的异化剥夺

① 《马克思恩格斯全集》第42卷，第94页。

② 《马克思恩格斯全集》第42卷，第105页。

③ 同上书，第124页。

了人的正常的审美感觉，就必然会对艺术的发展产生不利的影响。

其次，资本主义下的异化劳动把艺术创造活动和艺术品也变成了商品，创造剩余价值无形之中成为衡量艺术的标准。在资本家眼里，被剧院老板雇用的歌女或为书商提供工厂式劳动的作家，都是“生产劳动者”，而出于同春蚕吐丝一样的必要而创作《失乐园》的诗人密尔顿，倒是“非生产劳动者”①。本身沦为商品的艺术家，为了替资本家赚钱而生产商品艺术，这就是资本主义社会里大量存在的现实。资产阶级抹去了过去一向受人尊崇景仰的职业的庄严光彩，使诗人变成受它雇用的仆役，而诗人的气质却是和仆役的身份绝对不相容的。

最后，也是最重要的一条，在各种异化形式的支配下，资本主义社会呈现出一幅普遍颠倒的图景。异化掩盖了一切事物的真实本质，把整个世界弄颠倒了，同时也歪曲了人，歪曲了人的认识，歪曲了人的心理。人本身失去了内在的完整性，被肢解得支离破碎，而在人的意识中，世界也变成了畸形的怪物，显得与它实际的样子完全不同。人们的心理状态同样被扭曲到几乎难以辨认的程度。生活在这种普遍异化状态下的艺术家也不可避免地要对异化做出反应，或者反抗，努力寻找克服异化的途径，或者屈服，自身发生异化，或者是在这两种态度之间动摇不定。全部现代资产阶级艺术，可以说就是资本主义的各种不同的社会异化形式在不同程度上的反映②。现代资产阶级的审美趣味和审美心理，也无非是这种异化状态下的必然产物。不管人们喜欢或不喜欢，有这样的社会，就会有这样的艺术，这样的审美趣味

---

① 《马克思恩格斯全集》第26卷，第432页。

② 著名的西方资产阶级美学家奥特加·依-加塞特讲艺术的“非人化”，正是一语道破了现代资产阶级艺术的异化的秘密。

和审美心理。资本主义生产同艺术和诗歌相敌对，不应理解为艺术和诗歌的绝对衰落，而只是意味着它们在异化状态下的畸形的生长。对于现代资产阶级艺术，首先要加以科学的说明，然后才能进行真正深入的批判，而马克思的异化理论则是帮助我们理解现代资产阶级艺术的本质的锐利武器。

在这里，我们得到的又一个启示是：必须像马克思剖析资本主义生产方式那样去深入地研究一个社会形态，才能真正对这一社会形态下的美学现象做科学的把握。

三

马克思的美学思想的重要特点之一是：他不仅依据过去的和现存的社会条件去考察美学现象，而且从解放全人类的无产阶级革命立场出发，联系未来共产主义社会里人的自由的全面发展的远景去提出美学问题。因此，在马克思那里，美学是共产主义精神文明建设的一个组成部分，也是关于共产主义社会里的人的科学的一个必不可缺的重要学科。站在这样的历史高度去谈美学问题，使美学从过去主要研究美的哲学和艺术鉴赏等之外，还要去研究社会革命中人的发展的前景，这就为美学科学提出了一个极其重大的新课题。

在马克思以前，席勒也曾经联系人的自由发展去考虑美学问题。但他是一个唯心主义的空想家，他幻想避开社会革命，借助于美和艺术去恢复被资本主义分工破坏了的人性的完整，重新取得失去了的自由。在席勒看来，“只有通过美，人们才能走到自由”①。他认为使人类最终脱离动物界而获得真正自由的，并不是改造社会和自然环境的

① 席勒：《美育通信》，见《席勒选集》第2卷，第512页。

物质实践活动，而是人的审美活动，或者说，人只有在游戏中才能成为真正自由的人。显然，他的这些想法只不过是永远不可能实现的美好愿望。

与席勒不同，马克思的贡献就在于使社会主义从空想变成了科学。马克思指出，要达到自由的王国，首先必须通过共产主义的革命，彻底扬弃一切异化，推翻资产阶级的统治，消灭私有制，消灭阶级，消灭人们奴隶般地服从于分工的现象。其次是需要创造高度发达的生产力，使社会财富的一切源泉都充分涌流，摆脱由于物质的匮乏而造成的不自由，从而使劳动不再是谋生的手段，而成为“生活的第一需要”，成为一种美的创造和享受。只有这样，才能实现人类从必然王国进入自由王国的飞跃。那时的社会也就是未来的共产主义社会。

马克思的共产主义理想是建立在社会客观发展规律的科学基础之上的，所以他不像空想社会主义者那样把主要精力放在对未来社会的具体的描绘和设计上，只限于指明未来共产主义社会的一些基本特征，而人的发展的一般前景则始终是他最关心的问题。

马克思认为，资本主义制度的罪恶不仅仅是资本家阶级对工人阶级的剥削和压迫，而且还在于它压制了人的自由发展，使人变得越来越片面和畸形，导致了整个人类的沦丧和奴役。他说：“资本主义生产比其他任何一种生产方式都更加浪费人和活劳动，它不仅浪费人的血和肉，而且浪费人的智慧和神经。实际上，只有通过最大地损害个人的发展，才能在作为人类社会主义结构的序幕的历史时期，取得一般人的发展。”①但是，从整个人类社会的发展来说，资本主义制度又

① 《马克思恩格斯全集》第 47 卷，第 190 页。

有其历史必然性，正是这种制度为未来社会和新人类的诞生创造了物质前提和条件。所以马克思又引用歌德的诗句：

> 既然痛苦是快乐的源泉，
> 那又何必因痛苦而伤心？
> 难道不是无数的生灵，
> 曾遭到帖木儿的蹂躏？①

马克思是革命的乐观主义者，他对人类的前途充满着信心，但这种乐观主义绝不是凭善良愿望，而是以对历史发展规律的深刻理解为依据的。马克思相信，不可避免的无产阶级革命将会扫除套在人身上的枷锁，私有财产和统治人的一切异化形式都将被消灭，人就有全面的、自由的发展的现实可能性。所以他认为，共产主义革命是“个人自由发展的共同条件”，也只有在共产主义社会里，“个人的独创的和自由的发展”才不再是一句空话②。

在未来的共产主义社会里，社会全体成员都有机会获得独创的自由的全面发展，这对于美学来说具有何等巨大的意义是显而易见的。“私有财产的扬弃，是人的一切感觉和特性的彻底解放”，在那时，“人以一种全面的方式，也就是说，作为一个完整的人，占有自己的全面的本质。”③过去由于人受到种种局限，审美感觉如有音乐感的耳朵、能感受形式美的眼睛等等，始终不可能得到充分的发展，最多是

① 歌德：《东西诗集》。
② 《马克思恩格斯全集》第 3 卷，第 516 页。
③ 《马克思恩格斯全集》第 42 卷，第 124、123 页。

在社会的一小部分成员中得到高度发展。到共产主义时，随着人的自由的全面发展，一切潜在于人身上的审美感觉也将无限制地发展起来。另一方面，过去的异化劳动使人的特性，即自觉的自由活动遭到歪曲和扼杀，使人不可能充分地按照美的规律来进行创造。在扬弃了异化劳动以后，人的美的创造能力也将得到空前的提高，充分地体现了个人创造性和丰富的个性的自觉的自由活动，将以无限多样的美的形态展现出来。共产主义社会里的人，不仅是具有高度鉴赏能力的美的欣赏者，而且本身就是美的创造者。

当然，正如马克思所说，全面发展的个人“不是自然的产物，而是历史的产物。”①在社会发展的早期阶段，单个人显得比较全面，那是因为他还没有造成自己丰富的关系。后来随着分工的发展，每个人都有自己特定的活动范围，变得越来越片面而成为分工的奴隶。在阶级社会里，由于分工，艺术天才完全集中在个别人身上，而广大群众的艺术天才则受到压抑。到了共产主义社会，人又重新摆脱了分工的束缚而得到全面发展，但这绝不是回到早期阶段的那种“原始的丰富”(实则“完全空虚”)。人不再局限于特定的活动范围，艺术也不再是广大群众不得染指的禁脔。“在共产主义的社会组织中，完全由分工造成的艺术家屈从于地方局限性和民族局限性的现象无论如何会消失掉，个人局限于某一艺术领域，仅仅当一个画家、雕刻家等等，因而只用他的活动的一种称呼就足以表明他的职业发展的局限性和他对分工的依赖这一现象，也会消失掉。在共产主义社会里，没有单纯的画家，只有把绘画作为自己多种活动中的一项活动的人们。”②我们可以

---

① 《马克思恩格斯全集》第 46 卷上册，第 108 页。

② 《马克思恩格斯全集》第 3 卷，第 460 页。

想象得到，当亿万普通群众都加入到美的创造者的行列，他们中间会产生出多少伟大的作家、音乐家和艺术家！他们的作品会把我们的星球装饰得多么美！

因此，研究马克思的美学思想给予我们的第三个启示是：要依据未来共产主义社会里全面自由发展的人的需要去建立美学科学。为了替培养这样的新人做准备，我们不仅需要开展共产主义的道德教育，而且也需要进行共产主义的审美教育。把摆脱一切低级趣味的真正的美介绍给广大群众，帮助大家养成健康的鉴赏能力，这是美学科学的责任。在某种意义上说，美学是关系到人类未来的科学。那么就让我们沿着马克思所指引的方向，为建立这门未来的科学而努力吧！

（原载《马克思哲学思想研究》论文集，
上海人民出版社 1983 年版）

尼采的美学和文艺思想

德国哲学家尼采(1844—1900 年)在西方近代思想史上是一个有争议的人物。人们对他毁誉不一，依据不同的观点对他的思想做出各种各样的解释。尼采也常常遭到误解，有一位研究尼采的西方学者说，“尼采的生平和著作是近代文学史和思想史上受到最严重曲解的现象”。[①] 德国纳粹分子曾经别有用心地利用他，把他奉为法西斯哲学的先驱；另一些人，其中包括某些资本主义社会的深刻的批判者和反法西斯主义人士，则把他尊为 20 世纪新时代的“预言者”。不管评价如何分歧，有一点是肯定的，那就是尼采思想对现代西方哲学和社会思想以及文学艺术产生了巨大而深远的影响，而且在第二次世界大战后直到现在，这种影响越来越大，有人甚至认为，如果不读尼采的著作，就无法真正理解 20 世纪西欧大陆思想和文学艺术的发展。这就需要对尼采进行认真研究和重新认识，用马克思主义观点

① 波达赫：《遭毁灭的尼采著作》，海德尔堡，1961 年德文版，第 430 页。他在该书中列举了尼采著作被篡改和被误解的大量事例。

对他做出客观的评价。

作为思想家的尼采是充满矛盾的复杂的人物。他的优点在于坦率，敢于毫不掩饰地说出自己的见解，所以他的错误以至反动的观点也很明显突出。他的那些宣扬个人至上、蔑视群众、反对社会主义的言论，无疑地应该予以批判和揭露。但是，在尼采思想中也确实包含着一些对西方资本主义社会具有强大破坏作用的批判因素。作为现存社会秩序的支柱的一切传统的思想、价值观念、道德、宗教、文化，都受到他的摧毁性的冲击。尼采以特有的敏感，预先觉察到西方社会里正在孕育和发展着的深刻的社会危机、精神危机和文化危机，他已经意识到旧世界及其所珍视的一切价值的必然没落，要求加以无情的否定。所谓“上帝死了”的说法，正是这种思想的形象化的表现。他预见到现代西方人由于信仰崩溃而生活在价值真空中的苦恼处境和自我失落感，竭力要求从平庸猥琐、扼杀个性发展的可鄙的小市民生活中挣脱出来，他站在个人主义的立场上，提出对一切价值进行重估，主张在不断的创造中求得自我实现和自我超越。这对于现代资本主义社会里不满现状的抱有从右到左的各种不同观点的广大知识分子，都有强烈的吸引力。他们都可以从尼采那里获得启示，唱出各自的音调。因此，尼采思想所以在现代西方世界风行并非偶然，而是有其深刻的社会原因的。1950 年，德国诗人哥特弗利德·倍恩的说法是有代表性的，他说：“老实讲，我这一代人所讨论的、企图去彻底思考的一切——或可以说曾为之受痛苦的一切，也可以说用来对付过日子的一切——都早就已经为尼采所表达和透彻地深究过了，尼采已经做了明确的系统的论述，其余的只是注释而已。”

尼采对现代西方文学艺术的影响很大，他本人也是一位卓越的诗人和音乐评论家，可是他并没有一套完整的文艺理论或美学体系。除了他早期写的《悲剧的诞生》和关于音乐家瓦格纳的论著外，他的其他著作都不是专门探讨文学艺术和美学问题的，但这方面的问题始终是他注意的中心之一。他的文艺和美学思想散见于许多著作中，构成了他的独特的世界观和人生哲学的不可缺少的重要组成部分。正是这种世界观和人生哲学影响了文学界的一大批著名代表人物，其中有：托马斯·曼、海尔曼·黑塞、茨威格、里尔克、萧伯纳、德莱塞、纪德、马尔罗、加缪、萨特以及中国的鲁迅。在这些作家的创作中，尼采思想都在不同程度上起了积极的或消极的作用。

一

尼采的文艺思想集中地表述在他的《悲剧的诞生》一书中。这是他青年时期的代表作，也是他整个思想发展的第一步。从表面上看，它好像是一部研究古希腊悲剧的专著，实际上尼采却通过对希腊悲剧的独特的解释，表达了他对生活和艺术的理解，鼓吹一种人生哲学，借以推动德意志精神的复兴。因此，这部著作的意义远远超出希腊文学史的范围。

尼采早年曾受叔本华哲学的强烈影响，在《悲剧的诞生》中不时可以看到叔本华思想的印痕，然而整个说来，这部著作却标志着尼采与叔本华分手而走上自己的思想发展道路的开始。按照叔本华的唯意志论的观点，整个外部世界、一切客体都只是我的表象，但这些又只不过是现象，在现象背后还有“自在之物”，这就是意志。意志是一种“盲目的不可遏止的冲动”，是一种不可认识的非理性力量，它支配着整个世界，构成世界以至人生的真实本质。世界既然由盲目的非理性力量统治着，它本身就没有什么价值可言，人在这个世界上生活也没有什么意义。意志的盲目力量驱使人们为了满足欲望而进行永不休止的追求，欲望不可能完全得到满足，痛苦也永无解除之望。因此，生活是一场充满痛苦的“漫长的梦”。在叔本华看来，要摆脱人生的痛苦，根本的办法是通过个人的涅槃乃至杜绝生殖达到人类的寂灭，以彻底消灭欲望和生命意志。但艺术也可以暂时使人从生活的痛苦中得到解脱，因为在审美静观中，主体得以暂时摆脱生活的欲望，忘却自己，所以艺术是一种逃避、超脱。而悲剧作为诗的最高形式，“展示生活的可怕的方面”，使人认清人生的本来面目就是痛苦和不幸，从而放弃生命意志，心甘情愿地在命运面前“退让”。因此，从唯意志论到悲观主义，是叔本华哲学和美学思想的基调。

尼采的基本出发点和叔本华相似，但结论却截然相反。他大致同意叔本华对世界和人生的看法，即认为它们受非理性的意志所支配，是可怕的、使人痛苦的、无法理解的，可是他却反对叔本华的人生哲学。叔本华说，既然世界和人生是没有意义、毫无价值的，那就应该抛弃这个世界，否定这个只能令人痛苦的生活。尼采却回答说，虽然这个世界没有意义和价值，但我们既然注定要在这样的世界里生活，就要勇敢地活下去。而为了使我们能够忍受这个世界和这样的生活，我们就须赋予它们以意义，由我们来创造出新价值。在对文艺的看法上，尼采也和叔本华迥然相异。如果说叔本华把审美、艺术看作暂时逃避生活的手段，而悲剧的作用在于把人引向“退让”；那么尼采则认为，人生必须加以正视，艺术不是消极的逃避，而是肯定生活的一种积极手段，正是借助于艺术使世界和人生变形成为审美的现象而能为我们接受，悲剧所给予人们的启示也绝非否定生活，而是肯定生活。在《悲剧的诞生》中，美和艺术是被当作唯一的价值来看待的，尼采甚至断言，“只有作为一种审美现象，人生和世界才显得是有充足理由的”。① 这可以说是《悲剧的诞生》所提出的一个最重要的论点。

尼采通过对古希腊文学艺术史的考察指出，希腊人在最富有创造力的时期也敏锐地认识到并感到生存的恐怖和悲惨，像普罗米修斯、俄狄浦斯、俄瑞斯忒斯等希腊文学艺术中的著名角色的遭遇，都充分表现出人生中的痛苦的一面。但是为了要活下去，不被痛苦所压倒而屈服于悲观主义，希腊人创造出奥林匹斯山上的诸神，借助于艺术的手段使世界和人生变形为审美的对象，把冷酷可怕的现实世界转化为充满阳光的幻想世界。这样，希腊人就能够对世界和人生采取积极的肯定态度而不是消极的否定态度。所以艺术是出于生活的需要，是作为继续生存的保证而产生的。没有艺术，希腊人就难以生活下去，生活本身就是一个艺术作品，这就充分证明了艺术的价值。在尼采看来，他所提出的所谓阿波罗（或译日神）艺术和达奥尼苏斯（或译酒神）艺术的全部根据也就在这里。二者虽然是两种不同的，甚至互相对立的艺术倾向，但它们所达到的目的却都是肯定生活。阿波罗艺术给现实世界加上一道审美的纱幕，创造一个形式和美的理想世界，以其梦幻中的美丽形象弥补了生存的恐怖和痛苦，它表现为奥林匹斯的神话、史诗和造型艺术。达奥尼苏斯艺术则不然，它不去美化现实，而使人完全忘却自我，直接肯定和拥抱那可怕的存在，如醉如狂地与自然万物合为一体，浸沉于无限欢欣之中，它表现为音乐。悲剧的诞生则是阿波罗精神和达奥尼苏斯精神结合的产物，它把存在转化为审美的现象，可是并不给它加上一层纱幕，而是揭示它的本来面目，同时又最有力地对生活表示肯定和赞美，使人认识到“尽管不断发生现象

① 尼采：《悲剧的诞生》，第24节。

的变化，生活本质上仍是坚不可摧和充满欢乐的”。[①] 希腊人虽然对人生最深的痛苦非常敏感，深刻地了解大自然和历史二者的毁灭作用，但却没有像叔本华那样否定生命意志，陷入悲观厌世，而被艺术拯救了。尼采说，在悲剧中，“作为意志的最高体现的英雄人物遭到毁灭，而我们却表示赞同，因为英雄也只是一种现象，意志的永恒生命并不因此而受影响。悲剧高喊道：‘我们相信生命是永恒的!’而音乐则是那生命的直接表现”。[②] 叔本华硬说，悲剧的意义在于使人认清生活不能提供任何真正的满足，它不值得留恋，从而把人引向“退让”的观念。尼采则反驳说，达奥尼苏斯告诉我们的完全不是这样，他给人的教训绝不是失败主义的，和屈从退让的消极态度截然不同。真正的悲剧精神正在于，它叫人欢欣地喝下人生的苦酒，使人们即使在悲剧英雄的毁灭中也能看到美，在痛苦中也能感到一种“更高的、征服对方的欢乐”。

显然，尼采对悲剧的这种理解表达了一种新的人生哲学，他的看法不仅和叔本华相反，而且和亚里士多德以来的传统观点不同。后来尼采在《偶像的末日》一书中谈到悲剧时指出，悲剧情感被亚里士多德和我们近代的悲观主义者所误解了。“悲剧远不能证明关于叔本华意义上的所谓希腊人的悲观主义的任何说法，相反的，它倒可以被看作是对悲观主义的坚决否定和相反的例证。甚至在生活的最不可思议和最艰难的问题上仍对生活表示肯定，生活的意志甚至在它的最高类型遭到牺牲时也仍对它自己的无穷无尽的力量感到欢欣——这就是我称之为达奥尼苏斯精神的东西，这就是我相信是通往悲剧诗人的心理的

① 尼采：《悲剧的诞生》，第7节、第16节。

② 同上。

桥梁。不是为了摆脱恐怖和怜悯，不是为了用猛烈宣泄的办法去从一种危险的情感中净化自己——亚里士多德就是这样理解悲剧的——而是为了使自己成为生成的永恒欢乐，而超越于一切恐怖和怜悯之上——那种欢乐甚至还包括毁灭中的欢乐。”①尼采自己意识到这是一种与众不同的“崭新的思想”，所以他说，《悲剧的诞生》是“我对一切价值的第一次重新估价”。

尼采自称是悲观主义的最极端的反对者和对立面。他所以和叔本华决裂，不能容忍叔本华的悲观主义是主要原因之一。他说，《悲剧的诞生》是“反悲观主义的”，因为它教人以“某种比悲观主义更强有力的东西、比真理‘更神圣’的东西，那就是艺术”。② 他甚至认为，所谓悲观主义的艺术本身就是自相矛盾，“世界上根本就没有悲观主义艺术那样的东西——艺术总是肯定的”。因此，“叔本华说某些艺术作品是为悲观主义服务，这样说是错误的。悲剧决不教人‘退让’”。悲剧绝不是对生活有危害的艺术，绝不是衰亡的征兆，它本质上是“对生存的肯定、祝福和神化”③。

从肯定和赞美生活的观点出发，尼采也对西方传统的基督教思想展开了尖锐的批判。在《悲剧的诞生》第二版前言中，他明确地声称，他对世界所做的纯粹美学的解释是以基督教义作为对立面的。基督教义以上帝的绝对真理作为绝对标准，贬黜一切艺术并加以谴责。尼采说，“我总是强烈地感到在基督教的观念和价值体系中包含着对生活的仇恨，并且这样的体系从其前提来说就必然是憎恨艺术的。”从一开

---

① 《偶像的末日》，见考夫曼编《尼采选辑》，纽约，1954 年版，第 562—563 页。

② 尼采：《权力意志》，1968 年考夫曼英译本，第 453 页。

③ 同上书，第 434—435 页、第 449 页。

始基督教就厌恶生活，只不过用信仰所谓“另一个”更好的生活来伪装和掩饰自己对生活的厌恶罢了。尼采指责基督教“仇恨这个世界，诅咒爱情，害怕美和感性事物，诽谤尘世生活”，说根据基督教的伦理，生活总是错的，因此生活自然而然地遭到蔑视，被加以否定，被看作不仅不值得我们欲求，而且本身也是绝对无价值的东西。尼采申明，他有意要和基督教唱对台戏，因此对生活做了完全相反的评价，提出了与基督教相对立的一种具有美学倾向的极端相反的学说，并借用一个希腊神的名字达奥尼苏斯来为它命名。后来尼采在“上帝死了”的口号下猛烈抨击基督教，说上帝是“生存的最大的对立面”①，是“向生命、自然和生活意志的宣战”②等等，这些思想实导源于此。

尼采不遗余力地反对叔本华的悲观主义和基督教，正面肯定人生，主张勇敢地投入到生活中去，宣扬一种决心要战胜一切苦难的积极进取的乐观精神，这些是他的文艺思想的长处。不过我们也必须指出，尼采的理论是建筑在唯心主义和唯意志论的基础上的。在他看来，艺术不是现实生活的反映，倒是弥补现实生活之不足、使人可以忍受生活苦难的手段，这就从根本上歪曲了艺术的本质。他对生活所抱的乐观主义精神，也不是基于对社会历史发展规律和人类前途的认识，而是凭借意志的力量、某种类似主观战斗精神的东西。这种夸大主观意志作用的观点，可以发展到危险的地步而导致严重的恶果，必须加以警惕。实际上，尼采和叔本华一样，都用主观主义和非理性主义观点去看世界和人生，把整个客观存在都说成是虚假不真、残酷而无意义的东西。尼采反对的只是叔本华哲学的结论，却没有否认它的

① 《偶像的末日》，见许莱赫塔编《尼采文集》第 2 卷，第 978 页。

② 《反基督者》，见《尼采文集》第 2 卷，第 1178 页。

基本理论前提。他虽然指责叔本华哲学使人悲观颓废、消沉没落，而提倡德意志精神的新的复兴和奋起，但他既然接受了叔本华对世界的基本解释，就难以完全摆脱悲观主义人生观的阴影，而只能把这种复兴的希望寄托于某种非理性的力量，即《悲剧的诞生》中所鼓吹的所谓达奥尼苏斯精神。它是尼采为当时堕落的德国社会所开的药方，企图以此来清扫一下这个肮脏马厩。可是，他的这个药方丝毫不涉及社会制度的变革，也不依靠任何特定的社会力量来付诸实施，而仅仅诉诸个人的主观精神因素。说穿了，这样的药方也只不过是给那些因寻找不到出路而感到苦闷的人们制造一个新的危险的幻想罢了。

二

尼采对西方文学艺术发展的影响，除了他所鼓吹的审美的人生哲学外，还在于他对文艺创作的特殊理解。

阿波罗精神和达奥尼苏斯精神是尼采提出的两个最重要的概念。他不仅用它们来解释古希腊文学艺术以至全部文学艺术史，而且用它们去说明文艺创作的本质。阿波罗和达奥尼苏斯是希腊神话中的两个神，尼采借用他们的名字去譬喻推动艺术的产生和发展的两种基本力量。照他说来，这是两种基本的艺术冲动，唯有它们才是艺术创作的真正原动力。而一切真正的艺术，要么是阿波罗式的，要么是达奥尼苏斯式的，要么是二者兼而有之，任何时期任何一种艺术的性质就取决于这两种冲动中何者起主导作用。因此，阿波罗和达奥尼苏斯虽然来自希腊神话，却被尼采加以抽象化、普遍化和绝对化了，变成了解释一切文艺创作的基本原则。

尼采并不认为艺术是阿波罗精神和达奥尼苏斯精神发生作用的唯一领域，它们既可以无须人间艺术家的中介，从自然界本身迸发出来，也在更低、更基本的层次上表现出来，那就是两种生理现象：梦和醉。阿波罗精神表现在梦里，梦是一种幻觉，却给人以美的图景，使之摆脱变幻不定的存在的痛苦。正是在梦中，人直接把握形式，在静观美的梦幻世界时得到莫大的愉快。尼采说，这种梦的世界的美丽幻想不仅是一切造型艺术的前提，而且也是诗的前提，而每个人在制造美丽幻想方面都证明自己是有才能的艺术家。阿波罗是光明之神，在他的光照之下，一切都以明晰的个别形体出现，讲究形式的美，所以他称得上是“个性化原则的光辉形象”。① 达奥尼苏斯精神则与此相反，它表现为醉，在醉的状态下，个人丧失了自己，所以说它是“个性化原则的解体”。② 醉可以直接由麻醉物引起，也可以由春天的到来而引起。这是一种类似迷狂的带有神秘意味的经验，人进入高度的紧张状态，一方面感到狂喜，另一方面又感到痛苦和可怕。人们抛弃了彼此间的一切界限，打破一切禁忌，取消自我克制，尽情地放纵自己原始的本能，载歌载舞，沉醉于集体的狂欢之中。个人与周围的一切融合在一起，重新恢复到普遍的和谐与原始的统一。因此，在尼采那里，艺术冲动被归结为人的生理本能，艺术创作的原动力深深地植根于人本身之中。

比较而言，尼采对达奥尼苏斯精神的重视显然要超过阿波罗精神。他指出，“达奥尼苏斯因素比起阿波罗因素来，显示为永恒的本原的艺术力量，因为正是它使现象世界得以存在。”③阿波罗精神则是次生的，它离开了前者就不能生存。这一观点贯彻在尼采对希腊文学

① 尼采：《悲剧的诞生》，第 1 节。

② 同上。

③ 同上书，第 25 节。

艺术的发展的具体解释中，达奥尼苏斯冲动不仅被看作产生全部光彩夺目的希腊文学艺术的最深的、最原始的地层，而且它对希腊文化最美的花朵——悲剧的诞生，也起了无可替代的决定性作用。在尼采的论述中，最值得注意的是他对于文艺创作中的非理性的、无意识的因素的强调，这可以说是他给现代西方文学艺术的发展留下深远影响的一个极其重要的观点。一般人认为，阿波罗精神讲求形式美，注意节制有度，似乎比较偏重理智，但如果仔细推敲，它既然表现为梦，是一种制造幻觉的冲动，它本身就必然带有非理性的、无意识的因素。至于达奥尼苏斯精神，则出于人的最深的原始本能，可以说基本上是属于非理性和无意识的领域。尼采认为，希腊文化的高度成就都是由非理性因素的力量促成的，而一旦苏格拉底的理性主义占了主导地位，欧里庇底斯企图使悲剧理性化而排除悲剧中的原始的和强有力的达奥尼苏斯因素，就导致了悲剧的自杀和毁灭，而一度曾经如此辉煌灿烂的希腊文化艺术也从此全面衰亡了。过去德国的传统美学，从温克尔曼、莱辛到黑格尔，都用理性主义观点去理解希腊文化，把美的理想奉为文艺创作的准则，他们的看法长期统治着古典学的研究。尼采则一反传统，揭示出过去一向被忽视的另一方面，即非理性因素在希腊精神的形成中的作用，提出要超越莱辛的《拉奥孔》而寻找新的出路，通过达奥尼苏斯使真正的希腊精神再生。其影响所及，不仅为古典学研究注入了新内容，而且使整个西方文艺思想以至社会哲学思想改变了发展方向。总的说来，19 世纪西方文化是理性和科学占统治的，在尼采之后，风气为之一变，非理性主义思潮开始盛行。这种思潮固然不是从他开始，然而非理性主义以达奥尼苏斯的形象化的面目出现却具有特殊的魅力，吸引了许多人。哲学和文学艺术中的形形色色的非理性主义派别，从尼采那里取得了丰富的思想营养。因此，这一思潮在20世纪的泛滥与尼采有相当大的关系。

尼采对艺术家的创作心理的分析，也着重非理性和无意识的作用。他说："要使艺术成为可能，也就是说，为了使一种审美创作和审美欣赏可能存在，就必需要有某种预先的生理状态：醉的状态。这种醉的状态首先必须加强整个机体的感受性，否则就不可能有任何艺术。"①醉的状态有各种各样，其中首先是性的兴奋，这是醉的状况的最古老和原始的形式。此外，还有由强烈的欲望和激情所产生的醉的状态，在酒宴和比赛场上出现的醉的状态，由残酷行为引起的醉的状态，以及由于气候影响或使用麻醉药而造成的醉的状态等等，其共同的本质特征是力量增强和精力充沛之感。尼采说："由于这种感觉的驱使，一个人把他自己的东西给予事物，他迫使它们分享他的财富，他对它们施加暴力——这种行动就叫作理想化。"②因此，艺术家进入创作是出于生理本能，是处于无意识的心理状态，在创作过程中他用自己丰满的力量把其他事物丰富了，使事物变形，直到在它们身上打上他的完美性的印记。这种强制性地使事物变形而成为美，就是艺术，而这个过程并非出于艺术家的自觉。所以在整个文艺创作过程中，非理性和无意识的因素都占着统治地位。

尼采在自传式著作《看哪，这人》中自称为"无与伦比的心理学家"。他从心理学角度考察了人的活动，其中包括文艺创作活动中的无意识现象。他认为，如果忽视人们行为的非理性的、"地下的"泉源，也就不能理解人的精神。他不承认人有什么固定的本质，把人的意识仅仅看作表面现象，而在意识的表层下面，还有多层次的心理结

① 尼采：《偶像的末日》，见《尼采选辑》，第518页。

② 同上。

构，但对这些东西迄今还一无所知。[①] 尼采提出的问题直接启发了弗洛伊德，弗洛伊德十分钦佩尼采，把他作为自己的思想先驱，认为尼采所达到的内省的深度过去从未有人达到过，今后也不见得再有人能够达到的。[②] 尼采对整个精神分析学派的影响很深，正如一位研究者所说："尼采可以被视作弗洛伊德、阿德勒和融恩的共同来源。"[③]

艺术创作中的非理性和无意识的因素是一个很复杂的问题。作为一种文艺现象，它的存在似乎是不容置疑的，许多作家和艺术家(例如伟大的德国诗人歌德)曾经以亲身经验证实这一点。应该承认，这个问题至今没有获得令人满意的科学的解答。尼采指出这个存在的事实，引起了人们的重视，这不能说不对。问题在于他把这种非理性的、无意识的因素夸大为绝对，把它说成是艺术创作中的主导的决定性因素，使达奥尼苏斯冲动凌驾一切，成为艺术的创造主。这样，他就把人的原始本能，甚至低级的动物式的本能当作艺术的原动力，无视文学艺术是人类具有高度创造性的精神劳动的产品，而抹杀了人区别于一般动物的自觉能动性在艺术创作中的决定性作用。尼采颠倒了理性与非理性、自觉性和无意识性的主次，就必然会走向谬误。

三

尼采关于美和艺术的本质及作用还有一些值得注意的论述，在某种意义上可以说是他的审美的人生哲学的进一步发挥。

先谈尼采关于美的见解。尼采的根本出发点是认为审美价值只不

① 尼采：《朝霞》中"经验与虚构"第1节。

② 考夫曼：《精神的发现》第2卷，1980年英文版，第47—49页。

③ 埃伦伯格：《无意识的发现》，1970年英文版。

过是人的创造物，与客观世界无涉。美使我们的生活更好过些，但它却并不是真的。正因为美是我们的主观创造，所以没有任何东西比美感更相对的了。他说，从柏拉图开始，一直有人试图寻求绝对的美或所谓“美本身”，但人们所钦慕的“美本身”却“仅仅是一句空话而已，它甚至还不是一个概念”。实际上，美是人自己的创造物，而且是以人自身作为标准而创造出来的。尼采写道：“在美之中，人把自己树为完美的尺度；在精选的场合，他在美之中崇拜自己。一个物种舍此便不能自我肯定。它的至深本能，自我保存和自我繁衍的本能，在这样的升华中依然发生作用。人相信世界本身充溢着美——他忘了自己是美的原因。唯有他把美赋予世界。惜哉！他只赋予世界以一种人性的美、太人性的美……归根到底，人把自己映照在事物里，他又把一切反映他的形象的事物认作美的：‘美’的判断是他的族类虚荣心。”①如果有人怀疑：难道只是因为人认为世界是美的，世界才真是美的吗？那么尼采的答复是：人只是把世界加以人化，如此而已。

尼采的观点具有强烈的人本主义色彩。古希腊的普罗塔哥拉斯曾提出“人是万物的尺度”这一著名命题，尼采实际上是把这个命题应用于美学，把人当作美的尺度。在他看来，世界本来无所谓美或不美，只是由于人把世界加以人化才产生美，离开了人也就谈不上美。这种以人为本位的美学观点，强调美是人的创造，人是一切美的根源，充分肯定人在美的创造过程中的主观能动作用，有其合理的因素。可是人的这种主观能动作用是被尼采唯心地、抽象地发展了，被他片面地夸大了。问题的关键在于，他不理解世界的“人化”是通过人的社会实践，特别是劳动实践来实现的，他的所谓“人化”只是生命意志或权力

① 尼采：《偶像的末日》，见《尼采选辑》，第 525 页。

意志在客观世界的投射或外化，与马克思所说的“人化的自然”有原则的区别。

从上述观点出发，尼采引导出他的两条美学基本原理。他这样说：“没有什么是美的，只有人是美的：全部美学都建立在这一朴素的真理之上，它是美学的第一条真理。让我们再立刻补上第二条真理：除了退化的人以外，没有什么是丑的——审美判断的领域就局限于此。”①美与丑正好相反，这首先是从生理学的观点着眼的。丑使人软弱、沮丧，它使人想起颓败、危险、软弱无力。见到丑的东西，人就失去力量，因此丑的效果是可以用功率计来测量的。人的权力感、权力意志，他的勇气和骄傲，这些都随着丑的东西而下降，随着美的东西而高扬。所以尼采把丑理解为标志堕落退化的一种征兆。他认为，人们憎恨丑的东西，因为人最憎恨的就是“他的类型的没落”，在这方面他的憎恨是发自族类最深的本能的。后来尼采进一步把美和丑说成是生物学价值，凡是对我们有用、有益、提高生命力的东西，就给我们以美感，即权力感增长的感觉。相反的，丑则意味着类型的退化和有组织的力量的衰退、意志的衰退。“因此，美和丑只是作为与我们最基本的自我保存的价值有关的东西才得到承认。离开这一点，想要断定任何东西是美是丑，都是毫无意义的。”②

可以看出，尼采的人本主义美学思想是和生物学观点密切结合在一起的。他曾研究过达尔文学说，他对美和丑所做的生物学解释，显然受到达尔文主义的影响。但是，他在自己的解释中又掺进了权力意志论，因此美就不仅仅是“族类虚荣心”或自我保存的生物学意义上的

① 尼采：《偶像的末日》，见《尼采选辑》，第526页。

② 尼采：《权力意志》，第423页。

价值，而且是权力的表现。美成为“权力的最高的征兆”。如果说，生物学的美学观点虽不能令人满意，还多少包含着一些唯物的因素，那么鼓吹权力意志的唯意志论就把这一点点唯物的因素也最后断送了。

现在再来谈尼采关于艺术的本质和作用的看法。前面已经说过，尼采的审美的人生哲学赋予艺术以最高的地位。许多世纪以来，基督教一直统治着西方社会。有人指出，尼采是第一个提出在基督教统治结束后艺术可以代替宗教的西方思想家。尼采确实也是把艺术作为宗教的对立面来看的，他说：“我们的宗教、道德和哲学都是人的颓废形式。相反的运动则是：艺术”。[①] 他后来在回顾《悲剧的诞生》一书时所写的笔记中，甚至提出了“艺术就是一切”的口号，并对艺术做了这样的评价：“艺术是使生命成为可能的伟大手段，是求生的伟大诱因，是生命的伟大兴奋剂”；艺术又是对否定生命的意志的唯一最好的抵抗力量；对于求知者、行动者和苦难者来说，艺术都是他们的救星。在尼采看来，现实世界是如此残酷，可怕又可疑，为了要征服现实并能够活下去，人就需要“谎言”。在过去，形而上学、道德、宗教等等无非都是“谎言”的不同形式，而现在“上帝死了”，这些东西都不灵了，就只能求助于艺术。人要重新树立对人生的信念，就是靠艺术这个“救星”。艺术就像动物身上的旺盛活力，使人热爱生活，它如同补药那样起作用，增强人的力量，点燃起生的欲望。因此，尼采把艺术当作对付悲观主义和宗教虚无主义的有效武器。但是，如果人们把艺术信以为真，那就错了，因为艺术仍然只是一种必需的“谎言”。传统的美学理论一般都讲真、善、美的统一，尼采则认为艺术只追求美，与真、善无关。生活的最终的问题不是道德的和科学的，而是艺

① 尼采：《权力意志》，第 419 页。

术的。假如世界是美的，使人能够生活下去，为什么还要去做进一步的探究呢？他甚至声称，哲学家说“善和美是同一的”，这是一种可耻行为，而如果还要加上一句“真、善、美是同一的”，那就应对这个哲学家处以鞭责。因为在他看来，“真理是丑的”，“我们拥有艺术，免得我们被真理所毁灭”。①

出于这种对艺术本质的歪曲的看法，尼采根本否认艺术有反映现实、认识现实的作用，他对艺术中的现实主义是很看不起的，甚至认为它实际上不可能存在。他也同样不承认艺术的道德教育作用，认为根本就没有普遍而永恒的道德，过去宣扬的道德观念大都是建立在基督教基础上的虚假谎言，因而宣布自己是“第一个非道德论者”。尼采否认艺术的认识作用和道德作用当然是错误的，其根源在于他的非理性主义的哲学世界观。但由此也不能像某些人那样得出结论说尼采是“为艺术而艺术论”的拥护者。他曾明确地指出，“如果把道德说教和改进人性的目的从艺术中排除，那么这也决不能得出结论说艺术是绝对没有意思、无目的和无意义的……艺术是生活的伟大兴奋剂：怎么能够把它看作无目的、无意义、为艺术而艺术呢?”②所以说他并不是否认艺术有社会目的和社会作用，而是他对此有不同的理解，主张从更高的“为生活而艺术”的意义上去肯定艺术的目的和作用。尼采对浪漫主义的猛烈抨击和对现代文化的批判，都是从艺术应当为生活服务这一点出发的。

艺术既然有它的重要作用，那么艺术家也应承担起自己崇高的社会使命。尼采把诗人称作“引向未来的向导”。他认为，近代人身上仍

① 尼采：《权力意志》，第435页。

② 《偶像的末日》，见《尼采选辑》，第529页。

然存在的未被利用的一切剩余的力量，应该全部用于一个确定的目标，不是去描述现在或是去恢复和总结过去，而是去指明通往未来之路，但诗人和政治经济学家不同，他的任务不是去预测一种更好的社会状态以及实现这种状态的远景，而是应当去塑造人的美好形象。诗人正是通过塑造新的人的形象来帮助创造未来。尼采说，这一通往未来的道路是由伟大德国诗人歌德开辟的。

可是，20 世纪西方文学艺术的发展却无情地证明：尼采思想虽然帮助破坏了一个旧世界，却并没有能指明一条通往未来的正确的道路。一些进步作家尽管从他那里汲取了同丑恶的生活现实搏斗的勇气，却没有创造出作为新社会建设者的新人的形象。至于接受他的影响的更多的现代派作家，则同他的预期相反，他们创造出来的现代西方人的形象根本不是生活中的斗士，而是玩世不恭、随波逐流、颓废、失望、彷徨不安、毫无生活理想的庸人(萨特笔下的洛根丁那样的人物)。这不是历史的莫大讽刺吗?

(原载《红旗》杂志 1988 年第 3 期)

关于黑格尔美学的若干问题

一、关于《美学》及其在黑格尔哲学体系中的位置

黑格尔在不同时期的著作中涉及美学问题，他的美学思想前后也有一个发展变化的过程。在较早的耶拿时期的名著《精神现象学》一书，也即被马克思称为“黑格尔哲学的真正诞生地和秘密”的著作中，已经可以看到黑格尔美学的一些基本思想的雏形，但没有把艺术单列出来，而是把它放在“宗教”下面以“艺术的宗教”的面目出现，与“自然的宗教”和“天启的宗教”并列为宗教发展中的环节，实际上是从哲学美学的高度探讨了古希腊艺术的一些重大问题。又如他在《历史哲学》中，也结合古希腊社会的历史背景，考察了古希腊艺术的产生及其思想实质。在1817年海德堡大学任教时期，他出版了《哲学全书》(1817年初)，其中《精神哲学》中有关美学的部分原来是他讲授美学的一个重要提纲，至此才初步确立了美学在他整个哲学体系中的地位以及美学的研究对象、范围和基本框架。后来经过多次修改充实

和1818年在海德堡大学，后在柏林大学讲授美学课程(1820/21冬季学期，1823、1826夏季学期，1828/29冬季学期)才形成现在这个庞大的黑格尔美学体系。

《美学》在黑格尔生前并未出版，是他的学生Hotho根据讲课提纲和学生们的听课笔记整理而成的。黑格尔讲美学课程前后五次，每次讲课前都对内容做了修改补充，并无定稿。该书分三卷出版(中译四册)。

黑格尔哲学是包罗万象的十分庞大的客观唯心主义体系，美学只是这个体系中的一个环节，但也是不可缺少的组成部分。为什么说是客观唯心主义呢？因为他认为世界的本原不是物质而是精神、思想，这是第一性的，而整个物质世界是派生的，是精神、思想的创造物，不过这精神、思想不是任何个人的，而是在自然界和人类之前早已存在并将永存的客观的思想、精神。他又把它称为绝对理念、绝对精神。实质上这个创造世界并构成世界内在本质的绝对理念，正如费尔巴哈所揭露的，相等于创造世界万物的基督教的上帝。

绝对理念虽然是唯心的，但又是辩证发展的，它处于永恒的矛盾发展之中，整个世界就是它的辩证运动的过程。第一个阶段是逻辑阶段，绝对理念处于自在状态，作为逻辑概念而存在发展，然后外化为自然界，成为自为的，即变成自己的认识对象，最后由外化而复归自身，成为自在而又自为，达到自我认识。逻辑学研究第一阶段，自然哲学研究第二阶段，外化为自然界的绝对理念，第三阶段是精神哲学研究的范围，人类社会的方方面面都在内。包括主观精神(个人意识)、客观精神(社会意识和制度，如伦理、政治、法律、国家)，绝对精神是绝对理念发展的最后阶段，这时达到精神的自我认识。在这阶段，绝对精神从感性直观、内心表象到概念思维等不同方式去认识自己，以感性形象去表现绝对精神的是艺术，以象征的图像思维去表现的是宗教，以概念去表现则是哲学。研究这三种不同方式的是美学(艺术哲学)、宗教哲学和哲学史。由此可见，美学在整个哲学体系中只是很小的部分，但又是必不可少，因为它是绝对理念认识自身的必经阶段。

恩格斯说："黑格尔第一次——这是他的巨大功绩——把整个自然的、历史的和精神的世界描写为一个过程，即把它描写为处在不断的运动、变化、转变和发展中，并企图揭示这种运动和发展的内在联系。"他对《美学》也颇为欣赏，在给施米特的信中建议读一读《美学》，并且说，只要稍微读下去，就会赞叹不已，他说该书在美学领域内"起了划时代的作用"。

在西方哲学史上，黑格尔代表当时哲学的高峰，是他以前哲学学派的集大成者，也是马克思主义哲学的理论来源之一。在美学上也可以这么说。自从鲍姆加登创立美学之后，经过德国启蒙运动者的大力发扬，温克尔曼、莱辛、赫尔德的努力探讨，到德国古典美学，康德、席勒、费希特、谢林、歌德的探讨，积累了大量深厚丰实的美学研究成果，黑格尔在他们的研究基础上集大成，建立自己的美学体系。但黑格尔的价值不在他的体系——他的体系有许多谬误，不仅受到马克思的批判，而且也早就受到 F. A. 特莱德林堡(Tredenlunburg)和克尔凯郭尔等人的批判——而在于辩证法，他的辩证法贯彻始终运用得十分成功，在美学中最有价值的也是他的辩证法思想。

美学三卷(4 册)内容极其丰富，只能挑几个主要论点，谈点个人粗浅体会。

二、美是什么？美是理念的感性显现

黑格尔说："乍看起来，美好像是一个很简单的观念。但是不久我们就会发现：美可以有许多方面，这个人抓住的是这一方面，那个人抓住的是那一方面。"美是什么？看起来人人都知道，但是"熟知非真知"，这个问题其实是极难的，从历史上有正式记载起，人们已讨论两千多年，还没有最终答案，看来这样的问题还会永远讨论下去。哲学上有所谓永恒的问题，不可能一劳永逸地解决，只要有人存在还会讨论下去。黑格尔的回答是："美本身应该理解为理念，而且应该理解为一种确定形式的理念，即理想。"他给美下这样的定义："美就是理念的感性显现。"这也是在他的美学中贯彻始终的中心思想。

把美看作理念，哲学史上的所谓理念论当然不是自黑格尔开始，早在古希腊就有，其代表人物是柏拉图。柏拉图对话录中有一篇专门论美的《大希庇阿斯》，是最早的西方美学文献之一。对话中的人物是苏格拉底和希庇阿斯，讨论美是什么，希庇阿斯代表古希腊传统观点，没有把美的概念和美的具体事物区分开。苏格拉底问他"美是什么？"他以为这问题十分简单，他骄傲自大、自以为是，根本弄不清"什么是美"和"什么东西是美的"这两个问题的区别，因此回答说："美就是一位漂亮小姐"，但苏格拉底指出，一匹美的母马、竖琴甚至汤罐都同样是美的，因此"美是漂亮小姐"之说不能成立，于是希庇阿斯又提出另一些答案如"美是黄金"、"美就是恰当"、"美就是家里钱多，身体好，全希腊人都尊敬，长命到老，自己替父母举行过隆重丧礼，死后又由子女替自己举行隆重丧礼"等不伦不类的论点，在苏格拉底的诘难之下破绽百出，不能自圆其说，就是苏格拉底提出讨论的一些可能的定义如"美就是有用"、"美就是有益"、"美就是由视觉和听觉产生的快感”等等，经过进一步探究也都不能成立，两人讨论了一阵子美，结果美还是从手里溜脱了，最后只得承认“美是难的”。

经过不断思考探索，柏拉图得出了理念论，认为世界上各种事物的美，是由于有一个美本身存在，这就是美的理念。在他看来，各种事物背后都各有其理念，例如床有床的理念，理念就是这种事物的原型或理想，事物之所以存在，就是因为它“分有”了理念。因此许多美的事物之外有一个美的理念(美本身)，一个事物之所以是美的，是因为美本身(美的理念)出现在它身上或为它所“分有”。这就是西方美学史上最早的美的理念论。

黑格尔的理念论源于柏拉图，但又不相同，区别在于：第一，柏拉图的理念是脱离具体事物而独立存在的，柏拉图的理念是空洞抽象的，美的理念先于美的事物，它加在任何一个事物上，就使它成为美(从哲学上讲，就是一般与个别相割裂，又先于个别而存在)。黑格尔的理念则与个别事物紧密结合，存在于个别之中，感性显现就是必须与具体感性事物相统一，“只有出现在实在里面而且与这实在结成统一体(Schein)的概念才是理念”。第二，柏拉图的理念是永恒不变的、绝对的，美本身不受任何条件制约，是无条件地美的，无论过去、现在、将来对一切人都永远是美的。个别事物的美则是相对的、变化无常的。比如汤罐的美就比不上小姐的美，小姐的美也非永恒。黑格尔的美的理念本身就是历史的、发展的，它不仅以感性形式显现在多种事物上，而且它本身在历史上也在不断变化。黑格尔批评柏拉图的理念是空洞无内容的，是一种抽象的形而上学。黑格尔心目中的理念是积极运动、自己发展的，整个世界都只是绝对理念的发展过程。黑格尔认为真和美是统一的，美是理念发展过程中一个阶段，因此美就是理念。“一切存在的东西只有作为理念的一种存在时，才有真实性，因为只有理念才是真正实在的东西”，美是理念，所以也是真的。但一般的理念还只有普遍性，尚未化为具体对象的真实，而美的理念则不然，它一方面具有明确的定性，在本质上成为个别的现实，另一方面它也是现实的一种个别表现，具有一种定性，使它本身在本质上正好显现这理念。所以美的理念就是符合理念本质而表现为具体形象的现实，这种理念就是理想。所以美不能是抽象的，必须表现为具体的个别的东西。

黑格尔说美是理念的感性显现，可从三方面去理解。首先，美是理性和感性的统一。理念是理性的、精神的东西，但美的理念不是抽象的用普遍性概念来表现的理念，而是化为具体现实具有感性形象的理念。只有理性和感性的结合才能产生美。其次，内容和形式的统一。理念是内容、本质，但必须要有恰当的形式，形式就是诉诸感官的形象，是理念的外化，黑格尔不同意某些人说某一事物内容很好，只是没有找到好的形式，也反对美在形式，他认为内容与形式是统一而密不可分，好的内容必然是好的形式表现出来，是为美。形式的缺陷总是起于内容的缺陷。再次，普遍与特殊、一般与个别的统一。理念是普遍的东西，必须显现为具体的、个别的东西，呈现为一种特殊的个别事物，但又在本质上体现着理念的普遍性。比如爱情是普遍，但这普遍必须现身为个别形象才能成为美。如罗密欧与朱丽叶，贾宝玉与林黛玉，梁祝等。像奥赛罗、罗亭、阿巴贡等典型人物，也都是普遍现身为个别形象。

黑格尔的“美是理念的感性显现”说无疑是以他的客观唯心论哲学为理论基础的，他的美学的出发点是理念，理念也是美的真正的源泉。按他的看法，理念是创造世界、认识世界并认识自己的精神实体，就是思想的全体，理念的发展就是由自在到自为、由潜在到实在的过程。理念在自然阶段是自在的、不自觉的，只有发展到人的精神阶段才逐渐成为自觉自为的，因此必然得出艺术美高于自然美的结论。他说："我们可以肯定地说，艺术美高于自然美。因为艺术美是由心灵产生和再生的，心灵及其产品比自然及其现象高多少，艺术美也就比自然美高多少"，这是一种质的区别："只有心灵才是真实的，只有心灵才涵盖一切，所以一切美只有涉及这较高境界而且由这较高境界产生出来时，才真正是美的。"自然美只是属于心灵的那种美的反映，它所反映的是一种不完全、不完善的形态。黑格尔并不否认自然美，只是认为它不够高，只是"美的第一种存在"，自然美之所以可能存在仅仅是因为自然本身就是理念的最"浅近的客观存在"。"自然美只是为其他对象而美，这就是说，为我们，为审美的意识而美。"寂静的月夜，雄伟的海洋，它们的美不属于对象本身，而是在于所唤醒的心情。自然不因自身而美，只是为主体而美。因此，他认为美学的对象不是自然美，而只是艺术美，认为美学的正当名称应是"艺术哲学"。

在黑格尔《美学》中只是附带谈自然美，绝大部分内容都是讲艺术，英译本的书名为 *Philosophy of Fine Art* 是有一定道理的。

三、艺术美与艺术创造

黑格尔认为，正因为自然美有根本的缺陷，所以才需要艺术。他说："艺术的必要性是由于直接现实有缺陷，艺术美的职责就在于必须把生命的现象，特别是把精神的生气灌注现象，按照它们的自由性，表现于外在事物，同时使这外在事物符合它的概念。"自然美缺少"观念性的主观性"，这使人们去研究理想（艺术美），这种理想是在自然界找不到的，比起这种理想，自然美就显得只是它的附庸。

艺术是理念的感性显现，是人的创造、"心灵的产品"。黑格尔批评柏拉图贬低艺术，把艺术看作对具体事物的模仿，因此与理念、真理隔了两层，只能去骗孩子。黑格尔说，一般人以为现实的感性世界才是真实、实在，而艺术则只是幻象，其实外在世界并不是实在的世界，比艺术更名副其实地是虚假的幻相，只有超越感觉和外在事物的直接性，才可找到真正的实在。艺术所表现的正是这种普遍力量所代表的实在。日常的外在世界充满杂乱无章的偶然事物，“艺术的功用就在使现象的真实意蕴从这种虚幻世界的外形和幻相之中解脱出来，使现象具有更高的由心灵产生的实在。因此，艺术不仅不是空洞的显现，而且比起日常现实世界反而是更高的实在，更真实的客观存在。”如果对此加以唯物的批判的理解和改造，就可能得出艺术比日常生活更精炼、集中、更体现生活本质的看法。在黑格尔看来，人为什么要创造艺术，因为人是一种能思考的意识，不仅作为自然物而存在，而且为自己而存在，观照自己，思考自己，只有通过这种自为的存在，人才是心灵。人以两种方式获得对自己的意识。一是以认识的方式，在内心里意识到自己，形成对自己的观念；二是通过实践活动来认识自己，人有一种冲动要在外在事物中实现他自己并在实践过程中认识自己，通过改变外在事物来刻下自己的烙印，复现他自己(如儿童把石头抛入水中，看水中圆圈，觉得是一个作品，从中看出他自己活动的结果)。因此，黑格尔认为艺术是出于一种高尚的推动力，要满足一种较高的需要，有时甚至是最高的绝对的需要，因为艺术是和整个时代和整个民族的一般世界观和宗教旨趣联系在一起的。通过艺术，人认识自己，实现自己的本质力量，艺术的必然性和崇高性在此。艺术的功用可以有许多，如娱乐、消闲、教训、净化、名位追求、赚钱等，但从根本上决定它的崇高地位的不是这些，“艺术的使命在于用感性的艺术形象去显现真实”，而不是为了其他目的的手段。艺术作品是人在外在世界对象中的一种自我创造，以实现自己的本质力量，目的是为自我认识，艺术自身是目的。

从这种观点出发，黑格尔批评了模仿自然说，模仿自然是古希腊以来西方传统观念。黑格尔则认为，模仿自然决非艺术目的，靠单纯模仿，艺术总不能和自然竞争，就像一只小虫爬着去追大象，而且完全是多余的，因为那些自然事物原来已经存在着，何必多此一举去复制？模仿纯粹是形式的，只求酷肖表面形状，而没有理念、意蕴，没有创造性的内容，所以只是一种巧戏法、技艺，它所提供的不是真实生活情况而是生活的冒充。古希腊一位名画家，他画的葡萄逼真到引鸽子啄食，历史上传为美谈，黑格尔认为这种艺术作品不值得赞赏，是把庸俗效果捧为最高成就。这使我想起西方艺术史上的一个故事。1839 年法国人达格尔发明照相术，引起了当时一些画家的恐慌。有人说从今日起绘画就死亡了。模仿自然的画确实遇到危机，但绘画艺术不然。一般人有一种朴素看法，认为所有人看到的世界万物是一样的，其实不然，艺术家不同于一般人，他具有更发达的审美的眼睛和独特的艺术个性。因此艺术家眼里的世界不同于一般人，各个艺术家也不相同。西方艺术界著名人士斯泰恩曾问当代两位最伟大的画家马蒂斯(Matisse)和毕加索(Picasso)同样的问题：作为画家创作时和作为普通人吃饭时所看到的西红柿是否一样，马蒂斯说不一样，用审美的眼睛和普通人的眼睛，毕加索说一样，可是画的西红柿本身就包括吃在内。所以艺术家看到的西红柿可能不同于一般人，马蒂斯又不同于毕加索，艺术家以敏锐的审美目光看到一般人没有看到或忽视的东西，并以他们各自独特的方式表现给我们看。艺术世界为什么如此绚烂多彩，人们为什么在发明照相之后还需要绘画，这里可以求得基本解答。因此黑格尔说“艺术的目的一定不在对现实的单纯的形式的模仿，这种模仿在一切情况下都只能产生技巧方面的巧戏法，而不能产生艺术作品”。艺术不是毫无选择的、原封不动地把生活中的一切照单全收，“它要把现象中凡是不符合事物真正概念的一齐抛开，只有通过这种清洗，它才能把理想表现出来”。艺术所提炼出来的是本质的、显出特征的东西，把偶然的东西清洗掉，“理念就是从一大堆个别的偶然的东西之中所捡回来的现实”。

虽然黑格尔认为艺术要表现理想，理念是艺术的源泉，但在艺术的创作活动中却强调首先要深入生活实际。他的艺术创作理论中是有不少精辟见解的。他说：“在艺术和诗里，从理想开始总是很靠不住的，因为艺术家创作所依靠的是生活的富裕，而不是抽象的普泛观念的富裕”。在艺术里不像在哲学里，创造的材料不是思想而是现实的外在形象，所以艺术家必须置身于这种材料里，跟它建立亲切的关系，他应该看得多，听得多，而且记得多。“这种明确掌握现实世界中现实形象的资禀和兴趣，再加上牢牢记住所观察的事物，这就是创造活动的首要条件。”他不否认灵感和天才，但创作光靠灵感和天才也不行，单靠心血来潮并不济事，香槟酒产生不出诗来。同理，最大的天才尽管朝朝暮暮躺在青草地上，让微风吹来，眼望着天空，温柔的灵感也始终不光顾他。作为天生有才能的人，碰到现存的材料，自觉有一种要求要把这材料表现出来，并因此也表现他自己。艺术家应从外来材料中抓住真正有艺术意义的东西，并使对象在他心里变成有生命的东西。这样天才的灵感就会不请自来了。艺术的灵感不是别的，就是完全沉浸在主题里，不到把它表现为完满的艺术形象时死不肯罢休。

黑格尔强调，艺术家是他那个时代的儿子，他有一个任务要把当时的基本内容意义及其必有的形象制造出来，所以艺术的使命在于替一个民族的精神找到适合的艺术表现。他说现在艺术转向当前现实，所用的题材必须对于艺术是本身固有的，本乡本土的，也就是说，它应该是诗人和听众自己的民族生活。这种艺术在内容和表现形式上都应该是我们自己的，纵使牺牲了美和理想性，毕竟能使我们感到家常亲切。他赞扬荷兰画家的艺术表现的内容是从他们本身和当前现实生活中选择来的，对这种内容不能用上流社会的高傲眼光去看，它表达了普通老百姓的日常生活场景，表现出自由欢乐的感觉，这种新唤醒的心灵的自由活泼被画家描绘出来，荷兰画的崇高精神在此。黑格尔从反映人民群众生活的观点对荷兰绘画的高度评价，曾得到普列汉诺夫的充分肯定。

四、艺术发展的历史过程(艺术类型和门类)

黑格尔的艺术史观是他的美学的重要组成部分，他的美学理论不像康德那样限于抽象议论，而是有广阔的历史感，有大量历史事实和对艺术品的具体评论分析作为理论支撑的。黑格尔对包括自古到今(东西方都涉及)各种艺术种类的研究，在美学史上是第一人，至今无人超越。恩格斯评价黑格尔时指出："把整个自然的、历史的和精神的世界描写为一个过程，即把它描写为处在不断的运动、变化、转变和发展中，并企图揭示这种运动和发展的内在联系。"黑格尔对艺术的发展同样采取辩证法观点，努力探索艺术发展的内在规律。黑格尔是从"美是理念的感性显现"这一唯心主义的基本观点中，推演出全部艺术的发展史的。艺术是普遍概念(内容)和个别感性形象(形式)的结合，这是矛盾的统一，并非自始至终互相契合无间，而要经历一个发展过程。类型之所以产生，是由于把理念作为艺术内容来掌握的方式不同，理念所借以显现的形象也就有区别。由三种类型艺术，即象征艺术、古典艺术和浪漫艺术相继出现，而各个门类艺术也与不同类型艺术相对应而登上历史舞台(建筑、雕刻、绘画、音乐、诗)。一百多年前还没有电影、电视、网络等现代传播媒介，当然黑格尔也就不可能预见到它们对艺术发展的影响。因此黑格尔的理论仍以传统艺术的发展为依据。在他看来，第一个阶段最初出现的类型是象征艺术，在这阶段物质的表现形式压倒精神内容，美的理念没有得到充分显现而受到歪曲和阻挠。这主要是由于理念本身还没有发展起来，不确定、没有定型，因此还不能为自己找到恰当的表现形式。内容与形式之间产生矛盾，理念的抽象性和形象的物质性不相符合，使两者之间只能具有象征的关系，所以象征艺术具有暧昧、模糊和神秘的特点。往往用动植物等自然的东西作为象征去暗示某种意义，如用狮子表示威武，龙象征帝王。这还不能算真正意义上的艺术，只能看作艺术前的艺术，是过渡到真正艺术的准备阶段。象征艺术的代表是东方艺术，因为古代东方人尚未完全摆脱对自然的依赖，还完全受物质的限制和压迫，东方的宗教和政治专制，使人失去自我，自由意志无从伸张。所以在古代东方只能产生物质形式压倒精神内容的象征艺术。黑格尔一向持西欧中心论观点，看不起东方，偏见严重，对东方哲学、艺术都评价低，这是他的理论的主要缺陷之一。

象征主义艺术内容不确定，理念还是抽象的，没有转化为具体的存在，内容和形式之间不相适应，有难以解决的矛盾。古典艺术的产生就是为了克服这些缺陷，理念与形象形成自由而完满的协调，只有古典艺术才提出完美理想的艺术创造，使之实现。精神内容与物质形式达到高度统一，艺术美的理想得以实现。作为古典艺术内容的理念已不是抽象的而是转化为具体的东西，就在它自己的客观化的这一过程中，它取得了外在的形式。因此，理念完全渗透到形式之中，成为精神内容，形式也完全符合内容，充分表现内容，二者达到高度统一。黑格尔认为，古希腊艺术就是古典艺术的代表，是最理想的艺术，艺术发展中的黄金时代。

但是古典艺术也必然要走向没落，而让位于浪漫艺术。这是因为理念的进一步发展使精神内容不再满足于物质的形式，物质形式已装不下丰满的精神内容，精神内容压倒了物质形式，而精神内容是主观的、内在的，因此浪漫艺术的特点是绝对的主观性、内在性。艺术的本质本应是理念和感性形式的高度统一，但理念不断克服物质的阻碍，不断回到它精神性本性，更多地表现精神的胜利。在浪漫艺术中，精神已从物质中摆脱出来，灵魂的自我分裂、内心的矛盾成了浪漫艺术的中心主题，因此冲突和运动，不是在外界而是在内心中进行，描写内心的矛盾冲突和情感成为浪漫艺术一大特点。

这样，整个艺术的发展就是从低级到高级、从产生到繁荣以至没落的辩证发展过程，其本质就是精神战胜物质的过程。根据同样的原则，黑格尔分析了不同的艺术门类，把它们和各艺术类型相对应。最早也是最低的艺术门类是建筑，它是物质性最强，只是以其形式来暗示、象征理念，例如金字塔、神庙。这是外在的艺术。其次是雕刻，精神和物质、理念和感性形式得到较好的结合，主客观趋于统一，最适合于古典艺术。再就是主观艺术：绘画、音乐。绘画重视觉，用色彩、明暗对比等表现美，内容丰富多样。建筑、雕刻都用立体材料，绘画是用平面，物质性较少，更富于精神性，但仍受空间的限制。音乐则更是一种精神性艺术，通过音调来表现和感动人的心灵和情感，所以适合于浪漫艺术，它摆脱了空间，然而毕竟仍受制于时间。最高的艺术门类是诗，音乐表达的情感是模糊的、不确定的，诗通过语言文字，利用音调来表达思想感情就更明确、有力和丰富，美的想象也得到最高的表现，它是综合性艺术，兼有建筑(诗的结构)、雕刻(诗的刻画力)、绘画(画意)和音乐等诸多的特点。在黑格尔看来，诗也是适合于各个发展时期的。史诗重客观，抒情诗重主观，剧诗则是主客观的统一。

由于黑格尔关于艺术发展史的见解是以他的唯心主义哲学体系为根据，把艺术的发展看作内容和形式的矛盾统一、精神克服物质的过程，因此有时为了体系的需要难免有牵强附会曲解历史事实去凑合他的发展公式之处。但他力求把艺术发展看作有一定规律的过程，探索多门艺术发展的内在规律和彼此间的联系，求得逻辑、辩证法和历史的统一，而不是罗列现象和偶然事例的堆积。特别是他对某些具体艺术作品和现象的具体分析，有时摆脱了唯心的框框，结合社会历史条件，非常深刻地贯彻了人文精神。例如他对古埃及的象征艺术和古希腊的古典艺术的分析："埃及艺术作品包含一些谜语，要正确解释这些谜语，有时不仅我们，就连创造这些作品的艺术家们也大半办不到。"这正是象征艺术的特征，而狮身人面像斯芬克斯(Sphinx)则是"埃及精神所特有的意义的象征，它就是象征方式本身的象征"。在希腊神话里，Sphinx是食人的怪物，它要人猜智慧女神缪斯(Muse)教它的谜语，俄狄浦斯(Oedipus)猜破了谜，它就无地自容而跳崖自尽了。这个神话故事本身标志着新的希腊精神的兴起。埃及虽有高度古代文明，但人的自由意识还没有充分觉醒，狮身人面的形象也说明人尚未摆脱半人半兽状态，只有在希腊文明里，人才真正在精神上站立起来，发展起独立意识而取得前所未有的自由，希腊艺术正是这种自由精神的体现。黑格尔以埃及雕刻作品和希腊作品对比，说明古典艺术希腊雕刻所表现的精神内容是自由，这正是埃及作品所缺乏的。他用社会原因去解释。埃及雕刻曾辉煌一时，在技巧和艺术风格方面达到相当高的水平，有许多具有纪念碑意义的巨型(古风时期)雕像作品，希腊人最初从埃及学到不少，早期受其影响。但埃及作品的根本缺陷就是程式化、墨守成规、千篇一律，缺少鲜明个性，给人以单调、呆板、一般化之感。黑格尔指出，其所以如此是由于它缺乏内心方面的自由和表达方面的自由形式，因为埃及从事雕刻的不是具有创作自由的艺术家，而是世代相传，按自古以来程式奉命行事的工匠。这样身心都没有自由的人只能机械地进行重复性劳动，不可能创造自由生动的艺术形象。希腊雕刻家则有崇高社会地位和充分创作自由，可以自由发挥想象力和创造力，施展创作个性。黑格尔说，希腊雕刻在“自由生动方面达到了最高峰，艺术家把灵魂灌注到石头里去，使它柔润起来、活起来，这样灵魂就完全渗透到自然物质材料里去，使它服从于自己的驾驭”。而作品的生动，是“由于它们是从艺术家的心灵自由地产生出来的”。黑格尔一直强调，人是自由的生物，这是人的本性的基本定义，自由也是艺术发展的先决条件，古希腊艺术所以能达到高度的完美，是因为它是在自由的环境下成长起来，体现了人的自由的本性。没有自由，就不可能有真正美的艺术。

黑格尔把希腊古典艺术看作艺术发展的最高成就，再往后就衰落了，浪漫艺术意味着整个艺术发展的终结。有人说黑格尔对艺术将来的命运抱悲观态度，认为他主张艺术会灭亡。对此学术界有不同的看法，其实黑格尔的意思并不是说艺术会灭亡，他说：“我们尽管可以希望艺术还会蒸蒸日上，日趋于完善，但是艺术的形式已不复是心灵的最高需要了，我们尽管觉得希腊神像还很优美，天父、基督和玛利亚在艺术里也表现得很庄严完美，但是这都是徒然的，我们不再屈膝膜拜了。”人的精神发展已不能由艺术来满足了，他有更高的精神需求，要由宗教和哲学来满足。这当然是出于黑格尔的唯心主义哲学体

系的要求，但是他这样说是多少猜测到现代社会的现实环境和主客观条件不利于艺术发展这个事实。他通过对所谓“一般世界情况”的分析，实际上是根据时代背景和客观社会条件去看艺术的发展。产生古希腊艺术的是英雄时代，而近代西方社会里浪漫艺术所处的则是散文气息的时代。在英雄时代，个人与社会、集体没有分裂对立，个人可代表社会的普遍理想，正义、秩序、法律、道德都是由希腊英雄们自己制定、作为他们个人的工作而实施的。这样的时代环境最有利于艺术发展。到了近代散文气息的时代，个人与社会分裂，贫富严重对立，个体失去独立自在的完整性，成为一种固定的社会秩序下受局限的一分子和异化劳动的牺牲品。个人退缩到自私自利的狭小的圈子里去，不能代表崇高的普遍理想。这样的环境当然不利于艺术的发展。但古希腊世界英雄时代毕竟已一去不复返了，它所留下的艺术品给我们留下的只是朦胧的回忆，作为它的伟大崇高的永恒的纪念。黑格尔尽管对近代艺术的一些代表和作品评价很高(如对莎士比亚、歌德、荷兰绘画等)，但他心目中理想的美的艺术还是在古希腊。

五、黑格尔的悲剧论

前面说过，在黑格尔看来，艺术作为绝对精神发展中一个环节，本身也有发展过程。诗适合一切艺术类型(象征、古典、浪漫)，是最高的艺术，诗中又以剧诗(主要是悲剧)为最高形式。“和其他感性材料(石、木、颜料、声音)相比，只有语言才配得上表现精神的要素，而在语言艺术的各特殊种类中，正是剧诗把史诗的客观性和抒情诗的主观原则结合于一身”，诗的语言作为表现手段，最大限度摆脱物质性材料，成为观念性最强的艺术，而悲剧则是“较高级的语言”，因此黑格尔把悲剧看作艺术的桂冠而成为艺术发展的总结。黑格尔推崇悲

剧受他唯心哲学影响（强调精神主导、主客统一），但也把悲剧看作一切艺术中最适合于体现辩证法（矛盾和对立统一）的艺术，这是精华所在。人们对黑格尔悲剧论评价很高，英国著名文艺理论家布拉德利(Bradley)说，自从亚里士多德论悲剧以来，以同样的独创性和探索精神来研究悲剧的就唯有黑格尔。

黑格尔在悲剧论中贯彻对立统一矛盾学说，他说："谁如果要求一切事物都不带有对立面的统一那种矛盾，谁就是要求一切有生命的东西都不应该存在。因为生命的力量，尤其是心灵的威力，就在于它本身设立矛盾，忍受矛盾，克服矛盾。"发展是通过矛盾斗争进行的，所以是不平坦且崎岖曲折的，有成功欢乐，也有失败痛苦，因此悲剧性因素是内在于世界发展进程的，精神发展本身就具有悲剧性矛盾。矛盾冲突、痛苦不仅是具有否定意义，它对精神来说是最大考验和锻炼。他说："凡是始终都只是肯定的东西，就会始终都没有生命。生命是向否定以及否定的痛苦前进的，只有通过消除对立和矛盾，生命才变成对它本身是肯定的。如它停留在单纯的矛盾上，不解决那矛盾，它就会在这矛盾上遇到毁灭"。通过否定而达到肯定，就是矛盾的"和解"。戏剧的特点就是描写矛盾冲突以至和解，其他艺术形式都不能如此充分表现，如绘画只能表现这过程中某一顷刻，而戏剧艺术可以把"美的最完满最深刻的发展表现出来"。

黑格尔详细分析悲剧中矛盾冲突，把冲突看作最高情境，是戏剧动作的出发点，只有通过矛盾，悲剧中的行为、动作才能见出严肃性。黑格尔对矛盾冲突做了细微的分析，他把冲突基本上分三种：①由于物理或自然原因所产生冲突（如疾病、自然灾害）破坏了生活和谐，这种冲突只能作为单纯原因而发生作用，本身没有什么意义，因此被黑格尔看得很低。②由于自然条件产生的精神冲突（如出身、继

承权争夺、天生性情如妒忌、野心、贪婪、爱情)，如麦克白斯、奥赛罗。外来的自然力量在精神矛盾中不是本质的东西，只是一种导致精神冲突的背景。③由“精神的差异而产生的分裂”才是真正重要的矛盾，精神性的东西只有通过精神才能实现，精神差异必然在行动中实现，因此冲突根源不在外在自然，而在人的行动之中。又分几种：a. 由于行动时主观意识和之后认识之间的矛盾。索福克勒斯(Sophocles)的俄狄浦斯(Oedipus)无意中犯了杀父娶母罪，后来才知道而陷于内心冲突，这种冲突还没有与外在自然力量断绝联系；b. 有意识的行动引起的冲突；c. 行动本身并不引起冲突，但由于环境关系而引起冲突。如罗密欧、朱丽叶意识到家庭世俗不允许他们结婚而陷于矛盾冲突。黑格尔反对戏剧中的“无冲突论”，强调悲剧矛盾不是人和自然冲突，而是人和人之间冲突、社会冲突。

在黑格尔看来，只有由于精神方面的差异而产生的矛盾才构成悲剧冲突的基础，理想的悲剧的真实内容是由“人类意志中的实体性的、自身合理的力量”所提供的，如家庭伦理关系、政治生活、公民爱国主义、统治者的意志、宗教信仰等等，这些实体性的力量也就是神圣的伦理的力量。它们是悲剧幕后的原动力，具有普遍性，它们各自提出全面的极端的要求。悲剧中人物就是这些特殊化要求的体现者，悲剧性格的本质即在于完全服务于一种伦理目的，执行其命令。如悲剧人物忠实履行爱国公民义务，往往忽视他应承担的家庭责任，因此两种伦理发生矛盾，形成悲剧冲突。他们本身都是合理的，但在实现自己要求时不顾对方，侵害了对方同样合理的权利，为此，它们就有过错，应受惩罚，于是代表它们片面性的悲剧人物就遭毁灭。因此悲剧人物的结局是必然的，因自己的片面性而必受报复，他的不幸是咎由自取，一切苦难不幸都是由主人公自身造成，是其片面性的合理惩罚。

他的名言："我们承认有过错，因为我们受痛苦。"(《精神现象学》)

但黑格尔的悲剧论的最重要的结论不在此，而在于把它看作"永恒正义"的胜利，矛盾冲突通过悲剧人物毁灭而最后和解，悲剧证明片面的伦理要求不是真理，克服片面性才能达到真正的伦理。悲剧不是单纯否定，而是通过否定而达到肯定，否定的不是人物代表的伦理原则本身，而只是其片面性，通过对片面性的否定，真正的伦理实体就建立了，冲突在矛盾的和解中消失达到新的和谐，因此虽然不幸痛苦，最后却精神得到满足，情感得到真正伦理的安慰。我们在悲剧里不是在好的、美的东西的毁灭中，而是在真的东西的胜利中得到提高的。

黑格尔通过苏格拉底之死和索福克勒斯的《安提戈涅》(Antigone)来说明他的理论。苏格拉底是历史现实生活中的悲剧，苏格拉底代表当时个人意识独立的"精神更高的原则"，但当时的秩序还不能接受，因他破坏习俗而处以死刑，但只消灭了个人而消灭不了他代表的新原则，新原则终于深入人心，人们对过去判决后悔而承认苏格拉底的伟大。新原则必然要胜利，但最初必不能为人理解而被看作破坏旧原则的犯罪，苏格拉底为此付出血的代价，但新的原则终于在个人的毁灭中树起，永恒正义取胜，精神通过个人牺牲和苦难而前进了。

《安提戈涅》被黑格尔称作"最卓越、最令人满意的作品"，安提戈涅是"在地球上出现过的最壮丽的形象"，剧中的故事是这样的：俄狄浦斯两个儿子厄忒俄克勒斯和波吕涅刻斯争王位，自相残杀同日战死，由舅父克瑞翁继任王位，因波吕涅刻斯勾结外敌进攻祖国，被克瑞翁宣布为叛国犯，下令禁止收葬尸体示众，违者处死。他的妹妹安提戈涅(Antigone)是克瑞翁儿子的未婚妻，出于兄妹情义违令收葬了哥哥。于是克瑞翁判她死刑，以致她在囚室自尽，克瑞翁的儿子海蒙也因安提戈涅的惨死而自杀，克瑞翁的妻子也因爱子的死而自尽。悲剧以“尸首上堆尸首”的大流血告终。黑格尔认为克瑞翁和安提戈涅代表不同的伦理，都有伦理根据（代表国法和“天条”），双方都正义，但都有片面性，忽视对方同样正义的要求，因此双方都有罪责，都受惩罚。国法和神圣骨肉之爱（神的法律）之间的冲突两败俱伤，而永恒正义取得胜利，亲属之爱和国法都未被否定，在消灭片面性后重新达到了和谐。

黑格尔悲剧论有这样几个特点：①悲剧不是单纯的善恶冲突，纯粹的恶不宜于理想艺术表现。②悲剧中，理性胜利并非盲目命运。③对悲剧中的必然与偶然要作辩证理解：如哈姆雷特（Hamlet）之死看来是偶然，决斗交换了剑，但实际上灵魂深处早已埋伏着死亡，周围可怕环境使他万分苦闷，在死之降临前，内心压抑早把他折磨死了。罗密欧与朱丽叶的悲剧看似偶然，实质上也是必然的，他们就似柔弱的玫瑰花种在不合适的土壤上，不可避免地在偶然世界的山谷里由于暴风雨的袭击摧残。这些见解都深刻精辟。④只对古希腊悲剧适用：近代悲剧主观性日益增加，人物与其说代表伦理力量，不如说受个人目的、情欲驱使，性格本身分裂，矛盾冲突在同一性格中发生斗争（如哈姆雷特，真正冲突在哈姆雷特主观性格之中，他的高贵的灵魂不是为了干这种刚毅行动而创造，他对世界和生活充满厌恶，在下决心、试验和实施之间辗转不安，终于因优柔寡断和外在环境的结合而毁灭）。近代浪漫艺术沉溺于主体内心生活，终于使艺术解体，黑格尔虽对莎翁评价极高，但认为典型悲剧还是产生于古希腊——埃斯库罗斯、索福克勒斯、欧里庇得斯（Euripides）的作品。

黑格尔对文艺作品中人的性格的分析也很深刻，他强调性格与环境之间的辩证关系。他首先讲“一般世界状况”，指的是广阔的社会历史环境背景，然后是“情景”，指的是人物所处的具体环境，是一般世界状况的具体化，也是引起冲突、显现人物性格的机缘。“情致”是一般世界状况中的普遍力量在人物身上具体化形成的主观情绪或人生态度。正是由于以上几方面的矛盾冲突，才形成悲剧人物的性格。黑格尔的这种看法与恩格斯所说“典型环境中的典型性格”是有相通之处的。

六、我们今天应如何评价和对待黑格尔美学

马克思、恩格斯、列宁等经典作家对黑格尔哲学做过许多评价，直接讲美学的不多，但原则上也适用于美学。黑格尔哲学在马克思主义产生前代表西方哲学的高峰，其辩证法是马克思主义的直接哲学来源之一，但建立在错误的唯心主义的基础之上，所以要把它倒过来，方能真正发挥其积极意义，要批判地继承而不能照单全收。这也是对待黑格尔美学应持的态度，要用马克思主义的立场、观点和方法去认真研究和分析，才能充分吸取精华而弃其糟粕。恩格斯说，要找黑格尔的错误毛病是“小学生的事”，问题是要真正深入黑格尔理论大厦才能发现许多有价值的珍贵宝藏。应该承认，我们学术界对黑格尔美学的研究还是很粗浅的，黑格尔美学涉及的内容极广，包括世界史、文学艺术各门史、政治、经济、宗教、社会制度、文化、法律、伦理、习俗以及一般社会生活等等，要具备多方面的知识才能对黑格尔美学做出正确判断和批评吸收，现在这工作才刚开始。

黑格尔美学丰富全面，特别要注意其中与马克思主义美学直接有继承关系的一些重要思想，对马克思主义美学有启示作用。重点仍是辩证法在美学中的运用。例如，在他看来，美是理性与感性的统一：“美的本质只是在感性形态下作为一个事物而出现的理性的理念，这

个美的事物除了理念外没有别的内容。”内容和形式的统一：“艺术的内容就是理念，艺术的形式就是诉诸感官的形象，艺术要把这两个方面调和成为一种自由的统一的整体。”美又是主观和客观的统一、一般和特殊的统一。因为美是理念的感性显现，所以它是主体的创造，主体的客观化。作为理念是普遍的，但要转化为个别的形象。美又是本质和现象的统一，个别事物的外在现象（外观或形象）只有同它所体现的本质（理念或真理）完全相统一时，它才是美的。这些观点如果用辩证唯物主义观点加以分析、批判和改造，是可以发掘出其中不少合理因素的。

在过去，首先从唯物主义观点全面批判黑格尔美学的是俄国著名的革命民主主义思想家车尔尼雪夫斯基，但他信奉的是费尔巴哈哲学，因此也就不可避免地具有费尔巴哈唯物主义的基本缺陷和局限性。他虽然深刻地揭露出了黑格尔美学的唯心主义错误实质，却不能对黑格尔美学做出正确的科学的评价，更不可能批判地吸收、继承和发扬其中包含的可贵的辩证法思想精华。用恩格斯批评费尔巴哈时所用的生动的比喻来说，这位俄国美学思想家像费尔巴哈一样，把澡盆里洗澡的孩子和脏水一起泼掉了。只有以马克思主义哲学和美学思想为指导，经过认真深入细微的研究分析，才能真正理解和正确评价黑格尔在西方美学史上的贡献和地位，彻底纠正其唯心主义错误，批判地继承和发扬其辩证法的合理因素，使之真正成为我们建设马克思主义美学的思想资源和重要理论来源。

我们今天研究黑格尔美学，除了要正确阐明它在美学思想发展史上的贡献和历史价值外，更要注意从当代美学研究的现状和需要出发，从中得到一些启示以改进和充实我们的美学研究工作。在我看来，有以下几点值得我们思索参考。

第一，在黑格尔美学中贯彻着以人为本的人道精神，艺术的发展是力图在世界中确证自身的人的精神发展过程，人是艺术的真正核心，“形成真正的美和艺术的中心和内容的是有关人类的东西”。只是在黑格尔那里，现实的人被披上一层唯心的理念论的外衣，但在外衣下隐藏着关于人的自由、尊严和价值的肯定。这些东西表现在艺术形式里就是美。

第二，黑格尔贯彻着历史主义的观点，体现历史和逻辑的辩证结合。在他看来，无论是美的观念和艺术本身都有一个历史辩证发展过程，处于不断变化之中，并非固定不变、绝对的东西。变化发展有其内在的规律，一方面受主观因素的影响，另一方面也受历史环境和客观社会条件的制约。特别是他强调社会实践在美的创造中的重要作用。当然，受体系的影响，黑格尔对规律的解释是唯心的，有的是牵强附会的，贯彻辩证法也是不彻底的。发展本是辩证法的根本原则，人类历史作为一个发展过程，包括艺术在内，是不可能有发展的终结的，但在黑格尔体系中绝对理念达到自我认识后发展就会终结，这是违反辩证法基本精神的，因此需要用唯物史观加以根本改造。

第三，黑格尔的一些观点也有助于我们对现代西方艺术的认识和理解。他敏锐地发现近代社会里的现实矛盾不利于艺术的发展，其根本原因在于，人丧失独立自足性，这是现代社会中异化劳动造成的。黑格尔说“在这种工业文化里，人与人互相利用，互相排挤，一方面产生严重贫困，另一方面产生一批无须为自己需要而工作的富人，可以从事于比较高尚的旨趣”。对于穷人来说，他的劳动和产品不能成为他的本质力量的确认，因而是不自由的。富人也是不自由的，因为身旁的事物不是自己创造的，是从原已存在的事物的大仓库里取出来的，对他来说也是异己的存在。这种异化状况不利于艺术发展。马克思关于“资本主义生产就同某些精神生产部门如艺术和诗歌相敌对”的论点，和黑格尔对现存社会的批判是有关联的。马克思曾深刻指出资本主义社会里艺术与社会经济之间发展的不平衡及其原因。我以为对黑格尔和马克思的话不应理解为艺术的绝对衰亡，而只是意味着它们在异化状态下的异常发展。对于现代西方艺术，黑格尔和马克思的论点是有助于打开其奥秘的钥匙。在卡夫卡的小说、毕加索的绘画和杜仑·马特的戏剧中，我们都能看到现代西方社会里异化的人的映象。

（本文原为2005“广州论坛”上题为“黑格尔美学讲稿的几个问题”的演讲，2018年6月5日商务印书馆“名家大讲堂”讲稿在此基础上进行了修改）

在莎士比亚故乡看《麦克白斯》

——关于悲剧的一些思考

到了希思罗机场，刚踏上英国的国土，就想起了莎士比亚。过去有人说，英国宁愿失去印度，也不能没有莎士比亚。这话有一定的道理。大英帝国在印度的殖民统治固然在一个时期内给它带来了巨大的财富和霸权，却在世界历史上留下了遭人唾骂的可耻的一页，而莎士比亚则为英国赢得了真正的光荣，历数百年而不衰，其影响之深远在文学史上也是少见的。因此，如果要在二者之间进行选择的话，我看选择后者倒是更为明智的。

出于对莎士比亚的崇敬，我利用学术访问的间隙，在一个周末专程前往他的故乡斯屈拉福德参观，度过了难忘的两天。尤其是，我受到英方邀请单位的盛情款待，在举世闻名的皇家莎士比亚剧院看了一场戏，留下了不可磨灭的印象。

位于艾冯河岸的斯屈拉福德是个不大的市镇，似乎到处都能看到莎士比亚的印记：莎士比亚故居，莎士比亚博物馆，莎士比亚念过书的学校，以莎士比亚的名字作为招牌的商店、饭店、旅馆，在礼品店里摆满着与莎士比亚有关的纪念品，甚至在餐厅里的菜单上也印着莎士比亚的肖像，在我住宿的莎士比亚旅馆里每个房间都以他笔下的剧中人命名如哈姆雷特间、罗密欧与朱丽叶双人间等等。我觉得，为了适应旅游业的需要，莎士比亚在这里已经相当程度上被商品化了，变成了招徕顾客的手段，只有在剧院里这位伟大的诗人才仍然保持着自己充分的尊严，没有沾上多少铜臭味。

皇家莎士比亚剧院是一个历史悠久的艺术演出团体，一向以其表演艺术的精湛和严肃而享有很高的国际声誉。自从 20 世纪 60 年代以来，它所获得的各种国家奖和国际奖即超过二百次。剧院的创始一直可以追溯到一百多年前，1864 年在斯屈拉福德举行了一次莎士比亚戏剧节，演出包括六个剧目，后来当地的一位殷实的酒商捐赠了一块地皮并发起募捐运动建立一个永久性的剧院，1879 年剧院建成，但于 1926 年毁于大火，现在的剧院是后来重建在 1932 年启用的，当时是英国设备最好的剧场，可容纳 1100 位观众，今天当然已经显得陈旧了。三十年前，剧院改组扩大成为演出公司，把活动范围扩大到伦敦，又陆续兴建了几个大小剧场，除了演出莎士比亚的戏剧外，也演出莎翁同时代其他作家的剧本和现代西方戏剧作品。古典传统与现代性的结合，是他们的宗旨。就拿他们演出的莎剧来说吧，在忠实于原著精神的同时总是力求做出新的解释，在可能范围内使之具有一些现代生活的气息。

那天晚上我看的戏是《麦克白斯》。这是我有机会第二次观赏这部悲剧的舞台演出，前一次是好几年前在美国波士顿看一个美国剧团演的，似乎并没有什么特别感人之处。这次皇家莎士比亚剧院的演出要成功得多，演员阵容坚强，扮演麦克白斯的普莱斯和扮演麦克白斯夫人的柯莎克这两位男女主角，都有丰富的舞台经验，担任过其他莎剧中的一些重要角色如哈姆雷特、理查三世、苔丝德蒙娜、朱丽叶等等，而且经常参加电影、电视的演出。其他演员也都称职，配合默契，演技纯熟。有点出人意料的是导演对该剧的处理，过去我看过的那次演出比较含蓄，突出阴险密谋的气氛，这次的演出则火药味十足，演员的舞台动作幅度大，调门高，突出的是狂妄的野心和凶残的暴力，很有几分现代的风格。不过据我想，这也并不违背莎士比亚原著的精神，因为照布雷德莱在其权威性著作《莎士比亚悲剧》一书中的看法，《麦克白斯》是一部最激烈、最浓缩、最可怕的悲剧①。

在莎士比亚的悲剧中，《麦克白斯》是最短的一部，这次演出时又删节了原本中的大约150行对白，因此全剧演出一气呵成，没有幕间休息，仅两小时就结束了。可这是多么令人难忘的两小时，散戏后回到旅馆之后，我的心情仍久久不能平静。我反复思考这样的问题：为什么莎士比亚能把《麦克白斯》写成一部悲剧？而这部悲剧给人们的启示又究竟是什么？

在莎士比亚的所有悲剧中，至少是在人所公认的四大悲剧中，恐怕《麦克白斯》是最不适宜作为悲剧题材的。麦克白斯在历史上倒确有其人，他在1040年谋杀了邓肯，当上了苏格兰国王，在位17年，是个相当能干的君主。莎士比亚编写这个剧本主要取材于霍林雪德的《编年史》，当然也增添了许多艺术虚构的情节，但麦克白斯弑君篡位的基本事实是不错的。如果用传统的世俗观点去看的话，麦克白斯显然不是“好人”、“忠良”，而属于“坏人”、“奸雄”的范畴。自从亚里士多德的《诗学》问世，人们对什么样的人能充当悲剧人物的问题似乎就

---

① 布雷德莱：《莎士比亚悲剧》，英文版，第276页。

形成了一个固定的看法，认为恶人不宜于充当悲剧的主角，理想的悲剧人物应如亚里士多德所说："他不十分善良，也不十分公正，而他之所以陷于厄运，不是由于他为非作恶，而是由于他犯了错误，这种人名声显赫，生活幸福，例如俄狄浦斯、提厄斯忒斯以及出身于他们这样的家族的著名人物。"①就莎士比亚悲剧中的主人公来说，大多数是基本上符合这个要求的，如哈姆雷特、奥赛罗、李尔王等等。理查三世的情况当然不同，但是《理查三世》这个戏能否算作悲剧还有争议。麦克白斯和理查三世有几分相似，为了实现自己的政治野心可以不择手段，借助于暗害凶杀而爬上王位，双手沾满鲜血，无疑是属于亚里士多德所指出的"为非作恶"之辈。那么，为什么这样的人居然能成为悲剧的主人公呢？

记得有一位研究悲剧理论的哲学家曾经指出，在古希腊以后的悲剧诗人中，莎士比亚之所以独步剧坛，高人一头，并不是由于他在安排戏剧的情节和结构方面有什么高超之处(例如他的名剧《哈姆雷特》的结构就不够严谨)，而是由于他所塑造的人物性格和诗的语言使其他人相形见绌②。这个看法是很有见地的。我们在这里且不谈莎士比亚的语言，因为根据译文，哪怕是第一流的译文去鉴赏诗的语言几乎是不可能的。就《麦克白斯》来说，重要的是人物的性格，正是莎士比亚在很大程度上成功地塑造的男女主人公的悲剧性格造就了这部誉满天下的悲剧。我以为，酿成这场悲剧的与其说是麦克白斯夫妇的所作所为，倒不如说是他们的复杂而矛盾的可怕性格，悲剧只不过是这种性格发展的自然结果罢了。

---

① 亚里士多德：《诗学》，第13章，1453a。

② 参看考夫曼：《悲剧与哲学》，纽约，1968年版，第272页。

麦克白斯是怎样的人呢？莎士比亚的悲剧里有一些纯粹的恶徒充当反面角色，如克劳狄斯、亚果、爱德蒙等等，麦克白斯却不是他们这一类人。在悲剧的第一幕，这位主人公是以战功卓著的英雄的面目登场的，他外御强敌，讨平叛逆，屡战屡胜，为国家立下了汗马功劳，他的爵位并不是靠钻营拍马得来的，正如他的表兄邓肯国王所说："你的功劳太超越寻常了，飞得最快的报酬都追不上你……一切的报酬都不能抵偿你的伟大的勋绩。"[①]可是正当麦克白斯加封晋爵，开始飞黄腾达的时候，他对权力的欲望也无限地膨胀起来，在剧中这是以女巫们的预言的形式向人们宣示的。从表面上看，麦克白斯的政治野心似乎是由于女巫预言他将成为未来的君王而引起的，实际上莎士比亚借助这种超自然的因素只是为了揭露悲剧主人公久已在内心深处萌发的欲念而已。女巫的祝福最多只是促使麦克白斯加快行动的外部因素，况且女巫给他的只是模糊的暗示，并没有明确叫他做什么，因此他以后的所作所为，一连串的密室策划和谋杀，都出于他和妻子两人自己的选择，绝对没有什么力量迫使他们这么做，只能由他们自己负责。这样看来，他们后来遭到的悲剧结局是他们自身的行动造成的，他们既然做出了实现自己野心的可怕的选择，就必须为自己的选择承担责任。麦克白斯自己也清楚这一点，他说："没有一种力量可以鞭策我实现自己的意图，可是我的跃跃欲试的野心，却不顾一切地驱着我去冒颠踬的危险。"尽管在过去弑君篡位一直被目为大逆不道的头等大罪，但是总有人甘冒这样的风险，在中外历史上，统治集团内部为了觊觎王位而骨肉相残、兵戎相见的事例难道还少见吗？成功的，成了"真命天子"，失败的，当然就是万人唾骂的叛贼，官方的历

① 本文中引自《麦克白斯》的文字均采用朱生豪的译文。

史就是这样写的。如果《麦克白斯》写的仅仅就是这么一个历史上屡见不鲜的野心家阴谋篡权的故事，那它也未必能成为一部传世之作。这部悲剧之所以取得成功，是因为它极其深刻而生动地刻画了麦克白斯及其夫人这一对阴谋家的复杂性格和犯罪前后的矛盾的心理状态。在世界文学提供给我们的丰富多彩的人物群像中，像这样的典型确实还不多见。

我们先来看麦克白斯。这个在战场上所向披靡的勇士其实内心里并不像表面上看来那么勇敢刚强，他野心勃勃，阴险残忍，可是同时在精神上却是一个懦夫。当他听到女巫的预言，产生想篡夺王位的邪念时，就不由自主地感到心惊胆战，他自问："假如它是吉兆，为什么那句话在我脑中引起可怖的印象，使我毛发悚然，使我的心全然失去常态，卜卜地跳个不住呢？想象中的恐怖远过于实际上的恐怖；我的思想中不过偶然浮起了杀人的妄念，就已经使我全身震撼，心灵在胡思乱想中丧失了作用，把虚无的幻影认为真实了。"但是，权力的诱惑实在太强烈了，使这个内心相当怯懦的人变得大胆起来，干出他自己也害怕的事情。他做了这样的自白："星星啊，收起你们的火焰！不要让光亮照见我的黑暗幽深的欲望。眼睛啊，别望这双手吧，可是我仍要下手，不管干下的事会吓得眼睛不敢看。"应该说，最了解他的还是他的妻子麦克白斯夫人，这个一直在撺掇他篡位的女野心家所担心的，也就是她丈夫性格中的这怯弱的一面，所以她说："我却为你的天性忧虑：它充满了太多的人情的乳臭，使你不敢采取最近的捷径；你希望做一个伟大的人物，你不是没有野心，可是你却缺少和那种野心相联属的奸恶；你的欲望很大，但又希望只用正当的手段；一方面不愿玩弄机诈，一方面却又要作非分的攫夺；伟大的爵士，你想要的那东西正在喊：'你要到手，就得这样干！'你也不是不肯这样干，而是怕干。”麦克白斯确实是陷于想干而又怕干的矛盾之中，迟迟下不了决心去采取坚决的行动。这不是出于道德的考虑，也不是出于怜悯和同情，因为对他那样的人，所谓良心是没有什么约束力的。那么，他怕的什么呢？怕的是报应，这是在当时历史条件下一个个人野心家所唯一害怕的东西。用现代的语言来说，就是他怕承担自己行动的后果，因为他知道“在这种事情上，我们往往逃不过现世的裁判；我们树立下血的榜样，教会别人杀人，结果反而自己被人所杀；把毒药投入酒杯里的人，结果自己也会饮鸩而死，这就是一丝不爽的报应”。一方面他明明知道使用非法手段攫取权位就像是“穿上借来的衣服”；另一方面他又克制不了自己强烈的权力欲，总是跃跃欲试。同时又怕受报应，想偷火里烤着的栗子，又怕烫了自己的手。这种矛盾的心理构成了麦克白斯的特殊性格。

在这部悲剧里，麦克白斯的这种性格有时是以他的幻觉的形式表现出来的，多次出现的幻觉使这部戏更富于神秘的意味，同时也更形象地揭示出主人公的内心世界。他第一次出现幻觉是在他打算谋刺邓肯国王的那个恐怖的夜晚，他正在犹豫的时候，眼前突然晃动着一把匕首，他想抓住它却又抓不住，仿佛是在指示他所要去的方向，告诉他应当用什么利器。关于这把浮现在幻觉中的匕首，布雷德莱说得好：麦克白斯不是因为看到空中有把匕首，就去刺杀邓肯；而是因为他要去刺杀邓肯，才看见空中有把匕首①。在他杀了邓肯之后，他又陷于极度的神经紧张之中，心惊肉跳，耳朵里又仿佛听见一个声音喊着“麦克白斯已经杀害了睡眠”，“麦克白斯将再也得不到睡眠！”自己这双沾满血迹的手，也使他惊恐万状，且听他说：“这是什么手！嘿！

① 布雷德莱：《莎士比亚悲剧》，第21页。

它们要挖出我的眼睛。大洋里所有的水，能够洗净我手上的血迹吗？不，恐怕我这一手的血，倒要把一碧无垠的海水染成一片殷红呢。”这场戏事实上是全剧的高潮，麦克白斯的性格在这里表现得淋漓尽致。当然，这不是说他的性格在以后没有进一步的发展。他用阴谋暗杀和栽赃陷害、杀人灭口的手段攫取了王冠之后并未到此止步。权力使人腐蚀，绝对的权力使人绝对地腐蚀。为了维护和巩固他篡夺得来的权力，他不惜以血腥手段消灭一切被他怀疑为潜在威胁的过去的战友，用他自己的话来说，“以不义开始的事情，必须用罪恶使它巩固”，“我已经两足深陷于血泊之中，要是不再涉血前进，那么回头的路也是同样使人厌倦的”。但是，不断地杀人却并没有使他感到更为安全，在他伪善地为招待群臣而举行的盛筵上，他再一次产生幻觉，看到刚被他派刺客谋杀的大将班柯的鬼魂坐在他自己的座位上，使他大惊失色，在群臣面前大为失态，精神上几乎濒于崩溃。麦克白斯虽然最后败于众叛亲离，战死疆场，实际上在内心的痛苦折磨下早已是一个半死的人了。他对妻子说：“我们为了希求自身的平安，把别人送下坟墓里去享受永久的平安，可是我们的心灵却把我们折磨得没有一刻平静的安息，使我们觉得还是跟已死的人在一起，倒要幸福得多了。”这个野心家和阴谋家费尽心机，用亲友和同伴们的尸体铺路，爬到了权力的顶峰。到头来却发现这毫无意义，直至决战之前他终于认识到这一点，说出了自己的心里话：“我们所有的昨天，不过替傻子们照亮了到死亡的土壤中去的路。熄灭了吧，熄灭了吧，短促的烛光！人生不过是一个行走的影子，一个在舞台上指手画脚的拙劣的伶人登场片刻，就在无声无臭中悄然退下；它是一个愚人所讲的故事，充满着喧哗和骚动，却找不到一点意义。”莎士比亚对麦克白斯性格的刻画到这里才最后完成了。试问，一个人做了这么巨大的努力（尽管干的是坏事)，付出了这么高昂的代价，流了这么多的血，承受了这么痛苦的内心折磨，最终却是一场空，这难道不是悲剧性的吗？

我们再来看麦克白斯夫人。这位贵夫人的权力欲似乎比她的丈夫还要强烈，她心狠手毒，不受任何道德观念的约束，用她自己的话来说，“我曾经哺乳过婴孩，知道一个母亲是怎样怜爱那吮吸她乳汁的子女；可是我会在他看着我的脸微笑的时候，从他的柔软的嫩嘴里摘下我的乳头，把他的脑袋砸碎”。她不仅是和麦克白斯一起策划弑君篡位的同谋犯，而且在某种意义上可以说是幕后的唆使者，因为当麦克白斯犹豫不定的时候，她指责他是懦夫，“宁愿像一头畏首畏尾的猫儿”，说“是男子汉就应当敢作敢为”，竭力怂恿他去暗杀邓肯。她又教她丈夫如何扮演两面派、伪君子以骗取信任，口蜜腹剑：“您要欺骗世人，必须装出和世人同样的神气；让您的眼睛里、您的手上、你的舌尖，随处流露着欢迎；让人家瞧您像一朵纯洁的花朵，可是在花瓣底下却有一条毒蛇潜伏”。在那可怕的月黑杀人夜，她的表现似乎比麦克白斯更坚强。当他谋刺国王后惊慌失措、无法自持时，她冷静沉着地叫他不要胡思乱想，去拿些水来，把手上的血迹洗净，一点点水就可以替我们泯除痕迹。她甚至还替他去把凶器放在两个熟睡的侍卫身旁，在他们身上涂一些血，以布置伪证，嫁祸于人。在整个谋刺过程中她始终保持清醒，冷酷无情，工于心计，面对流血惨状而镇定自若，真是一个了不起的“女强人”。她事前是做好充分思想准备的，请听她的独白：“来，注视着人类恶念的魔鬼们！解除我的女性的柔弱，用最凶恶的残忍自顶至踵贯注在我的全身；凝结我的血液，不要让怜悯钻进我的心头，不要让天性中的恻隐摇动我的狠毒的决意！来，你们这些杀人的助手，你们无形的躯体散满在空间，到处找寻为非作恶的机会，进入我的妇人的胸中，把我的乳水当作胆汁吧！”

这一段独白确实是绝妙的自供状，把这个毒如蛇蝎的女人的可怕的性格揭露无遗。但是，莎士比亚笔下的麦克白斯夫人却并不仅仅是这样的一个女人，如果仅仅是这样，她就成不了一个悲剧人物。问题在于，前面所述只是她的性格中的一面（虽然是主要的一面），实际上她的内心生活要比这更复杂得多。她和丈夫合谋弑君篡位，欺骗了世人，掩盖了罪行，当上了王后，似乎如愿以偿，可是并没有得到她预想中的幸福，却反而失去了心理平衡。她在公开场合善于隐藏真实的自我，应付得很好，还帮助丈夫掩饰，但在一人独处时却吐露出自己的失落感："费尽了一切，结果还是一无所得，我们的目的虽然达到，却一点不感觉满足。要是用毁灭他人的手段，使自己置身在充满着疑虑的欢娱里，那么还不如那被我们所害的人，倒落得无忧无虑。"这个十分要强的女人，批评自己的丈夫在众人前失态，失掉了"男子气"，实际上内心里也遭受着痛苦的折磨，不过她的内心活动不像她丈夫那样以幻觉的形式，而是以潜意识的形式表现出来。我觉得，麦克白斯夫人的梦游症是全剧中最令人惊心动魄的场面之一。在寂静的夜晚，女主人公身披睡衣，手持蜡烛，面色惨白，双眼直勾勾地望着前方，一方面做着洗手的动作，一方面在自言自语，唠叨着自己手上总是有洗不净的该死的血迹，埋怨说手上还是有一股血腥气，所有的阿拉伯香料都无济于事。这种梦游症是她的心灵的揭示，在舞台上虽然没有迅猛的动作和激动的语言，但却比其他场面更深刻地暴露出隐藏在她的意识深层的秘密。麦克白斯请医生替她治病，要求医生医治她的病态心理，消除她的根深蒂固的忧郁和烦恼，"用一种使人忘却一切的甘美的药剂，把那堆满在胸间、重压在心头的积毒扫除干净"。医生则表示无能为力，说她并没有什么病，只是思虑太过、不断的幻想扰乱了神经，使她不得安宁，这只能靠病人自己去治。麦克白斯夫人最后的死也不是由于外部原因，而是她自己毁灭了自己。据我看，这倒应了《红楼梦》里的那句话："机关算尽太聪明，反误了卿卿性命。"像这样一位精明能干的女性，本来可以做一番有意义的事业，却经不住权力的诱惑，把精力无谓地耗费在上层贵族社会的内部争斗上，到头来还是害了自己。我们把这叫作悲剧，不是有充分理由吗？

布雷德莱在论及莎士比亚的这部悲剧时曾经指出："麦克白斯夫人原以为她能够把自己正在吃奶的小孩的脑袋砸得稀烂，后来却被一个陌生人的鲜血的气味一直追逐到死为止。她的丈夫原想跳过生活的轨道以取得王冠，后来却发现王冠为他带来了生活的一切恐怖。在这个悲剧世界里，不论在什么地方，人的思想一旦见诸行动，就转变为它的对立面……不论他梦想做什么事情，他最终达到的总是他最少梦想到的事情，那就是他本人的毁灭。"布雷德莱的这一看法是颇有见地的，指明了悲剧中事物向对立面转化的辩证法，而且到人物的性格中去寻求悲剧的原因。只是他对莎士比亚悲剧的实质的进一步解释是不能令人满意的，因为他未能摆脱传统的命运观念，把它和道德秩序联系起来，并给悲剧增添了一层神秘主义色彩。他对悲剧性格的分析脱离一定的社会历史条件，没有注意到性格本身是在客观环境的强大影响下形成的。当然，莎士比亚的悲剧并不忠实于历史，不能把它们当作历史来看，但他在塑造悲剧性格时，从来都是把特定的社会环境作为性格的形成和发展的客观条件。在《麦克白斯》里，虽然着墨不多，但一开始就通过女巫们之口点明了那时代的特征就是："美即是丑，丑即是美。"发生惨祸的那天晚上，出现了许多奇怪的凶兆，有人听见一个可怕的声音，"预言着将要有一场绝大的纷争和混乱，降临在这不幸的时代"。在战乱频仍，统治阶级内部互相争斗激烈，巧取豪夺，不择手段的社会环境下，人们的价值观念也发生很大变化；是非颠倒，真假难辨，美丑混淆，这正是培养阴谋家和野心家的温床。因此，像麦克白斯夫妇那样的人物的出现并非偶然。莎士比亚的伟大在于，他一方面通过个人的悲剧写出了时代的悲剧，另一方面则深入到个人的内心世界，揭示出最隐秘的心理活动，赋予他们以鲜明的个性，以高超的艺术手段使他们活生生地出现在舞台上。尽管世界文学曾经创造过不少阴谋家、野心家的形象，我们还是可以毫不费力地把麦克白斯夫妇从中辨认出来。这两个艺术形象之所以具有不朽的审美价值，其原因就在这里。

因此，在我看来，《麦克白斯》得以成为一部成功的悲剧，是由于莎士比亚成功地塑造了一对有血有肉的悲剧人物的形象，而这种人物性格在特定的社会条件下是有典型意义的。生活的逻辑比一切理论更强有力得多，莎士比亚没有读过亚里士多德的《诗学》，他的《麦克白斯》中的男女主人公都不符合《诗学》对悲剧人物的要求①，可是却符合生活，而对于一部悲剧来说这就已经足够了。

至于说到《麦克白斯》这部悲剧给予我们什么启示，或者说它起什么社会作用或功能的问题，那就更复杂一些，要做出恰当的回答也更困难得多。几种传统的悲剧理论似乎都不太适用于这部悲剧，我们不妨来进行一番考察。

在美学史上影响最大的当然首推亚里士多德关于悲剧的"净化"作用的学说。照他的说法，悲剧唤起人们的怜悯与恐惧之情，这些情感是自然产生的，不能强行消灭或压制，但过分强烈的情感不利于人们的心理健康，而通过悲剧则可以把这些过度的情感宣泄掉，给人以一

---

① 萨缪尔·约翰逊在他编辑的莎士比亚著作集的前言中指出，莎士比亚不知道"古人的规则"。

种“轻松舒畅的快感”，同时又把自然情感保持在适度的范围内，使之得到正常的调节，符合社会道德的要求。这就是悲剧的“净化”作用。如果用这一理论去解释《麦克白斯》，就很难说得通。首先，这部悲剧中的男女主人公不管怎样承受内心的痛苦，都未必能引起观众的怜悯，更不用说“过度”的怜悯了。其次，至于说到恐惧，那么当我们看到这部悲剧所揭露的人性中的罪恶的黑暗面时倒确有令人不寒而栗之感，这也正是该剧的成功之处，如果要“净化”它，那就反而会削弱悲剧的效果。因此，悲剧的“净化”作用论是不适用于《麦克白斯》的，即使按席勒对亚里士多德悲剧理论的修正的解释，也还是不能适用，因为席勒虽然不再谈“净化”作用，可是他坚持认为悲剧的目的在于唤起人们的同情心①，而这恰好是同《麦克白斯》背道而驰的。

在历史上可以和亚里士多德的学说并驾齐驱的是黑格尔的悲剧理论。黑格尔用矛盾冲突的辩证法观点去看悲剧，这是他比别人高明的地方，不过他把悲剧的本质看作不同伦理力量之间的冲突，斗争的双方是同样正义的，但由于各自有片面性，因而又都是不正义的，并要为了自己的片面性而受到惩罚，个人作为伦理力量的代表者由于坚持这种片面性而遭到毁灭，但通过悲剧人物的毁灭，片面性就被扬弃了，于是矛盾达到了和解，最后是永恒正义取得了胜利。显而易见，黑格尔的理论也完全不能解释《麦克白斯》，因为这部悲剧里的主人公们尽管有其一定的才华，却根本谈不上代表什么伦理力量，他们所犯的罪也绝不是由于什么片面性。其实，黑格尔自己也意识到，他的这一套理论只适用于古希腊悲剧(严格地说，也不是所有的古希腊悲剧，而只是适用于像索福克勒斯的《安提戈涅》那样的悲剧)，并不适用于

① 参看席勒：《论悲剧艺术》一文。

近代悲剧，因为近代悲剧一开始就在自己的领域里采用主体性原则，把人物的主体方面的内心生活作为对象和内容，而不像古典悲剧那样去体现一定的伦理力量①。莎士比亚悲剧的特点恰恰在于深刻地刻画主体的内心生活，在这方面黑格尔的理论是无能为力的，它不仅解释不了《麦克白斯》，而且也解释不了《哈姆雷特》和《李尔王》。

坚决反对黑格尔悲剧理论的有俄国的车尔尼雪夫斯基，他对黑格尔的批判是有力的，可是他自己提出的悲剧定义也完全不能令人满意。他认为，“悲剧是人生中可怕的事物”，悲剧中没有任何必然性②。说悲剧是人生中可怕的事物，这并不错，可是它过于一般化，不能说明任何问题，也很难给人以什么有益的启示。就拿《麦克白斯》来说，剧中发生的一系列事件，从一开始女巫们的阴森的预言到接二连三的血腥的谋杀，直至最后主人公的战死，无一不是人生中的可怕的事物。因此，与这些事件有关的一切人物，不仅是麦克白斯夫妇，而且连被害的邓肯、班柯、麦克德夫家属等人也都是悲剧性人物了。这就使悲剧的范围过于宽泛，而丧失了它的特定的意义。普列汉诺夫曾批评车尔尼雪夫斯基的这种观点，指出人生中的一切可怕的事物并不都是悲剧性的，构成悲剧还需要有其他的因素，而真正的悲剧是以历史必然性的观念为基础的③。像车尔尼雪夫斯基那样否认悲剧中的必然性，就只能把麦克白斯的所作所为解释成由于偶然遇见女巫、受她们挑唆而偶然造成的结果。这样去看这部悲剧显然是一种非常肤浅的理解。

奇怪的是，车尔尼雪夫斯基对悲剧的看法在某些方面与黑格尔的

---

① 黑格尔：《美学》第 3 卷下册，商务印书馆，第 319 页。

② 参阅车尔尼雪夫斯基的学位论文《艺术与现实的美学关系》。

③ 普列汉诺夫：《尼·加·车尔尼雪夫斯基》，见《普列汉诺夫哲学著作选集》第 4 卷，三联书店，第 67 页。

另一个反对者叔本华有相近之处，虽然他们在基本的哲学倾向方面是完全相反的。叔本华也认为，悲剧的目的就是要展示生活的可怕方面。正是在悲剧中，人类的各种痛苦和不幸、恶的胜利、偶然事件对人的嘲弄、正义者和无辜者的毁灭等等，都残酷无情地呈现在人们面前。但是，叔本华的结论则和车尔尼雪夫斯基截然不同，他要通过悲剧使人们认识到这个世界根本就没有什么正义，生活本来就是一场噩梦，因此他劝人们不仅要抛弃生活，而且要根本抛弃生活的意愿，说什么悲剧的精神正在于把人们引向“退让”的思想，使之心甘情愿放弃生活之欲，这样就获得解脱而得到快感①。但是，叔本华的这种悲观主义理论是和莎士比亚悲剧的精神完全格格不入的。莎士比亚虽然对社会与人生的阴暗面有深刻的认识和揭露，尤其是在《麦克白斯》、《李尔王》和《哈姆雷特》等悲剧中对生活中的丑恶和虚伪进行了无情的鞭挞，然而他决不全盘否定生活，决不把人们引向对生活的绝望，而是重新确立起对生活的美好的信念和信心。就这一点而论，尼采对叔本华的批评倒是有理的，他认为悲剧绝不是为悲观主义服务，“悲剧决不教人退让”②。因此，在我看来，用叔本华学说去解释《麦克白斯》也将是徒劳的。

除了一些从哲学上去解释悲剧的理论以外，还有人企图从心理学的角度去说明悲剧，例如英国经验派的休谟和柏克。他们感兴趣的主要是悲剧欣赏所取得的情感经验，即何以能产生悲剧快感的问题③。研究这类问题是有意义的，但却无助于在更深的层次上揭示悲剧的本

① 参阅叔本华：《作为意志和表象的世界》。

② 尼采：《权力意志》，纽约，1968年英译本，第434—435页。

③ 休谟在《论悲剧》、柏克在《我们关于崇高与美的观念的起源的哲学探讨》中都讨论过这样的问题。

质。以我观看《麦克白斯》后的亲身体验来说，所得到的绝不是什么快感，它的效果倒是使人心情沉重，发人深思。所以我倒赞成现象学派马克斯·舍勒在《论悲剧现象》一文中提出的意见：且把悲剧给人造成什么情感效果和为何人们能欣赏悲剧的问题撇在一旁，而去认真地研究一下什么是悲剧的问题①。

考察了以上这几种西方主要的悲剧理论，我感到竟没有哪一种理论可以圆满地解释《麦克白斯》，这给予我这样的启示：现实生活是无限地丰富多彩的，艺术也同样如此，哪怕是高度抽象的理论也难以概括所有特殊的生活现象和艺术现象。《麦克白斯》这部悲剧正是非常特殊的艺术作品，要理解它不应求助于某一种悲剧理论，而应求助于生活本身。悲剧的力量不在于美学家们为它设定的种种规则和这样那样的功能，而在于它真实地反映了生活。整个世界都充满着矛盾，人类社会以至个人生活也不例外，而一切发展都是通过矛盾和斗争而进行的。因此，人们所经历的道路往往不是平坦笔直、一帆风顺，有时难免会有崎岖曲折、艰难险阻。在人生的历程上，既有前进、成功和欢乐，也有后退、失败和痛苦。这样看来，悲剧性的因素是内在于世界发展进程的，是客观地存在于社会生活和个人经历中的。当人的主观意愿和由他的行动所造成的客观后果不相符合或甚至正相反的时候，他往往要为此而付出沉重的代价和牺牲，这就是形成悲剧的生活基础。悲剧从一个侧面揭示了客观世界的一个本质的方面，使人更深刻地认识社会，认识生活，也认识人自己。由于悲剧这种艺术形式特别容易唤起人们强烈的激情，所以它常常能够起到其他艺术形式所起不到的作用。与其他成功的悲剧演出相比，看了《麦克白斯》也许不大可

---

① 当然，舍勒也只是提出了而未能解决这个问题。

能使人感动落泪，可是它却更为深沉，给人以一种说不出来的压抑感，甚至最后阴谋家的覆灭也并没有真正带来欢庆，因为在这场浩劫过后留给人们的依然是一个被权欲和野心玷污了的世界。我想，一部悲剧所引起的思考远比眼泪更重要，其作用也更深远。莎士比亚的悲剧之所以令人回味无穷，这恐怕也是原因之一吧。

结束了在斯屈拉福德的参观访问之后，我们驱车前往考文垂，在那里转乘火车返回伦敦。利用候车的两小时，我们在夜色苍茫中匆匆地对这座城市作一巡礼。考文垂在第二次世界大战中是德国纳粹空军进行毁灭性轰炸的重点目标，城市的大部分都毁于战火，以此而闻名于世。经过战后许多年的重建，如今已看不到什么战争的痕迹了，唯一保存下来的废墟是该市著名的大教堂遗址，想必是为了教育后人莫忘那场残酷的战争吧。废墟旁矗立着一座新建的大教堂，那是与传统风格迥然不同的巨大的现代化建筑，里面宽敞明亮，伴随着管风琴的演奏，唱诗班正在排练，准备迎接临近的圣诞节。当我参观后走出教堂来到那一片废墟时，仿佛走进了另一个世界。在惨淡的月光下漫步于断垣残壁之间，听着远处传来教堂里悠扬的音乐声，真是别有一番滋味在心头。我突然又想起昨晚观看的《麦克白斯》，追求世界统治的无边的权欲和野心曾经毁灭了多少美好的事物，制造了多少悲剧啊！我面前的这些饱经战火洗礼的残缺的石柱便是证明，它们仿佛是在默默地诉说着人间的罪恶。尼采说，悲剧死了。不，悲剧并没有死，麦克白斯也没有死，他的幽灵还在世界上游荡，只要这个世界不彻底改变，还会演出一幕幕这样的悲剧来。

（原载作者美学文集《美的找寻》，中国社会科学出版社 1992 年版）

《天鹅湖》的悲剧结尾和莎乐美的爱

——看维也纳国家歌剧院演出有感

维也纳的国家歌剧院是奥地利的骄傲。在这个世界的音乐之城里，音乐家的纪念碑几乎比比皆是，而国家歌剧院无疑是其中最美、最宏伟的一座。有多少音乐家、指挥家、歌唱家、舞蹈家在这里成长，从这里出发去征服欧洲、征服世界，又有多少人渴望着能够有机会在这里演出，把这看作要努力争取的殊荣。有一位奥地利朋友对我说，访问维也纳而不去国家歌剧院，就等于没有到过这个城市一样。从他的话里，可以充分感觉到奥地利人对国家歌剧院的热爱和自豪。所幸的是，在我近年来两次访问维也纳时，感谢主人的盛情招待，都曾被邀请观看了国家歌剧院的演出，使我度过了两个美好的夜晚，留下了难忘的印象。

国家歌剧院坐落在维也纳最繁华的市中心。从著名的圣斯泰芳大教堂往南，是一个以出售各种高级商品著称的商业区，沿着一条步行街走到尽头，就到了国家歌剧院。这是一座巍峨华丽的建筑，落成于1869年，在第二次世界大战中部分毁于盟军的轰炸，战后完全按原貌修复。经过许多年来的风风雨雨，还能依稀看出当时奥匈帝国的非凡气派。无论是装饰剧院正面大门的雕像，或是富有艺术趣味的宽广的大理石楼梯，绘有美妙壁画的富丽堂皇的回廊，以及布置得美轮美奂的演出大厅，都使每一个身临其境的人得到一种高尚的精神享受。但是，在这个崇高的艺术殿堂里，最美的当然是音乐，还有那音乐的伴侣——舞蹈。

一、《天鹅湖》能够成为悲剧吗?

我在维也纳国家歌剧院观看的第一场演出是《天鹅湖》。老实讲，《天鹅湖》虽然是一部令人百看不厌的名作，但我原先并没有对这次演出抱很高的期望。我总以为，在看过莫斯科大剧院和乌兰诺娃的表演后，恐怕很难再从这个芭蕾舞剧得到同样艺术上的满足了。当然，对于努列耶夫这位风靡西方世界的芭蕾舞大师，我是慕名已久的，可是我确实想不出他还能给《天鹅湖》增添什么新的光彩。自从柴可夫斯基的时代以来，经过这许多艺术家的辛勤劳动和艰苦探索，这一芭蕾舞艺术的瑰宝似乎已经达到了尽善尽美的境地，对这样公认的典范难道还能有所创新吗？我就是抱着这样的想法等待开幕的。

演出的结果却超出我的预料，推翻了我的这个想法。这倒不是由于这次演出在艺术上达到或超过了莫斯科大剧院的水平，而是由于努列耶夫在导演这部舞剧时对它所做的新解释。应该说，演出是成功的，歌剧院的乐团和指挥都是第一流的，扮演白天鹅和黑天鹅的青年舞蹈家施塔德勒的表演十分精彩，无怪乎人们誉之为一颗正在上升的新星。努列耶夫本人扮演的王子，动作优美、准确，无懈可击，在技艺上可说已达炉火纯青的地步，虽然由于年龄的关系，已经可以看出他力不从心的最初迹象。整个高水平的演出确实使人陶醉，美的旋律，美的舞姿，一切都美，但真正激动人心的却是全剧的悲剧结尾。

《天鹅湖》的故事情节是大家都熟悉的，在这里不用多说。不过我们向来习惯于这样的结尾：王子在殊死的搏斗中最后战胜了恶魔，白天鹅摆脱了魔法而恢复人形，与王子成婚。所以人们在解释这部舞剧时常说，它的主题思想是：善战胜恶，爱情战胜死亡。讲得粗俗一点，这样的结尾就是使人皆大欢喜的“大团圆”。努列耶夫则向我们提供了另一种可能性：王子在发觉自己受骗后，在绝望中发狂似的奔向湖畔，向白天鹅忏悔并取得了谅解，这时恶魔出现，迫使白天鹅离去，王子舍命追赶，恶魔施展魔法制造一条河流挡住王子的去路，王子面对激流，悲痛欲绝……这样的结局多少有点令人出乎意外，“大团圆”变成了悲剧。

国家歌剧院的这次演出雄辩地证明，把《天鹅湖》作为悲剧来演是可能的。同时它也给了我新的启发，就是对任何一个真正卓越的艺术作品，甚至久已闻名世界的伟大作品，也还是有可能作新的理解。无论是一座雕像、一幅画、一首诗，或是一部小说、一个戏剧，经过人们新的探索，总能不断地发掘出新的东西来。任何一个艺术作品，作为具体的社会存在，当然有它的客观内容和特定的意义，但这内容和意义并不是僵死的凝固不变的，而总是可能随着人们认识的深化、实践的发展和再创造而愈益丰富，所谓不朽的艺术作品的万古长青的生命力的秘密也许就在这里吧！

我决不想否定或贬低过去对《天鹅湖》结局的那种传统的处理，应该说那样的处理也同样很美。我只想指出，《天鹅湖》的结局并非只有一种可能性，除此以外，也还允许有其他的可能性，只要它符合艺术本身的规律就行。在这里需要思考的问题倒是：为什么《天鹅湖》能够成为悲剧？

《天鹅湖》是一个童话，在童话里，想象力可以充分地展开双翼自由翱翔。不仅儿童喜爱童话，而且成人也需要童话。童话使看来不可能的事成为可能，能够使人们内心深处的善良的愿望更容易实现。因此，《天鹅湖》里王子和白天鹅奥杰塔的美满幸福的结局是符合童话的自然规律的。在这里，文艺理论中的所谓“诗的正义”以比较自然的方式得到体现。但是，童话却毕竟只是童话。人在生活中需要童话，向往童话中的生活，却不可能生活在童话中。童话之所以是童话，就是因为它总是和现实保持着这么大的距离，所以当人们回到现实中去的时候，童话也就破灭了。在现实生活中，往往不像童话里那样一切都按我们的愿望实现，“诗的正义”也往往是可望而不可即的一种幻想。有席勒的诗为证：

生活使多少善良的人凋谢了，
命运饶恕过多少卑劣的人！
伟大的帕特洛克拉死去了，
卑鄙的迭尔特却竟然生存！①

幻想的破灭是痛苦的，但它的好处是叫人清醒，可以去勇敢地面对现实。如果加以成功的艺术处理，就更能取得震撼人们心灵的效果。所以悲剧永远有它存在的理由，只要产生它的土壤仍然存在，人的幻想和意愿同现实之间的矛盾无法消除，或者更科学地说，当历史必然的要求与这个要求实际上不可能实现之间的矛盾得不到解决时，悲剧总是要一次又一次地重演。努列耶夫当然还是把《天鹅湖》当作童

① 席勒：《胜利者的凯旋》。

话来对待的，他在这个舞剧中所表现的那种对美的执着的追求和忠贞不贰的忘我的爱，把人们带进了一个理想的梦幻世界，然后全剧的悲剧结尾又重新把人们带回到无情的现实，这就像是在一杯甜蜜的美酒里加上几滴生活的苦汁，令人回味无穷。梦醒了，幻想破灭了，我们失去了可爱的天鹅，英俊的王子失去了他的爱，但我们并没有失去一切，而是有了新的收获，因为我们更深刻地认识了生活。

我不知道努列耶夫对《天鹅湖》的这种解释是否有他个人的因素在起作用，只是觉得从艺术上说他这样处理是相当成功的。有些人不赞成悲剧，总以为悲剧叫人灰心丧气，起不到好效果。其实这种看法由来已久，可以追溯到两千多年前的柏拉图，这位祖师爷就是以此为理由主张把悲剧诗人逐出“理想国”的。可是历史并不能证明柏拉图的正确。说来也怪，希腊悲剧的繁荣时期正好也就是古希腊城邦国家国力空前强盛的时期。在当时实行奴隶主民主制的雅典，观剧是公民的一项义务，正是那些在露天剧场里向悲剧喝彩的自由民，在人数悬殊的战斗中打败了庞然大物波斯帝国的百万雄师。可见悲剧并没有败坏希腊人的士气，降低他们的战斗力。当然，我们也不能反过来说，正是靠悲剧的力量击败了武装到牙齿的强敌。悲剧并没有那么大的神通。不过我倒赞成尼采的意见，悲剧的作用绝不是否定生活，而是肯定生活，绝不是使人颓丧消沉，而是使人积极振奋，绝不是使人变得软弱，而是使人变得坚强。一个社会能够欣赏和接受悲剧，正是说明社会意识的清醒、成熟、健康和强大有力，如果连悲剧也使它无动于衷，那它就未免冷漠和麻木到可悲的地步了。

人们常说，人间的痛苦莫过于生离死别。这一类伤心事是生活中难以避免的，也不是单靠爱情所能战胜的。所谓爱情战胜死亡云云，只不过是人们制造出来的自我安慰而已。其实，重要的倒是，爱情也没有被生离死别所战胜，这就已经足够了。鲁迅说："悲剧将人生的有价值的东西毁灭给人看。"这话讲得很深刻，不过我还想补充一句。个人的失败和毁灭，并没有降低或消灭这种植根于我们人性深处的价值，而是相反地使它显得更崇高、更伟大了。因此，我们在目睹了悲剧人物的不幸之后，并不被痛苦所压倒，而是更加珍视那遭受蹂躏的价值，决心为在生活中实现它而斗争。仅此一点，难道不足以说明《天鹅湖》的悲剧结尾的合理性吗？

二、什么是莎乐美的爱？

过了一年，我又重访维也纳国家歌剧院，这次看的是理查·施特劳斯的歌剧《莎乐美》。这也是他的最著名的歌剧代表作。

《莎乐美》的故事出自《圣经》的《马可福音》，原来的情节比较简单，经过英国作家奥斯卡·王尔德的改铸，成为一部描写爱情的独幕剧，歌剧《莎乐美》就是根据王尔德的作品改编的。剧情大致如下：

犹太加利利的分封王希律娶了自己兄弟腓力的妻子希罗底为后，施洗约翰指责希律的婚姻不合法，违背道德。希律王恼羞成怒，把约翰囚禁于宫廷地牢中。希罗底是个阴险毒辣的女人，竭力怂恿希律杀掉约翰，但一直未能得逞，因为约翰在群众中颇有威望，被犹太老百姓目为先知，希律对这位以正直著称的圣者有所顾忌，不得不敬畏他，虽然把他监禁，但暗中还要保护他。有一天，希律举行盛大晚宴，庆祝自己的生日，文武官员和贵族们都应邀赴宴。希罗底和前夫所生的女儿莎乐美中途离开宴会来到庭院，听到地牢中传来的先知约翰的声音，便向负责看守的叙利亚人卫队长纳拉鲍斯要求见一下约翰，纳拉鲍斯正狂热地迷恋着莎乐美，因此就擅自违反希律的禁令把约翰带出地牢与莎乐美见面。莎乐美对约翰一见钟情，为他神魂颠倒，表示热烈的爱慕，遭到约翰严词拒绝后仍一往情深，纳拉鲍斯在绝望中愤而自杀，莎乐美竟无动于衷，视若无睹。警卫将约翰送回狱中，希律和希罗底以及参加宴会的宾客都走出大厅，聚集在庭院里。这时又传来了约翰的声音，希罗底乘机再次鼓动希律杀约翰，仍遭拒绝。希律王酒兴大发，要莎乐美当众表演舞蹈，并向她起誓在跳舞后满足她的一个愿望。莎乐美的热情奔放而带有野性美的舞姿，使全场为之倾倒。然后她竟向希律提出了这样的要求：以施洗约翰的头颅作为报酬。希律大惊失色，恳求莎乐美改变主意，甚至答应把国土的一半给她。她却不为所动，坚持原来的要求。希律不能当众违反自己的誓言，出于无奈只得下令杀约翰。当行刑者托着盛有人头的银盘送给莎乐美时，她亲吻约翰的唇，说了这样一句话："因为爱的秘密比死的秘密更伟大"。莎乐美自己也很快就领略了死的秘密，因为希律在盛怒之下处死了她。全剧就以这样的大悲剧告终。

在原先的圣经故事里并没有莎乐美的爱，约翰的死是由于希罗底教唆的结果。王尔德大胆地把一个暴君加坏女人一起作恶的故事改造成热烈歌颂爱情的诗篇，在当时保守的英国起了惊世骇俗的作用，剧本遭到禁演。施特劳斯是在著名的戏剧革新家马克斯·赖因哈特所办的柏林"小剧院"里，首次看到《莎乐美》的演出，便起了把它改编成歌剧的念头。他经过两年的劳动完成了这部歌剧，才使《莎乐美》广为流传。维也纳国家歌剧院素来以演出德奥学派的作品见长，那天晚上的演出也确实十分成功，扮演莎乐美的女歌唱家阿姆斯特隆表演尤为出色。不仅音乐、歌唱、舞蹈达到了很高的水平，而且连舞台设计和服装也都给人们以美的享受。西方绘画中也有以莎乐美作为题材的，但都没有像这部歌剧那样给人留下如此深刻的印象。这或许是因为施特劳斯作为音乐中的后浪漫主义的代表，他的风格特别适宜于表现莎乐美那种强烈的感情吧。

有人认为，莎乐美的爱有悖常理，是变态的爱，因此不适宜在艺术中表现。想必当时那些充当卫道者的英国绅士们也是这样考虑问题的。他们的神经过于脆弱，在道貌岸然的外表下藏着一颗冰冷的心。他们在感到无聊的时候也需要来一点儿感伤主义的爱情故事作为饭后消遣，但决不能忍受那种要以生命为代价的炽热的爱。至于说莎乐美的爱是否属于变态，那就要看你拿什么标准去衡量了。老实讲，究竟什么是“常态”的爱，恐怕谁也说不清。我没有考证过爱情的历史起源，但我猜想这必定是人类的一种相当古老的感情。翻开我们老祖宗的第一部诗歌总集《诗经》，就可以发现不少男女言情之作。“关关雎鸠，在河之洲。窈窕淑女，君子好逑。”“静女其姝，俟我于城隅。爱而不见，搔首踟蹰。”这些不是歌颂爱情的诗吗？可是，人们对爱情的看法从来就不一致，尽管后来《诗经》被奉为儒家的经典，其中的某些自然率真的大胆的爱情表白却仍被有些人看作“淫奔之诗”，主张予以删除。在这种“正人君子”眼里，大概爱情本身就是有失“常态”的行为，而逛窑子、娶姨太太倒反而是符合于人的“常态”的。如果用这种被扭曲了的人性作为衡量事物的标准，那么任何爱情就只能罪该万死了。当然，也有人并不是从封建卫道士的立场出发，他们只是感到莎乐美的爱和他们通常所习惯的不一样，所以就把这看作是反常的行为而予以否定。但是，难道只有符合一般人的平均数或是什么普遍适用的模式，才能算作“正常的”爱吗？奥林匹克运动会冠军比我们平常人跑得快、跳得高，难道他们不是“正常的”人吗？为什么我们不能以同样的眼光去看莎乐美呢？莎乐美比一般人爱得深、爱得强烈，这不是她的罪过，而是她的不幸。我的意思绝不是说，非要像莎乐美那样把所爱的人的脑袋砍下来才能说明爱的深度和强度。莎乐美的行为离不开特定的社会环境和历史条件，至于她是否应该这么做，完全是另一个问题。在这里，感情和道德陷于尖锐的矛盾冲突，从道德上来讲，莎乐美是应该受指责的，她离康德伦理学的要求何止十万八千里，但是平心而论，她也不应为约翰的死负主要的罪责。至于说到感情，那么就不能不承认它有自己的法则，莎乐美不仅没有违反，而且倒是完全遵循它的法则行事的。她不掩饰自己的真实感情，毫不虚伪，她大胆地去爱，勇敢地去追求，甚至不惜为了爱而毁灭自己，这是一般人所能做得到的吗？也许，适当地约束感情是需要的，然而千百年来由于过度的压抑而造成的悲剧又有多少呢？莎乐美多少有点任性，但要知道她毕竟是一位犹太公主、处于她的地位而能够忠实于自己的感情，并且敢于用生命的冒险去证明自己的感情，承担一切可怕的后果，她在精神上比起她那荒淫暴戾的继父和母亲来真不知要高出多少倍。因此，莎乐美基本上符合于亚里士多德对悲剧人物的要求，王尔德和施特劳斯把她作为悲剧的主人公来加以艺术的表现是完全有理由的，她确实够得上悲剧的水平。

莎乐美的悲剧是所谓的性格悲剧。这是一位有自己的独立的坚强意志的女性，那种不顾一切的爱就出于她的个性，而在她的个性里也就埋藏着悲剧的种子，最终导致了大流血。我们从莎乐美那里知道，不仅恨可以杀人，而且爱也同样可以杀人。莎乐美的爱就牺牲了三条人命，不过这三个人的死情况又如此不同：卫队长纳拉鲍斯的死是由于得不到莎乐美的爱，施洗约翰的死是由于拒绝了莎乐美的爱，而莎乐美的死则是由于她要证明自己的爱。三个人虽然都蔑视死亡，但纳拉鲍斯内心里却是一个十足的懦夫，这种人确实不配得到莎乐美的爱，也不能博得观众的同情。约翰成功地抗拒了爱的诱惑，始终坚持了自己的原则，不失为大丈夫。而真正处于激烈的思想矛盾和精神痛苦之中、必须做出困难的决定的则是莎乐美，因为她所做的选择实在是太艰难而又可怕了，那就是要毁灭她所爱的人然后再毁灭自己。莎乐美经受了这一切，克服了畏惧，没有退缩，真是了不起的女性。正因为她有如此独特的个性，她才能成为黑格尔所说的“这一个”，而对观众具有一种特殊的魅力。施特劳斯的歌剧把莎乐美的个性表现得淋漓尽致，并且在某些场合成功地运用了不谐和音，取得了强烈的艺术效果。这在当时还是一种创新，无怪乎施特劳斯被视为现代音乐的前驱者之一。《莎乐美》在某些方面确实突破了以往传统西方歌剧的程式，称得上是歌剧艺术中的一朵奇葩。

三、关于爱与死的进一步思考

《天鹅湖》和《莎乐美》内容径庭，风格迥异，但都十分感人，其原因是它们以完美的艺术形式表现了人们普遍关心的两大问题：爱与死。在人的一生中，爱情和生命并不是至高无上的价值，这一点连资产阶级革命家也已经指出过，裴多菲的诗可作佐证。然而，应该承认，爱与死仍然是人生道路上最富有挑战性的问题。怎样去爱？怎样去死？对爱与死应该采取什么样的态度，每一个愿意自觉地思考生活意义的人，都不能回避这些问题。

有人说，爱与死是文学艺术的“永恒的主题”。我不知道究竟是否有所谓“永恒的主题”那样的东西，不过在文艺中这个主题确实出现相当早，而且历久不衰。西方文学的鼻祖荷马的史诗《伊利亚特》就是一个最早的范例，很好地反映了人类在开始取得自觉后对于爱与死的问题的最初的思考。随着人的自我认识的深化，哲学家们对这些问题做了更高层次的探讨，苏格拉底的申辩和临刑前的谈话，柏拉图的《会饮篇》中关于爱的著名篇章，表明了当时对爱与死的哲学思考所达到的深度。柏拉图在《斐多篇》里甚至替哲学家下了这样一个定义：哲学家就是懂得怎样去死这门最伟大而又最艰难的艺术的人。在这以后，关于爱与死的探讨一直在断断续续地进行，现代哲学家如马克斯·舍勒和海德格尔也还是在讨论这些问题。可见，人类对于爱与死的思考至少已经有了两千多年的历史；而且这些问题又是亘古常新的，对于20世纪的人来说，爱罗斯（爱神）和塔纳托斯（死神）依然是一个谜。也许，像这样一些涉及人的感情和心灵的最深奥秘的问题永远不可能有最后的解答，然而人们还是会不断地进行思索，在不同的时代、从不同的立场和角度提出种种不同的看法。要真正了解人是什么，要研究人的哲学，就不能撇开爱与死那样的人生根本问题。遗憾的是，在我们的哲学和美学著作中，却几乎完全忽视了这些人人都要在人生道路上遇到的问题，这样就留下了理论上的空白地区，而听任各种非马克思主义学说在那里自由驰骋。这种状况决不能认为是正常的。我以为，马克思主义如果想要真正进入人们心灵深处，成为生活的指导，那就不仅要解决社会发展问题，而且也要回答使人们感到困惑的切身的个人问题，包括对爱与死提出自己的看法。这是有待我们做出巨大努力的一个新的宽广的领域。

为什么爱与死在人的生活中占据这么重要的位置？为什么它们总是显得亘古而常新？西方思想家们曾经发表各式各样的看法，例如弗洛伊德提供过一种解释，他认为这是出于人的两种本能，即所谓生存的本能和死亡的本能。生存的本能实质上就是弗洛伊德所一贯强调的性爱本能，通过生殖而起保存种族的作用；死亡本能则相反，它的作用在于毁灭自己和周围的事物，使生命变为死亡。但是，像弗洛伊德那样把爱与死归结为属于无意识状态的生物性本能，是不能解决问题的。人是一种动物，因此他自然具有生物性本能这一面。然而人之所以为人，又高于一般的动物，如果人在爱与死那样一些人生根本问题上不能超越生物性本能，那么人就降低到一般动物的水平了。莎乐美是一个有个性的活生生的人，而不是受本能驱使的雌性动物。弗洛伊德主义不能解释什么是人，也不能解释人的复杂的内心活动，因为真正的人的生活，正是从超越本能（而不是如某些人所想的恢复本能）的那个时候开始的。

再来看另一种解释，那是由克尔凯郭尔提出的。这位丹麦哲学家认为，爱与死之所以如此重要，是因为它们对个人来说是最真实的东西。爱与死对每一个个人都具有其特殊性和唯一性，只能由这个个人通过亲自的经验去体会，也只对他本人才有意义，其他任何人都无法替代。比如说爱情吧，一个人不管他读了多少有关爱情的书，具有多少关于爱情的知识，他仍然不能算是一个情人，除非他自己果真在谈恋爱，亲身领略了什么是爱情。死也是同样的道理。克尔凯郭尔说，虽然我知道人们关于死的问题一般所知道的知识，我知道如果吞服硫酸、投河或在充满煤气的空气中睡觉就会死亡；我知道拿破仑总是带着毒药，知道莎士比亚剧中的罗密欧服毒自尽；我知道斯多葛派把自杀看作勇敢行为，而另一些人则认为自杀是怯懦行为，以及如此等等，尽管如此，我还是不能认为我已经理解了死究竟意味着什么。对于我来说，当面临死亡的时候，死仍然是那样一种不确定的东西，始终是一个谜。因此，在爱之中和在死的面前，个人才真正意识到自己的存在。应该指出，克尔凯郭尔把个人夸大成为绝对，并把个人和集体对立起来，而且总的说来对人生持有一种悲观主义的看法，这些都是不足取的。但是，他突出地强调像爱与死那样一些个人问题的独特性及其对个人的意义，对我们还是有启发的。爱与死虽然对人们具有普遍性，可是对每个人来说却又紧密地和他的个别性相关联而显得如此独特。因此，在文艺创作中，有关爱与死的描写尤其要注意切忌千篇一律和公式化，而这正是我们某些作品中经常出现的弊病。

莎乐美说，爱的秘密比死的秘密更伟大。我想，通向这些伟大秘密的钥匙不在生物学和生理学，而在人学。古希腊德尔斐神庙里的著名题铭是：“认识你自己”。两千多年来，人关于自己人身结构及其各种器官的知识无疑地已经取得了很大进展，可是人对什么是人的认识却只能算是刚刚起步。人要认识自己，要对自身进行思考和探索，就不妨先从爱与死的问题开始吧！

（原载《美的找寻》，中国社会科学出版社 1992 年版）

《吃土豆的人》的启示

——参观凡·高博物馆有感

在阿姆斯特丹访问荷兰皇家科学院的时候，承蒙院长维德教授陪同，我去参观他们的旧会议厅。古色古香的陈设，简朴而又庄严，一批曾经为荷兰科学赢得世界声誉的卓越人物的肖像画悬挂在会议厅两侧，用严峻的目光俯视着我们这些来自异乡的客人。维德教授对这个会议厅过去的光荣历史做了简单介绍，然后指着一面空空的墙壁向我说，这里原来悬挂着伦勃朗的《夜巡》，后来经荷兰政府做出特别决定，这幅珍贵的绘画名作已经被移至国家艺术博物馆保存和展出了。他多少有点遗憾地说，这里的自然光线特别适合于《夜巡》这幅画，大家久已公认把它挂在这里能取得最佳的艺术效果，移至博物馆展出后，专家们为了模拟这里的自然光线还煞费一番苦心呢。

伦勃朗，这位17世纪荷兰画派的巨匠，历来是艺术爱好者所景仰的人物。前几天，我去著名的莱顿大学汉学研究院访问之后，曾在莱顿市街头漫步，还特地去寻访伦勃朗故居，凭吊这位在西方绘画史上做出了重要贡献的艺术大师。应该说，伦勃朗的作品在国外一些著名的博物馆里并不少见，但既然到了荷兰，在这位画家出生、工作和生活的土地上欣赏他的作品也就具有特殊的意义了。因此，当接待我们的主人征询关于活动日程安排的意见时，我就表达了想参观一下伦勃朗和荷兰画派的作品的愿望，同时也提出希望能看看我所十分喜爱的凡·高的绘画。热心的主人表示一定要满足我的要求，他对我喜爱凡·高的作品尤其感到意外的高兴。他说，想不到来自中国的客人不仅对伦勃朗，而且也对凡·高感兴趣，可惜你们来早了几天，不可能去参观即将在荷兰举行的国际性规模的凡·高画展。不过在阿姆斯特丹的凡·高博物馆里也有不少珍品，包括那幅著名的《吃土豆的人》。他还告诉我，在他的青年时代，凡·高的那幅画曾经对他产生过多么巨大的思想影响。

第二天，我们从海牙出发，沿着高速公路又驱车到了阿姆斯特丹。原来排得满满的活动日程，经过主人努力压缩，终于挤出了一段时间供我们去国家艺术博物馆和凡·高博物馆做走马观花式的参观。可是，拥挤的市内交通偏偏又耽误了我们的宝贵时间，等我们赶到目的地，离博物馆闭馆时间已不足一小时，要想在这短促的时间内到两处参观显然是不可能了。于是，我就不得不面临二者择一的难题：

伦勃朗，还是凡·高？

《夜巡》，还是《吃土豆的人》？

怎么办？既然二者不可得兼，就只得舍鱼而取熊掌了。我充分尊敬伦勃朗，也同样尊敬凡·爱克兄弟、哈尔斯、吕斯台尔等荷兰画派的古典大师们，但他们离我们的世纪已经如此遥远（这与其说是时间上的距离，倒不如说是思想感情上和心理上的距离），他们的作品里反映出来的现实（甚至纯粹的自然）、社会生活、人物性格、内心活动以及表现的感情，都已经令人有隔世之感了。或许可以说，他们所体现的那个时代精神早已演完了自己的戏，退下了世界历史舞台。而凡·高这个“疯狂的荷兰人”，虽然在他生时不能被人们所理解，却是资本主义发展中的一个新时代的预告者。我想，要了解什么是西方社会里的“现代人”，要了解他们的境况、思想、感情和心理，恐怕最好还是到凡·高的创作中去寻找，这样，我就做出了去凡·高博物馆的选择。

其实，凡·高博物馆就在国家艺术博物馆附近。不过国家艺术博物馆是一座华丽的大厦，而凡·高博物馆则是一座外表朴实无华的现代化建筑，相形之下甚至显得略为有些寒伧，但倒很符合这位穷画家的身份。据陪同的荷兰朋友告诉我，这座博物馆的建筑造价不高，同它收藏的凡·高绘画目前的市价相比，简直算不了什么(顺便提一下，这位自学成才的画家生前一共只售出一幅画，价格四百法郎，而目前在西方的艺术品拍卖市场上，一幅凡·高的作品价值竟达数千万美元。可以断言，他一辈子也没有见到过这么多钱)。博物馆的凡·德·奥德先生出来热情地迎接我们，并且为我们引路和讲解。正是这位内行的指点，才使我们能够尽量利用短促的时间充分领略凡·高艺术的那种非凡的美。

我们急着去欣赏的首先当然是陈列在底层左侧大厅里的《吃土豆的人》。尽管我早已从画册上熟悉了那幅画，但站在它面前，仍然不由自主地被它的那种震撼人们心灵的强大力量所压倒。一间简陋的农舍，在昏暗的灯光下，一个农民家庭的五个成员围着桌子在吃土豆。呈现在画面上的是一幅普普通通的家庭生活的图景，并没有什么戏剧性的情节，却笼罩着一种不可名状的紧张气氛。这是一群为生存而苦苦挣扎的可怜的小人物。生活的艰辛和过度的劳动，明显地在他们的肉体上和精神上都留下了深刻的印痕。那疲惫的神态，滞重的目光，迟钝到近于麻木的表情，关节突出的粗糙的手，以及粗鲁而笨拙的形体，都充分说明那严酷的生活重担可以把人扭曲成什么模样。据凡·高自己在通信中说，他试图在这幅画中强调，在灯光下吃土豆的那些人，正是用挖掘土地的同样的手伸向餐盘的，因此这幅画是表现体力劳动，表现劳动者如何诚实地挣得他们的食物。我相信凡·高的这些话，画家的真诚是无可怀疑的，他曾经分享这些普通劳动者的贫困，和他们同生活、共命运，对他们抱着如此炽烈的爱和深厚的同情，这都能从画面上感受得到。不过，我玩味再三，总觉得这幅画里还有更深一层的东西，那么，这究竟是什么呢？

人们常说，艺术是生活的反映。这是一个素朴的真理，尽管多少年来一直有人提出异议，却很难把它推翻。据我看，问题倒在于艺术怎样去反映生活，去反映什么样的生活，反映生活又想去说明什么。按车尔尼雪夫斯基的著名的提法，美是生活，但严格地说，只有"应当如此的生活"才真正是美的。然而不幸的是，在艺术家眼里，"应当如此的生活"在现实中却又往往如此稀少。怎么办？是为了追求美而把生活理想化，还是忠于现实而不加掩饰地去揭示生活的本来面目？凡·高选择的显然是后一条路，这是一条荆棘丛生的艰难的路，但也是把他引向艺术顶峰的路。通过他的画笔，生活以其全部严酷性展示出来。请看那是什么样的生活呵。《吃土豆的人》指给我们看的恰恰不是"应当如此的生活"，而是它的反面——"不应当如此的生活"。我以为凡·高的这幅画所以发人深思，也就在于它告诉我们：人不应该这样地生活。

人，这是多么高贵的称号！为了歌颂这个上帝按照自己的形象创造出来的万物之灵，人们曾经写过多少优美的诗篇，用过多少华丽的辞藻啊！千百年来向人做出了这么多的各式各样的许诺，从无忧无虑的幸福天堂、西方极乐世界直到理想的自由王国，可是到头来这么多人却依然生活在地狱里。克尔凯郭尔曾经讽刺哲学家说，他们建造了巨大的华丽宫殿，自己却满足于居住在附近简陋的窝棚里。这是多么荒谬、多么矛盾，然而应该为这无情的现实负责的又岂止是哲学家！《吃土豆的人》的伟大之处在于，它不仅使我们认识到人的真实处境，而且雄辩地证明，人即使生活在地狱里也仍然可以保持人的尊严，正是在这些被剥削和被损害的普通人身上闪耀着真正的人性的美。但同时凡·高又迫使我们去思考人的生活目的究竟是什么？人活着难道就是为了苦苦地维持这种动物式的生存吗？不！人不能这样屈辱生活。人要配称为人，其自身应该有更高的目的，应该有趋向于自我完善的更高的精神追求。凡·高画中的人物形象不能引起传统意义上的所谓美感，甚至使人感到有点丑，但他这样做绝不是要贬低人、丑化人，而是要提高人的地位，要求真正把人当作人来看待。我想，《吃土豆的人》这幅画的深刻的人道主义精神也许就在这里吧。

记得费尔巴哈有过一句名言："人就是他所吃的东西"(Der Mensch ist，was er isst)。这句引起很多争议的话虽然包含部分的真理，却充分暴露了旧唯物主义的根本缺陷。如果它能够成立，那么按逻辑的推理，吃土豆的人就是土豆了。人固然首先必须满足自己的肉体需要，要有食物才能维持生存，然后才能去从事各种活动，但正如马克思所指出，在直接的肉体需要支配下的活动还不是真正的人的自由的活动，而人之所以区别于一般的动物，即在于他甚至不受肉体需要的支配也进行的那种改造客观世界的活动。因此，人不只是他所吃的东西；相反，人愈是超越他所吃的东西，他就愈是成为真正的人。在这里，问题不在于人吃的是什么，而在于资本主义社会里的异化劳动把人的自由活动贬低为单纯维持肉体生存的手段，从而使人丧失了自己。凡·高以他特有的艺术家的敏感觉察到近代西方社会里的人的异化状态，并加以充分的艺术的表现，这正是他的作品的伟大和深刻之处。只要人的这种异化状态一天不消灭，凡·高的画就依然保持着现实的意义。因此，尽管今天西方国家大多数人已不再以土豆充饥，在他们的餐桌上甚至不乏美味的食品，但《吃土豆的人》这幅画却并没有过时，而仍然激动着我们的心。

我觉得，看了《吃土豆的人》，再去欣赏凡·高其他的绘画，对这位艺术天才的理解就更加深了。按有些艺术史家的说法，凡·高在创作早期还没有形成自己的艺术风格，如果单纯用这种尺度去衡量，那么《吃土豆的人》就只能算是不成熟的作品了。想必安特卫普艺术学院的那些目光短浅的教师们也是这样看问题的，因此已经创作了这样卓越的杰作的凡·高就只能被编入初学班，而终于无缘进入学院的艺术殿堂。我以为，艺术技巧当然是重要的，但单纯掌握技巧，至多只能造就出够水平的画师，却成不了真正的艺术天才。对于一个伟大的画家来说，艺术技巧只不过是一种必要的手段，更本质的东西是要能够用自己的眼睛去观察世界，通过自己的思考去理解生活，去理解人，并且在认识和反映现实的同时善于深刻地剖析和表现艺术家的自我。也可以说，要做一个真正的艺术家，首先必须做一个具有自己独特个性的真正的人。如果说，凡·高在创作《吃土豆的人》时绘画技巧还没有完全成熟，那么他作为一个人来说则已经成熟了。在他决心献身于艺术之前，艰难坎坷的生活经历和个人的不幸早已把他磨炼得成熟了，无怪乎他在从事绘画的短短几年内就令人难以置信地创作出这么多确实称得上不朽的杰作。当然，凡·高的早期作品和他后几年的作品相比，在艺术技巧和风格，特别是色彩的运用上是有很大变化的，但作为一个人，凡·高却始终是凡·高，在他的每一幅画中都能毫不费力地辨认出那个凡·高来。一个画家的个性在作品中表现得这样淋漓尽致、光彩夺目，这在西方艺术史上恐怕也是少见的吧。

奥得先生带我上楼浏览了馆内的陈列品，其中绝大部分是该馆珍藏的原作，也有少数质量颇高的复制品。展览厅宽敞明亮，周围的艺术品琳琅满目，可是置身于这样的空间里，我却有一种说不出来的受压抑的感觉。传统的美学，特别是从托马斯·阿奎那开始，通常把美界说为一眼见到就使人愉快的东西。凡·高的作品则似乎是对这种传统美学观念的挑战，他向我们提供另一种截然不同的美，那是一种看了使人直想流泪的美，令人难以忍受的美，叫人简直喘不过气来的美。凡·高曾经告诉他的弟弟："无论在人物画或风景画中，我希望表现的不是感伤的忧郁，而是沉重的悲哀"，他又把自己的画称为"苦闷的呼喊"。他的作品当然不仅是个人情绪的表现，而且也表达了他对生活本质的看法。这种看法是在他成为画家之前就已经形成，他在青年时代传教时就曾强调指出，"我们的本性是悲哀的"，"悲哀要比欢乐更好"。有一本凡·高的传记引用凡·高自己的话，把他称为"人世间的陌生人"。这倒是很妥切的，可以说是一语道破了这位画家的悲哀的本质。这不是由于个人厄运所引起的一般的悲哀，而是处于更深层次上的悲哀，所谓"世纪的悲哀"，资本主义社会里异化的人的悲哀。人生活在这个世界上，就像一个陌生人落入一个异己的环境，对他来说，一切都显得如此格格不入，冷漠、无情，甚至荒谬，他不能不感到孤独、苦闷、失望，这难道还不够悲哀吗？到这样的世界里去发掘美，把这样深沉的悲哀提炼成美，恐怕只有凡·高才做得到。我认为，凡·高艺术之所以具有如此巨大的感染力，之所以在现代西方世界使这么多人为之倾倒，其秘密即在于此。这也正是贯彻在凡·高全部创作中使凡·高之所以成为凡·高的决定性的东西。

因此，凡·高的作品大都具有一种特殊的悲剧性因素，只不过有时十分明显，有时比较隐蔽罢了。例如，博物馆里有一幅石版画就是以《悲哀》作为标题的。一个年轻的孕妇，侧身坐在地上，低垂着头，把脸深深地埋在胸前，手臂挡住了面容，使人看不到她的表情。但是，凡·高借助于简洁的线条，就把一个饱经风霜、备受侮辱的妇女形象生动地勾画出来了。通过这个形象，不仅可以看到生活对她的残酷，尤其使我感到震惊的是，凡·高在这个人物身上所表现的那种深刻的绝望。大家知道，这幅画的模特儿是一个名叫西恩的被人遗弃的怀孕的妓女，凡·高出于怜悯收容了她，尽力给予她以人的温暖，想让她重新过真正人的生活而终于失败。就我所见到过的同一类主题的作品而言，能够与之相比美的只有罗丹的《欧米哀尔》。不过我觉得罗丹比较偏重于刻画那种人间地狱的生活对一个人所造成的肉体上的摧残，而凡·高则更着重表现被蹂躏者所受到的心理上和精神上的摧残（这可能在某种程度上与雕塑和绘画的区别有关，姑且不论）。《欧米哀尔》和《悲哀》这两个作品都是对那野蛮残忍的反人道的资本主义社会的无声的抗议，但前者带有强烈的揭露性，而后者则更富于悲剧性，因而也就更深沉，特别是我们在这《悲哀》中看到了凡·高自己。人们常把色彩的运用看作凡·高艺术的本质，然而这幅石版画却证明，即使离开了色彩，凡·高仍然是那个凡·高。

《悲哀》是凡·高早期的作品，但和他在临终前两个月创作的另一幅油画《永恒将临》却惊人地相似。这是又一幕感人肺腑的内心悲剧。一个快要走到生命尽头的老人，孤独地坐在火炉旁，同样是低垂着头，双手紧捂着脸。他究竟为什么而伤悲？是为虚度了一生而悔恨，还是为即将跨入那未知的“永恒”而战栗？或者是二者兼而有之？不管怎样，从他身上看到的是一种绝望的痛苦，我总觉得这在某种程度上就是凡·高自身的写照。凡·高没有活得像这位老人那么久，他结束自己的生命时只有三十七岁，但我相信，他能做出这样的画，他本人也必定亲自体验过这种残酷的精神折磨。凡·高的一些自画像，包括在这个博物馆里陈列的几幅，也都可以作为他所经历的精神悲剧的佐证。不修边幅，满面须毛丛生，脸上流露出来的烦躁苦恼的表情，都充分地表现出这位生活中的失败者的内心世界，但最叫人受不了的是那因绝望而近于疯狂的眼神。人们往往把凡·高看作病态的人，在精神上有缺陷的人(事实上，他也确实进过精神病院，据近人研究，他患的可能是早发性痴呆症)，可是却很少去考虑，真正有病的是这个不合理的社会，它的根本缺陷就表现在造成这么多人的不幸，甚至连刚刚懂事的儿童也难逃噩运。凡·高笔下的《学童》，脸上虽然稚气未消，却丝毫没有天真活泼的神情，他不知道什么是童年的欢乐，一副受人欺侮的样子，看了简直令人心酸。我们可以完全想象得到，在这样的环境下成长起来的人，将来会成为怎样的精神上的畸形儿。资本主义制度的罪恶不仅在于对人的剥削和压迫，而且还在于它扭曲了和压制了人的正常自由发展，使人越来越变得片面和畸形，导致了整个人类的沦丧和奴役。马克思说得好：资本主义“只有通过最大地损害个人的发展，才能在作为人类社会主义结构的序幕的历史时期，取得一般人的发展”。① 用这个观点去看，凡·高所描绘的人物，包括他自己在内，都无非是在资本主义制度下其发展受到最大损害的那些个人的群像。可以说，他的作品向我们提供了关于资本主义制度的反人道性质的生动的证明。

面对凡·高的这些绘画，使我回想起三十年前在莫斯科的普希金

① 《马克思恩格斯全集》第 47 卷，第 190 页。

博物馆里第一次看到凡·高原作时的感受。那是一幅描绘监狱中犯人放风情景的油画：周围是砖砌的高墙，一群囚徒在看守的监视下围成圆圈沿着墙根走步，那沉重的步伐，沮丧的神态，死气沉沉的脸，好像是走向自己的坟墓，而囚犯之一就是凡·高自己。那幅画给我留下了永远难忘的印象，至今犹历历在目。但是，那时我还太年轻，还不能理解凡·高艺术的深刻的内涵，总以为这位画家过于悲观，把世界描绘得过于阴暗、过于残酷。现在我的看法和过去不一样了。汉姆莱特说，世界是一所大监狱，丹麦是其中最坏的一间囚室。如果我们承认丹麦王子有充分的理由这样说，而且说得深刻透辟，那么为什么凡·高就不能把世界看成一个大监狱呢？诚然，凡·高不是英雄，他和汉姆莱特一样，不能忍受这个牢笼，竭力想冲破它，却又缺乏刚强的意志和力量，终于在力量悬殊的斗争中遭到悲惨的毁灭。但真正可悲的却是那些生活在牢笼中而安然自得的庸人，是那些力求爬上看守的位置以鸣鞭为职业的小人。

在凡·高的许多作品里，人的命运往往是他感兴趣的主题，即使在没有人的形象出现的某些画里，也还是使人感觉到人的存在。作于1886年的一幅画，画的是一双破旧的皮靴，丑陋不堪，肮脏变形，磨损的鞋带耷拉在地上，仿佛是在哀叹自身的毫无价值。它不像卓别林《淘金记》中的那双著名的皮靴那样带有喜剧性，看了只能使人心情沉重，联想起这双旧皮靴的主人公的遭遇，联想起他穿着它走过了怎样艰难的人生道路。我们关心的与其说是这双皮靴，倒不如说是皮靴的主人。另一幅脍炙人口的名作《在阿尔的凡·高卧室》，在画面上也没有人物，空空的房间里摆着几件家具。凡·高的这幅画构思简单，取消了阴影和投影，用没有明暗浓淡的平涂的纯色去描绘事物，取得了类似日本版画那样的艺术效果。在这幅画里，色彩主宰了一切，各种色彩构成了奇特的和谐，富于鲜明的表现力。这种对色彩的独特性运用，确实证明凡·高是擅长驾驭色彩的大师。他自己也认为这幅画是他的最好的作品之一。然而除了色彩之外，这里也还有更多的东西。有一位评论家指出，在画中笼罩着一片寂静，而在这种寂静中洋溢着全然绝望的气氛。这是颇有见识的。凡·高固然不在卧室里，但这里又到处可以见到凡·高。对于凡·高来说，色彩是他的生命的表现，我们正是从色彩缤纷的画面中直接感受到他的心灵的搏动。因此，看了这幅画就使我们想起凡·高这个人，并且明白了这就是他的卧室、他的栖身之地。

谈到色彩，就不能不提凡·高的那些美妙无比的风景画和静物画。尤其是他在巴黎和阿尔创作的几幅画，显然吸取了印象派的长处，把色彩和光运用处理得如此完美，简直达到了令人迷醉的地步。看看那上空有着云雀飞翔的麦田，鲜花盛开的桃树，田野里的一片丰收景象，或是那插在瓶里的向日葵，心中真有一种说不出来的复杂感情。想不到这个生活中从来没有阳光的人，竟在他的画里注入了这么多的阳光，把生活表现得这样美！像凡·高那样热爱生活、热爱美的人，绝不可能是一个颓废派或厌世主义者。也许正因为他过于热爱生活而又不得不生活在丑恶的现实里，所以才对世界抱有悲观的看法。这不是他的过错，而是他的不幸。当他受不了生活的压力而临近精神崩溃时，自然界在他眼里也变得如此森严、疏远、可怕。他在自杀前不久创作的《蓝天下的原野》和《谷田和渡鸟》，借助于强烈的色彩和狂放的笔触，充分展示出他的内心激动和痛苦。天是那样出奇的蓝，狂风在谷田掀起层层波浪好像不平静的海洋，一群黑色的渡鸟象征着死亡降临的凶兆。我想，这就是凡·高为自己留下的墓碑吧。

我一边看画，一边想得很多很多。不知不觉已经过了闭馆的时间，奥德先生领我乘内部工作人员专用的电梯从旁门离开了凡·高博物馆。在归途中路过大门紧闭的国家艺术博物馆，不禁为失去访问的机会而惋惜，但同时又感到心满意足，因为我终究看到了《吃土豆的人》。

（原载《外国美学》第4辑，商务印书馆1987年版，后收入《美的找寻》，中国社会科学出版社1992年版）

经济全球化与不同文明间的对话

近20年来，世界发生了很大变化。经济全球化的浪潮势不可挡，已成为当今社会发展的一种客观趋势。经济全球化为一些国家和地区提供了发展的机遇，同时也引发了一系列问题和矛盾冲突，使世界面临严峻的挑战。现存的几种不同的文明在经济全球化浪潮冲击下将何以自处，是否还有独立生存与发展的空间和可能，如何消除彼此间的分歧，成为人们关注的重大问题之一。不同文明间的对话正是在这样的背景下提出来的。目前，关于世界各种文明的研究以及开展不同文明间对话的必要性已越来越引起国际学术界的重视。人们普遍认为，文明和文化的因素将在21世纪的世界发展进程中发挥更加重要的作用。

文明，作为人文社会科学的专门术语，据考证，直到18世纪才在欧洲被用于正式文献中，而到20世纪才在各学科领域被广泛使用。学者们对文明的理解也如同对文化的解释一样各不相同，迄今无一致公认的定义。一般地说，文明大致上有两种含义：一是指人类历史上相对于蒙昧和野蛮的较高的发展阶段（如摩尔根在《古代社会》中的用法）；

二是指占一定空间的特定的具有共同文化、共同信仰或共同生活方式的社会群体。我们今天谈不同文明间的对话，取的是后一种含义。

一、经济全球化将对现存的文明造成什么影响

有一种看法认为，随着经济全球化的深入发展，各种文明正日益趋同或同质化，从而产生一种普遍的“全球文明”以取代现存的不同文明。这种看法能否成立，值得我们思考。根据汤因比的理论，文明社会的基本结构主要由经济、政治、文化三方面组成，其中经济和政治的因素是易变的，而文化则是一种文明的精髓，也是较稳定的因素。汤因比所指的文明的三个方面，大致相当于我们所说的物质文明、政治文明(或制度文明)和精神文明。经济全球化对文明的影响首先突出地表现在经济领域或物质文明的层面以及与经济运行直接相关的制度上，在这些方面确实有强烈的趋同倾向，例如生产工具和方法、科学技术乃至企业经营管理、国际贸易、金融法规等，是超越国家、民族和不同文明的界限之上普遍适用的，有的还是必须采用的。由于物质文明是整个文明的基础，经济全球化的影响当然也会波及政治和文化的领域，但情况就复杂得多。

作为社会的上层建筑，政治、文化固然受经济基础的制约，却有其自身发展的规律，特别是精神文明中的一些深层因素，如哲学、宗教、文学艺术、伦理、价值观等，是在特定的环境和历史条件下长期形成和发展起来的，也就是德国的赫尔德曾说的“国民精神”。正是这些深层的精神因素构成的文化传统，充当了使一种文明得以存在和发展的精神支柱，也使一种文明具有不同于其他文明的实质和特性。经济全球化的影响固然使现有的各种文明增添了一些共同性的成分，带来了如全球性的文化市场和文化产业那样的新事物，可是并不能从根

本上消除各种文明之间的差异。相反的，在经济全球化进程中我们同时也看到强劲有力的文化多元化发展，文明的多样性并不会因为经济全球化而消失。至少在可以预见的将来，世界上现有的几种主要文明仍将存在，不会被所谓普遍的“全球文明”所代替。这是需要开展文明间对话的一个基本理由。如果文明的差异没有了，大家都整齐划一，何用对话？那样的话，我们的世界不就会变得过于平淡、单调、乏味了吗？

所谓“全球文明”还有另一种解读，即实际上是利用经济全球化的幌子把某一种特定的文明装扮成普遍适用的模式强加于全世界。当前的经济全球化，在某种意义上，是由少数西方发达国家特别是唯一超级大国美国所主导的，美国式的西方文明和价值观念、大众文化产品也随之向全世界扩张，所谓“麦当劳文化”、“消费文化”、“流行文化”如洪水般袭来，而且披着普遍性的外衣。德国前总理施密特就曾在《全球化与道德重建》一书中指出，要警惕有人用全球化来侵蚀别国的文化和语言，迫使人们接受西方的文明观念，把西方价值标准强加于人。因此，这些人鼓吹建立普遍的“全球文明”，其实质是企图以强势的西方文明去支配和吞并其他文明，按照西方的价值观和标准去重新塑造世界。这无非是陈旧的“西方中心论”的一个现代新版本，它当然是不可能实现的妄想。由一种文明一统天下的时代已经永远过去了。美国的福山所宣扬的所谓“历史终结论”，断言西方文明已在全世界取得最后胜利，其本身就是一种反历史的错误。有趣的是，在反对普遍的全球文化和“西方中心论”的学者中间，就有以提出“文明冲突论”而闻名的亨廷顿教授。

亨廷顿不赞成把西方文明说成普遍的全球文明，认为非西方国家所要实现的现代化并不是西方化。这些看法并不错。问题在于，他在承认不同文明存在的同时，坚持认为文明间的差异必然导致激烈的对抗和冲突，而且把这种文明冲突提到冷战后世界发展“模式”的高度来看待。既然文明冲突不可避免并主宰世界，那么不同文明间的对话也就是多余的或没有多大意义的事了。其实，这种“文明冲突论”的理论渊源可以追溯到斯宾格勒。在斯宾格勒看来，世界上每一种文化实际上都是独特的、自我幽闭的系统，各种文化的内在精神之间有着不可逾越的鸿沟，难以进行沟通和相互了解，所以不可能有真正的文化交流和融合。他所说的文化有特殊的含义，指的是文化发展的最后阶段，那时的文化横向扩展，经常带来战争和侵略。在“文明冲突论”中常能看到这些思想的影响。但是，这样片面地强调和夸大不同文明之间的差别和矛盾冲突，把文明说成无法沟通的对立的封闭系统，是违背文明发展的历史事实的。

从世界文明发展的整个过程来看，不同文明之间的矛盾和碰撞虽然经常发生，但它并不一定会发展成不可调和的冲突，冲突的发生也往往不单纯是由于文明的差异，而主要是由于背后物质利益的推动。相反，各个不同文明之间的和平共存、相互影响、相互渗透乃至交融互变，才是世界文明发展的常态和主流。法国著名历史学家布罗代尔曾指出，文明并非一成不变，它有稳定性，又有能动性。它的本质特征之一是相互传播和借用，既把自己的东西向外输出，又借用和吸收其他文明的东西。这种借用是有选择的，是用来丰富自己的。同时，文明又有“拒绝借用”的特性，以此保持自己的独特性和稳定性。这种看法是符合历史实际的。文明并不是独立自主、自我封闭的东西，它需要通过与其他文明的对话和交流从外界不断获得营养，取得新的活力，才能茁壮成长。一旦把自己封闭起来，失去前进的动力，就会僵化而趋于衰落。因此，对文明本身的发展来说，相互间的对话和交流也是必不可少的。

二、不同文明间的交流和对话应确立的一些基本原则

在历史上，不同文明间的交流和对话一直是有时自觉、有时不自觉地进行着，当然其间也不乏矛盾、碰撞和对话的中断。现在情况变了，在经济全球化的条件下，要使不同文明间的对话能自觉地、不间断地顺利进行，需要确立参加对话的各方都认同的一些基本原则，需要有大家共同遵循的规范。可以列举以下几点：

树立一种全球意识。对话的各方应充分认识到我们的世界是一个整体，过去把各民族分隔开的壁垒已不复存在。不管是否愿意，我们大家都生活在同一地球上，面对共同的全球性问题，有着共同的利益。这是不同文明间的对话何以可能和必要的根据。

承认人类文明统一性的同时充分肯定其多样性。人类创造的各种文明都在某种程度上体现了人类的共同价值，但这些文明又都是在特定的地理环境和历史条件下产生和发展的，因此又具有各自的特殊性和不同于他者的差别性。一切文明都是整个人类文明的组成部分，都同样对人类文明做出了贡献，并无高下、优劣之分，都有平等的权利和平等的地位参加文明间的对话。

要有各方相互理解和相互尊重的友好气氛。如果把对方看作竞争对手或潜在敌人，而不是看作平等的伙伴和朋友，对话就难以取得成功。对别种文明要排除偏见和成见，认真地进行深入了解和研究，虚心学习和吸收其文明成果及优点。对自己的文明要有自豪感，但在热爱自己的文化传统的同时，也要冷静地看到和分析其缺点及不足，以免盲目自大，唯我独尊。

提倡宽容精神，承认和容许不同文明之间的差异。在文明间对话

时，特别要学会如何去尊重和正确对待不同于自己的东西，不能要求大家整齐划一，接受同一标准。应做到“求同存异”，努力去寻求彼此间的共同点，把分歧暂时搁置，耐心地通过对话去缩小和解决分歧，即使一时不能达成一致，也应有善于等待和相互容忍的精神，不使矛盾激化而导致冲突。

当然，在崇尚强权的国际政治舞台上，要全面贯彻以上原则是十分困难的。但如果广大学术界人士能本着这些原则去研究有关文明的问题，并进行文明间的对话和交流，将会增进不同文明间的相互理解，扩大共识，有利于世界的发展与稳定，而且对各个文明本身的发展和进步也将起到有益的作用。在世界已进入 21 世纪的情况下，更应在和平共处的基础上促进文明间的对话，保持文化和价值观念的多样性，谋求共同发展，彼此取长补短，使我们这个世界更加绚丽多彩。

（原载《人民日报》2003 年 10 月 24 日）

当代世界的发展和我国人文学者的使命

近几十年来，世界形势发生了巨大变化，我国人文学科的研究和发展也面临一系列新情况，其中影响最大的，一是经济全球化浪潮的冲击，二是科学技术的突飞猛进的进步。它们对人文学科提出了许多新问题，也凸显出人文学科在当代的重要意义。

一

经济全球化可以说是当今时代最重要的特征之一。早在20世纪60年代，美国学者麦克卢汉提出“全球村”概念，从信息通信技术发展的角度提出了关于全球化的一些看法，探讨了这一发展对人类社会和文化的影响。从80年代中期开始，全球化的概念开始流行，成为最流行、最时髦的话语，出现了各种理论，比较有名的研究者有罗伯逊、沃勒斯坦、费舍斯通、吉登斯等人。现在关于全球化问题的研究和各种讨论会正方兴未艾，相形之下，我国关于全球化的研究才刚刚开始，主要还是介绍国外的研究成果，而且偏重于经济全球化和我国的对策，实际上全球化问题决不仅限于经济，而是涉及社会、政治、科技、文化等各方面。只不过经济表现得与我们关系更加密切而已。对全球化这种现象的评价，也颇有分歧，极力鼓吹和推崇者有之，坚决反对和严厉批判者也不少，西方一些国家甚至发生反全球化的运动。但是，不管愿意还是不愿意，我以为经济全球化已经成为不可逆转的历史潮流，这是符合科技和社会生产力发展要求的一种必然趋势。它既给我们带来了发展的机遇，也使我们面临严峻的挑战。它带来的社会后果也应一分为二，有积极和消极两面。由于西方发达国家绝对主导，游戏规则由他们制定，国际经济组织由他们控制，经济实力和科技力量绝对占优势，因此他们是主要得益者。在全球化浪潮中被边缘化的发展中国家和不发达国家则蒙受其害。我们从联合国发表的统计数字中可以看出，南北之间的差距拉大，贫富两极分化日益加剧，许多全球化问题未能解决，反而在加重，矛盾在加深，导致冲突。联合国《人类发展报告》称：“迄今为止的全球化是不平衡的，它加深了穷国和富国，穷人和富人的鸿沟。”这里不谈如何评价，因需全面深入的客观的研究和实践才能下结论，中国当前需要适应全球化趋势，趋利避害，抓住机遇，发展经济，这是最重要的。但这并不是说可以忽视其他方面，特别是对文化、政治、社会的影响，人文学科要注意研究的正是这些方面。

经济全球化绝不是世界各国共同富裕走向世界大同的金光大道，这是二三十年来的实际已证明了的。但是随着经济全球化的进程，出现了一系列理论和观点，总的说来是全球化的时代来临了，要抛弃旧观念，建立新观念。建立新观念当然是必要的，但要看是什么内容。例如，有一种说法是国家、民族的观念过时了，主权的观念过时了，“人权高于主权”；还有的说法是全球化了，一切都趋同了，不仅社会主义和资本主义趋同了，而且各个民族都趋同，文化、伦理都趋同，

“全球文化”、“全球伦理”将普遍适用；有人甚至极力鼓吹要当“世界公民”，不分你我(如世界哲联主席肯善)。所谓普遍主义一时甚嚣尘上。

持这种观点的人有的是出于天真的理想主义，把世界想象得过于美好了。这容易解决，因为残酷的现实并非如此，幻想立刻破灭。问题在于这种观点还有另一种解读，即有人实际上是利用全球化为幌子来把西方的文化、价值观等说成普遍适用的模式强加于全世界。当前全球化是由少数西方国家，特别是唯一超级大国美国所主导，他们的文化和价值观也随之而向全世界扩张，以“全球文化”和普遍价值观念的面目出现。令人担心世界上许多民族和国家是否还能保存和发扬自己原有的文化传统和文化特性而不被洪水般袭来的西方文化或美国流行文化所淹没。著名的德国政治家、前总理施密特就在1998年的《全球化与道德重建》一书中指出，美国娱乐工业所生产的那种低水准文化产品正在席卷全球，危害各国文化传统，而全球通行的美式英语则使其他国家历史悠久的语言遭到侵蚀而日趋消亡，从而使各国文化成果和文化特性淹没。他谴责西方和美国企图强迫其他大陆的民族和文化接受西方关于文明、民主和人权的理想和观念，把西方价值标准强加于人。他警告说：“我们欧洲人和德国人必须谨慎从事，防止全球化来侵蚀我们自己的语言乃至文化。近二十年来的全球化趋势在21世纪初将会有力地延续下去，它恰好不会只是带来机遇，而会隐含着危险。”德国那样先进的西欧大国在全球化面前都有维护民族语言和文化的问题，中国和其他许多发展中国家就更不用说了。我们人文学者尤其应有紧迫感和责任感。以色列前驻华大使南月明热爱中国文化，她最弄不明白的是为什么中国如此热衷于“麦当劳文化”。有些人鼓吹普遍的“全球文化”，实质上是企图以强势的西方文化去支配和吞并其他文化，按西方的价值观和标准去重新塑造世界。这无非是陈旧的西方中心论的现代新版本，像福山宣扬的所谓“历史终结论”就是公开宣称西方文化已在全世界最后取胜，应由一种文化和价值观来一统天下。

除了全球文化论之外，另一种理论“文明冲突论”值得注意。亨廷顿的这种理论受到国内许多批评，公平地说，他的观点也有可取之处。他强调世界文明、文化的重要性，并将其提高到战略的高度，至少和政治经济同等重要。他不赞成把西方文明说成普遍的全球文明，认为非西方国家要实现的现代化并不就是西方化。这些看法并不错，问题是他在承认不同文明存在的同时，认为文明的差异必然导致激烈对抗和冲突，而且把这种冲突提到冷战后世界发展模式的高度来强调。他特别指出，中国儒家文明和西方文明之间的冲突不可避免，中国儒家文明比伊斯兰文明更危险。亨廷顿并非研究中国文化的专家，文明冲突论在美国也有许多人不同意，但他对中国的歪曲看法在一定程度上代表西方部分人的根深蒂固的偏见。我以为他的理论的根子可追溯到斯宾格勒。斯宾格勒在《西方的没落》一书中把世界上的每种文化都看作独特的自我幽闭的系统，各种文化内在精神之间有不可逾越的鸿沟，无法沟通和融合。文化发展到最后阶段即文明时就横向扩展，带来战争和侵略。

全球化对文明究竟有什么影响？是否会使各种文明同质化？这要具体分析。根据汤因比的观点，文明社会的基本结构主要由经济、政治、文化三方面组成，经济、政治是易变的，文化则是文明的精髓，也是较稳定的。汤因比所说的大致相当于物质文明、政治文明、精神文明。全球化的影响突出表现在经济领域或物质文明的层面和与经济运行直接相接的制度上，这些方面确有强烈趋同倾向，如生产工具和方法、科技、企业经营管理、国际贸易、金融法规等，这些是超越国家民族普遍适用的，有的是必须统一的。物质文明是整个文明的基础，全球化的影响当然也会波及政治和文化，但情况复杂得多。作为社会上层建筑，政治文化受经济基础制约，但又有其自身发展规律，特别是精神文明中的一些深层因素如哲学、宗教、文艺、伦理、价值观等，也就是赫尔德所说的“国民精神”，是在特定环境和历史条件下经过较长时期形成和发展起来的。正是这些深层的精神因素才构成文化传统，充当一种文明、一个民族赖以存在和发展的精神支柱，使之具有与其他文明和民族不同的实质和特性。人文学者的任务就是维护和发展文化传统，充当守护神。有人问人文学科有什么用？用处就在于使人成其为人，使中国人成其为中国人。在全球化浪潮中保持自己的文化特性，并且予以发展，这要依赖人文学科。事实上，在全球化过程中我们同时也看到文化的多元化发展，文化的多样性并未因全球化而消失。文化和价值观念的多元性正是世界多样性的表现，否则世界就将单调乏味。

保持文化的多样性和特性决不意味着要闭关自守或实行文化保守主义，排斥外来文化。像文明冲突论那样片面强调和夸大文化间的差别、对立和冲突，也是违反世界文明发展的历史事实的。不同文明之间的碰撞和文化矛盾经常发生，但不一定发展成不可调和的冲突，冲突也往往不是由于文化差异，而主要是由于背后物质利益的推动。相反，文明和平共存，相互影响、相互渗透乃至交融互变，才是世界文明发展的常态和主流。法国著名历史学家布罗代尔指出，文明既有能动性，能不断演变，又有稳定不变性。文明的发展与静止相互伴随、互相补充、互为因果。文明本质特征之一是相互传播和借用，既把自己的东西向外输出，又借用其他文明的东西，但这种借用又是有选择的行为；文明又有“拒绝借用”的特性，以此保持文明的独特性和稳定性。他的看法是有道理的。文化并不是一成不变、独立自主、自我封闭的实体，它需要通过与其他文化的对话、交流、碰撞从外界不断获取营养，取得新的活力，与时俱进，有所创新，才能茁壮成长，凸现自己的特性。一旦停滞了，封闭了，丧失了前进的动力，故步自封，这种文化就会僵化而衰落。在全球化时代，人文学者要做的一方面是要面向全世界开放，吸收和借用文明成果，但又是有选择的，对有的东西要拒绝借用，切忌照抄照搬。几十年前陈寅恪就告诫大家在文化交流中切忌简单输入和照抄外国的思想学说。我们必须立足于中国的实际，根据中国的具体情况和实际需要，走自己的路，来建设现代新文化。

中国文化博大精深，深远流长，举世公认，但其形成绝非一日之功。中华民族是在漫长历史过程中由众多民族形成的民族复合体，它的灿烂文化也是包容多民族、多地区文化的一个多元的文化复合体，是各种文化交流融合而成。历史上凡是文化上采取开明和开放态度的时期(如汉唐)，中国文化就繁荣发展，采取高压和闭关锁国政策，就停滞落后。人文学者对文化发展规律都是深有体会的。当前要解决的仍是老问题：(1)传统文化如何与现代化相适应；(2)本土文化如何正确对待外来文化特别是西方文化。这些老问题在全球化背景下又有新的意义。

二

回顾20世纪，最突出的现象是科技的飞速发展及其对人类社会以至人本身的影响。

科学是什么，并无公认的定义，科学本身在不断发展，在不同时期、场合有不同理解和含义。按科学史家丹皮尔的说法，科学一词源自拉丁文 Scientia，是学问和知识的意思，本应包含有关自然界、社会和人的一切系统的知识。到了近代各门学问趋于专门化，自然科学才分离而独立。近代科学的诞生本来和人文主义有密切关系。西欧人文主义的思想实质是确立人的中心地位、尊严和价值，弘扬理性和科学精神，反对宗教统治。科学在中世纪苏醒，推动力来自阿拉伯科学文明的刺激，7—12 世纪阿拉伯在天文、数学和应用科学方面有很多成果，保存了古希腊的许多文献，传入西欧打开了人们的眼界，成为 13、14 世纪西欧复苏科学的动力，也促成经院哲学分化孕育出科学理性精神。罗·培根提出实验方法和数学方法的结合，奠立近代自然科学的支柱。科学精神和人文主义是联手结盟的，可是科学后来的飞速发展却越来越与人文分离，甚至形成难以逾越的鸿沟。贝尔纳认为，这是从 19 世纪开始的，1947 年斯诺在剑桥里德学院有过一次名为《两种文化》的著名讲演，强调指出科学与人文的分裂及其造成的影响。

科学与人文的分离后果严重。科学的大发展一方面造成了社会的进步(尽管持有后现代主义观点的某些人认为进步观念本身是虚构的)，20 世纪是科学辉煌的时代，新发现和发明根本改变了世界面貌，科技革命还在继续，微电子、计算机信息技术、生物工程、航天技术、纳米技术，新能源和新材料，将对人类未来生活造成无法估量的影响。但另一方面，尽管人类从来没有像今天那样拥有如此强大手段，却未能创造一个理想的幸福社会，相反使人类陷入新的困境。最重大的科学发现首先被用来制造大规模杀伤性武器，雅斯贝斯认为原子弹是人类历史的真正转折点，因为人第一次掌握了毁灭全人类的力量。环境严重污染，资源浪费，危及未来，贫困在扩大，社会道德沦丧，犯罪增多，精神空虚颓废等等。科技未能解决这些社会问题，这应引起人们的反思，有两种对科学截然相反的看法，一种认为科技万能，另一种认为科技为万恶之源。这两种看法都极端片面。还有一种看法认为，社会硬件系统日益完善，问题出在软件系统发生危机，形成强烈反差和不协调。爱因斯坦指出："手段的完善和目标的混乱，是我们时代的特征"，工具理性占了主导，相形之下，在社会目标、价值观、伦理方面陷于混乱，失去了前进方向，所以有必要发展价值理性和人文精神，使之成为社会软件系统的必要基础。这种看法是很有道理的。

我认为，我们首先对科技要有正确态度：(1)科技发展是当代不可阻挡的潮流，以自身规律前进，不依人的意志为转移。(2)要充分肯定科学的进步作用，努力发展科学，是唯一正确选择，对中国来说，尤其如此，"赛先生"是旗帜。(3)科技是双刃剑，必须与人文精神结合。发展科技不能忘记人，不能抛弃人文精神。(4)用现代人文精神去重建人和自然的和谐关系。不是单纯向自然榨取和征服，而要把人和自然看作相互依存的有机整体，像尊重人一样尊重自然，承认自然界的价值和生存的多样性。

其次，要用人文去调整人与技术的关系，克服技术对人的控制和统治，克服"异化"。新的人文精神要求与科技紧密结合，促进人的真正的自由全面的发展，提高人的素质和精神境界，树立适合新时代的高尚的人格理想和道德追求。新人文精神一方面要充分吸收中外文化传统中的人文主义精华和合理因素，另一方面也要超越过去人文主义的局限性，不能简单地重复过去。例如，以个人本位为基础的西方人文主义或以孝悌为根本出发点的仁学，都不能适应现代要求。

以我国情况来论，相当长时期以来，重视自然科学和技术，发展经济，这当然是正确的，但却忽视了对作为社会实践主体的人的研究，人文学科得不到应有重视，令人忧虑。自然科学和人文社会科学应同样重视(四个一样)，而且应相互协调、相互渗透和统一。马克思早在《1844年经济学哲学手稿》中就指出，自然科学通过工业日益在实践上进入人的生活，改造人的生活，为人的解放做准备，因此自然科学将成为人的科学的基础，他预言“自然科学往后将包括人的科学，正像关于人的科学包括自然科学一样，这将是一门科学”。从目前来看，这并非易事，但这种需要和趋向已开始显露，应朝这个方向努力。

(原载《深圳大学学报(人文社会科学版)》2004年第1期)

用“和而不同”的理念去开展文化间的对话

承蒙邀请参加国际普世对话学会第八届世界大会并有机会在大会上发言感到非常荣幸，这次大会的主题是“文化间的对话：和平、公正和谐”，正是当今时代世界广大公众普遍关心的问题，我想从一个中国学者的观点，用中国传统哲学所崇尚的“和而不同”的思想就此谈一点看法。

我想从当今时代的状况谈起。恐怕谁都承认，世界正在发生深刻而复杂的变化。经济全球化的进程在加速，促进了世界经济一体化和区域经济合作，大大加强了各国和各地区之间的相互联系和相互依赖。科学技术的迅猛发展，尤其是交通和通信的进步，克服了以往将人们分隔开的地理障碍，把世界各部分联结成一个真正的整体。世界正在变得越来越小，过去麦克卢所说的“地球村”已经成为现实。尽管人们对全球化和科学技术发展的作用有不同的评价和看法，但无论是赞成或是反对，这已经成为当今世界发展的一种难以抗拒的趋势，已成为我们不得不面对的现实。全球化和科学技术的发展，对世界经济、政治、文化和社会生活等各方面都带来非常巨大的影响，这是一把“双刃剑”，如果应对和运用得当，可以提供难得的发展机遇，使一些原先在经济社会发展方面比较落后的发展中国家能更快地缩小与发达国家的差距。但同时，这也使世界面临严峻的挑战，不得不应对许多不确定性和巨大的风险。德国社会学家乌尔里希·贝克把当今世界称为“风险社会”，他列举的全球性风险有：国际政治风险、经济风险、生态和环境风险、科技风险以及战争风险。自从进入21世纪以来，以9·11恐怖袭击为先导，贝克所说的那些风险差不多都陆续出现了。如今世界金融危机造成的震荡尚未过去，区域性战争一直未能停息，而新的战争危险又在形成，世界气候和环境问题尖锐突出，民族和宗教信仰之间的矛盾和冲突不断发生，发展的不平衡、分配不公平和贫富差距的扩大将严重影响世界和平与稳定。所有这一切与世界广大人民所期望和向往的建立一个和平、公正与和谐的世界相去甚远。解决以上这些令人困扰的全球性问题关系到各国人民的共同利益和人类的前途，看来绝非依靠任何一个国家(哪怕是最强有力的超级大国)或国家集团的力量所能承担，而必须要所有国家的积极参与和共同努力才能成功地应对和解决。加强不同文明和文化之间的对话和交流，增进人民间的相互理解，则是各国友好合作共同应对挑战的必不可少的基础。

人们在谈论国家之间的合作关系时往往更多地着重政治、经济甚至军事上的合作，而对文化则没有足够的重视。实际上，国家之间的政治、经济和军事的关系虽然重要，但往往带有强烈的功利的目的，有的甚至还有排他的性质，对于促进各国人民之间的相互理解来说，远不如文化所起的那种深入到人们精神领域和内心深处中去的长远持久的作用。文化的交流和传播是没有疆界的，它促进各种不同文化之间的对话和多元发展，启发各国人民的文化自觉和文化认同，使不同文化和谐共处，共同繁荣，对推动各国人民友好合作，在相互理解的基础上维护世界和平、共谋发展起着特殊的重要作用。

不同文化之间的对话怎样才能成功地进行？我认为，中国传统哲学提倡的“和而不同”的理念，如果加以现代的诠释，或许可以作为开展这一对话时可供选择的参考。

“和”的概念在中国出现很早，始见于商周时期的甲骨文和金文，后来经过一些古代思想家从哲学上加以探讨和发挥，成为中国传统文化的基本概念之一。如西周末年史伯提出：“和实生物，同则不继”的思想，开始从哲学观点去揭示“和”的含义，对“和”与“同”的区别做了系统的阐明。他认为，“和”是不同事物之间的和谐统一，宇宙万物都赖以产生和发展，“同”则是同类事物的相加，否认矛盾和差别，是不可能产生新事物的。因此他主张“取和去同”，反对“去和取同”，甚至认为这关系到国家的兴亡。到了中国哲学的奠基者孔子，则对“和”的概念做了进一步的发挥，把这作为一种很高的价值追求来看待，在《论语》中第一次提出“和而不同”的原则，把它看成是君子和小人相区别的标准，说“君子和而不同，小人同而不和”，意谓君子人格崇高，讲团结，能容纳各种不同意见，而小人则结党营私，排斥异己。《论语》中还提出“和为贵”的思想，充分肯定“和”的社会价值，把这看作治国的理想之道。孔子还重视“以仁致和”，主张以仁爱精神来实现社会和人际关系的和谐。孔子以后的儒家学派的其他思想家们继承了这一传统，从多方面对“和”的概念作深入探讨，甚至从世界观的高度把“和”看作宇宙万物赖以产生和发展的条件和普遍规律，并把“和”的思想推广于自然、社会、人际关系、道德修养、审美等各个领域。除了儒学这一中国主流哲学思想之外，其他学派如道家的老子、庄子等也都有“和”的思想，不过他们虽也讲“人和”、“心和”，但更重视“天和”，强调自然界的和谐状态。在中国古代哲学典籍如《管子》、《易传》、《中庸》、《大学》和《吕氏春秋》直到宋、明、清时期哲学家们的论著中都有关于“和”的丰富的思想资料。纵观二千多年的中国思想史，各个时期的不同的哲学学派以不同方式对“和”的思想做了发挥和阐述，形成了系统的“和”的哲学，这可以说是中国哲学的特色之一，也是传统文化中贯彻始终的一条线索，即使在今天也仍然能给我们以启迪。

所谓“和”，其基本含义是和谐、调和、和合。“和”作为一种哲学思想，其重要前提首先是承认世界上不同事物的存在，肯定和容许各种事物之间的差异、区别和分歧，然后把不同事物加以适当的调整、配置和妥善的安排处理，使它们之间的矛盾和分歧得到调和，最后达到整体的和谐的发展，使不同事物和合。这就是“和”的目的。所谓“和而不同”，是主张维护和保持事物的多样性的，正因为存在着多样性，所以有不同和差别，才有相互协调、共同和谐发展的问题。如果一切都同一，没有不同和差别，什么都整齐划一，当然也就没有事物的多样性，根本不需要和谐发展了。但这样的话，世界将会变得死气沉沉，不是显得太单调了吗?

从“和而不同”的观点去看，事物的多样性不仅是客观世界存在的普遍形式，而且是世界发展的活力和原动力所在。这既适应于自然界，更适应于人类社会及其高级的精神成果如文化、思想。在自然界，我们不能想象那无限复杂多样的各种事物都以一种形态、一种色彩出现。同样地，人类社会的发展也绝对不可能统一于一种模式，只产生一种文化、一种思想、一种价值观。正因为事物有多样性，自然界才如此绚丽多彩，生机盎然。也正因为人类社会发展的多样性，才能创造出丰富灿烂的各种文化，在历史舞台上才能演出一幕幕辉煌雄壮的戏剧。人类文化的繁荣正表现为它的多样性，文化世界就像一个百花园，是由许多种花卉组成，每一种文化像花卉那样有其独特的色彩和芳香，有各自的特性和存在的价值。有一种意见认为，随着全球化时代的来临，世界文明也将朝着趋同的方向发展，文化的多样性将逐渐消失。我想这是一种严重的误解，实际情况恰好相反，经济全球化大大加强了各国和各地区人民之间的联系和交流，这不仅没有消灭各种文化的特性和彼此间的差别，反而通过文化交流使固有的文化获得新的活力而朝着多元化方向发展。现在，保持文化的多元性已得到国际社会的充分肯定和普遍认同。2001 年联合国教科文组织大会一致通过了关于《世界文化多样性宣言》，把文化多样性提升到“人类共同遗产”的高度来认识，明确指出：正如生物多样性对自然界来说是必需的一样，文化的多样性对人类也是必需的。用“和而不同”的理念去开展不同文化之间的对话和交流，一方面是对文化多样性的尊重和维护，另一方面也是为了从这些“人类共同遗产”中汲取新的力量和有益的营养，以有利于今天新文化的创造。中国传统哲学所追求的理想境界是“万物并育而不相害，道并行而不相悖”，就是主张不同的事物和思想文化和平共存，和谐相处，各行其道，实现发展的多样性。这已成为千百年来中国文化思想信奉的基本原则。

“和而不同”强调文化的多样性，但并不否认文化中的普遍性、共同性的因素。文化的多样性同普遍性、共同性并不是截然对立的，相反，普遍性、共同性即寓于多样性之中。历史上存在的多种多样的文化都是人类所创造，因此在满足人的生活需要和表达人的思想感情方面有着共同性，在一定程度上体现人类的共同价值，表现出人性的共同性和普遍性。但是，这些文化都是在特定的客观环境和社会历史条件下产生和发展的，因此又具有各自的特殊性和不同于他者的差别性。

中国哲学讲“和而不同”的同时，还主张“求同存异”，就是要在承认和保存差异和多样性的条件下去努力寻求彼此间的共同之点。正因为各种文化之间既有共同点又有差异，所以才有互相进行对话和交流的必要和可能。维护文化的多样性和保存各自的文化特性，绝不是意味着主张文化保守主义。“和而不同”的真义并非消极地主张保持现状，而是积极地主张不同的文化之间应主动地努力开展对话和交流。这种不同文化间的对话和交流不是一方消灭另一方，不是一方“同化”另一方，而是平等相待，相互沟通，求得相互理解，相互借鉴，学习和吸收其他文化中的优秀成果和积极因素，彼此取长补短，从外界获取新的活力，提高和充实自身，以达到共同发展和繁荣，相互交融，这才是真正的“和”。历史证明，任何一种文化不管它在历史上曾取得多么辉煌的成就，一旦把自己封闭起来，切断与其他文化的联系和交流，就会逐渐丧失前进的动力而趋于僵化和衰落。这可以说是文化发展的一条规律。

“和而不同”的理念虽然来自中国传统哲学思想，但我们在一些西方哲学家那里也能看到有类似的看法。例如，在古希腊哲学的毕达格拉斯学派那里，“和谐”(harmonia)是一个重要的范畴，意思是将不同的事物连接或调和在一起，如在音乐中将不同音调结合调和在一起，凡是符合一定的数的比率关系，就是和谐，能产生美的效果。赫拉克利特也说过，“互相排斥的东西结合在一起，不同的音调造成最美的和谐”。他们都认为，和谐是由不同的东西结合而成的。在现代西方哲学家中，桑塔亚那就主张“整体的和谐而又不消灭各个部分的活力”(the harmony of the whole which does not destroy the nitality of the part)，他的看法也是与“和而不同”的基本思想相接近的。因此，我希望今天开展不同文化之间的对话时，“和而不同”的理念能被更多人所理解和接受，在充分承认各种文化的差别、尊重文化多样性的基础上，通过交流发现不同文化的交汇点，以此推动文化的相互交融，达到世界文化整体的和谐发展。

在历史上，不同文化间的对话和交流一直在进行着，只是有时自觉、有时不自觉，有时主动、有时被动，当然其间也不乏矛盾、碰撞、阻碍和对话的中断。现在情况与过去已大不相同，在全球化的条件下，要使不同文化间的对话和交流能自觉地、不间断、可持续地顺利进行，需要确立参加对话的各方都认同的一些基本原则，需要有大家共同遵循的规范。我本着“和而不同”的精神冒昧地提出几点供参考。

第一，对话的各方要树立一种全球意识和共同的目标，应充分认识到世界是一个整体，过去把各民族分隔开的壁垒，无论是政治上的、文化上的或是心理上的都应予以消除。过去英国诗人吉卜林在诗中说：“Oh，East is East，and West is West，and never the twain shall meet。”那种心态是必须克服的一种时代错误。不管是否愿意，我们大家都生活在同一地球上，面对共同的全球性问题，有共同的利益。文化的目的不是征服和统治世界，建立文化霸权，而是为了有助于建立一个和平、公正与和谐的世界。这是需要进行文化对话的最充分的理由。

第二，对话应在完全平等的基础上进行。正如我们承认人人生而平等一样，人类所创造的各种文化也应该是平等的。虽然不同文化的历史有长短，影响有大小，但都是整个人类文化的组成部分，都对人类文化做出了贡献，具有同等的价值，并没有天生的优劣和高下之分，都有参加对话的平等的权利。企图用一种文化去统治世界的时代已经永远过去，想把一种文化当作普遍适用的模式强加于人也是不可能成功的。每个民族固有的文化都应受到尊重，在全球化的浪潮下，每个民族都有权维护自己的文化特性，有权根据实际情况选择适合自己的文化发展道路。

第三，对话需要有一种相互理解和相互尊重的友好气氛。如果把对方看作竞争对手或潜在的敌人而不是平等的合作伙伴和朋友，把对话看作软实力的较量和争夺话语权的斗争而不是增进相互理解和相互学习的机会，对话就难以取得成功。对别种文化要排除偏见和成见，抱着善意去认真进行深入的了解和研究，虚心学习和吸收其优秀成果。对自己的文化要有自豪感，但在热爱自己的文化传统的同时，也要清醒地看到和分析其缺点和不足，以免盲目自大，陷入自我中心主义，唯我独尊。

第四，对话的各方应提倡宽容精神，要承认和容许彼此文化之间的差异，特别要学会如何去尊重和正确对待不同于自己的东西。我们生活在不同的社会制度和文化环境下，有不同的价值观、宗教信仰和社会习俗，不能要求大家都接受同一标准，因此在文化上发生分歧是正常的。要耐心地通过对话去缩小和解决分歧，即使一时不能达成一致，也应有善于等待和相互容忍的精神，暂时搁置分歧，不使矛盾激化而导致冲突。千万不要像 Huntington 教授所预言的那样，世界因文化和宗教的分歧而走向剧烈的“文明冲突”，而要像德国作家 Lessing 在 *Nathars den Weise* 中所提倡的那样，不同宗教信仰应彼此尊重和容忍。

当然，要真正实行以上这些原则并非易事，但如果广大学术界和文化界人士在进行文化对话和交流时，能适当考虑这些原则，将会有利于维护世界的和平与稳定，增进人民之间的相互理解，对世界文化的和谐发展和繁荣做出贡献。

（本文原为作者 2010 年在北京召开的普世对话国际研讨会上的主旨发言）

后 记

收入这个文集的是作者在1980年以来发表的一些文章和讲演稿，并根据内容进行了分类。现对其中的个别篇章略加说明。

收入文集第一部分中有关人道主义的文章是我对“文化大革命”进行的深刻反思，这是有缘由的。在20世纪60年代反对修正主义的高潮中，我和其他几位同志参加周扬同志主持的反修写作组，其任务是写一本专著，彻底批判人道主义，挖掉修正主义思想的“老根”。经过将近两年的紧张工作，我们认真钻研了马列主义经典著作和西方不少相关名著，编选了一套资料，也写成了这部专著的初稿。但“文化大革命”的来临使这本书流产，连周扬这位理论界反修的领导人自己也被打成“大修正主义分子”，遭到残酷斗争和无情打击，他主持的对修正主义的批判也被诬为“假批判、真包庇”，这部书稿当然也被扫入历史垃圾箱了。经历了“文革”的风雨，目睹这许多人所蒙受的惨无人道的遭遇，不能不引起我的深思，经过实践的检验，我开始怀疑我们过去对人道主义的那种简单片面的批判究竟起了什么效果，究竟是否真的符合马克思主义。如果我们不从中吸取一点历史教训，那么这些“文革”中的无辜牺牲者所付出的血的代价岂不是白费了吗？当然，由于理论界对人道主义问题有不同意见，后来引发了争议，这也是很自然的，我也做了检讨，并进一步阐明我的观点。我以为，这类理论问题应该允许通过自由的学术讨论，最后由社会实践的发展来判断是非。

“文革”结束后我们理论界展开了关于实践是检验真理的标准问题的大讨论，接着是党的十一届三中全会的召开，确立了解放思想、实事求是的马克思主义思想路线，邓小平理论开始成为我们党的指导思想，开辟了改革开放、建设中国特色社会主义的新时代。我国社会主义建设事业从此走上了迅速发展的康庄大道，在经济、政治、文化、社会等各方面取得了一个又一个伟大的成就。马克思主义和中国实际的完美结合，使理论与时俱进，大大地推进了马克思主义的中国化，继邓小平理论之后，“三个代表”重要思想、“科学发展观”的提出，乃至新时期习近平中国特色社会主义重要理论的创建是马克思主义理论在中国创新发展的里程碑。作为一个理论工作者，我在这方面写的一些文章只是表达我在理论学习中的一些认识和体会。

第二部分“哲学遗产的批判与继承”主要收录了我过去用力较多的黑格尔哲学研究的论文，其中《论青年黑格尔的异化理论的形成和发展》在当时国内很少有人研究；关于克尔凯郭尔哲学的研究也刚开始，我的文章只是起到抛砖引玉的作用。80 年代我国哲学界经过长期的封闭状态，刚开始与国际哲学界交流，我在两届世界哲学大会上的发言，反映了我们学者初次登上国际哲学论坛的实际状况。由于我国“文革”中“批林批孔”、“批儒评法”的所作所为，对在历史上曾深受儒家思想影响的日本和韩国造成十分恶劣的影响。我在日本和韩国做了两次公开演讲，试图对儒学及其在历史和当代的作用做出较公允的评价，以正视听。由于我在这方面缺乏专门研究，未能做较深入的论述。

最后一部分题为“美学与文明对话”，美学是我多年来关注和研究的领域，文明对话则是在21世纪初新开辟的研究领域。在世纪之交，联合国组织多次组织会议，倡议世界不同文明之间进行对话，并曾确定2001年为“文明对话年”。我作为会议的参加者，回来后即在社科院成立关于世界文明比较研究的课题组，随后成立研究中心，组织研究并出版了有关世界文明的著作和丛书。这里收入的几篇文章，反映的是当时我对开展文明对话的一些基本看法。

这部自选集反映的是我对上述三个领域的思考和探索，故名之曰《求索集》。